普通高等教育通识课系列教材

管理信息系统

主　编　鲁燕飞

副主编　万　韵　刘珊慧　黄仁花

参　编　史　珊

西安电子科技大学出版社

内 容 简 介

"管理信息系统"是一门集企业管理、信息技术、系统理论等学科为一体的综合性、实践性课程。本书分为12章，内容包括信息系统的基本概念、信息系统与信息管理、管理信息系统概论、企业流程管理、管理信息系统技术基础、存储系统、管理信息系统应用、管理信息系统开发概述及其规划、系统分析、系统设计、管理信息系统的实施、信息道德与信息系统分析员修养。本书以系统逻辑模型的建立为重点，注重实例的应用。

本书可作为信息管理与信息系统、电子商务、计算机应用、大数据等专业本科生的教材，也可作为企业信息系统研究和开发人员的参考资料，还可作为MBA的教材。

图书在版编目(CIP)数据

管理信息系统 / 鲁燕飞主编. —西安：西安电子科技大学出版社，2021.12(2023.5 重印)
ISBN 978-7-5606-6170-4

Ⅰ. ①管… Ⅱ. ①鲁… Ⅲ. ①管理信息系统—高等学校—教材
Ⅳ. ①C931.6

中国版本图书馆 CIP 数据核字(2021)第 156422 号

策　　划　李鹏飞
责任编辑　张　玮
出版发行　西安电子科技大学出版社(西安市太白南路 2 号)
电　　话　(029)88202421　88201467　　邮　　编　710071
网　　址　www.xduph.com　　电子邮箱　xdupfxb001@163.com
经　　销　新华书店
印刷单位　陕西天意印务有限责任公司
版　　次　2021 年 12 月第 1 版　2023 年 5 月第 3 次印刷
开　　本　787 毫米×1092 毫米　1/16　印 张　17.25
字　　数　424 千字
印　　数　7001～11 000 册
定　　价　50.00 元
ISBN 978-7-5606-6170-4 / C
XDUP 6472001-3

前　言

21 世纪是知识经济时代，信息已经成为重要的资源，信息技术正在改变着我们的工作、学习和生活方式。信息技术在社会各个领域的应用，实际上就是管理信息系统的应用。

伴随着信息技术的飞速发展，管理信息系统的概念、含义以及信息系统的开发方法也在不断地更新、发展和完善。互联网的出现和普及充实了管理信息系统的内容，改变了信息系统的结构和功能，加上智能技术的不断完善和决策理论的发展，这些都为决策支持系统的开发和应用奠定了坚实的基础。管理者必须运用科学的管理手段进行企业经营，运用信息化管理手段进行科学管理，方能在激烈的竞争中获胜。管理信息系统已经成为企业在激烈的市场竞争中取胜的战略手段。

在管理信息系统的建设及应用中，人才的培养是首要任务。“管理信息系统”已经成为信息管理与信息系统专业及其他管理类专业教学计划中的核心课程，也可以作为计算机科学与技术、大数据科学等专业的选修课程。本书是在编者多年教学经验的基础之上，参考、借鉴国内外相关教材、专著编写的。本书共 13 章，在介绍管理信息系统有关概念的基础上，介绍了管理信息系统的技术基础，阐述了管理信息系统的开发方法，系统介绍了管理信息系统的规划、分析、设计、实施和评价的原理，并介绍了一些典型的管理信息系统，最后一章还详细介绍了信息道德和信息系统分析员应具备的修养。考虑到应用型学校的要求，本书特别增加了管理信息系统的应用实例，以培养学生的实际操作能力。在结构安排上，通过案例、本章小结、思考与练习的形式，帮助学生掌握内容，把枯燥的理论与实际相结合，提高学生分析问题和解决问题的能力，以符合应用型人才的培养要求。

本书由鲁燕飞担任主编，万韵、刘珊慧、黄仁花担任副主编。鲁燕飞编写了第 1、2、3、4、5、6、12 章，黄仁花、万韵编写了第 7、8、11 章，刘珊慧编写了第 9、10 章。

由于编者水平和经验有限，书中难免有不妥之处，恳请读者批评指正。

编　者

2021 年 3 月

目　录

第 1 章

信息系统的基本概念

先导案例　宝钢互联网+钢铁的电子商务实践

2015 年 3 月，“互联网+”行动计划首次写入我国国务院政府工作报告，报告中明确提出“推动移动互联网、云计算、大数据、物联网等与现代制造业结合”。当前钢铁企业的销售、研发、生产、延伸加工和服务体系、智能物流等各个环节，都应转变以适应用户需求的变化，借助于互联网、物联网、云计算等技术，将工厂内部的研发、生产、销售、物流，以及生产商、用户、供应商、协同制造商、服务提供商不同端点联系在一起(端到端的连接)，从而形成一个完整的信息物理系统(CPS)。为此，宝钢集团(以下简称宝钢)提出了“一体两翼”的战略，即主体为钢铁和材料，两翼则是以互联网、云计算、大数据等为技术手段的钢铁服务平台，以原有制造基地为基础的钢铁制造平台。同样在 2015 年 3 月，宝钢整合原有钢铁电子交易相关资源，成立欧冶云商股份有限公司(以下简称欧冶云商)，成为宝钢落实“一体两翼”战略的重要举措，旨在打造钢铁产业链综合服务平台，谋求从制造到服务的战略转型。

与已经做到一定规模的钢银钢铁现货交易平台、“找钢网”相比，欧冶云商的启动并不算早，不过早在 2000 年，宝钢就成立了“东方钢铁网”，但这十几年来宝钢并没有因此而实现“1+1＞2”的效应，关键原因在于过去只是对传统互联网做简单的加法。欧冶云商并不是想单纯地将宝钢的产品搬到网上卖，而是希望打造面向中国钢铁行业开放的第三方公共服务平台，在交易和服务的产品上完全向包括竞争对手在内的全行业所有钢铁企业开放。

2017 年，欧冶云商 GMV(Gross Merchandise Volume，网站成交额)交易量达 6835 万吨，实现系统合作库 1880 多家，形成了覆盖全国的物流服务网络。2019 年全年累计实现 GMV 交易量 2.35 亿吨，同比增长 95%，其中变现量达 1.15 亿吨，同比增长 160%。目前在欧冶云商平台上交易的钢材，80%以上都不是宝钢自己的钢材，首钢、武钢、鞍钢、马钢等主要钢厂均已开始在欧冶云商平台上进行销售，毕竟在当前的市场行情下，谁能帮钢厂卖得好卖得快，谁的平台就更受欢迎。未来随着交易量和用户的扩大，欧冶云商平台在物流、服务、金融等方面都有创收的可能。

2019年4月24日中国联通全球产业链合作伙伴大会上，中国联通在5G工业互联网方面频放“大招”。在中国联通 5G+工业互联网主题论坛上，中国联通发布了工业互联网六大产品体系，以泛在网络、数据互联、工控防护、云边协同、物联感知和智能制造为核心，涵盖连接、标识、安全、平台、数据、应用六大板块，并面向企业级和行业级用户打造定制化平台解决方案。

其中，在应用板块，中国联通打造的行业级工业互联网平台 SME(Small and Medium-sized Enterprise)可以提供工业互联网标识解析服务和围绕制造企业生产业务的应用服务，包括产品制造、设计、原料采购、设备组装、仓储运输、订单处理、批量经营、零售等。该平台还提供面向用户企业的供应链金融服务及面向政府监管部门的工业云图服务。同时中国联通的企业级数字化车间解决方案 DSF(Decision Support Factory)以实现企业的降本提效、快速响应市场为目的，将生产设备、生产设施、工艺设计、生产组织、过程控制等环节，通过数字化、网络化、智能化手段，在计算环境中对人、机、料、法、环、测等生产资源与生产过程进行设计、管理、仿真、优化与可视化。

5G+工业互联网，赋能钢铁行业

中国联通发布工业互联网系列产品的同时，与中国宝武钢铁集团有限公司(简称中国宝武)举行产业互联网5G应用和战略合作签约，将积极探索多种创新合作模式，共同推动工业互联网5G应用的实践。此次中国宝武与中国联通签署战略合作协议，重点聚焦工业互联网5G应用试点示范，以“智慧”为核心，以智慧制造和智慧服务为双引擎，凝聚各方力量共建高质量的钢铁生态圈和共享的商业生态系统。

5G技术具有大带宽、低延时、高可靠的技术特点，在物联网、工业自动化控制、物流追踪、工业AR、云化机器人等工业应用领域有较大发展潜力。可以说，5G技术不仅是网络技术的升级换代，更为工业制造业带来了质的飞跃。钢铁工业是大型复杂流程工业，并且处于制造业整个链条的中间环节，而5G技术恰恰能够满足钢铁行业所具有的大量的数据、丰富的场景和广泛的连接等特性。中国宝武由原宝钢集团有限公司和武汉钢铁(集团)公司联合重组而成，于2016年12月1日揭牌成立。中国宝武粗钢产能位居中国第一、全球第二，是国有资本投资公司试点企业，致力于通过改革和发展，打造以绿色精品智慧的钢铁产业为基础，新材料、贸易物流、工业服务、城市服务、产业金融等相关产业协同发展的“一基五元”新格局。

中国宝武自2015年开始以宝钢股份为试点开展钢铁智能制造的探索，以欧冶云商为平台探索钢铁智慧服务商业模式，取得了一大批可喜的成功案例。据悉，中国联通和中国宝武此次战略合作，将以智能工厂为载体，以关键制造环节智能化为核心，以端到端数据流为基础，以网络互联为支撑，合作进行工业互联网领域的创新应用研究，基于5G攻克一批工业技术应用的共性关键技术瓶颈，基于行业标准的云化平台，沉淀一套标准应用，并应用于产线的升级改造中，有效缩短产品研制周期、降低运营成本、提高生产效率、提升产品质量、降低资源能源消耗。双方将在中国宝武宝山基地打造工业互联网5G应用试点示范，进而带动整个行业的转型升级与高质量发展。首批先行先试应用场景有产线远程集中操控、框架车无人驾驶、设备在线监测、远程技术服务等。此外中国宝武与中国联通双方将围绕5G智能制造建设深入合作，在钢铁行业的生产管理、设备运维、远程控制等各个领域加速应用创新，推动技术进步，树立行业标杆。此次合作必将成为双方推动企业创新转型发展的良好开端，必将孕育出丰硕的合作成果。

同时，中国联通愿意携手中国宝武及其他合作伙伴，积极探索将 5G 技术与 VR/AR、云计算、大数据、人工智能相结合，运用到更多的工业场景中，把“智能+”拓展到更宽的领域，助力“网络强国”“数字中国”“智慧社会”建设取得新突破。目前，基于 5G 的产业物联网项目已经启动，已于 2019 年 7 月上线运行，成为冶金行业全球首个基于 5G 的产业物联网项目。在中国联通合作伙伴大会上，中国联通正式发布了“7+33+n”5G 网络部署，在 7 个城市城区连续覆盖，在 33 个城市实现热点区域覆盖，在 n 个城市定制 5G 网中专网，搭建各种行业应用场景，为合作伙伴提供更为广阔的试验场景，推进 5G 应用孵化及产业升级。中国联通与中国宝武的合作有望向更多领域和更深层次发展，树立行业标杆，将联通 5G 能力融入社会更多领域。

1.1　信息时代与信息系统

人们正处于一个信息时代，以互联网、移动通信、云计算、大数据和人工智能为代表的信息技术正在深刻地影响着社会、经济和管理的各个方面，人们以计算机、手机为主要工具，通过移动电话、电子邮件、短信和社交软件等方式互相沟通，高效地进行商务、政务协商和群体交流，信息时代极大地改变了人们的工作和生活方式。

据中国互联网络信息中心(CNNIC)于 2019 年 9 月 5 日发布的《中国互联网络发展状况统计报告》显示，截至 2019 年 6 月，我国网民规模达 8.54 亿，网民中使用手机上网人群的占比由 2017 年的 97.5%提升至 99.1%，互联网普及率达 61.2%，超过全球平均水平 6.2%。截至 2018 年年底，中国的“.CN”域名注册量达到 2 124 万个(占中国域名总数的 56%)。随着移动通信技术的不断完善以及智能手机的普及，移动互联网应用向用户的各类生活需求深入渗透，新兴信息技术改变了企业经营环境，提高了企业的竞争能力。

1.1.1　全球化

因特网(Internet)的崛起使全球信息网迅速形成，从而引发了经济、社会、文化和生活等方面的全球化。跨国公司成为经济全球化的主角，它们在全球范围内开辟新市场，从事商品的跨国流动和资本的跨国运作。这种大生产体系在全球范围内的配置和分工，其影响力日益加大。全球化导致全球性工作群体、全球制造、全球采购、全球供应及全球技术支持和全球售后服务模式出现。企业的运营已在世界范围内完成，市场竞争呈现国际化和一体化。

全球化给企业带来机遇和挑战，同时也将使企业承受更多的风险和挑战。如何及时捕捉全球各个地区的需求信息，对市场信号做出及时的反应，高效、低成本地在世界市场中进行采购，向世界各地的用户提供优质商品和服务，都是企业亟待解决的问题。面对国际市场的竞争和挑战，企业需要利用互联网等信息技术通过功能强大的信息系统使得全球化成为可能。

作为一套成熟的全球通信系统，互联网极大地削减了企业的国际化运营成本。位于上海的生产车间和位于美国南达科他州的配送中心之间能实现及时交流，而成本几乎为零。客户 24 小时都可以通过网络获取产品价格和质量信息，并在线采购。跨国公司则通过网络寻找报价更低的供应商，管理位于他国的工厂，显著降低了成本。诸如谷歌(Google)、亚马逊(Amazon)等网络服务公司能将商业模式和服务模式复制到多个国家，而无须重新设计固定成本高昂的信息系统基础设施。2019 年，亚马逊和通用汽车(General Motors)公司有一半以上的利润来源于美国以外的海外市场。简言之，没有信息系统，就无法实现全球化。

1.1.2 从工业经济向知识和信息经济的转变

当今世界正从工业经济向知识和信息经济转变，在知识和信息经济时代，知识和信息是创造财富的主体。

知识和信息经济催生了大批知识和信息的密集型组织。其中，新型服务业扮演了重要的角色。例如，各种咨询公司专门为企业提供经营管理方案和财务评价报告，为市政管理部门提供环境评测报告，而这些公司以前是不存在的。它们利用信息系统对信息和知识进行处理，帮助组织做出正确决策，为组织带来很大的经济利益。基于知识和信息的产品和服务比传统的产品和服务具有更大的经济价值。例如，数码相机每两分钟所拍摄的照片要比 19 世纪所拍摄的全部照片都要多，这些照片通过 Facebook 等网站以近乎零成本的方式被人们共享，它所创造的价值是工业时代柯达公司曾经的市场价值的好几倍。信用卡、连锁经营、全球预订系统和物流配送服务等都是通过信息技术和信息系统创造价值的。

知识已经渗透到传统的产品制造中，生产对实体设备和生产结构的依赖越来越少，而更多地取决于知识产权、组织资本和人力资本等无形资产。汽车工业中，汽车的设计、制造和管理在很大程度上依赖信息技术和信息系统，用 CAD(Computer-Aided Design)软件辅助设计，用 ERP(Enterprise Resource Planning)系统组织生产、经营和管理，这些工作不仅需要有较高知识水平的人员来完成，还需要在实施过程中投入人力成本完成流程优化。为此，汽车制造商增加了计算机专家、工程师和设计师的数量而减少了蓝领工人的数量。

1.1.3 企业转型

1. 向数字化企业转型

信息时代造就了数字化企业，数字化企业应具备以下特征：企业的重要商业关系(如与客户、供应商和员工等的联系)全部用数字化方式建立并以数字化媒体为中介；企业的核心业务流程经由连通整个企业内部及不同企业间的数字化设备实现。对工业企业而言，数字化企业可视为一个包括从产品研发、生产规划、制造直至维护所有环节的信息技术解决方案的平台。以制造业为例，用产品生命周期管理(Product Lifecycle Management，PLM)系统管理产品生命周期；用 ERP 系统对企业内部的物料、劳力、设备和资金等所有资源进行全面计划和控制；用供应链管理(Supply Chain Management，SCM)系统在全球范围内形成一条由供应商、制造商和分销商组成的企业链，在双赢的基础上获得竞争优势。汽车行业、电子行业已有发展成熟的数字化企业，而更多的企业正在向数字化企业转型。

2. 向互联网企业转型

众所周知，信息技术革命特别是移动互联网时代的到来，一方面给传统产业带来了危机，另一方面也让传统产业获得勃勃生机，“互联网+”是传统企业转型和产业升级的推动力。在“互联网+”的大战略下，传统产业和互联网交融，传统企业将实现组织重构、管理进化以及互联网转型。

1.1.4　信息系统的企业战略目标

在大多数发达国家，信息系统对于完成日常工作和达成企业战略目标起着至关重要的作用。

如果没有信息系统方面的大量投资，当今的世界经济将难以想象：首先，亚马逊、eBay、谷歌和亿创理财(E-Trade)等电子商务企业根本不会出现；其次，现代服务业将寸步难行，而这一行业关系到金融、保险、房地产、旅游、医药和教育等诸多领域；最后，诸如沃尔玛(Wal-Mart)、西尔斯(Sears)等零售企业，以及通用汽车(General Motors)、通用电气(General Electric)等制造企业也很难达到目前的繁荣与发展程度。正如在 20 世纪，办公室、电话、文件柜和现代化写字楼是必需品一样，21 世纪的商业活动已经离不开信息系统这一重要基石。

企业战略的实施及其目标的实现将越来越多地受制于企业对信息技术的应用能力(见图 1.1)。一个企业在五年内发展的快慢，很大程度上取决于企业的信息系统能否提供相应的支持。无论是扩大市场份额、提高产品质量、降低生产成本、研发新的产品还是提高工作效率，都越来越依赖企业所使用信息系统的种类和可靠性。

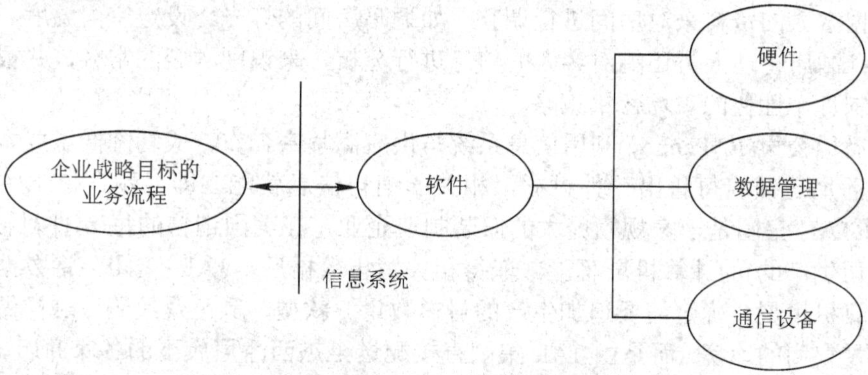

图 1.1　企业与其信息系统间的互相依存关系

具体而言，企业在信息系统方面的大量投资着力于实现六大商业目标：实现卓越运营；开发新的产品、服务和商业模式；亲近客户和供应商；优化决策能力；获得竞争优势；维持企业生存。

1. 实现卓越运营

为了获取更高的利润，企业力求不断提升运营效率。对于管理者而言，信息系统和信息技术就是达成这一目标的两种重要工具。利用这两种工具对经营方式和管理模式做出相应的调整，可以取得更为可观的效益。

作为世界上最大的零售商，沃尔玛成功地将信息系统与优秀的经营方式和相适应的管理模式相结合，提升了运营效率，使其管理达到了世界领先水平。在 2018 财年，沃尔玛的销售额达到 5 003.43 亿美元，几乎占到美国国内零售业收入的 10%。这很大程度上归功于沃尔玛的 Retail Link 系统。该系统可以通过数字化的方式将供应商与每一个沃尔玛的超市相连接。供应商监控所有商品，超市每卖出一件，就立即补货。

2. 开发新的产品、服务和商业模式

信息系统与信息技术可以大大增强企业开发新产品、新服务甚至全新商业模式的能力。商业模式是指一家公司生产、配送、销售产品或服务的方式。

如今的音乐产业与十几年前有着很大的不同。以 iPod 音乐播放器为技术平台，苹果公司开发出一种不侵犯版权的新型在线音乐销售模式，取代了以黑胶唱片、磁带或光盘为媒介的传统商业模式。借助 iPod 音乐播放器、iTunes 在线音乐服务、iPad、iPhone 等系列产品与技术创新，苹果公司取得了巨大的成功。

3. 亲近客户和供应商

企业如果能真正了解客户的需求，并提供优质服务，就会迎来更多的回头客，进而提高收入与利润。同样，企业与供应商的关系越密切，供应商就越能满足企业所需，从而降低企业成本。对于拥有庞大的线上和线下客户群的企业来说，如何真正了解客户和供应商，是一个十分关键的问题。

纽约曼哈顿的文化东方酒店(Mandarin Oriental Hotel)及一些豪华宾馆，通过信息系统来增进企业与客户亲密度的可能性：用电脑记录宾客的个人偏好(如喜好的房间室温、习惯的入住时间、经常拨打的电话号码和经常观看的电视节目)并将这些数据存储在大型数据库中；宾馆的每一个房间都通过网络与中央服务器相连，可实现远程调控；当客人入住时，系统会根据客人的资料来对房间进行调整，如调暗房间的灯光、设定室内温度、选择合适的音乐等；酒店管理人员还能对客人的信息进行分析，来识别酒店的常客，并根据这些客人的偏好制订个性化的市场营销策略。

杰西潘尼公司(JC Penney)利用信息系统与供应商紧密合作，成功降低了成本。美国各地的杰西潘尼连锁店每售出一件衬衫，相关的销售信息就能立即显示在位于中国香港的 TAL 集团(TAL 集团是一家规模庞大的服装制造企业，在美国销售的每 8 件衬衫中就有 1 件是该公司生产的)的计算机屏幕上。取得相关销售数据后，TAL 集团会将数据输入自己开发的计算机模型，确定需要追加生产的衬衫数量、款型、颜色及尺码。这样做使得成衣不必经过零售商的库房，而是由 TAL 集团直接配送至杰西潘尼旗下的各家商店。由于杰西潘尼公司几乎没有库存，因此该公司的库存成本几乎为零。

4. 优化决策能力

许多企业管理者都是在信息模糊不清的情况下工作的，他们缺少做出最后正确决策所需的准确信息，只能依靠推测、估计以及运气进行判断。这样做的后果往往是决策速度缓慢、资源配置不当、产品/服务过剩或不足，从而导致成本提高、顾客流失。然而近 10 年来，信息系统与信息技术已使基于实时市场数据的决策成为可能。

举例来说，Verizon 通信公司(美国最大的电信服务提供商之一)就采用了一套基于网络的数字仪表盘系统，能为管理人员实时提供各类精确的管理信息，包括客户投诉、各地区网络运行状况、线路故障或被飓风损坏的线缆等。根据这些信息，管理人员可以迅速分派维修人员到故障区域进行处理，并将维修状况告知相关用户，尽快恢复中断的服务。

5. 获得竞争优势

如果能实现以上四个商业目标中的一个或多个，那么该企业就已经具备了一定的竞争优势：能够比竞争对手更出色地完成任务；能够提供物美价廉的产品；能够对客户以及供应商做出及时响应。这些都会帮助企业提升销售业绩，让企业的竞争者望尘莫及。苹果、沃尔玛、UPS 等公司都是通过对信息系统的充分应用而成为行业巨头的。

6. 维持企业生存

企业之所以在信息系统与信息技术方面大量投资，是因为它们是商业竞争的必需品，而行业内的重大变革可能会催生出一些新的“必需品”。以银行业为例，花旗银行(Citi Bank)于 1977 年在纽约地区率先引进了第一批自动柜员机(ATM)，随后其他竞争对手也纷纷跟进，开始提供 ATM 服务以追赶花旗银行。如今，几乎所有美国银行都拥有与全国及全球 ATM 网络联网的地区 ATM 系统(如 CIRRUS 网络)。ATM 已成为零售银行在业内生存和立足的必备设施。

1.2　信息系统的概念

信息技术(Information Technology，IT)是企业实现其商业目标所需的所有软件和硬件，其中不仅包括计算机主机、磁盘驱动器和便携式移动设备，还包括操作系统、桌面办公软件及其他上千种企业常用的应用软件。信息系统则更加复杂，从应用的角度出发，根据它所处理的信息内容的不同，有不同的内涵，如气象预报信息系统、地理信息系统、新闻信息系统、管理信息系统等。

在管理领域，用于对经营与管理方面的信息进行加工和处理的信息系统称为管理信息系统(Management Information Systems, MIS)。对于管理信息系统的理解有广义和狭义之分，由于信息系统在管理领域的应用最为广泛，因此国外有关管理信息系统的著作都用信息系统(Information System, IS)一词代替早期的管理信息系统，成为广义概念上的管理信息系统的代名词和专有名词。广义的管理信息系统包括各种形态、各种模式的用于经济、管理领域的计算机信息系统。狭义的管理信息系统常常指为组织内部管理层服务的一类计算机信息系统，是广义管理信息系统中的一部分。

1.2.1　信息系统的定义

信息系统是由一系列相互关联的组件构成的，是通过信息收集(或检索)、信息处理、信息存储及信息发布，为组织决策和组织控制提供支持的系统。另外，信息系统还可以帮助管理者和员工分析问题、简化复杂项目以及研发新产品。

信息系统包含公司内部以及周围环境中所有重要人员、重要地点和重要事务的信息。在这里，我们把信息(Information)定义为经过整理，以某种有意义且有效用的形式呈现的数据。数据(Data)则是持续生成的原始资料，是记录公司或其周边环境中不断发生的事件的符号表示。因为这些资料没有经过组织和整理，所以人们无法直接理解和应用。

一个简单的例子可以说明信息与数据的不同。超市的收银台每天都会扫描大量的条码，得到有关售出商品的大量数据。将这些数据进行整合、分析，即可得到许多有意义的信息，比如，某家商店的清洁剂销量、该商店或所属销售区最畅销的清洁剂品牌、该品牌清洁剂的总销售额等。

信息系统通过三个环节生成所需信息，为组织决策、运营控制、问题分析、新产品及服务的研发提供支持。这三个环节分别是输入、处理和输出。输入(Input)是指从组织内部、周围环境获取或收集信息。处理(Processing)是指将输入的原始数据转换为有意义的形式。输出(Output)是指将处理好的信息传送至使用者或需要使用该信息的活动的过程。此外，信息系统还需要反馈(Feedback)，即将输出的信息回送给组织中的合适人员，以对输入环节进行评估和调整。

对一个传统的在线售票网站而言，原始输入数据就是订票信息，包括订票人姓名、地址、信用卡号、订票数以及所订票的使用时间。计算机记录这些信息后，计算出总金额、追踪票的销售状况并通知信用卡公司进行扣款。输出内容包括票的打印、订单发票以及在线订票的报告。系统还会提供诸如某场比赛的票务销售情况、年总销售量及订票常客等有价值的信息。

计算机、软件、信息系统之间有着巨大的差别。计算机及相关软件是现代化信息系统的技术基础、组成构件和实现工具。计算机提供了信息存储和处理所需的设备，计算机程序(软件)是引导和控制计算机处理过程的一系列指令。

举例来说明，建造房屋除了需要用到锤子、钉子和材料外，还必须考虑建筑风格、设计方案、选址以及庭院设计等一系列关乎房子的决策因素。就构建信息系统而言，计算机和程序就好比是锤子、钉子和材料，并不足以提供特定组织所需的信息。只有明确信息系统所要解决的问题、设计架构和组成要件，并且熟悉解决以上各种问题的流程，才能真正理解信息系统。

1.2.2 信息系统的三个维度

信息系统包括组织、管理和技术三个维度(见图 1.2)，基于这三个维度的信息系统知识称为信息系统文化(Information System Literacy)。通常所说的计算机文化(Computer Literacy)强调的是技术维度的知识。

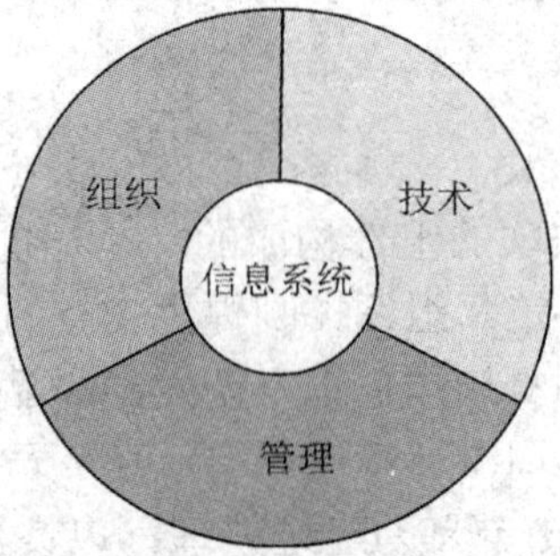

图 1.2 信息系统的三个维度

1. 组织

组织由不同层级和专业领域构成，分工清晰明确，采用金字塔式的等级结构，分为高级(战略)管理层、中级(战术)管理层和运营(作业)管理层三个主要层级。金字塔上层由管理人员、专业人士和技术专家组成；中层由科学家及知识型员工组成；下层则由生产或服务工作者、数据工作者组成，见图 1.3。信息系统可为组织的每个层级提供服务。

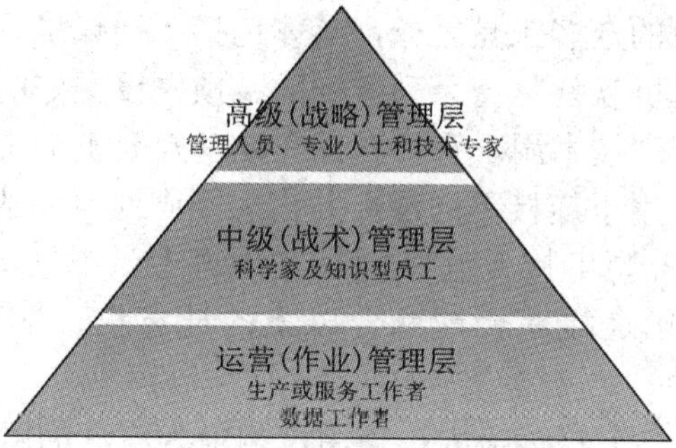

图 1.3　组织的层级结构

组织通常雇用并培训不同的专业人士以实现不同的业务职能。商业组织主要的业务职能或履行的一系列专门任务，大多由销售与营销、制造与生产、财务与会计以及人力资源完成，见表 1.1。

表 1.1　组织主要业务职能

职　能	作　用
销售与营销	销售企业的产品与服务等
制造与生产	生产并提供产品与服务等
财务与会计	管理企业的财务资产，保存财务记录等
人力资源	招募员工，提升企业的劳动力水平，管理已有劳动力，保存员工档案等

组织通过业务流程和等级化制度来协调工作。业务流程指组织为完成工作而执行的一系列与逻辑相关联的跨越时空的任务和行动。研发新产品、交付订单以及雇用新员工都可以称为业务流程。多数组织的业务流程(包括正式的规章)是在长期经营中汇总逐渐形成的。从开具一张发票到回复客户投诉，员工都必须根据规章制度完成一系列的作业程序。业务流程既包括成文的规定，也包括不成文的非正式商务惯例(例如及时回复漏接的客户或同事的电话)。信息系统使许多业务流程实现了自动化。例如，企业经常使用整合了正式业务流程的信息系统来决定具体客户的付款和收款方式。

每个组织所拥有的一部分企业文化，也深嵌在其信息系统中。组织中不同层次、不同专业领域的人员用不同的方式为组织创造收益。与此同时，组织在运营以及资源和收益的分配方面，经常会产生矛盾，而矛盾就是组织政策诞生的基础。

2. 管理

管理层的工作是认清组织所面对的各种情况，做出决策，制订行动方案来解决问题。成功的管理者应能认识到商业环境中存在的挑战，并对组织战略进行调整；还应能合理调配人力及财力资源，协调组织工作，自始至终认真负责，发挥领导才能。管理不仅限于已存在的事务，还要不时地重新构建整个企业组织。运用新信息、新知识创造性地开展工作是管理职责的重要组成部分。在信息系统的帮助下，管理者不仅得以设计并实现新产品和新服务，还能对组织进行重新构建和重新定向。

3. 技术

技术是管理信息系统的众多工具之一，具体包括：计算机硬件是用来输入、处理、输出数据的实体设备；计算机软件是一系列详细的、预先设置好的指令，用以控制信息系统中的计算机硬件；数据管理技术用于管控存储在物理媒介上的组织数据；网络与通信技术由实体设备和软件组成，用于连接不同硬件并实现不同地点间的数据传输。

计算机以及通信设备均可接入互联网，实现语音、数据、图片、音频、视频等信息的共享。一个网络可以连接两台或两台以上的计算机，实现信息或资源(如打印机)共享。

互联网(Internet)是世界上规模最大、使用范围最为广泛的网络。互联网拥有 43.88 亿网民，遍布 230 个国家和地区。互联网为新产品、新服务、新战略以及新的商业模式创造了一个全新且“普适”的技术平台。该平台也可以为企业内部服务，连接企业内的不同系统和网络。这种基于互联网技术的企业内联网络称为内联网(Intranet)。经拓展供组织外部授权用户使用的内部专用网叫作外联网(Extranet)，企业利用这种网络与其他公司进行协调采购、协作设计等跨组织活动。对于当今的大多数企业而言，互联网技术的应用既是一种商业需求，也是竞争优势的保证。

万维网(World Wide Web)是一种互联网服务，它利用通用标准以页面形式在互联网上对信息进行存储、检索、编排并显示。一张网页包括文本、图片、动画、音频及视频，并与其他网页链接。单击网页上标记的文字或按钮，可以链接到网络的其他位置并获得额外信息。万维网可以作为企业信息系统的基础。

所有这些技术以及运行和管理这些技术所需要的人，作为可以在组织中共享的资源，构成了组织的信息技术基础设施。信息技术基础设施为企业建立自己的信息系统提供了基础或平台。每个公司都必须谨慎地设计和管理信息系统基础设施，以便为利用信息系统完成工作提供一系列技术服务。

1.2.3 信息系统的商业意义

从商业视角来看，信息系统是一种为企业创造价值的重要工具。信息系统通过提供信息，可以优化公司决策，提高业务流程效率，增加公司利润，降低公司成本。例如，用于分析超市收银台数据的信息系统可为管理者提供信息，确定应当采购和促销的商品种类，从而提高公司的利润。

每个企业都有一条信息价值链，如图 1.4 所示。系统收集的原始信息经过一系列处理、转化过程，价值不断提升。信息系统对企业的价值有多大，企业是否会投资新的信息系统，很大程度上取决于信息系统能为管理者决策带来多大改善，对业务流程的效率有怎样的优化，对企业的盈利能力又有多少提升。尽管构建信息系统的理由不同，但它们的首要作用还是为企业创造商业价值。

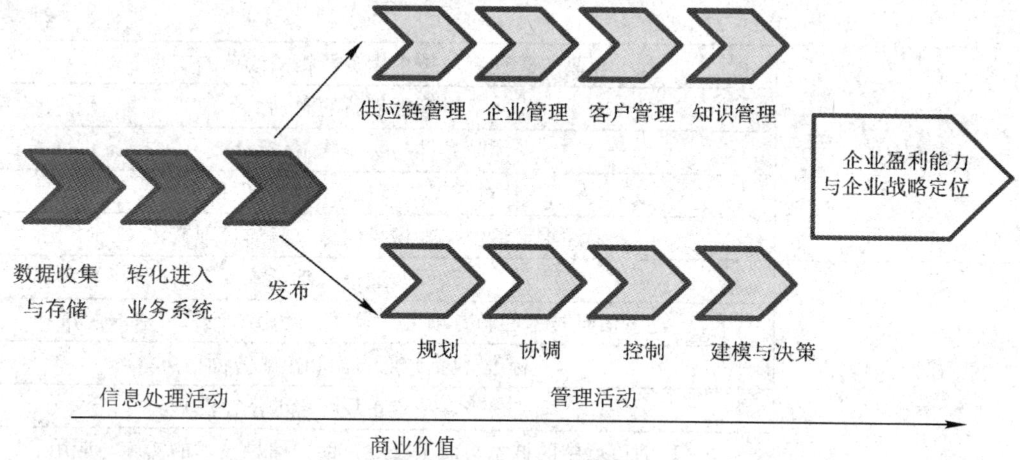

图 1.4　企业的信息价值链

信息系统的商业意义与其组织和管理维度密切相关。信息系统利用信息技术帮助企业应对周边环境中的挑战和问题，是一种基于信息技术的组织及管理解决方案。

1.2.4　信息系统中的辅助性资产

在信息技术方面，各企业间的投资、回报存在相当大的差异。有些企业投资大，收益也大；有些企业投资相当，却收益较少；还有些企业投资较少，但回报颇丰；当然也有些企业的投资与收益都有限。这意味着在信息技术方面的投资与回报不一定呈正相关关系。那么是什么造成了各公司之间投资、回报的差异呢？

回答这一问题前，先了解辅助性资产这一概念。

辅助性资产(Complementary Assets)是指为实现主要投资价值所必需的要素。比如，要实现汽车投资的价值，就必须在高速公路、公路、加油站及维修站的建设方面进行辅助投资。此外，还需要出台相关的法律法规并制定标准来对驾驶员的行为进行规范。

从信息技术投资中取得优异回报的企业，往往进行了相应的辅助性资产投资，比如建立新的商业模式、业务流程、管理方式、组织文化以及对员工进行培训等；那些收益较少或未能获得收益的企业，则大都忽视了相关的辅助性资产投资。这些在组织和管理方面的投资也被称为组织和管理资本(Organizational and Management Capital)。表 1.2 列举了充分利用信息技术所需的主要辅助性资产。虽然辅助性资产包括厂房、机器设备和工具等有形资产，但信息技术投资的价值主要还是通过管理和组织上的无形资产来体现的。

表 1.2　优化信息技术投资回报所需的组织、管理、社会方面的辅助性资产

组织资产	注重效率和效用的组织文化
	合适的商业模式
	高效的业务流程
	分权
	分布式决策权
	高水平的信息系统开发团队

续表

管理资产	高层管理者对技术投资及相关改革的支持
	对管理创新的激励
	团队精神与协作式工作环境
	针对管理决策技巧的培训项目
	注重灵活性与知识导向型决策的管理文化
社会资产	互联网及通信基础设施
	注重信息技术的教育项目，提高劳动力的计算机基本素养
	标准(包括政府方面和个人方面)
	营造公平、稳定市场环境的法律法规
	毗邻市场中的技术与服务企业，助力信息技术的实施与应用

1.3　信息系统的体系结构

信息系统体系结构(Information Systems Architecture, ISA)是指信息系统的组成成分及组成成分之间的联系，也称为组织的信息体系或信息系统的组成模型等。研究信息系统体系结构也有不同的视角，如从社会-技术系统的角度去研究，从功能或软件结构的角度去研究等。本章将从社会-技术系统的角度全面介绍信息系统的体系结构。

1.3.1　信息系统的总体构成

很多学者提出了信息系统体系结构的模型。例如，德国 IDS Scheer 公司的 August-Wilhelm Scheer 教授提出了集成信息系统体系结构(Architecture of Integrated Information Systems, AIIS)的概念；我国的薛华成教授从概念结构、功能结构、软件结构和硬件结构四个方面阐述了管理信息系统的结构；美国华盛顿大学 David M. Krenke 教授提出了信息系统由硬件、软件、数据、过程和人组成的五要素框架，如图 1.5 所示。任何一个信息系统，无论是简单的还是复杂的都具备这五个要素。

五要素框架

硬件	软件	数据	过程	人

图 1.5　基于五要素框架的信息系统组成模型

本书在总结各种信息系统体系结构的基础上，给出一种能够全面反映社会-技术系统特征的信息系统体系结构模型，如图 1.6 所示。该模型表示信息系统由应用信息系统及其基础部分组成。应用信息系统是人们通常所指的信息系统，它的基础部分包括人员、战略、组织、管理和决策、数据资源以及基础设施六个部分，是支持应用信息系统运行的基础，或者说是应用信息系统运行的环境。两大部分共七个成分，相互联系，组成了一个组织的信息系统有机整体。

随着互联网的出现，组织边界从有形到无形，组织内的信息系统与组织间的信息系统组成了完整的信息系统体系。实际上，现代组织的信息系统体系结构是由许多个如图 1.6 所示的信息系统体系结构连接而成的。

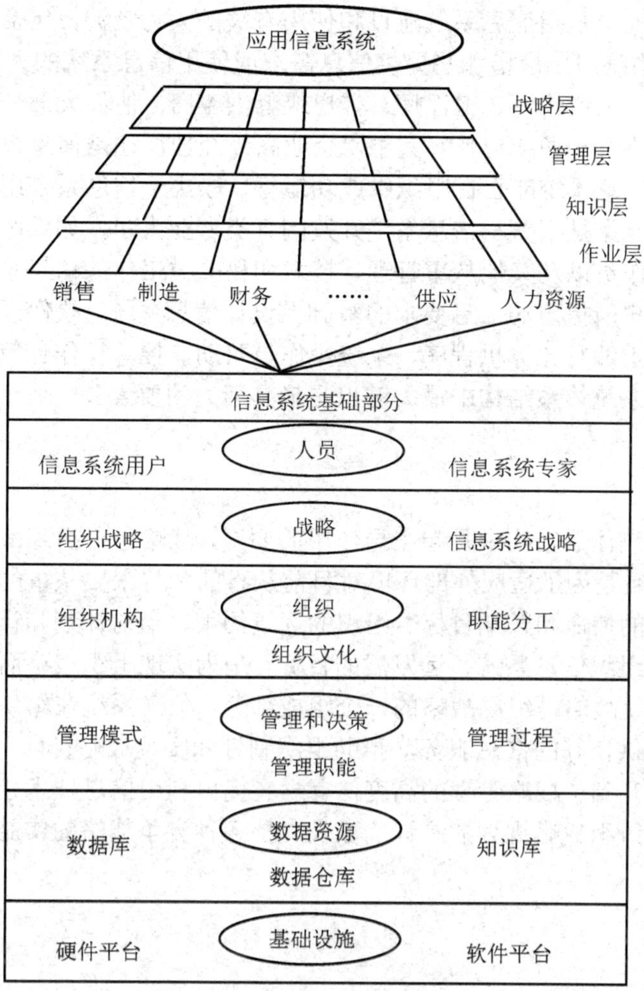

图 1.6　信息系统体系结构模型

1.3.2　应用信息系统

应用信息系统是信息系统体系结构的主要组成部分，它是一个通过系统开发或商品软件制造商提交给用户使用的信息系统应用软件。该软件在运行时，通过用户界面上的一系列菜单，向企业管理层提供辅助管理和决策的各种应用和服务。信息系统所提供的功能由称为子系统或模块的部件提供。例如，图 1.6 中的梯形部分，按企业的职能分工，纵向划分为销售管理、制造管理、财务管理、供应管理和人力资源管理等子系统；由于组织不同层次的管理角色对信息系统的信息需求各不相同，在纵向划分子系统的基础上，又可以按战略层、管理层、知识层、作业层等管理层次，把每个职能子系统横向划分成若干个更小的子系统或模块。应用信息系统的各子系统间通过数据或者过程进行联系，形成一个集成化的信息系统应用体系。

1.3.3　人员

信息系统中的人员是指信息系统建设和使用有关的人力资源，包括信息系统用户和信息系统专家。信息系统用户是指那些提供信息需求或使用信息系统的人，如企业高级经理、首席信息官、会计、销售代表、工程师、客户或者供应商，他们大部分时间通过信息系统在企业中或企业间进行沟通或协作。其中，企业高级经理往往是信息系统建设项目的投资者和风险承担者，信息系统能否在组织中成功运行，取决于信息系统用户对信息系统的接受程度。信息系统专家是指参与信息系统开发的各类专业人员，如系统分析与设计师、软件开发员、系统操作员以及其他从事管理、技术和秘书类工作的信息系统工作人员。系统分析与设计师在用户所提出的信息要求的基础上设计信息系统，软件开发员根据系统分析和设计师的设计要求编写计算机程序，系统操作员帮助监控并操作计算机系统与网络。信息系统人员是信息系统体系结构中最关键也是最具活力的要素。

1.3.4　战略

战略在信息系统体系结构中是起主导作用的要素，战略包括组织战略和信息系统战略两个部分。组织战略是为了适应外部环境对目前从事的和将来要从事的活动所进行的重大决策，它包括组织的使命和长期目标、组织的环境约束、当前计划和计划指标的集合。信息系统战略是关于组织信息系统长远发展的目标，是为实现组织战略而采取的基于信息技术的方案。信息系统战略是组织战略的一个组成部分，信息系统在组织战略规划中的作用是利用信息技术提供良好的信息服务，帮助组织制订和实现战略目标。20 世纪 80 年代之后，信息管理被提升到了战略管理的高度，有学者提出利用信息技术建立一种战略信息系统，全方位服务于组织战略规划的制订，以及支持各种竞争战略的实施，以达到提高企业竞争力的目的。

1.3.5　组织

组织是信息系统得以运行的基本要素。组织是在社会经济系统中为了实现共同目标而形成的具有一定形式和结构的群体和关系，是基于确定目标、结构和协调活动机制的与一定社会环境相联系的社会系统，如企事业单位、国家机关、政党、社会团体等。组织是管理的载体，它拥有各种资源，如人、财、物、设备、技术和信息，通过对这些资源的管理实现组织的战略目标。例如，企业组织的战略和目标决定企业的经营范围，以及员工、客户和竞争者之间的关系。组织的组成要素有组织结构、组织文化、规章制度和职能分工等。

1. 组织结构

组织结构是反映组织各部分之间关系的模式。组织结构决定了组织的指挥系统、信息沟通系统与决策系统，组织的层级数、管理跨度和集权程度决定了正式的报告关系；组织结构设计要考虑岗位和部门设置、命令链、控制跨度、集权与分权和标准化等关键因素，保证信息在个人、部门、决策者和组织间有效、快速地传递是设计的目标。传统的组织结构主要有直线职能制、事业部制、矩阵制和虚拟组织四种基本形式。

1) 直线职能制

在直线职能制中，将技能相似的专业人员集合在各自专门的职能部门汇总，在规定的业务范围内分工合作。“直线”的意思是下级必须绝对服从上级命令，高层管理者则必须专心致力于最主要的决策工作。直线职能制的缺点是对外界环境的变化反应较慢，部门间缺少横向沟通和协调。直线职能制组织结构如图 1.7 所示。

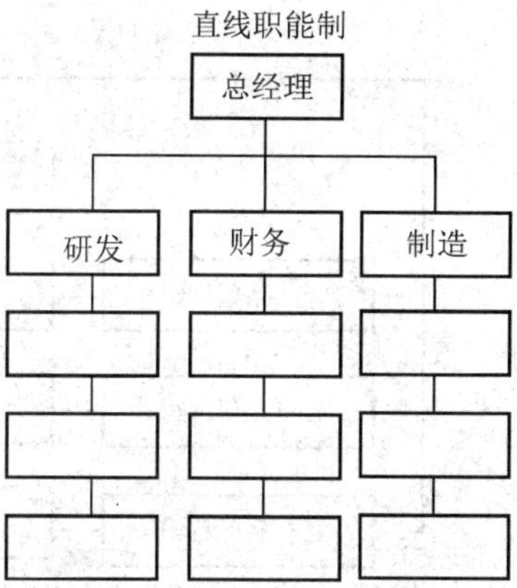

图 1.7　直线职能组织结构

2) 事业部制

事业部制也称为产品部门制结构，是由美国企业管理专家阿尔弗雷德·P·斯隆(Alfred P. Sloan)于 20 世纪 20 年代初在美国通用汽车公司任副总经理时研究设计的，故又称为“斯隆模型”。其管理原则是“集中决策，分散经营”。事业部经理根据企业最高管理结构的指令进行工作，统一领导其主管的事业部。最高管理机构仅保留了人事决策、财务控制、规定价格幅度和公司监督等职权。可以按产品类别、地区或经营部门将实行事业部制的企业划分成若干个事业部(或称为公司)，分别负责从产品设计、原材料采购、产品制造一直到销售的全部业务，独立经营和核算，在企业整体战略下谋求发展。事业部制组织结构如图 1.8 所示。

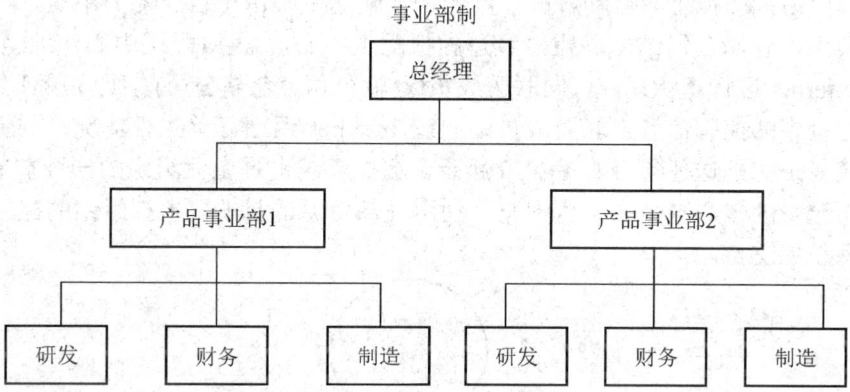

图 1.8　事业部制组织结构

3) 矩阵制

这种组织形式是在原有直线职能建立的垂直领导系统的基础上，建立一种横向的领导系统，两者结合起来组成一个“矩阵”。矩阵制是一种思想横向联系的有力模式，它适用于某些特定的规划项目、新产品研发等组织活动。根据组织活动的需要建立职能部门与产品或项目研发部门融合和互补的新机构。矩阵制产生了双重的权力和职责，职能经理和项目经理具有同样的职权，即职能经理有管理技术领域的权力，项目经理(横向领导系统的经理)有管理规划项目、新产品及产品系列的权力，雇员接受两者的管理。矩阵制组织结构如图 1.9 所示。

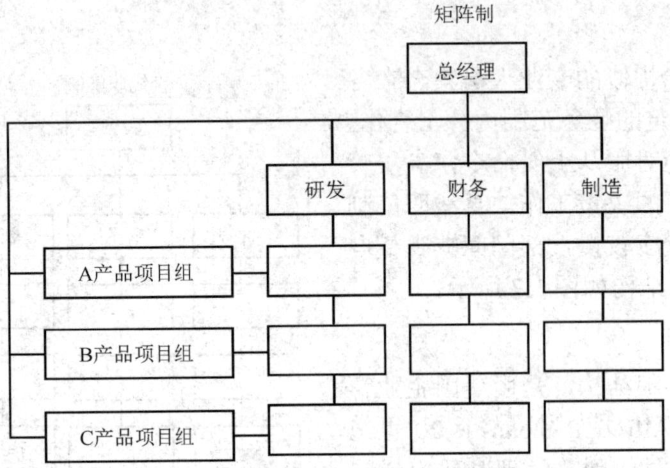

图 1.9　矩阵制组织结构

4) 虚拟组织

随着信息技术尤其是互联网的飞速发展，电子化沟通缩减了传统组织结构的沟通时间和地理障碍，产生了新型的虚拟组织的概念。虚拟组织是指两个或两个以上的独立实体，为迅速向市场提供产品和服务，通过计算机网络，在一段时间内结成的动态联盟。伯恩(Byrne)于 1993 年提出了虚拟企业的概念，即一些相互独立的企业(如供应商、客户、竞争企业)通过由信息技术连接而成的暂时联盟，它们共享技能、共担成本，共同开发新的市场，待项目完成以后，虚拟企业自动解散。例如，某配送中心由于自身能力不足，与分散在各地的运输公司、仓储公司结成联盟，组建虚拟配送中心。盟主(配送中心)接收客户的订单后，通过 Internet 进行资源调度，向联盟成员(运输公司、仓储公司)分配订单任务，并下达订单执行过程中的控制信息，联盟成员则通过 Internet 返回订单执行情况，盟主和联盟成员协同完成复杂的配送任务，如图 1.10 所示。虚拟组织也是企业组织的一种扩展，它立足于发挥组织自身的核心竞争力，达到充分利用外部资源的目的。虚拟组织的建立必须有组织间信息系统的支持。

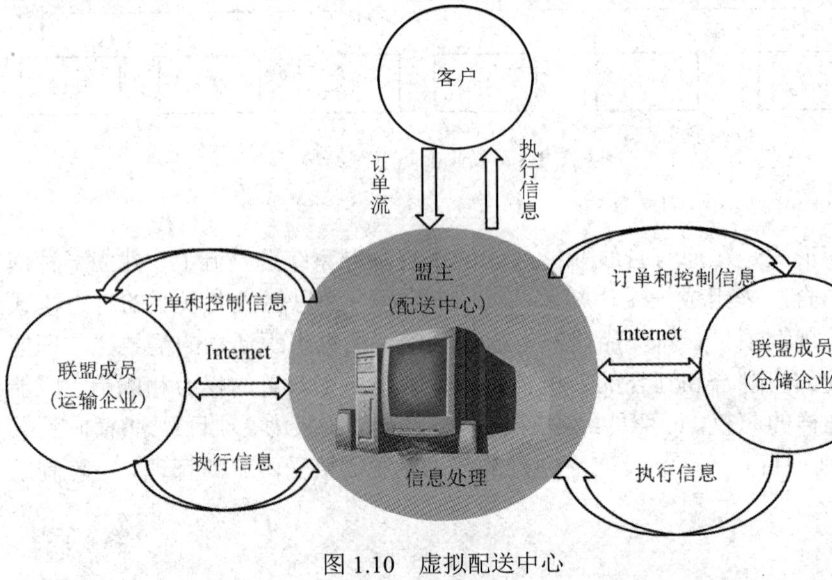

图 1.10　虚拟配送中心

2. 组织文化

组织文化是组织在长期的生存和发展中所形成的、组织成员共同遵守的价值观念、基本信念、行为规范和标准等的总和。组织文化使个人行为、思想、沟通方式与整个组织有机整合起来，更具凝聚力地为实现组织的目标而努力。组织文化能够从根本上改变员工旧的价值观，建立新的价值观以适应组织外部环境的变化。信息系统和信息技术的引入会引起组织文化的变化。一个简单的例子是，当信息系统运行时，通过计算机网络，员工可以在企业知识平台上讨论技术问题、共享知识、传递经验，员工之间沟通和交流的习惯和关系随之发生变化。近年来，很多学者在研究信息系统的成功运行与组织文化之间的关系，足以说明组织文化的建设对信息系统成功运行的重要作用。

3. 组织与信息系统的相互影响

组织是处理信息的实体，是信息系统实施的对象，不同组织的信息需求各不相同，因而有不同的信息系统应用。组织与信息系统是相互影响的，一方面，它要与组织相适应，为组织中的一些重要部门提供信息，辅助管理和决策，实现组织目标；另一方面，信息系统也会对组织产生影响，并推动组织创新和变革。

1.3.6　管理和决策

1. 管理的定义

管理的活动和过程是信息系统处理的对象。在周三多主编的《管理学》一书中，管理被定义为组织中的活动或过程，即通过信息获取、决策、计划、组织、领导、控制和创新等职能的发挥来分配、协调包括人力资源在内的一切可以调用的资源，以实现个人无法实现的组织目标。这个定义的内涵可以分析为：管理的载体是组织；管理的本质是活动或过程；管理的对象是包括人、财、物、设备、技术和信息等一切可以调用的资源；管理的职能是信息的获取、决策、计划、组织、领导、控制和创新；管理的目的是实现组织的既定目标，而这个目标仅凭个人的力量是无法实现的。

2. 决策

支持决策者决策是信息系统的重要功能。所谓决策，是人们为了实现某一目标，根据既有的信息，运用科学的方法，设计多种方案并从中选择一种满意方案的过程。管理和决策总是密切相关的。决策绝不仅仅是企业中高层管理者的任务，实际上，无论是企业的战略层、管理层、知识层还是操作层，都会碰到各种各样的决策问题。战略层决策决定组织的目标、组织的资源分配和组织政策的制订；管理层决策主要关注资源利用的效益和效率；知识层决策一般包括新产品和新服务的构思和设计；操作层决策决定如何执行企业中高层管理者设定的任务和目标。

1) 决策的分类

决策可以分为结构化决策、非结构化决策和半结构化决策三类。结构化决策也称为程序化决策，这类决策问题是指经常重复发生的、有章可循的、事先可以定义处理程序的决策问题，能用明确的语言和模型加以描述。对于这一类决策，容易实现决策过程的自动化，如会计应收账款处理、订单登记、员工的工资计算等。非结构化决策也称为非程序化决策，是指那种无章可循、不经常发生、事先无法定义处理步骤和规则的决策问题，这类决策没有固定的决策规则和通用模型可依，如选拔经理、引进新产品等，决策的主观行为(学识、经验、直觉、判断力、洞察力、个人偏好和决策风格等)在决策过程中起很大的作用。半结构化决策介于结构化决策和非结构化决策之间，如原材料价格变动等问题的决策。

2) 决策的过程

按照西蒙(H.A.Simon)的观点，决策的过程可以分为四个典型的阶段，即收集情报、设计方案、选择方案和实施方案阶段。

(1) 收集情报：进行情报(信息)的收集和处理、研究决策环境、分析和确定影响决策的因素或条件的一系列活动。收集情报用于发现组织中出现的问题，问题产生的原因、地点及其带来的影响。这种广泛的信息收集活动对决策者了解组织的状况以及什么地方存在问题是非常必要的。决策者可以通过组织内部的信息系统或者外部网络获取详细的信息。

(2) 设计方案：发现、制订和分析各种可能的行动方案。在设计方案阶段，决策者可以借助决策支持系统设计所有可能的解决方案。

(3) 选择方案：从可行方案中选择一个特定的方案，进行方案评价和审核。在这一阶段中，决策者可以利用相关软件工具对每一个方案可能的结果、成本和机会进行评估。

(4) 实施方案：在这一阶段，根据选定的方案付诸行动。信息系统可以实时提供关于方案实施情况的报表，揭示实施中出现的一些问题，并提出改进方案或替补方案。

决策的过程中如果有需要，可以从任何一点回到前面的阶段做补充工作。图1.11所示为高考填报志愿的决策过程。

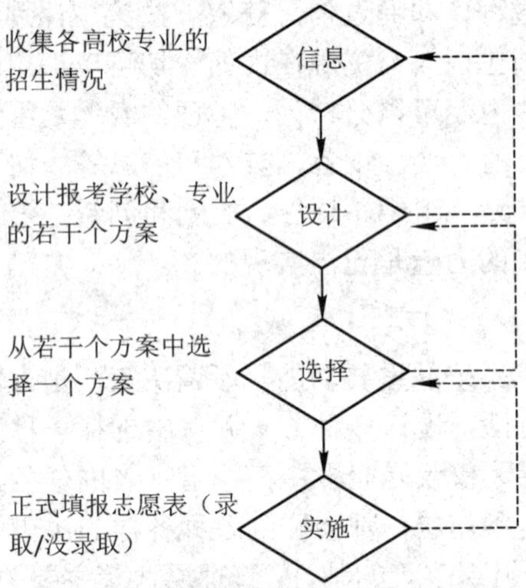

图1.11　高考填报志愿的决策过程

3. 管理过程

管理由管理模式、管理职能、管理过程等组成。管理过程也称为管理流程，自从有了社会组织就有了管理，也就有了相应的流程。流程是一组将输入转化为输出的相互关联或相互作用的活动。例如，企业中的采购流程、人才引进流程、产品销售流程、生产流程、合同审批流程等。组织(企业)就是依赖各种各样的流程而运作的。当前的管理方式正从职能主导型向流程主导型转变，流程已成为管理的主要对象。流程和职能的概念不同，职能是指人和机构应有的作用、功能、职责和权力。例如，研发、生产、销售部门的职能分别是研发、生产和销售产品。流程通常是跨职能、跨部门甚至组织的。例如，订货流程由销售职能(接收订单、输入订单)，会计职能(财务审查、订单记账)和生产职能(按订单生产和运输)的各项活动衔接和关联而成的。信息系统可以使用管理流程自动化，并实现管理流程的重新设计和优化，使企业获得高效率和高收益。

综上所述，信息系统不但支持管理和决策活动，而且是优化、改变、创新管理过程和管理模式的手段。

1.3.7　数据资源

信息系统数据资源是指信息系统体系结构中组织、存储、管理和使用的数据资源。数据和信息是组织的重要资源，也是信息系统加工的对象。数据由原始事实组成，信息是按照特定方式组织在一起的事实的集合，信息系统把数据加工成信息，信息又成为管理和决策的依据。信息系统输入原始数据，而输出的是更有用的信息，这就是建立信息系统的目的，没有数据的信息系统是无法运行的。数据和信息被组织在信息系统的数据库、数据仓库或知识库中，构成了信息系统加工的原料、半成品和成品仓库。信息可看成是一种资源，这也是它的价值所在。

1.3.8　基础设施

信息系统基础设施是指为企业信息系统应用提供共享信息技术资源的平台，是使组织(企业)得以良好运行所必需的硬件、软件和服务的组合。信息系统基础设施的投资决策取决于组织的战略目标，其规划方案必须采用便于扩展的标准化信息技术，实现有竞争力的新型商业模式并支持企业流程的优化运行。企业信息系统的基础设施包括硬件平台、软件平台和网络通信平台。硬件平台包括计算机主机(大型机、台式计算机、便携式计算机等)、外存储器(光盘、USB 闪存盘等)、输入设备和输出设备(扫描仪、打印机等)。软件平台包括系统软件、实用工具软件和应用软件。操作系统、数据库管理系统等属于系统软件；各种编程语言、开发工具、群件、浏览器等属于实用工具软件；专门用于预测和统计的软件包则属于应用软件，它常常嵌入应用信息系统使用。网络通信平台由网络通信设备(交换机、路由器等)、通信线路和通信协议等组成。

1.4　信息系统的社会-技术系统特征分析

1.4.1　信息系统的研究方法

信息系统的研究是一个涉及多学科的领域，如图 1.12 所示。

信息系统借助管理科学研究管理方法和决策过程的建模；借助运筹学研究优化组织运作(如运输问题、库存控制问题)的数学方法；借助计算机科学研究计算方法、数据存储和软件开发技术以及管理模型的实现；借助社会学研究信息系统对群体、组织和社会的作用；

借助经济学研究信息和信息系统资源的经济价值；借助心理学研究个人对信息系统的反应和人类推理的认知模型以及影响信息系统成长的行为问题。

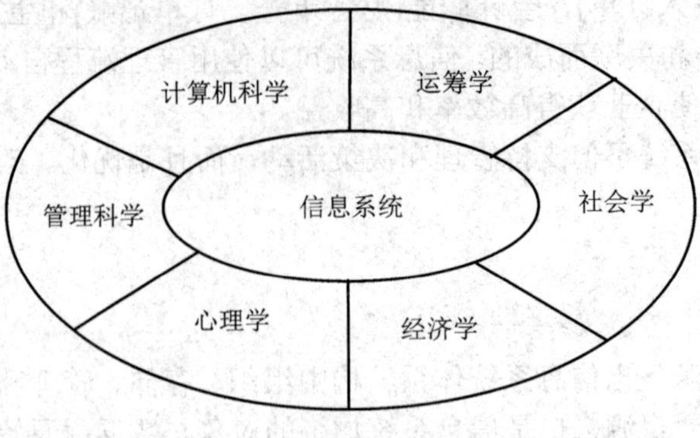

图 1.12　信息系统涉及的现代学科

下面介绍信息系统的三种研究方法。

1. 技术方法

技术方法侧重信息技术和数学方法在信息系统中的作用，常常把注意力放在软件、硬件和数学模型的构造和先进性上，而忽视使用信息系统的人和组织。单纯使用技术方法，常常忽视信息系统中的群体行为问题，导致信息系统的失败。

2. 行为方法

信息系统的设计、实施和使用很难用基于技术方法的数学模型表达。例如，员工对企业信息系统的接受程度，信息系统对群体、组织和社会的影响等。行为方法的研究重点一般不在技术方案上，它注重信息系统人员的态度、管理和组织政策，认为信息系统的使用效果和成败主要取决于人的行为。

3. 社会-技术系统方法

社会-技术系统方法认为信息系统是一种社会-技术系统，用技术方法和行为方法相结合的方法研究信息系统。社会系统关注的是有关人员的一些属性(态度、技能和价值)、组织的沟通体系、工作流体系、权利体系以及信息系统的社会和文化环境等。

1.4.2　组成信息系统的社会-技术要素

对信息系统的认识经历了技术视角、技术-管理视角、管理-技术视角以及社会-技术系统视角的演变。

技术视角：强调构建信息系统的信息技术，包括硬件、软件和网络技术，不重视应用的提升。

技术-管理视角：在重视信息系统构建技术的基础上，开始重视信息系统对管理的提升作用。

管理-技术视角：重视信息系统对组织战略、管理和决策的支持作用，不再一味追求信息技术的技术升级和新技术投资，强化了信息系统的生命力。

社会-技术系统视角：关注信息系统人员的社会属性，如态度、技能和价值，组织的沟通体系、权利体系及工作流体系，重视信息系统对群体、组织和社会的作用。

从社会-技术系统视角认识信息系统的观点已经得到了信息系统学者和信息系统人员的普遍认可。

表 1.3 列出了信息系统体系结构(见图 1.6)的社会-技术系统要素。

表 1.3　信息系统体系结构的社会-技术系统要素

社会系统要素	技术系统要素
信息系统用户、信息系统专家	应用信息系统软件
组织与信息系统战略	数据资源管理
组织结构与组织文化	信息系统基础设施
管理模式与管理过程	

信息系统在设计、实施和使用的过程中，与组织和管理发生相互作用，引起信息系统各类人员的反应，下面列举的现象可以纳入社会系统的特征：

(1) 信息系统的运行要求摒弃旧的管理模式，采用新的管理模式，引起企业员工的不理解。

(2) 信息系统建成后，需要规定新的工作制度和企业流程，职能分工的变化使部分员工不习惯。

(3) 信息系统要求员工改变工作方式，部分员工对新技术产生抵触。

(4) 信息系统使组织扁平化，领导岗位的减少造成权力的重新分配和决策程序的变化。

诸如此类的变化是组织在实施信息系统过程中发生的，它将导致组织成员行为的改变，如何使人们接受和适应这种变化是信息系统成功的关键，也是社会系统要解决的问题。

信息系统的技术观点则关注技术和如何用技术来完成各项任务，下面列举的问题属于技术系统范畴：

(1) 采用 Internet/Intranet 实现组织间和组织内部的通信。

(2) 采用防火墙技术防止来自外界的侵犯。

(3) 信息系统硬件平台和软件平台的选择。

(4) 采用 Oracle 还是 SQL Server 数据库或其他数据库来组织信息系统中的数据。

(5) 采用浏览器/服务器(B/S)结构或客户/服务器(C/S)结构的处理模式。

社会-技术系统视角有助于避免对信息系统采取单纯的技术方法，使技术部分和行为部分都得到重视。当前，构建信息系统的各种技术已经相当成熟，技术已不是信息系统失败的主要原因，而忽视信息系统的社会因素却是引起信息系统失败的主要原因。

1.4.3　信息系统与企业竞争优势

应用信息系统能够使企业获得竞争优势，然而单一追求新技术并不能使企业的竞争优势具有持续性，只有在社会-技术系统视角下，同类信息系统才能在各自的企业中发挥不同的作用，获得不一样的竞争优势。

1. 竞争力与竞争战略

企业竞争优势是指它超越行业内其他企业的能力。例如，具有比同行业其他企业更好的设备，能够得到其他企业得不到的资源，有一支素质良好的销售队伍，在产品质量、销售利润、生产效率等方面领先于同行业的竞争对手等。企业在国际市场竞争中常常会遭遇多种竞争压力，迈克尔 · 波特的五力模型总结了五种主要的竞争压力。

(1) 同行业竞争者的竞争：竞争者不断开发新产品、新服务，试图通过价格打败竞争对手。

(2) 新进入者的威胁：譬如新进入市场的竞争者有雄厚的资金，有一支善于创新的研发队伍。

(3) 替代品的威胁：新技术总是不断地创造新的替代品。例如，数码相机替代传统胶卷相机。

(4) 客户的议价能力：如果客户的议价能力强，他们会将商品价格压得很低。

(5) 供应商的议价能力：如果供应商的议价能力强，他们就可以提高关键零部件的价格使企业无法生产。

为了应对竞争压力，企业必须制订有效的竞争战略对抗以上五种竞争压力，使其转变为竞争力甚至成为竞争优势。常用的竞争战略有五种，即低成本战略、差异化战略、创新战略、成长战略和联盟战略，还有线上线下模型等其他竞争战略。企业可以通过其中的一种或几种战略来获得竞争优势。

2. 用信息系统获得竞争优势

信息系统的主要作用是为企业战略的制订提供有效的支持从而获得竞争优势。信息技术和信息系统能够支持企业制订各种竞争战略。

1) 低成本战略

信息系统能够帮助企业降低产品或服务的成本，包括降低供应商和客户成本。银行业采用低成本战略，建立网上银行、手机银行协助处理业务，降低银行运营和客户操作的成本。

2) 差异化战略

企业通过创新在市场上提供被客户感知为与众不同的新产品和新服务。苹果公司以差异化作为企业战略，采用最新技术制造的苹果计算机，不仅外观独特，还有新颖的屏幕界面，配备苹果公司自己研发的操作系统，并注重照片、音乐和视频等非文本信息的处理。

3) 创新战略

寻找企业新的经营方式，开发包括独特信息技术元素的新产品和服务。例如，借助互联网，戴尔公司著名的客户定制化计算机直销模式对整个行业产生了很大的影响。

4) 成长战略

大幅提高企业制造产品和提供服务的能力。例如，海尔公司运用 ERP 系统、内联网、外联网以及互联网等技术，成长为全球化企业。

5) 联盟战略

与客户、供应商、竞争对手以及其他企业建立企业联盟以实现双赢。供应链管理、客户关系管理、虚拟企业都是支持联盟战略的信息系统。

3. 竞争优势的持续性

企业可以通过信息系统实现竞争战略，获得竞争优势，但是信息系统所支持的竞争优势无法持续太久或长期保持。因为竞争者可以通过组织学习等方法对抗和复制信息系统，使行业内每个企业都有类似的信息系统或同样的信息技术来提高竞争力，企业以前的竞争优势就变成了竞争的必要条件。美国联邦快递公司在 1994 年建成公司网站，成为该行业第一个允许客户通过互联网追踪包裹信息的企业，公司不断从新技术中获得收益，因为它们是该行业的先行者。随着快递业的发展，包裹跟踪系统已经成为快递业生存的必备工具，被大大小小的快递公司复制并应用，UPS 等实力雄厚的快递公司更是投巨资建设信息系统。当一种策略或者行动变成一种竞争的必要条件时，企业不得不寻找新的方法获得竞争优势。壳牌公司的战略规划主管阿里·德戈伊斯认为："比你的竞争对手拥有更快的学习能力，可能是未来唯一可以持久保持竞争优势的方法。"

本 章 小 结

本章首先用"宝钢互联网+钢铁的电子商务实践"案例作为引导，从全球化等三个世界范围内的变化阐述当今信息时代的特性以及对信息系统需求的紧迫性。从系统、技术和管理视角给出管理信息系统的定义，在此基础上提出了一种能够全面反映社会-技术系统观点的信息系统体系结构。该系统由七个部分组成，应用信息系统是提交给用户使用的信息系统应用软件，人员、战略、组织、管理和决策、数据资源管理以及基础设施是应用信息系统运行的社会基础和技术基础。本章强调了用社会-技术系统视角认识信息系统的重要性，并论述了信息系统与企业竞争优势的关系。

思考与练习

1. 简述改变当今企业经营环境的三个重要变化，举例说明在全球化的经营环境下，企业为什么迫切需要信息系统。
2. 为什么劳登夫妇提出从技术和管理两个方面定义管理信息系统？
3. 试述图 1.6 所示的信息系统体系结构模型的组成，简述应用信息系统与人员、战略、组织、管理和决策、数据资源和基础设施之间的互动关系。
4. 为什么必须用社会-技术系统视角去认识管理信息系统？请举例说明。
5. 信息系统是如何改变企业的？信息系统与全球化有怎样的关系？
6. 当今企业的经营和管理为什么离不开信息系统？
7. 什么是信息系统？信息系统是怎样运作的？
8. 信息系统研究主要涉及哪些学科领域？这些学科领域对于理解信息系统分别有怎样的帮助？

第2章

信息系统与信息管理

2.1　数据和信息

2.1.1　数据

数据是信息系统处理的基本对象。

数据是事实的反映，是人们为了反映客观世界而记录下来的可以被鉴定的符号。数据是客观事物属性的抽象表示，它表示的仅是一个描述，并没有特定的背景和意义，不提供对时间的判断或解释。人们获得数据后，如果不与其所处的环境和记录的目的联系起来，是得不到什么有价值的看法的。例如，对于160，只知道这是一个数字，不知其表示什么含义，可以理解为人的身高，也可以理解为门牌号。数据的形式除了数字以外，还有文字、声音、语音、图像、视频等。

2.1.2　信息

1. 信息的定义

“信息”(Information)作为科学术语最早出现在哈特莱(R.V.Hartley)于1928年撰写的《信息传输》一文中，他认为：“信息是指有新内容、新知识的消息。”20世纪40年代，信息论的奠基人香农(C.E.Shannon)给出了信息的明确定义：“信息是用来消除随机不确定性的东西。”这一定义后来被人们作为经典定义而经常加以引用。此后许多研究者从各自不同的学科出发，对信息进行了不同的定义，具有代表性的定义如下：

控制论中，维纳(Norbert Wiener)认为信息是在适应外部世界、控制外部世界的过程中同外部世界交换内容的总称。

信息论中，信息被看作是可以获得、变换、传递、存储、处理、识别和利用的一般对象，它能够为实现目标排除意外性，增加有效性。

我国国家标准《情报与文献工作词汇基本术语》对信息的定义是："信息是物质存在的一种方式、形式或运动状态，也是事物的一种普遍属性，一般指数据、信息中所包含的意义，可以使消息所描述事件的不确定性减少。"

2. 信息的分类

客观事物是多种多样的，因此信息的分类也很复杂。例如，按照社会性分类，有社会信息和自然信息；按照空间状态分类，有宏观信息(如国家的)、中观信息(如行业的)和微观信息(如企业的)；按时间性分类，有历史信息、现时信息和预测信息；按照信息的加工处理程度分类，有一次信息(原始信息)、二次信息(在原始信息基础上加工而成的信息)、三次信息(根据二次信息和一次信息及其他材料经过检索、浓缩和整合而产生的信息，如企业经营分析报告等)；按照使用领域分类，有经济信息、管理信息、政务信息、科技信息、文教信息、地理信息等。其中，经济信息是指经济活动中形成的信息；管理信息是反映并控制企业管理活动的、经过加工的数据，它对组织各管理层的管理与决策产生影响。这两类信息是信息规划、组织和加工的对象。

3. 信息的特征

1) 事实性

事实是信息的中心价值，不符合事实的信息不仅没有价值，而且可能价值为负，既害别人，也害自己。

2) 时效性

信息的时效性是指从信息源发送信息，经过接收、加工、传递、利用的时间间隔及其效率。时间间隔越短，使用信息越及时，使用程度越高，时效性越强。

3) 不完全性

信息的不完全性主要是指人们由于外在环境复杂性和不确定性，所掌握的信息不可能无所不包。同时，由于人的理性是有限的，根据所掌握的信息也不可能预见一切。因此数据收集或信息转换要有主观思路，要运用已有的知识，还要进行分析和判断，只有正确地舍弃无用和次要的信息，才能正确地使用信息。

4) 等级性

管理系统是分等级的(如公司级、工厂级、车间级等)，处在不同级别的管理者有不同的职责，处理的决策类型不同，需要的信息也不同。因此信息也是分等级的。通常把管理信息分为战略信息、管理信息和作业信息。信息的等级性将指导信息系统结构的搭建(详见第 3 章。)

5) 价值性

管理信息是经过加工并对生产经营活动产生影响的数据，是一种资源，因而是有价值的。索取一份经济情报，或者利用大型数据库查阅文献所付费用是信息价值的部分体现。信息的使用价值必须经过转换才能得到。鉴于信息寿命非常有限，转换必须及时。例如，某车间可能窝工的信息若能尽早知道，及时备料或安插其他工作，就能将资源转换为物质财富；反之，事已临头才了解信息，转换已来不及，信息也就没有什么价值了。"管理的艺术在于驾驭信息"，就是说管理者要善于转换信息，去实现信息的价值。

2.1.3　知识

彼得·德鲁克(Peter F.Drucker)指出："知识是一种能够改变某些人或某些事的信息，这既包括使信息成为行动的基础的方式，也包括通过对信息的运用使某个个体(或机构)有能力进行改变或进行更为有效的行为的方式。"托马斯·H·达文波特(Thomas H.Davenport)认为，知识是一种包含了结构化经验、价值观念、关联信息及专家见识等要素的流动态混合体，是在信息的基础上进一步提炼的"有价值"的东西。知识产生于人们对客观世界的认知过程，并被应用于人们改造客观世界的活动。它能够预测，给出因果关系，并指导进一步做什么。人们获得知识，会形成或改变对事物的认识，并作出新的创新，其价值之大很难估量。知识的定义可以简单归纳如下：

(1) 知识是人对事物的认识和经验的总和，是人们改造世界的方法。

(2) 知识是客观事物间的普遍联系和规律。

(3) 知识是被人们理解和认识并经头脑重组组织和系列化的信息，如观念、判断、期望等。

(4) 知识不是一堆杂乱无章的信息，而是有关世界怎样进行的信息。

信息和知识的关系没有统一的说法，有人认为知识是信息的一部分，信息也是知识的一部分。知识具有显性和隐性之分。显性知识是指用语言能够明确表达出来的，可编码化、结构化的知识。隐性知识，往往是指存在于人类头脑中的个人经验、观念等隐含化知识，一般很难用某种较为简单的方式表达出来，因而也难以传递和交流，其内涵比显性知识复杂。

2.1.4　数据、信息和知识的关系

一个事件发生时数据便产生，数据经过加工便成为信息，决策者获得信息后便做出决策，这就是数据变成信息并提供决策依据的过程。例如，车间出了 100 件废品，这是个数据，将其折算成废品并且与工厂规定的废品率水平进行比较后，发现废品率超过了规定值，引起了工厂质量管理部门和车间主任的重视，并立即查找原因和采取措施。这一信息对质量主管等实体产生了影响，废品率超值数据便成为了信息。

知识不是一堆杂乱无章的信息，而是信息之间的因果联系或规律，是经过大脑加工的产品。知识是人们对大量的信息进行理解和认识，并经过头脑重新组织和系列化而形成的。例如，管理人员经过长期观察发现，当某类设备使用年限超过 3 年或工人连续加班时，废品率就会上升。他们找到了废品形成的主要因果关系并总结出规律，这就是知识。

可见，"数据-信息-知识"之间是依次包含的关系，分别从语法、语义和效用三个层面反映了人们认知深化的过程。

2.2　信息管理

2.2.1　信息管理的概念

信息管理是人类为了有效地开发和利用信息资源，以现代信息技术为手段，对信息资

源进行计划、组织、领导和控制的社会活动。信息管理的对象是信息资源和信息活动。

信息管理具有微观、中观、宏观三个层次的概念。微观层次的信息管理是指根据预定目标对信息进行收集、加工、组织和服务。中观层次的信息管理是指对涉及信息活动的各种要素(信息、人员和机构等)进行合理的计划、集成和控制。宏观层次的信息管理是指对社会信息及其环境因素进行综合性的规划、协调、指导，以推动信息产业和信息经济的发展，最终实现社会信息化的战略目标。本节主要介绍中观和微观层次上的信息管理。

管理者和被管理者是管理系统的基本部分，而建立两者之间联系的正是信息(如图 2.1 所示)。在管理活动中，所有的组织机构都要依靠信息进行沟通和协调，管理工作就是以信息处理为中心的工作。从本质上说，管理通过所掌握的信息来协调内外资源与预定目标的关系，从而实现系统功能。信息管理是组织管理的核心。

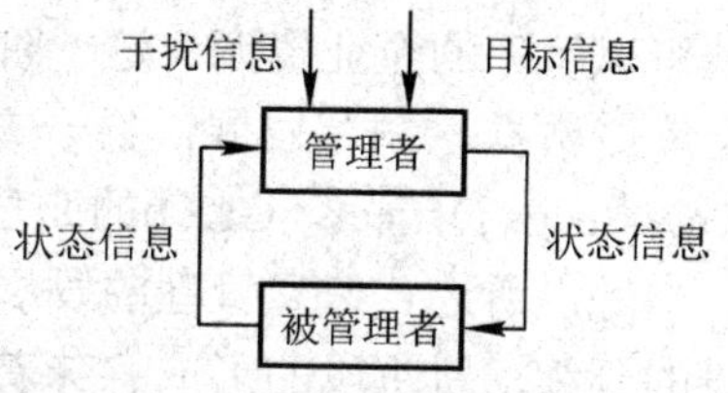

图 2.1　最简单的管理模型

2.2.2　信息管理的发展过程

目前，被人们普遍接受的是信息管理发展阶段被划分为 4 个阶段，如图 2.2 所示。

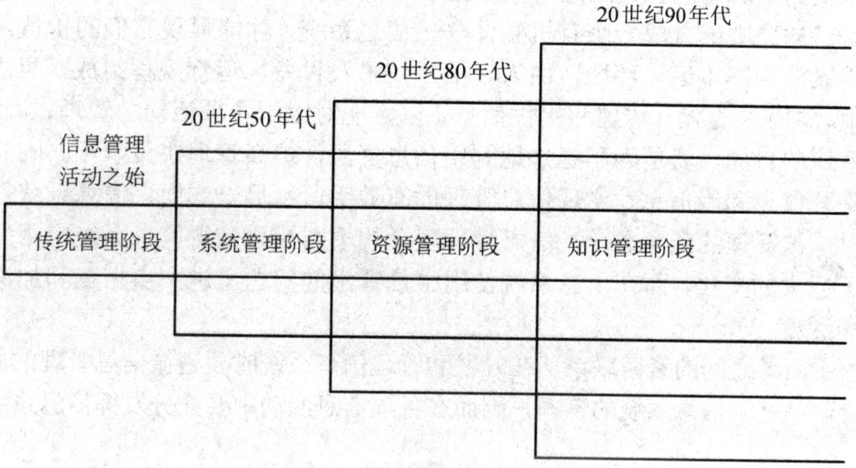

图 2.2　信息管理的 4 个阶段

1. 传统管理阶段(古代～20 世纪 50 年代)

这个时期以图书馆文献管理为标志。管理对象是文献和纸张媒介，基本依靠人力和手工劳动，主要面向“存”和“理”的问题。管理活动多以信息供给为导向，并且大都是在微观层次上分散进行的，属于一种社会公益性质的活动。

2. 系统管理阶段(20 世纪 50 年代～20 世纪 80 年代)

该时期的信息管理以管理信息系统为标志。各种信息系统应用于组织的各个层次，信息的种类和范围大大扩展。管理活动以信息需求为导向，从系统的角度解决信息“传”“找”“用”的问题；技术在管理手段中占主导地位；开始形成商业性质的信息加工和服务业，市场机制被逐步引入信息管理；其范围已不在图书馆等文献管理部门，而是转向与企业管理、行政管理等密切相关的领域。

3. 资源管理阶段(20 世纪 80 年代～20 世纪 90 年代)

信息管理的资源管理阶段是从经济学资源配置和管理中高层战略需求的角度，对信息活动的各种要素进行资源性质的集成管理。它强调信息是重要的经济资源和管理资源。从经济学角度来看，资源管理结合了技术因素和人文因素，可在战略层次上强化信息管理。

4. 信息管理阶段(20 世纪 90 年代至今)

知识管理是社会发展到知识经济时代的产物，它通过对知识的有意识应用使之变成一种可以管理的企业资源。这一阶段一方面深化了对信息技术的要求，促使人工智能、数据仓库、数据挖掘等发展；另一方面在组织中更强调对人的管理，设置了首席知识官(Chief Knowledge Officer，CKO)的职位；同时，还重视对知识产生途径的研究。

综上所述，信息管理的发展是一个不断深化和不断扩展的过程，每一阶段都是前一阶段的延续，新阶段的形成意味着旧阶段地位的变化。在现实的信息管理工作中这几种管理是同时存在的。

2.2.3 信息管理与信息系统的关系

现代意义的信息管理强调信息、信息技术、信息人员等多要素的集成管理。这些要素只有按照一定的原则配置成一个有机整体——信息系统，才能显现它们的价值。信息系统以信息基础设施为基本运行环境，由人、信息技术及设备、运行规程组成，目的是及时、正确地收集、加工、存储、传递和提供信息，以实现对组织各项活动的管理、调节和控制。开发信息系统的目的，就是为了更好地利用信息资源，提高管理决策水平。因此，一方面信息系统是开发和利用信息、实现信息管理的有效手段；另一方面，信息系统是信息管理的对象，也是被管理的资源之一。信息管理理念的不断深化使得信息系统应用的形式与目的都发生了巨大的变化，而在信息系统使用中暴露出的问题又进一步拓宽和加深了信息管理的范围和深度。

正是由于两者之间的紧密联系，在开发和管理信息系统时要遵循信息管理的原则，由于现代信息管理是基于信息系统的管理，因而在各项信息活动中要充分发挥信息系统的作用。

2.3 信息资源管理

2.3.1 信息的资源观

从资源观点出发认识和管理信息，形成了信息资源管理(Information Resources Management，IRM)。信息资源管理是信息管理的一个发展阶段，也是信息管理的一种思想。

1. 信息的资源属性

资源概念源自经济学，是指在自然界和人类社会中一种可以用来创造物质财富和精神财富的、具有一定量的积累的客观存在形式。信息是一种资源，它也具有资源的三个经济学基本属性，即有用性、稀缺性和可选择性。

有用性：信息可以减少经济行为中的不确定性，节省生产和投资成本，并带来经济利益。

稀缺性：在既定的时间、空间或其他约束条件下，某一特定经济活动行为者因人力、物力、财力等方面的限制，其信息拥有量总是有限的；经济活动行为者要获取信息就必须付出相应的代价，因此信息是稀缺的。

可选择性：同一信息可以作用于不同的对象并产生不同的效果。例如，“政府将控制煤炭开采”这一信息对于火电厂来说，可能使其寻找新的替代动力来源；而对于核电厂来说则可能使其增加发电量、扩大生产，因此信息也是可选择的。

对信息资源的理解有广义、狭义之分。狭义的信息资源即信息本身，强调信息资源概念的内核和实质。广义的信息资源是信息活动中各种要素的总称，包括信息、技术、设备、结构和人，强调信息活动中各要素只有按照一定的原则加以配置，组成一个系统，才能发挥最佳效用并显示其价值。本书对信息资源持广义的理解。

2. 信息资源的组成要素

在信息资源的各要素中，信息生产者、信息和信息技术(信息系统)是三个基本组成部分，称为信息资源三要素。其中，信息生产者是信息资源的关键，因为信息是人创造的；信息是在生产活动和社会活动中产生的，若没有特定的信息人员运用专门的信息技术对信息进行收集和处理，信息的效用和价值就得不到充分发挥，也就不能构成有用的信息资源，只有通过开发和利用信息，才能表明信息资源的价值；信息技术是信息收集、加工、存储和传递技术的集合，信息技术的应用可以更有效地实现和创造信息的价值，使信息生产者和信息的作用得到延伸。

3. 信息资源管理的概念

既然信息是一种资源，那么与其他资源类似，需要对其进行合理配置和有效控制来实现组织的目标。以此为切入点，信息资源管理的概念应运而生。

信息资源管理就是对信息资源所进行的管理，它运用管理科学的一般原理和方法，从经济、技术、人文(法律、政策、伦理)等多种角度，对信息资源进行科学的规划、组织、协调和控制，以确保信息资源的合理开发和充分利用，从而有效地满足社会的信息需求。

2.3.2　信息资源管理的任务

1. 制订信息资源的总体规划

从微观上考虑，信息资源的总体规划包括信息资源规划和信息系统规划。信息资源规划是从信息价值的角度出发，对组织活动中各类管理人员和决策人员所需要的信息，从战略、管理、作业层、内部和外部、纵向和横向等方面，计划它们的采集、处理、传输、使用和维护。例如，企业经济做决策时需要什么信息？从哪里获得？需要做什么处理？通过调研，把这方面的信息需求写入规划。信息系统规划是在信息资源规划的基础上考虑如何使用信息系统的技术、方法和模型实现信息资源的加工和利用，是信息系统建设的行动安排和纲领性文件。它主要包括系统目标规划、数据(信息)组织的规划、系统功能规划、系统流程规划、信息系统建设的费用预算和进度安排，以及计算机硬件、软件和网络配置规划等。

2. 建立信息管理机构

信息资源管理中，应设置组织的首席信息官(CIO)职务，主要负责建立信息管理机构；

制定信息管理的规章制度，规定人员的职责和权限，明确部门之间的关系、协调原则和方法，对各类信息活动进行组合等。

3. 建立信息资源管理的标准

高复先教授提出了信息资源管理的五项基本标准：数据元素标准、信息分类编码标准、用户视图标准、概念数据库标准和逻辑数据库标准。这是建设集成化信息系统的关键和基础。

4. 建立信息资源安全管理的规章制度

针对信息活动的全过程以及与这一过程相关的资源，建立信息资源安全管理的规章制度，通过安全审计和跟踪体系来强化安全意识，弥补安全漏洞。在技术方面，根据企业的需要，负责信息安全技术的选用和安全技术方案的决策。例如，采用数据加密、范围控制、数字签名、防火墙等手段保护操作系统、数据库及应用软件的安全。

5. 实现信息系统的管理

信息系统的管理包括管理信息系统开发项目，检查与评价信息系统的运行状况，建立系统维护计划，进行系统维护工作，制订信息系统安全策略等。

信息资源管理的内容还涉及与其相关的人力资源管理、信息产品和信息服务的管理、信息政策和法律及道德的管理等。

2.4　企业信息资源管理

企业信息资源管理属于微观层次的信息管理。它以企业战略目标为出发点，对涉及信息活动的各种要素(信息、人员和机构等)进行合理的计划、集成、控制，以实现信息资源的合理配置，提高企业的竞争优势。

2.4.1　企业信息资源管理的发展阶段

美国哈佛大学教授诺兰(Richard L. Nolan)在 20 世纪 70 年代提出了组织内信息系统建设的发展阶段理论，称为“诺兰阶段模型”。诺兰认为，一个组织的信息系统发展通常要经历初装、蔓延、控制和集成的成长过程，1980 年诺兰进一步把四阶段模型扩展为六阶段模型，如图 2.3 所示。

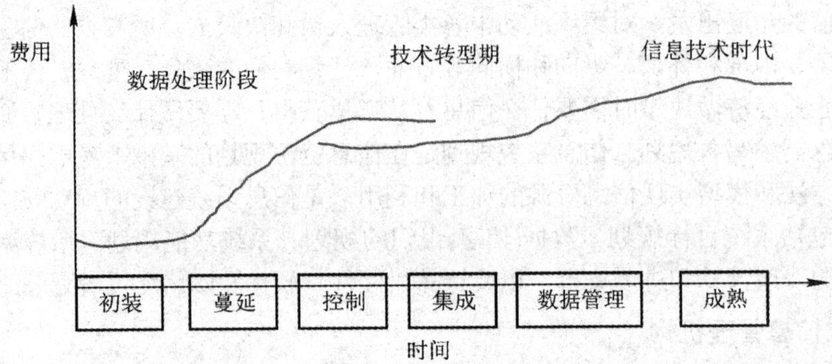

图 2.3　诺兰阶段模型

1. 初装阶段

初装阶段是指组织(企业、部门)购置第一台计算机并初步开发管理应用程序。该阶段，计算机的作用被初步认识，个别人具有了初步使用计算机的能力。一般初装阶段大多发生在组织的财务部门。

2. 蔓延阶段

随着计算机应用初见成效，信息系统(管理应用程序)从少数部门扩散到多数部门，并开发了大量的应用程序，使单位的事务处理效率有了提高，这便是所谓的蔓延阶段。显然，在该阶段中，数据处理能力发展得最为迅速，但同时出现了许多有待解决的问题，如数据冗余性、不一致性、难以共享等。可见，此阶段只有一部分计算机的应用收到了实际的效益。

3. 控制阶段

管理部门了解到计算机数量超出控制，计算机预算每年以 30%～40%或更高的比例增长，而投资的回报却不理想。同时随着应用经验逐渐丰富，应用项目不断积累，客观上也要去加强组织协调，于是就出现了由企业领导和职能部门负责人参加的领导小组，对整个企业的系统建设进行统筹规划，特别是利用数据库技术解决数据共享问题。这时，严格的控制阶段便代替了蔓延阶段。诺兰认为，第三阶段是实现从计算机管理为主到以数据管理为主转换的关键，一般发展较慢。

4. 集成阶段

所谓集成，就是在控制的基础上，对子系统中的硬件进行重新连接，建立集中式的数据库及能够充分利用和管理各种信息的系统。由于重装需要大量设备，此阶段预算费用又一次迅速增长。

5. 数据管理阶段

在数据管理阶段，企业开始选定统一的数据库平台和数据管理体系，统一数据(信息)的管理和使用，各部门、各系统基本实现资源整合和信息共享，信息系统的规划及利用更加高效。

6. 成熟阶段

成熟阶段的信息系统可以满足企业中各管理层次的要求，从而实现真正的信息资源管理。

从诺兰模型可以看出，在企业(组织)中引入信息系统后的初装、蔓延和控制阶段，人们关注的大多是对计算机的管理，然后在后三个阶段中，人们更多地注意企业数据(信息)资源的管理，期间由于出现新旧技术的替换，使曲线有些波动。诺兰总结了企业信息系统应用的发展规律和认知过程。当前，多数企业已把信息当成经营资源与战略资源，进而全面管理与其相关的各种资源(技术、文化、人员等)。企业信息资源的开发和利用是企业信息系统建设的目标和任务。一般认为模型中的各阶段都是不能跳跃的。因此，无论在确定开发管理信息系统的策略，或者在制订管理信息系统战略规划的时候，都应首先明确当前处于哪一发展阶段，进而根据该阶段特征来指导 MIS 建设。

2.4.2 企业信息资源战略规划

规划是指为了企业预期的目标而制订的行动计划，是企业经营管理的指导性文件。战略所要研究的问题是确定企业的长期目标，并通过经营活动和资源分配来实现目标。在信息系统体系结构汇总中，将组织战略作为一个重要的组成部分，信息系统支持组织战略的实现，组织战略要求信息资源的配置与其相匹配。在信息资源规划的各层次中，企业首先应该制订信息资源的战略规划。信息资源和信息系统的战略规划是实现组织战略基于信息技术的解决方案。

1. 企业信息资源的战略规划

企业信息资源的战略规划必须以组织战略目标为目标，以组织的战略规划为依据。

企业战略信息资源是信息资源中最重要和最具增值潜力的部分，与组织的竞争优势和长期发展有关，其价值难以估量。企业战略信息资源具有以下特征：它是有关企业取得长期竞争优势的信息，是辅助企业高层管理者进行半结构化和非结构化决策的信息，它偏好未来的预测信息和外部信息。例如，重大资本重组、重大组织机构和人事变化、开拓国际市场和组建供应链联盟的决策、新技术和新产品的定位、股市行情、产品销量的中长期预测信息等。

首先，通过与总经理、副总经理、企业管理办公室主任等有关对象进行座谈和讨论，在广泛收集一般信息资源的基础上，根据战略目标进行加工和提炼，形成战略信息；其次，通过分析信息的有用性和易用性，决定其是否适宜为企业高层管理者和战略决策部门所使用；最后将其列入信息资源规划。

根据用户的职责，与企业管理者和部门负责人一起确定战略信息的用户信息使用权限，指导信息的安全传递和送达策略。例如，某些信息只能送给总经理看，而其他人看不到。在信息服务方面，考虑针对战略层管理者的个性化信息需求，以制订相应的服务策略。

2. 企业信息系统的战略规划

战略信息资源只有在通过战略信息系统对各类内部和外部信息源进行加工时才能产生。由于战略信息需求的多样性、随机性、复杂性和不确定性，对战略信息系统的处理能力要求比较高。企业战略信息系统规划的主要内容包括：信息源输入和战略信息输出的对应关系，信息流通渠道的开拓计划，战略信息的数据模型、数据仓库和数据挖掘规划，信息系统与决策活动的匹配关系，战略信息模型的规划，网上战略信息资源的获取和提炼，应对高层不确定性信息需求的能力，计算机硬件、软件的购置计划等。

企业信息资源和信息系统的战略规划除了有其特殊的内容以外，还包括一些信息资源和信息系统规划的基本内容。

2.4.3 企业信息资源管理的三维结构

信息资源管理运用管理科学的一般原理和方法，从经济、技术、人文等角度，对企业信息资源进行科学的规划、组织、协调和控制，形成企业信息资源的集约化管理。企业信息资源管理的三维结构如图 2.4 所示，它不仅适用于宏观层面的信息资源管理，也适用于微观层面的企业信息资源管理。

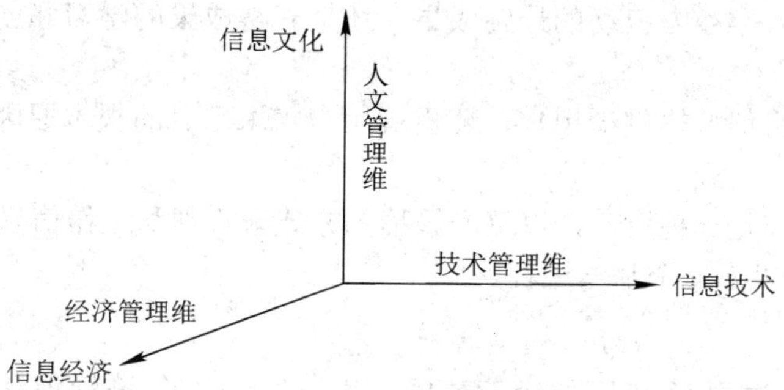

图 2.4　企业信息资源管理的三维结构

1. 技术管理维

技术管理方式是根据企业信息化建设的总体规划，按照实用、先进、性价比高的原则开发管理信息网络和信息系统。管理的重点是有效地采用内联网、外联网及互联网等先进信息技术，对企业所需各类信息进行收集、存储、加工和传递，产生高价值的决策信息；普及应用防火墙、信息加密技术等措施，增强各类信息的保密性和安全性；加快各种应用软件的开发管理，实现对企业各经营环节的数字化和网络化管理。

2. 经济管理维

经济管理方式是根据企业信息化建设的目的，按照信息经济学中有关信息资源的成本、价值与价格的形式规律，开发、管理和利用各类信息资源，使企业的信息资源创造出新的经济增长点。管理的重点是合理配置信息资源，评估信息网络和信息系统的经济效益，分析信息成本，确定信息商品价格，研究竞争对手，了解商贸政策，预测信息资源的经济效益和企业新兴信息技术的应用价值(如电子商务)及发展方向等。

3. 人文管理维

人文管理方式是根据企业信息化战略的发展要求，按照以人为本的管理原则，重视企业员工的信息行为，关注企业信息化建设，完善企业信息安全环境，保证企业创新性运营。管理的重点是企业员工的信息素质教育、企业信息人才的配备、信息战略的规划，以及制定信息政策以保证信息资源发挥最大效益和利用信息法律解决信息安全隐患等。

2.5　知识管理

2.5.1　知识管理的内涵和过程

由图 2.2 可知，20 世纪 90 年代中期以后，信息管理开始进入知识管理阶段，与信息资源观并存，知识也成为受人们重视的重要资源。知识管理是协助组织和个人，围绕各种来源的知识内容，利用信息技术对知识进行生产、分享、应用以及创新，以形成组织的知识优势、产生价值和提高组织绩效的过程。它是信息资源管理进一步发展的结果，表现在以下方面：

(1) 不仅关注显性知识的管理，还重视隐性知识的管理。

(2) 不仅关注人类智力劳动的最终成果，还把获得成果的学习和创新过程纳入管理的范畴。

(3) 不仅关注将信息提供给用户，还重视用户需求信息的根本原因，从而将信息升华为知识。

(4) 把信息看作是一种资产，以资产管理的方式来管理和运作信息。

知识管理包含以下 4 个基本过程。

1. 知识获取

知识获取是指对现有知识(如经营数据、客户建议书等)进行识别、收集、整理的过程。例如，对经营数据、客户建议书、工作心得等知识进行收集和分类，并将分类结果存储起来。

2. 知识传播

知识传播是指通过创造良好的企业文化、组织机构、技术环境来扩展企业整体知识储备的过程。例如，研发人员通过研讨会、电子社区的直接交流，借鉴别人的经验或利用企业知识库和项目实施报告等来丰富自己的隐性知识。

3. 知识保存

知识保存是指建立组织制度、业务规则、文档、信息系统等，将显性知识和隐性知识存储于组织中的过程。

4. 知识生产

知识生产是指组织借助自身或联盟组织对知识进行创新的过程。它包括：对产品或工艺进行改进或创新的技术知识的生产；开辟新市场或开发新销售模式的市场知识的生产；为提高管理效率而创造更有效的资源整合方式的管理知识的创新。知识生产是知识获取、传播、保存三个过程相互作用的结果，可以帮助企业实现知识规模的拓展和知识质量的提升，是知识管理的最终目的。

2.5.2 知识管理与信息系统

企业知识管理和信息系统之间相互依存、相互促进。一方面，信息系统是知识管理的平台和工具，它将新知识及时推送给员工，为实现企业内部知识的交流构造了良好的信息共享平台；另一方面，知识管理促使员工吸收新知识，达到个人新的知识水平，知识水平的提高使员工更容易掌握和使用先进的信息技术，从而提高整个信息系统的利用效率。

知识管理使信息系统的应用产生了新的理念和方向。信息系统从过去仅仅服务于战术性目标扩展到服务于战略性目标，在信息技术上更注重知识的发现、挖掘和沟通，因此整合了更多的计算方法和分析功能，辅助管理者进行决策。

本 章 小 结

本章介绍了数据、信息、知识的基本概念，信息管理的概念以及信息管理与信息系统的关系。信息管理是组织管理的一部分，信息管理理论是指导信息系统建设的基本原理；而信息系统是实现信息管理的手段。本章重点介绍了资源观视角的信息管理阶段——信息资源管理的定义和基本任务，并从微观和中观角度，探讨了诺兰关于企业信息资源管理的发展阶段；企业信息资源战略规划的要点；企业信息资源管理的三维结构。最后概要介绍了信息管理的最新阶段——知识管理的内涵、核心过程以及知识管理与信息系统之间的关系。

思 考 与 练 习

1. 解释下列名词，说明它们之间的区别和联系：

(1) 数据　　信息　　知识

(2) 信息管理　　信息资源管理　　知识管理

并举例说明数据、信息和知识的形成过程。

2. 举例说明信息的价值性。

3. 阐述信息管理和信息系统的关系。

4. 如何理解诺兰模型？

5. 简述企业战略信息资源的特征。

6. 为什么要从技术管理、经济管理和人文管理三个方面对企业信息资源进行管理？

7. 如何理解知识管理是信息管理的新阶段？知识管理对信息系统建设有什么影响？

第 3 章

管理信息系统概论

3.1　管理信息系统的分类

3.1.1　组织内的管理层次和信息需求

一般来说，人们把一个传统组织的管理看作一个三角形，即著名的安东尼(R.N.Anthony，1965)模型，如图 3.1 所示。安东尼认为经营管理活动可以分为作业计划与控制层(简称作业层)、管理控制与战术计划层(简称管理层)以及战略计划层(简称战略层)共三个层次。

由于管理层次的构成和目的不同，每个层次的信息需求也不同。

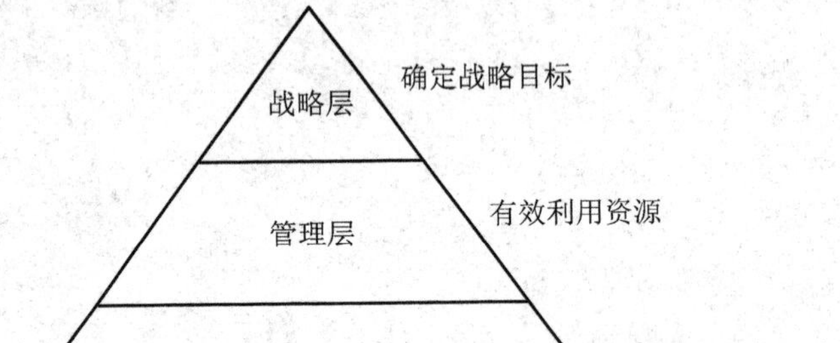

图 3.1　安东尼模型

1. 作业层的信息需求

作业层即作业计划与控制层，由组织的作业层经理，如车间主任、财务科会计、生产科调度员等构成。他们负责监督日常业务活动，对其负责的业务活动进行指导，以保证组织的正常运转。例如，应收账款的登记和督催、库存水平的检查等。作业层经理关注收集、验证和记录事务处理数据。其信息需求有以下特点：

(1) 重复性。作业层所处理的信息是周期性循环的。例如，订单登记必须每天进行，库存盘点必须每月进行一次。

(2) 可预见性。作业层信息的内容都是预先规定好的，没有任何异常内容。例如，中国移动每月发出的话费账单、百货公司开具的发票都有相对固定的格式。

(3) 详细性。作业层信息的内容描述相当详细。例如，工资单上提供了每个员工的应发工资和应扣工资明细项目；入库单上记载了入库货物的物质名称、供货单位、单价和验收数量等信息。

(4) 高精确性。作业层的输入数据和输出信息的精确度非常高。例如，发票上的价格必须精确到分。

(5) 内部信息源。作业层的数据主要由组织内部的信息源产生。例如，为客户开发票所需的数据来源于销售合同和运输凭证。

(6) 结构化信息。作业层的输入和输出信息都是结构化的，一般都有固定的格式。例如，由于入库单和发票的数据格式不同，因而能够相互区分。

2. 管理层的信息需求

管理层即管理控制与战术计划层，由组织的中层管理者(领导)，如市场主管、生产主管构成。他们对组织内部的各种资源进行有效的利用，计划、检查并控制组织的活动，以确保组织目标的实现。中层管理者还需要根据一系列不同的报表，如汇总报表、常规报表和异常报表等，对业务数据进行概括、集中和分析，向高层管理者提出决策建议。其信息需求包括以下特点：

(1) 阶段性。管理层关注阶段性信息。例如，企业生产主管每周要看生产周报，每 10 天要看生产旬报。

(2) 可比性。管理层关注具有可比性的信息。例如，工程部经理在统计本月已完成的工程量时，要与计划值进行比较，以确定任务是否完成；销售部经理常常把本月某类商品的销售额与上个月的销售额进行比较，与去年同期的销售额进行比较，再做出销售决策。

(3) 概括性。管理信息通常比较概括，不需要太详细。例如，销售部经理只需要了解本月某类商品的销售额而不需要了解某个商品的销售额。

(4) 内部和外部信息源。管理层的信息不仅来自组织内部，还来自组织的外部。例如，当某企业某类产品的销售量下滑时，销售主管急需得到行业的销售数据，把本企业的销售数据与同行业该类产品的销售数据进行对比，寻找原因。

3. 战略层的信息需求

战略层即战略计划层，主要由组织的高层管理者或资深管理者构成，如公司的首席执行官(Chief Executive Officer，CEO)、总经理、厂长。他们负责确定组织的目标和发展方向，制订实现该目标的长远策略。其信息需求有以下特点：

(1) 随机性。战略层管理者有时要随机查看阶段性信息。例如，企业董事要查看本年度公司某产品销量的排行榜；当考虑在一些地区增建商店时，经理就需要查看这些地区的人口密度、交通状况、同类商店的布局情况等随机信息。

(2) 全局性。作为长期计划的制订者，战略层管理者不关心细节信息，而关心全局性的数据。例如，他们不会注意某张发票的具体数据，而特别关心某个大类商品的销售去向。

(3) 预测性。战略层管理者在做决策时，需要得到经过科学预测的信息，如企业主要经济指标预测、新产品销售量预测等，以决定企业未来发展的方向。

(4) 异常性。战略层管理者还特别关注异常信息。例如，在市场调研报告中未曾出现过的客户群，经分析他们可以成为潜在的客户群。

(5) 外部信息源。高层管理者在制订企业战略方针时，除了使用内部信息以外，还需要从企业的外部获得信息，如国内同行业竞争对手的情况、世界各地区的市场信息、各国政府的外贸政策等。

(6)非结构化信息。与作业层不同，战略层管理者使用的信息，如来自中层销售经理和市场分析员的报告、从与供应商的谈话中获得的信息等，多数是非结构化的，信息没有明确的格式。

3.1.2　组织内的六类信息系统

随着信息时代的到来，有人将安东尼模型扩展成四层模型，即在作业层和管理层之间增加一个知识层。

知识层由知识工人和数据工人组成，他们是信息和信息技术的使用者，负责帮助组织把知识用到管理或经营中去。知识工人是指能够创造新知识和信息的人，如建筑师、工程师、律师、医生、程序员、科学家等专业人员，以及高级经理、部门主管等从事管理创新的管理人员。数据工人，如秘书、会计、销售员、售票员等，一般只处理信息而不创造信息，其主要工作是使用、处理和传播信息。

事实上，知识工人和数据工人不是一个独立的群体或层次，除了科技人员和工程技术人员以外，战略层、管理层和操作层的管理人员都可以是知识工人甚至是数据工人。

按照四个层次的管理模型，组织内(或称为组织中)有六种类型的信息系统分别服务于这四个不同的管理层次，图 3.2 所示的是组织内六类信息系统的组合模型。

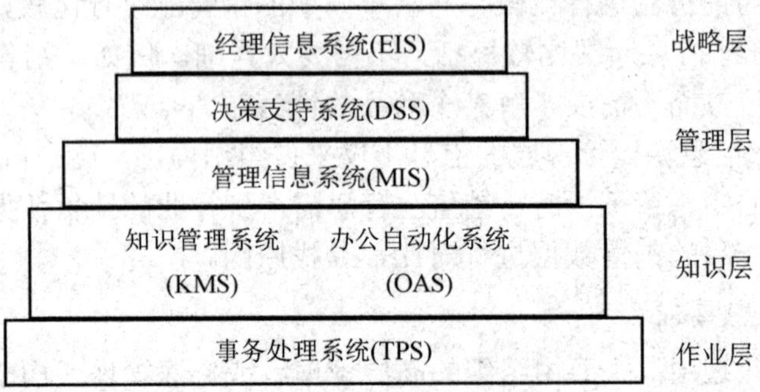

图 3.2　组织内信息系统的组合模型

(1) 经理信息系统。经理信息系统(Executive Information System，EIS)支持组织的战略层，帮助高层管理者分析和处理企业内部和外部环境中的一些战略性问题及长期发展趋势。

(2) 管理信息系统和决策支持系统。管理信息系统(Management Information System，MIS)和决策支持系统(Decision-making Support System，DSS)支持管理层，为组织中层管理者的监控、管理和决策提供支持。

(3) 知识管理系统。知识管理系统(Knowledge Management System，KMS)帮助知识层

的知识工人创造知识、发现知识、收集知识和使用知识，支持组织的学习活动、管理创新和技术创新。

(4) 办公自动化系统。办公自动化系统(Office Automation System，OAS)支持知识层的数据工人，通过办公信息的协调与交流来提高数据工人的工作效率。

(5) 事务处理系统。事务处理系统(Transaction Processing System，TPS)支持作业层经理跟踪组织的基本活动和事务处理情况。

图3.3所示的是组织内四个层次六类信息系统的服务内容示例。

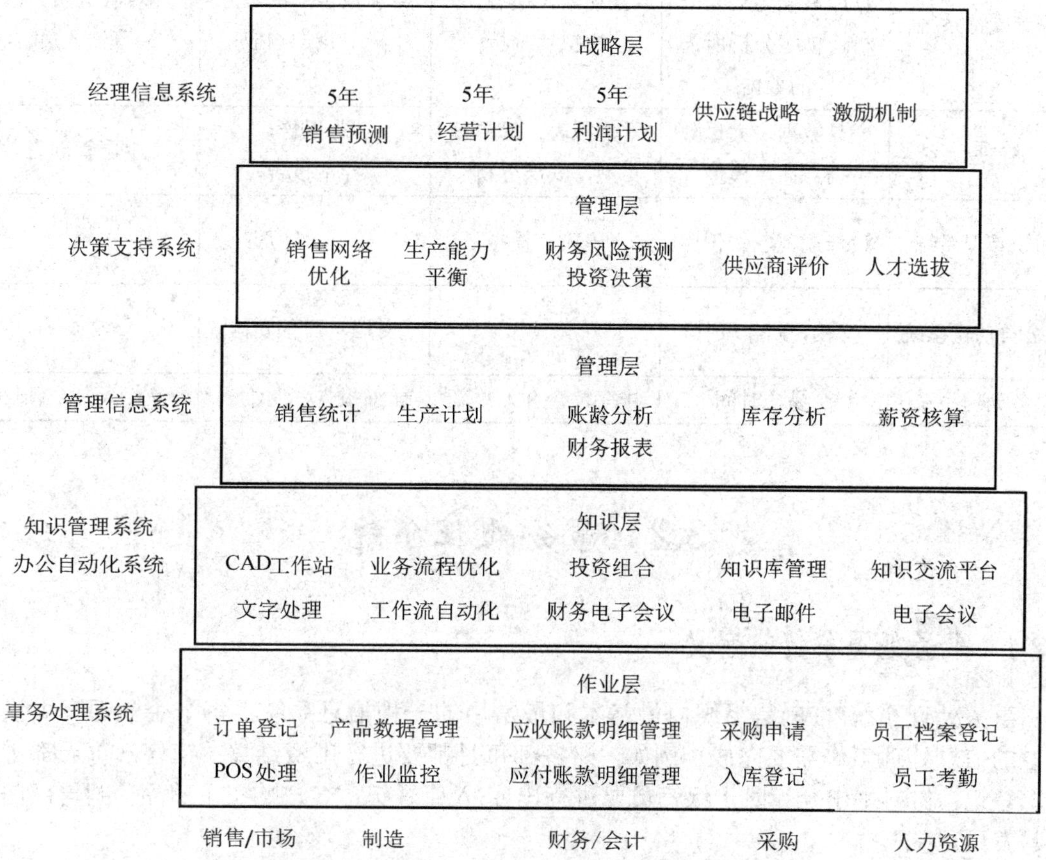

图3.3 组织内六类信息系统的服务内容示例

从图3.3可以看到，组织分为战略层、管理层、知识层和作业层，纵向又可以分为销售/市场、制造、财务/会计、采购和人力资源等功能区。系统根据服务的层次和功能来构建，处于不同功能区某个层次上的部分功能按其大小可以称为一个子系统或一个模块。以财务/会计管理功能为例，服务于作业层的有应收账款明细、应付账款明细管理模块(事务处理系统)，服务于知识层的有财务电子会议、投资组合模块(办公自动化系统、知识管理系统)，服务于管理层的有账龄分析、财务报表模块(管理信息系统)以及财务风险预测、投资决策模块(决策支持系统)等，服务于战略层的有企业5年利润计划模块(经理信息系统)，上下各层之间通过数据进行联系。表3.1归纳了六类信息系统的输入、处理、输出及服务对象的特点。需要说明的是，因为组织中存在着不同的业务领域和组织层次，在六类信息系统中，没有哪一类系统能够提供组织需要的全部信息，它们分工合作，各尽其责，需要经过集成才能达到为组织整体服务的目的。

表 3.1　六类信息系统的输入、处理、输出及服务对象的特点

系统类型	信息输入	信息处理	信息输出	用户
经理信息系统	企业内外综合性数据	图形，模拟，互动式	预测，查询相应	高层管理者
决策支持系统	少量数据或大型数据库最佳化数据分析，模型分析所需的数据	互动式，模型，模拟，分析	专项报告，决策分析，查询响应	专业人员，幕僚人员
管理信息系统	交易数据，大量数据，简单模型	常规报表，简单模型，低层分析	汇总报告，异常报告	中层管理者
知识管理系统	设计规范，知识库	建模，模拟	模型，图形	专业人员，技术人员
办公自动化系统	文档，日常安排	文档管理，计划安排	文档，日程安排	文员
事务处理系统	交易，时间	排序，合并，更新	详细报告，明细表	操作人员，领班

3.2　事务处理系统

3.2.1　事务处理系统的定义

事务处理系统(TPS)是组织内最基本和最常用的一种信息系统。每个企业都有大量重复性的信息处理工作需要完成。例如，财务部每月都要进行工资结算；销售部每天都进行订单登记；材料进出仓库时，保管员要进行出库/入库登记；客户购买了商品，销售部门要开具发票。

以上这些活动称为事务活动。事务是指组织的基本业务活动。事务处理系统是指负责记录、处理并报告组织中重复性的日常活动，记录和更新企业业务数据的信息系统，它是为组织作业层服务的基本信息系统，也是信息系统早期在组织中的应用形式。事务处理系统获取、处理和存储由事务产生或者与事务相关的数据，以及企业例行活动的各种文档。事务处理系统是一种面向数据的系统，其输出的数据如果不进一步加工，则不一定会形成对管理有用的信息。事务处理系统的特点如下：

(1) 事务处理系统支持的是每日的运作，面对的用户多，处理的事务重复性强，处理的数据量大。

(2) 处理的数据详细、精度要求高，但是逻辑关系简单，规律性和结构化程度高。

(3) 事务处理系统处理的信息多半是来自企业内部的信息源。

(4) 服务对象主要是组织的作业层。

3.2.2　事务处理系统的服务目标

事务处理系统的服务目标是实现事务处理的自动化，提高组织处理事务的工作效率和工作质量，提高客户的满意度。企业通常能够从以下几个方面获益：

(1) 提高准确度。在人工的事务处理系统中，由员工检查事务处理系统产生的文档和报告。由于人难免会犯错误，因此经常需要消耗时间、精力和资源来加以修正；而采用计算机技术的事务处理系统经过运行的检验，一般很少出错。

(2) 提高处理速度，及时生成文档和报告。人工的事务处理系统要花几天的时间才能生成事务报告，而采用计算机技术的事务处理系统则能够在几秒内完成。

(3) 提高劳动效率。需要大量人力才能完成的事务工作，采用事务处理系统后需要的人力减少，成本降低。

(4) 改善服务水平。事务处理系统可以帮助企业记录、处理和跟踪许多细节信息，更好地满足客户对产品和服务的要求。

(5) 提供辅助决策的数据。事务处理系统产生的数据不仅反映了组织的基本活动，也是制定企业战术和战略决策时所需参考的原始资料。

3.2.3　事务处理系统的基本活动

事务处理系统能够获取和处理反映企业基本事务的数据，并且用这些数据来更新数据库，根据组织内部和外部事务处理的需要产生报表。事务处理系统的输入、处理、输出活动如图 3.4 所示。

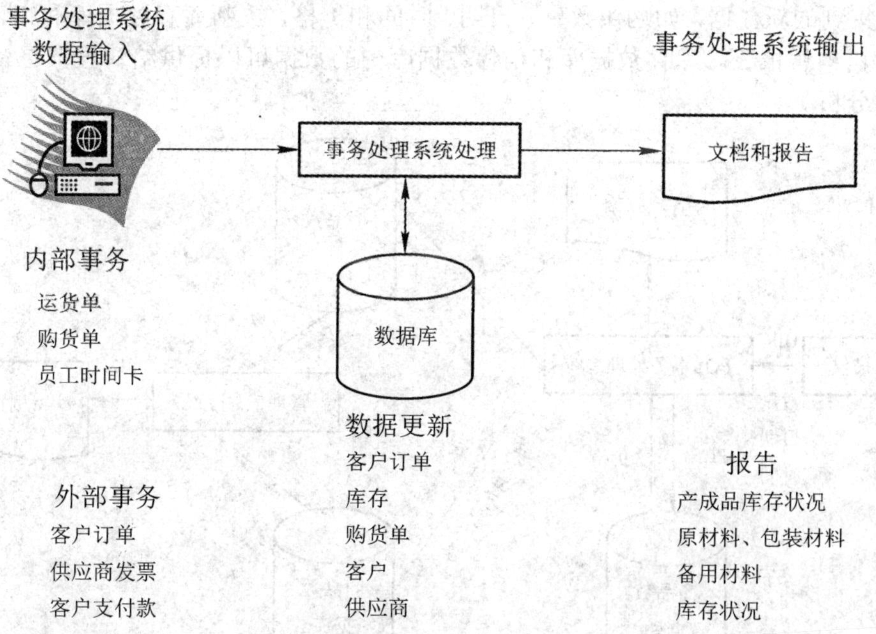

图 3.4　事务处理系统的输入、处理、输出活动

从数据输入到文档和报告的输出，事务处理系统经历了数据收集、数据编辑、数据修改、数据操作、数据更新以及生成文档和报告的过程。这些活动组成了事务处理的生命周期。

(1) 数据收集。数据收集是指获取和收集事务处理所需数据的过程。例如，收集客户订单的手写凭证然后通过键盘输入计算机。越来越多的业务尽量采用自动化的方式从源头获得数据。例如，用扫描仪读取商品的条形码，用射频识别设备读取商品电子芯片上的信息，不仅减少了人工工作量，而且又快又准确。

(2) 数据编辑。数据编辑是指在输入数据的过程中检查数据的有效性和完整性。例如，订货的数量必须是数值型的，否则无效；与数据库比对后发现没有所订购的产品型号，即提示订单无效。

(3) 数据修改。数据修改是指当编辑数据发现出错时重新输入正确的格式。

(4) 数据操作。数据操作包括对输入数据进行分类、排序、计算、汇总及数据的存储等工作。例如，一张订单是订单数据库中的一条记录，记录中的数量乘以价格等于订单的购货金额，这就是订单事务处理系统的一项数据操作。

(5) 数据更新。数据更新是指用新的事务记录来更新企业的状态数据库。例如，用新的销售记录去更新企业的库存数据库，结果是库存减少。

(6) 生成文档和报告。生成文档和报告的主要任务是生成输出记录和报告。例如，生成库存状况报告。

图 3.5 所示的是 POS(Point of Sale)事务处理系统的一个实例。百货商品或连锁超市通常用手持式扫描仪自动读取商品的通用产品代码(Universal Product Code，UPC)，POS 事务处理系统根据每件商品的通用产品代码，从商品数据库中查询商品的价格，计算并打印账单。用收集到的新数据，如购买数量、日期、时间和价格，更新库存数据库和销售数据库，同时产生日销售报表。库存数据库和销售数据库中的数据可以提供给管理信息系统(狭义)做进一步分析。

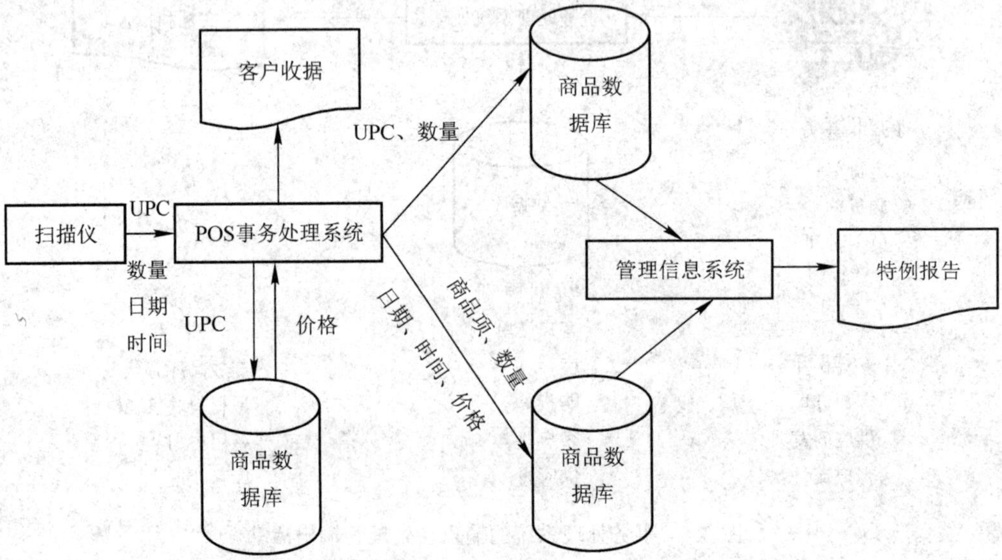

图 3.5　POS 事务处理系统

事务处理的方式有三种：批处理方式、联机处理方式和延迟联机录入处理方式。以订单处理为例，批处理方式将一天发生的订单集中在下午五点输入计算机并批量更新数据库，具有节省人力、降低成本的优点，但延长了订单发生和处理订单的间隔时间。联机事务处理方式又称为实时处理方式，每发生一张订单，便立即更新数据库，具有加快资金流转、及时安排生产的优点。延迟联机录入处理方式是一种折中的方法。例如，用电话订购商品时，订单当时就被送入计算机，但事实上订单直到晚上才被处理。组织选用哪种事务处理方式要根据不同应用的需求来决定。

3.3　管理信息系统

3.3.1　狭义管理信息系统的定义

管理信息系统(狭义)是指那些能够从组织内部和外部收集数据，并对其进行加工处理，形成有用的信息，以预先设定的形式提供给以中层管理者为主的各级管理者使用的信息系统。在信息系统的应用体系结构中，狭义管理信息系统起着连接事务处理系统、决策支持系统和经理信息系统的作用。它通过对事务信息的汇总和分析，向管理者提供定期和预先设定的报告、报表和查询，支持管理者(以中层管理者为主)高效地组织、计划和控制企业的运行。

例如，中层管理者在做工作汇总时常常会遇到以下问题：

(1) 某类产品的市场占有率是多少？哪些商品畅销？

(2) 企业本期收支情况与前一年的收支情况相比有何差异？

(3) 本月订单的完成情况如何？

(4) 当前企业员工年龄结构的分布情况如何？

借助管理信息系统(MIS)，中层管理者可以轻松地得到答案，从而做出战术决策。

3.3.2　管理信息系统的服务目标

组织的战略目标是通过管理层的战术运作来实现的。管理信息系统的服务对象是组织的中层管理者。管理信息系统帮助中层管理者进行资源的分配、计划的制订和调整，使他们能够深入观察组织的日常运行状况，将现有运行结果与预定的目标进行对比，确定问题所在，寻找改善的途径和机会，从而有效地控制组织的运行。

管理信息系统的有效运行能够对组织(企业)的成本、利润、客户服务、产品创新等方面产生积极的影响，帮助组织取得竞争优势。

3.3.3　管理信息系统的基本活动

管理信息系统的基本活动包括输入、处理和输出数据三个主要环节。

管理信息系统的输入活动是指管理信息系统收集和输入数据的过程。管理信息系统的数据源有内部和外部两个方面，事务处理系统负责收集和存储业务活动的相关数据，其应用程序不断地对组织的基本数据进行更新，这些被实时更新的数据库正是管理信息系统主要的内部数据源。外部数据源包括客户、供应商、竞争对手、投资者等基本数据，可以通过互联网、调研等方式或者通过外部数据库获取。

管理信息系统的处理和输出是指运用从事务处理系统和外部数据源获取的数据，按照预先设定的报表要求，通过分类、汇总、排序、计算及数据的析取和分析等工作，输出规定格式的报表，以满足中层管理者的查询要求。管理信息系统输出的报表主要有以下几种形式：

(1) 周期报表。周期报表是按周期或规定日程生成的报表。例如，生产部经理通过管理信息系统输出生产日报、周报或月报，有关人员根据报表信息进行生产调度。

(2) 定制报表。定制报表是指根据管理者对信息的要求而制作的报表。例如，某个管理者想知道某一特定材料的库存情况，管理信息系统就为他设计专门的报表。定制报表中可以包含与实际值对比的企业运作关键指标。

(3) 异常报表。异常报表是指反映企业异常情况的报表。异常报表的内容可以引起管理者的注意，从而及时采取措施，规避风险。例如，企业的应收账款超过了规定的限度，财务部门必须采取加速回款的措施。

(4) 详细报表。详细报表是指为管理者提供详细数据的报表。例如，从定制报表上看到企业的应收账款超过了规定的限度，为了寻找原因，财务部经理希望查看应收账款的详细列表，以发现超过付款期的欠款大户，立即启动催款程序。一般来说这些详细信息可以从事务处理系统中获取。

3.4 决策支持系统

3.4.1 决策支持系统的定义

组织运作过程中常常会遇到许多决策问题，下面列出了其中的一些：

(1) 企业采购原材料时应该选择哪家供应商？

(2) 如何确定合理的库存量？

(3) 如何选择最佳的运输路径？

(4) 连锁门店选在什么位置比较合适？

人们常常把解决以上问题的过程称为决策过程。在管理活动中，管理者经常需要对以上问题做出决策。管理者虽然可以通过管理信息系统获得经过分类、比较、汇总和简单计算的信息，但是这些信息对于制订特殊问题决策的支持力度是不够的，以至于管理者只能靠直觉、经验进行决策。为了满足解答复杂决策问题的要求，决策支持系统(DSS)应运而生。

决策支持系统的概念经过可无数次扩充，成为一个融计算机技术、信息技术、人工智能、管理科学、决策科学、心理学、组织行为学等学科与技术于一体的技术集成系统。决策支持系统的目的在于提高决策的效能，而不是效率。

3.4.2 决策支持系统的特征及其与管理信息系统的关系

通过决策支持系统的特征描述，可以更进一步地理解决策支持系统的内涵。决策支持系统的一般特征如下：

(1) 主要用来解决半结构化和非结构化问题。

(2) 面向组织的所有管理者，特别是高层和中层的管理者。

(3) 用于辅助决策，而不是代替决策者决策。

(4) 支持决策制订的全过程(收集情报、设计方案、选择方案和实施方案四个阶段)。

(5) 注重提高决策的效能，而不是效率。

(6) 强调由管理者以交互会话的方式方便地使用。

(7) 将模型、分析、人工智能与数据库、数据仓库和数据挖掘技术结合起来。

(8) 可以为个人、群体和团队的决策提供支持。

决策支持系统与管理信息系统有很大的差别，主要表现在以下四个方面：

(1) 管理信息系统面向组织的中层管理者，处理的是结构化决策；决策支持系统主要面向组织的高层和中层管理者。例如，结账管理信息系统从应收账款数据库中把过期未付款的客户账单生成周报交给主管财务的经理，由其自行分析；而决策支持系统则通过"What-If"模型来决定这些未付款的客户账单对现金流量、总收入、整体利润水平的影响，把模型分析的结果交给主管财务的经理。此外，决策支持系统也支持作业层的决策。例如，运输公司车辆优化调度决策支持系统、集装箱配载优化决策支持系统可以帮助调度员和配载工人决策车辆行驶的路线和集装箱配载方案。

(2) 管理信息系统提供的报表和信息大多用于控制组织的整体运行；决策支持系统支持个人、群体或整个组织的问题解答。决策支持系统可以支持一个特定的管理者做出一个特定的决策，从而解决一个特定的问题。例如，车辆优化调度决策支持系统可以帮助运输公司的调度员安排车辆并确定最佳运输路线。当问题的解决需要通过专家委员会、项目团队和任务组等以群体方式进行时，可以通过群体决策支持系统(Group Decision Support System，GDSS)来解决。例如，专家委员会的专家可以在各自的办公室里通过网络讨论对某个项目的评审意见，不需要从四面八方集中在一起开会。

(3) 管理信息系统主要采用数据驱动的分析技术确定信息需求、完成例行事务的信息分析；决策支持系统根据决策问题确定并建立决策过程中要使用的分析模型和决策信息，主要采用模型驱动和人工智能的设计方法，偏好使用图形输出。

(4) 决策支持系统强调以交互方式允许终端用户控制数据、选择模型和对话。决策者针对同一个问题可以选取不同的模型，从而产生多个可供选择的行动方案。由此可见，决策支持系统的运行是由它的用户控制的。管理信息系统主要是基于固定的信息需求，由系统开发人员按要求编程，用户最终获得的信息取决于这些程序的预定功能。

3.4.3 决策支持系统的结构

从软件角度看，决策支持系统部件之间的关系构成了决策支持系统的系统结构，一个基本的决策支持系统由数据管理部件、模型管理部件和对话管理部件三个部分组成。随着决策支持系统理论和技术的发展，决策支持系统的结构从二库结构发展到三库结构、四库结构、五库结构、六库结构，甚至七库结构，在数据库、模型库的基础上增加了方法库、知识库、图形库、文本库和案例库等。限于篇幅，本章只介绍具有二库的决策支持系统的基本结构，如图 3.6 所示。

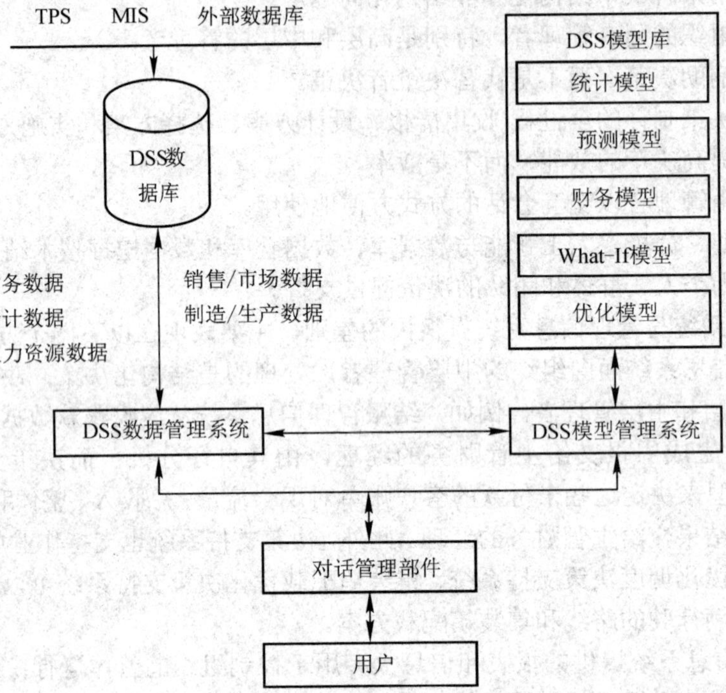

图 3.6　具有二库的决策支持系统的基本结构

1. 数据管理部件

决策支持系统的数据管理部件由 DSS 数据库和 DSS 数据管理系统两部分组成。DSS 数据库是一种保存决策所需的当前或历史数据的专用数据库。例如，用于销售预测的 DSS 数据库中保存了近十年的商品销售历史数据。DSS 数据库逻辑上独立于企业的基本业务数据库，其数据来源有以下三个方面：

(1) 来自组织内部的信息系统。例如，管理信息系统、事务处理系统或知识管理系统等产生的财务、会计、市场、销售、生产制造或人力资源等方面的有关数据。

(2) 来自组织的外部。例如，行业的某些特定数据、地区经济收入水平和就业状况等，可以从政府部门或行业数据库中提取，或者从互联网下载。

(3) 来自决策支持系统决策者个人的数据。将决策者的经验和洞察力等个人信息输入决策支持系统，供决策支持系统运行时调用，这也体现了决策支持系统的个性特点。

决策支持系统可以直接访问组织内部的数据库或数据仓库，但不直接存取或修改组织内部的基本数据库或数据仓库，以确保数据的安全性。为了节省数据库的搜索时间，决策支持系统往往将所需的特定信息预先从相关的事务处理系统或管理信息系统数据库中抽取出来或从数据仓库中复制到 DSS 数据库中，供决策支持系统进行模型加工时使用。

DSS 数据管理系统的主要任务是管理与某一特定决策相关的数据的检索、存储和组织。由多个部件，包括数据库(DataBase，DB)、数据字典(Data Dictionary，DD)、数据库管理系统(DataBase Management System，DBMS)、数据仓库(Data Warehouse，DW)以及数据查询表(Data Query Form，DQF)等共同执行这些任务，并且提供各种安全功能，以确保数据的完整性。

2. 模型管理部件

决策支持系统的模型管理部件由 DSS 模型库和 DSS 模型管理系统组成。DSS 模型库中存放有用户求解问题所需的各种模型。这些模型通常以数学模型或逻辑规则模型的方式存在。模型是对事件、事实、活动、过程或解决方法的一种抽象和简化的描述。通过研究模型，而不是事实和活动本身，可以降低成本、节省精力和时间，便于决策者更好地理解和解决问题。决策支持系统中常用的模型如表 3.2 所示。

表 3.2　决策支持系统中常用的模型举例

模型	说　明
财务模型	包括现金流量、内部回报率、投资分析等模型。例如，Excel 等电子表格程序就具有这些简单模型的求解功能
统计模型	包括计算均值、标准方差和输出散点图等，并且可以建立因果关系。例如，将产品销售同消费者的年龄、收入或其他因素联系起来，利用软件包(如 SPSS、SAS 和 R 语言等)能完成统计分析模型的功能
预测模型	用事务过去的信息对事务未来的状态进行科学的预测和推测。例如，指数平滑模型、季节指数预测模型、回归预测模型、马尔可夫链预测模型等均属于预测模型
What-If 模型	对决策变量做假设性的改变以观察其影响目标变量的过程。例如，在敏感性分析模型中，分析假设提高售价 5%或追加 10 万元的广告预算将发生什么
优化模型	包括线性规划、非线性规划、动态规划、目标规划和最优控制等模型。软件 LINDO 专用于线性规划问题的求解

DSS 模型管理系统(Model Base Management System，MBMS)的主要功能有建立或重构新模型，分解或组合模型，修改、插入或删除模型，存储或调用模型，维护与恢复模型。MBMS 从调用者获取输入参数传给模型并使其运行，最后将输出参数返回给调用者，对模型执行结果进行分析、评价等。DSS 模型管理系统还提供数据库接口的转换功能，将模型中对数据库访问的标准形式转化为具体系统要求的形式。

3. 对话管理部件

决策支持系统的对话管理部件由 DSS 用户界面以及用户界面管理系统组成，主要负责用户与决策支持系统之间的交互，以及实现用户通过用户界面将命令、数据和模型输入计算机。一个良好的用户界面对决策支持系统功能的发挥至关重要。决策支持系统的对话管理部件一般具有以下功能：

(1) 帮助用户使用决策支持系统。

(2) 接收用户请求，并将请求输入决策支持系统。

(3) 识别和处理不同类型的会话方式，如程序命令语言或自然命令语言。

(4) 提供多个决策支持系统用户之间的通信支持。

(5) 对各种处理结果进行解释、描述和输出。

(6) 与决策支持系统的数据管理部件和模型管理部件友好交互。

总之，用户通过决策支持系统的对话管理部件能够很方便地完成建立模型、修改模型、选择模型和求解问题的操作。

3.4.4 决策支持系统实例——物资市场预测决策系统

某物资集团公司主营各类生产资料的进销存业务，经营的物资有有色金属、黑色金属、建筑材料、机电产品、化工原料和燃料。为了更好地把握市场，辅助公司经理进行市场定位决策，辅助业务部门的主管进行采购决策，公司开发了一个物资市场预测决策支持系统。它由物资市场预测 DSS 数据库、物资市场预测 DSS 模型库、物资市场预测 DSS 用户界面，以及相应的数据管理部件、模型管理部件、对话管理部件和数据仓库系统组成。

物资市场预测 DSS 数据库中存放物资市场预测 DSS 模型所需要的专用数据。例如，近 5～10 年各类物资的年销售量，这些数据由数据仓库系统从集团公司下属专业公司的事务处理系统、管理信息系统以及相关的外部数据库中析取，供预测模型使用。除此以外，物资市场预测 DSS 数据库还存放预测的中间结果和最后结果数据。

物资市场预测 DSS 模型库由加权滑动平均模型、指数平滑模型、季节指数预测模型、自回归预测模型、灰色预测模型和差分预测模型等 15 个预测模型组成。系统通过模型字典调用这些模型。

物资市场预测 DSS 用户界面帮助公司经理和业务主管使用系统。例如，用户要求预测下一年铝材的销量，用户界面通知数据管理部件调用近 10 年铝材销量的历史数据，剔除非正常数据后，模型管理部件根据历史数据的特征，通过模型字典选择合适的预测模型。模型管理部件将历史数据输入模型并进行分析，再通过对话管理部件输出明年铝材的销量预测值。

物资市场预测决策支持系统的工作过程如图 3.7 所示。

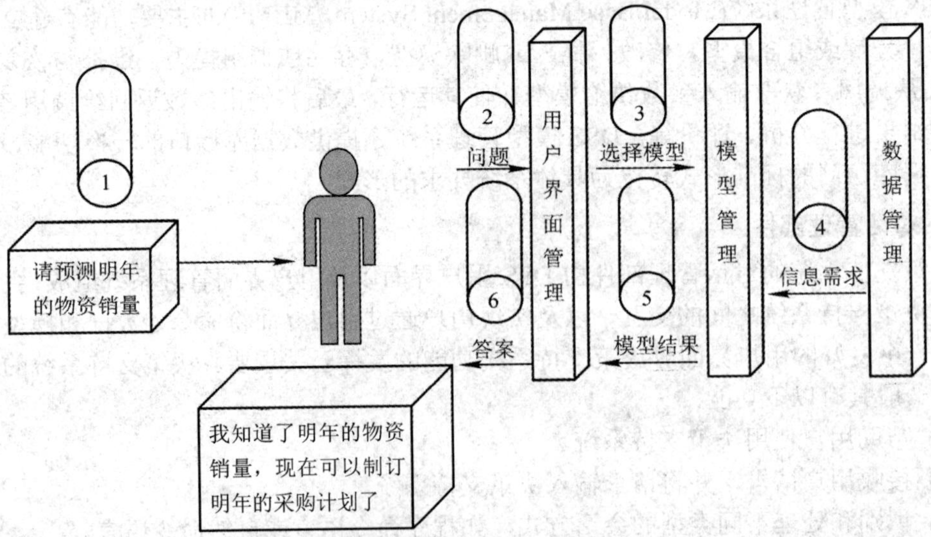

图 3.7 物资市场预测决策支持系统的工作过程

3.4.5　决策支持系统的发展趋势

管理信息系统主要解决结构化决策的问题，决策支持系统支持半结构化甚至非结构化问题的决策。早期的决策支持系统主要依靠模型驱动，其思路是根据已知领域的知识和规则来构造模型，再通过数据进行模型检验。随着信息技术的飞速发展，数据驱动型的决策支持系统应运而生。例如，使用联机分析处理(OnLine Analytical Processing，OLAP)、数据挖掘、人工智能、大数据等技术从海量数据中发现新颖的、潜在的、事先未知的有用知识，如果被发现的知识反映了企业运作中的某种规律，那么它将被用于支持管理层的半结构化和非结构化的决策。

3.5　经理信息系统

3.5.1　经理的信息需求

经理信息系统也称高管支持系统(Executive Support System，ESS)。经理主要指处在组织上层并对组织的战略和政策制订有着重大影响的管理者。哈佛教授 Daniel J.Isenberg 花了 2 年多的时间对 10 多位经理进行了调查，了解他们思考什么以及怎样思考。他发现经理通常考虑两类问题，即如何做事情和如何处理最关心的事情或整体目标。在考虑如何做事情方面，他们更关心调用组织的人力资源，让下属去解决问题，而较少关心具体解决方案的细节。经理工作的共同特点主要表现在以下几个方面：

(1) 经理管理整个组织或独立自主的子单位，在组织中的控制范围最广。

(2) 经理考虑最多的问题是企业的长期发展战略，对制订企业级的决策负有责任。

(3) 经理必须广泛关注公司内容及外部发生的重要事件。

(4) 经理是企业与外部环境相互作用的代表。

(5) 经理的行为可以在财务、人事、市场、生产等方面产生重大的影响。

在类似以上问题的决策过程中，经理具有独特的信息需求。例如，他们需要查询企业内部的财务信息甚至产品的成本信息；从外部获取市场信息、客户信息、供应商信息和竞争对手信息，以及股票市场信息、产业动向信息等。高层经理不仅需要短期信息，更需要反映企业运行的动态和实时信息，他们常常从概要的数据出发逐级查阅更详细的数据，甚至需要明细数据，他们还比较喜欢先通过图形观看数据变化的趋势，然后再根据需要查看具体数据。总的来说，经理信息需求的特点如下：

(1) 经理获得信息的中心意图是用于规划和控制。

(2) 经理需要从数据库中获得包括行业、客户、竞争者以及下属部门的有关历史、当前和将来的 3 个时间段信息。

(3) 经理希望根据所获得的信息评估当前状态和未来趋势，寻找投资和融资的机会。

(4) 经理会凭借自己的直觉或利用已积累的经验，根据目前掌握的信息做出决策。

3.5.2 经理信息系统的定义

典型决策支持系统(DSS)设计的目的是有效支持组织中、高管理层甚至低管理层的专门问题的决策。决策支持系统主要针对相对比较狭窄的决策问题进行建模和分析，但是它不能为高层管理者提供多样化、宽范围的信息和决策支持。经理信息系统能够帮助高层经理了解组织运作情况和制订组织战略方针，为更宏观的目标服务。因此，有人认为经理信息系统是决策支持系统的一种特例。

劳登夫妇认为，经理信息系统是一种以聚焦于管理信息需求的方式，面对非结构化和半结构化的问题，通过汇总内部和外部的数据源，帮助高层经理监视组织绩效、跟踪竞争者的行动、锁定问题、预测趋势和识别机会的信息系统。

经理信息系统的一般特征如下：

(1) 专门用于支持高层管理决策，一般为个体决策者量身定制。

(2) 直接被高层决策者使用，为他们提供各种方便的通信工作，操作简便。

(3) 采用图、表、文字等形式输出信息。

(4) 经理信息系统的数据来源于组织内部和外部的各种数据源。

(5) 为决策者提供选择、析取、分离、追踪和深挖信息的功能。

(6) 可以为决策者提供其所需要的状态报告、异常情况报告、趋势分析报告、数据挖掘报告等。

3.5.3 经理信息系统的组成和工作原理

1. 经理信息系统的组成

经理信息系统包括硬件和软件两部分。从硬件角度看，基于计算机的经理信息系统要能够支持经理在各种条件下使用，除了本地以外，还能够在互联网、移动通信等环境中应用。从软件角度看，经理信息系统的软件组成“专业性”比较强，是为经理的个性化需求设计的。图 3.8 给出了一个经理信息系统模型。

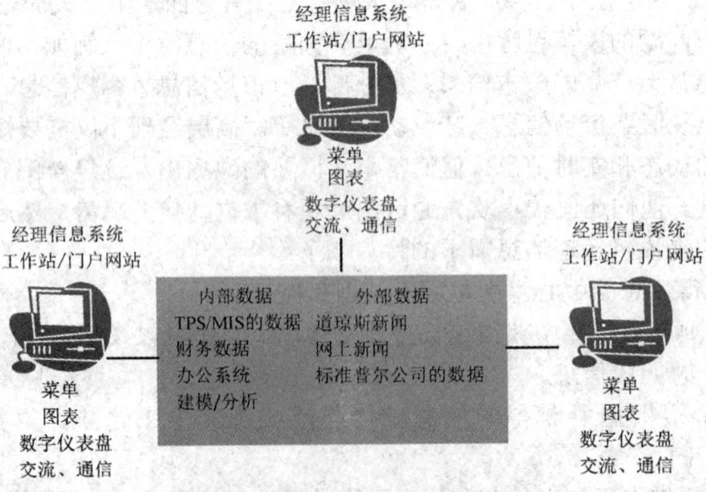

图 3.8 经理信息系统模型

该模型由具有菜单、图表、数字仪表盘和交流、通信能力的工作站组成，每一个经理都可以通过经理工作站或门户网站直接使用经理信息系统，他们从菜单中选择所需的功能或者执行少量的处理，从服务器的数据库或数据仓库中获得企业内部和外部的历史数据和竞争力数据。数字仪表盘实时显示经理希望看到的关于趋势分析、关键指标、异常报告等的图形和数据。办公系统能够提供如文字处理、日程安排、地址簿、待处理事务清单、电子邮件和群件系统的服务。即使经理出差在外，也可以通过互联网、内联网和外联网及时看到企业的运营情况。

2. 经理信息系统的工作原理

经理信息系统已被高层管理者视为一个随叫随到的助手，一个随时随地都值得信赖的朋友。经理信息系统中包含了多种类型和层次的数据，这些数据主要从下层系统中获得。很多高层管理者需要查看的信息和参考方案是通过经理信息系统的识别，有目的地调用决策支持系统、知识管理系统、管理信息系统甚至事务处理系统和办公自动化系统，以及人工智能系统等信息系统，再将其运行结果或有关数据库的查询结果送给用户。经理信息系统还通过对外数据(如道琼斯新闻、网上新闻及标准普尔公司的数据等)的搜索和分析，向高层管理者提供制订战略决策所需要的外部信息。由于高层主管工作繁忙，没有直接使用复杂计算机系统的经验，经理信息系统必须具有友好的图形化用户界面以及快速查询的特点。可以认为，经理信息系统是一种功能强大的搜索引擎和智能查询系统。近年来，经理信息系统也开始瞄准组织其他层次的管理者，供较下层次的部门负责人和有关人员使用。

3.6 办公自动化系统

3.6.1 办公自动化系统的定义

办公自动化系统(OAS)是信息技术在办公室活动中的应用，目的是实现办公活动的科学化、自动化，提高办公室信息人员的工作效率。与其他信息系统不同，办公自动化系统面向组织中的各个管理层，包括高层、中层和基层人员。办公自动化系统在组织中起着以下三个重要作用：

(1) 协调、管理组织中的工作。

(2) 对组织中各个层次、各种职能的工作进行合理安排。

(3) 加强组织和外部环境的联系。

办公自动化系统协调着各类信息人员、各地的部门和各种职能领域，与客户、供应商以及企业外部的其他组织通信，如同信息和知识的交汇中心。随着网络和通信技术的发展，办公室人员通过互联网可以在任何地方办公，而不必局限于工作场所地理位置的限制，在办公自动化系统的支持下形成“虚拟办公室”。目前，办公自动化系统已广泛应用于政府、交通、工商、金融、企业、文教等行业和领域。

3.6.2 办公自动化系统的功能

办公自动化系统的功能到底涵盖了哪些范围至今还没有统一的认识。传统的办公自动化系统是以文档管理为核心的。因此，早期办公自动化系统的功能局限于文档的建立、处理和管理，其基本功能有文字处理和桌面排版、文档管理、工作流管理和群件管理等。当进入知识经济和互联网时代后，办公自动化系统的功能向深层次发展，它从传统的文档管理为核心发展到以信息交流为核心，加强了协作型工作处理和知识管理的能力。下面通过一个著名的办公自动化软件产品展示新一代办公自动化系统。

Lotus Notes/Domino 是莲花公司推出的构建企业办公自动化网络平台的一个软件产品，Notes 是指客户端软件，Domino 是指服务器。

Lotus Notes/Domino 是世界领先的企业级通信、协同工作及 Internet/Intranet 的平台。它除了提供传统办公自动化功能以外，还具有数据库复制技术和可靠的安全机制，尤其适合处理各种非结构化与半结构化的文档数据。工作流自动化和工作流控制是该产品新的应用领域，Lotus Notes/Domino 在服务器和客户端添加了很多 Internet 功能，建立了各类基于 Web 的应用，如协同工作、网络环境下的办公自动化等。Lotus Notes/Domino 提供了领先的电子邮件服务、强大的垃圾邮件过滤功能，可以减少发送到用户收件箱中的多余邮件，改善电子邮件管理并减少管理费用，用户不用做更多的开发，即可在企业内部架构强大的电子邮件系统。Lotus Notes/Domino 率先提供了完整的知识管理解决方案，从网上文档管理到远程学习和实时知识应用等，为用户构建了基于“知识管理”的第三代办公自动化系统。它利用现今的工作流技术，帮助企业实现流程优化和流程管理，与 ERP 系统密切集成，实现销售管理和客户关系管理(CRM)等应用。虽然 Lotus Notes/Domino 不适合实现联机实时交易，但它是实现电子商务的基础。

办公自动化产品有两种实现方式：一种是客户-服务器方式，即一端使用 Domino 服务器，另一端是 Notes 客户端；另一种是浏览器-服务器方式，即一端使用 Domino 服务器提供 Web 服务，另一端将浏览器作为客户端，这种方式的客户端不用配置，使用方便，是互联网时代的一种趋势，它能够用互联网技术更好地架构企业内联网。

3.7　知识管理系统

3.7.1　组织中知识的分类

不同于数据和信息，知识是以各种方式把一种或多种信息关联在一起的信息结构，是人对客观世界规律的认识和经验总结。知识是形成企业竞争优势、创造未来财富的主要来源。

组织范围的知识可以分为结构化知识、半结构化知识和非结构化知识三种。

1. 结构化知识

结构化知识是显性知识以组织正式规则的形态存在于正式文件中的一类知识。这里的正式文件可以是结构化文本文件、正式报告和 PPT 演示文稿等。例如：新款式汽车的设计文件、产品的材料定额清单、企业流程规范文档。这些知识已被组织认可，并以正式文件或文档的形式存储，可以在组织规定的范围内按规定权限传播、共享和使用。

2. 半结构化知识

半结构化知识是指未被收集到组织中的正式文件或正式报告中的知识，它们常常以不同的格式存储在电子邮件、公告牌(BBS)、消息、建议、备忘录、小册子和 PPT 演示文稿等载体中，由于没有专门的部门去收集其中有用的知识，它们常常被散落、流失或遗忘。半结构化知识的例子有：存在于电子邮件中的员工合理化建议、未被发现的 BBS 讨论中的好主意、存在于未被采纳的产品设计方案中的创意。

半结构化知识由于散落在组织中的各种载体中，需要知识管理系统通过建立数据库或数据仓库对它们进行收集、跟踪，把它们组织成半结构化知识的文件并存储起来。

3. 非结构化知识

非结构化知识是指存在于组织专家头脑中的隐性知识，通常不以数字文件的形式存在。由于是非文件化的，不容易被员工发现或共享。非结构化知识的例子有：专家对市场行情的估计和预测、客户经理挖掘潜在客户的经验、企业投资决策意见。

由于以上知识来源于个人的经验，涉及人的信仰、洞察力和价值观，往往难以表达、获取和管理，不宜通过正规的流程和技术来传递。知识网络系统可以将隐性、非结构化和非文件化的知识转化为显性知识，指导那些需要这些知识的人获得相应的隐性知识。

3.7.2 组织知识管理系统的构成

对于一个组织来说，知识管理涉及以下问题：本组织需要的知识是什么，现有的知识在哪里，可以从哪里获取，组织的知识如何传播，如何生成(创新)新的知识，如何有效利用知识，如何存储、更新、保护知识等，归纳起来都属于知识管理和知识创新的问题。知识管理系统已成为信息技术的一项重要的战略性应用，在组织内的信息系统中占据重要的地位，很多企业正在建设知识管理系统，努力使自己的企业成为知识创造型企业。

组织的知识管理系统(KMS)可以定义为一种为组织的知识工人(包括管理者)寻找知识、创新知识、存储知识、分发知识和应用知识的信息系统。

组织的知识管理系统有三种类型：面向经营和管理的知识管理系统、知识工作系统、知识发现与应用系统。图 3.9 显示了组织知识管理系统的构成。

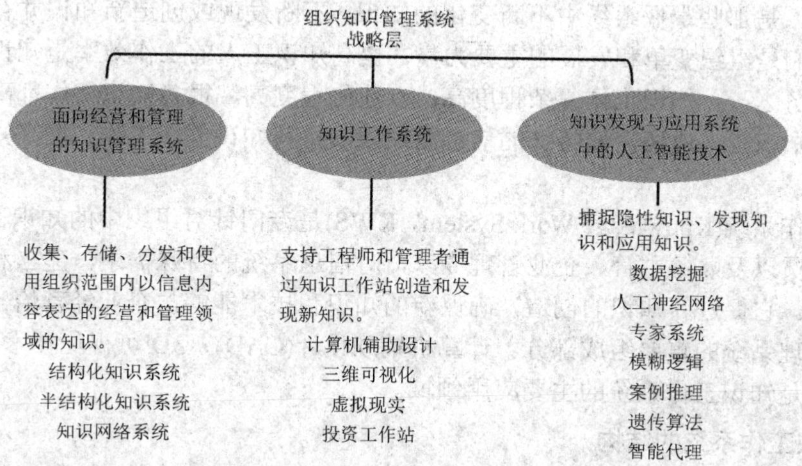

图 3.9 组织知识管理系统的构成

3.7.3 面向经营和管理的知识管理系统

面向经营和管理的知识管理系统，用于收集、存储、分发和应用组织范围内以信息内容表达的经营和管理领域的知识。该系统由结构化知识系统、半结构化知识系统和知识网络系统组成。

1. 结构化知识系统

结构化知识系统将结构化知识以正式文件的形式组织在数据库中，通过信息的存储达到管理显性知识的目的。虽然办公自动化系统也可以存储这类知识，但将它们组织到知识管理系统中具有更明确的应用目标，更方便员工的应用。

2. 半结构化知识系统

半结构化知识系统应用数据仓库和数据挖掘技术、搜索引擎技术、门户网站技术寻找散落在文件、电子邮件、互联网和内联网、企业系统(如 ERP、SCM、CRM 等)以及数据库中的知识，进行分类和编目，集成到半结构化文件中。

3. 知识网络系统

知识网络系统主要处理存在于企业专家个人头脑中的隐性知识，由于它们很难用数字文件的形式表示，知识网络系统通过收集擅长解决某领域问题的专家信息进行专家分类，利用计算机网络技术构建专家知识网，让需求者方便地找到他们，达到沟通的目的。例如，一个工程师有问题想请教专家，他可以利用计算机查找并存取相关的文件系统，并通过网络链接找到相关的解决方案。如果找不到，他也可以把问题放在分类的网页上，以便其他工程师看到后回答，或者查阅其他工程师的简介，发邮件给某个工程师，以得到满意的回答。

知识网络系统能够将专家创造的新的解决方案收集并存储在知识库或知识仓库中，使隐性知识向显性知识转化，还可以运用群件支持交互式会议，推进知识交流。

3.7.4 知识工作系统

知识工人是那些掌握组织中不断变化的知识，不断发现或创造新知识并存入知识库的工作者，他们是组织变革和发展的主要力量。提高知识工人的工作效率是知识时代企业管理的重要任务之一。知识工作复杂程度高、专业化程度高，很多知识工作都离不开信息技术的支持。知识工人迫切需要特殊的信息系统来支持其知识创新工作，提高知识创新工作的效率。

知识工作系统(Knowledge Work System，KWS)是专门针对组织中的知识工人，如工程师、科技人员以及财务主管、企业管理专家，对信息系统的特殊需求，建立和集成新知识的信息系统。它促进新知识的创造，确保新的知识和技术能够与企业经营恰当地结合，是组织知识管理系统的重要组成部分。计算机辅助设计(CAD)、3D 可视化技术、虚拟现实、投资工作站是知识工作系统的主要应用领域。

1. 知识工作系统的结构

知识工作系统包括硬件和软件。硬件有知识工作系统需要使用的工作站或者具有强大运算能力的大型计算机。软件包括各种专业化软件工具，如可视化图形软件、文档管理软件等，具体根据知识工作系统所支持的任务而定。图 3.10 显示了知识工作系统的一般框架结构。知识工作系统的知识库中存储着组织内部和外部的项目及相关学科的动态。知识工人可以便捷地从知识库获取所需要的知识。同时，知识工人可以借助知识工作系统的通信功能，方便地与相关人员交流与沟通，克服了时间和空间的限制，极大地提高了沟通的效率。知识工作系统的模拟计算功能可以很好地帮助工程设计人员解决复杂的运算。另外，知识工作系统具有友好的用户接口，不仅可以使用户无须花费很多时间就能学会软件的使用，还可以使知识工人与系统之间进行方便的交互。知识工作系统的知识工作站有较强的图形处理、分析计算、文件管理和通信处理能力。此外，工作站还允许多任务并行处理。一般知识工作站需要根据不同任务专门设计，因而工程师的工作站和设计师用的工作站是不同的。

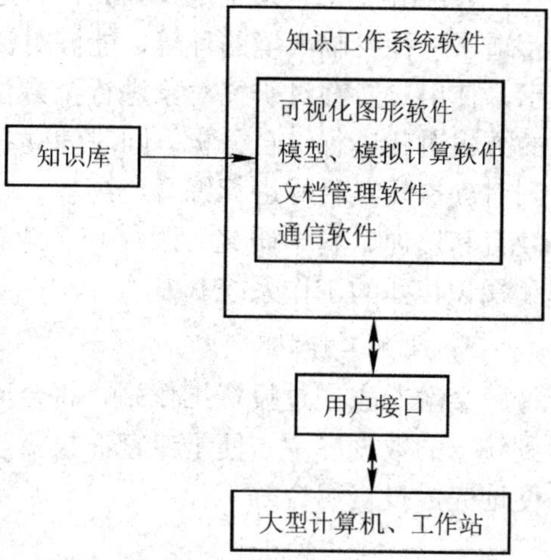

图 3.10　知识工作系统的一般框架结构

2. 知识工作系统的应用

知识工作系统由于所支持的任务和应用领域的不同有很大的差异。现实中有多种多样的知识工作系统。例如，为机械设计人员提供的能够处理三维图形的计算机辅助设计系统，为财务专家设计的能够快速存取大量内部和外部数据的数据库系统。

1) 计算机辅助设计

计算机辅助设计(Computer Aided Design，CAD)利用计算机与复杂的图形软件帮助工程师实现设计方案的创新和设计工作的自动化，工程师可以在 CAD 工作站上方便地进行数据的计算、图纸的设计和修改，并且把设计资料和数据存入数据库。CAD 数据库中的有关数据可以提供 ERP 系统的采购、生成、财务模块使用。

2) 虚拟现实

虚拟现实(Virtual Reality，VR)这一术语最初于 1989 年由 VPL Research 的创始人詹森·拉尼尔(Jason Lanier)提出。虚拟现实系统能够使一个或多个用户在计算机模拟的环境中移动或做出反应。虚拟现实的模拟需要特定的设备，这些交互设备包括头盔、鸟群位置跟踪器、数据手套、遥控鼠标和立体眼镜等。它们可以将模拟世界的视觉、声音和感觉传递给用户，也可以将参与者的语音和动作记录下来并传递给模拟程序，使用户感觉好像是在现实世界中处理这些虚拟事务。这种自然的互动方式使参与者深深沉浸于模拟世界中。例如，虚拟现实为房地产业务提供了房型的展示功能，客户能够在虚拟的房屋实景中漫步，仔细地观察、比较，最后决定购买哪一套房子，虚拟参观避免了购房客户远途奔波，房地产销售商可以邮寄虚拟现实房子的光盘给客户，或者将虚拟房屋放在网站上，吸引潜在客户，提高房产销售。

“Petro-One”系统是我国石油行业的第一套虚拟现实系统。该系统为石油勘探工作者营造了一种身临其境的环境，能够对油气勘探开发所涉及的多种数据进行充分、实时的展示，使用户能够对研究对象进行全方位、多层面、多维度、多尺度的立体感知，并以交互的方式对其进行综合分析，同时辅助各个专业领域的石油勘探工作者进行协同工作，以达到对勘探开发目标进行综合、高效、科学的研究和认知的目的。目前虚拟现实还被应用于教育和培训、科学研究、医疗和企业管理等领域，是帮助知识工作者进行知识(方案)创新和知识传播的工作系统。

3) 投资工作站

金融专家通过投资工作站，将合同管理、市场数据、研究报告从分散存储的状态集成到统一的数据库中，便于专家在投资工作站上一站式地使用数据，及时分析交易情况，方便地完成投资组合等工作。

3.8 信息系统集成

集成可以解释为一个整体的各部分之间能够彼此有机和协调地工作，以发挥整体效益，达到整体优化的目的。组织中信息系统集成的主要方法有通过组织内信息系统之间的数据联系实现信息系统集成和通过组织的流程实现信息系统集成。

1. 通过组织内信息系统之间的数据联系实现信息系统集成

考虑到知识工人和数据工人不是独立的群体或层次，狭义的知识层人员仅包含科技人员和工程师，广义的知识层人员可以包含战略层、管理层和作业层的管理者。除了狭义知识层的人员以外，战略层、管理层和作业层的管理者都会借助知识管理系统和办公自动化系统进行工作。实际上，知识管理系统和办公自动化系统服务于组织的四个管理层次，图 3.2 所示的组织内信息系统的组合模型及其数据联系可以进一步表示成如图 3.11 所示的形式，图中带箭头的连线表示数据流向。

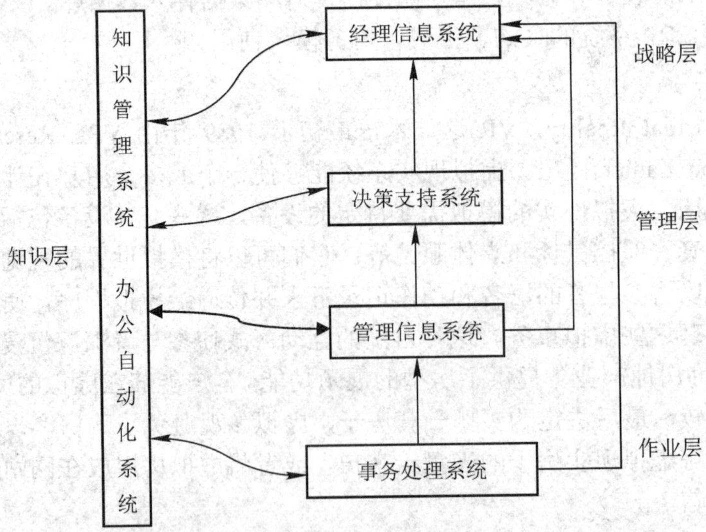

图 3.11 组织内信息系统组合模型的改进及其数据联系

组织内六类信息系统之间的联系主要是通过数据传递来实现的，数据联系是组织内信息系统集成的基本手段。事务处理系统是各类信息系统的数据来源，而经理信息系统主要从其他底层系统获取数据，通过合理设计 TPS 数据库、MIS 数据库和 DSS 数据库可以实现事务处理系统、管理信息系统、决策支持系统以及经理信息系统的集成，通过合理设计文本库和知识库可以实现办公自动化系统、知识管理系统与事务处理系统、管理信息系统、决策支持系统和经理信息系统的集成。

2. 通过组织的流程实现信息系统集成

组织的运行是以流程为基础的，这些流程多数会跨越职能部门。对于信息系统来说，这些流程可能跨越各类系统或业务子系统。以企业为例，许多企业流程都贯穿销售、市场、制造、研究和开发过程。例如，在订单实现流程中，首先需要运行一个订单决策支持系统来确定这一订单该不该接，如果该接，则通过销售子系统实现接单、登录订单的程序；接着运行物料需求计划，进行物料采购；再进入制造子系统安排订单生产计划，如果遇到个性化突出的订单，则需要调用知识管理模块帮助解决制造工艺问题和加工流程设计问题；最后调用会计模块完成订单成本核算、开具发票等工作。订单实现流程贯穿了组织内六类信息系统，通过将它们集成在一起完成企业流程运作，订单实现流程也整合了信息系统。

本 章 小 结

本章以安东尼模型为基础，针对图 1.6 所示的应用信息系统，构建了组织内信息系统的组合模型。该模型由服务于作业层、知识层、管理层、决策层的六类信息系统(事务处理系统、办公自动化系统、知识管理系统、管理信息系统、决策支持系统和经理信息系统)组成。它们有各自的服务目标和信息处理活动，有特定的输入和输出数据。事务处理系统负责组织业务层的事务处理，输入原始凭证，输出事务记录并建立 TPS 数据库。管理信息系统协助管理层完成资源分配、计划和控制，它从 TPS 数据库和外部数据源中取得数据，输出固定或预定格式的报表并建立 MIS 数据库。决策支持系统为管理层进行问题解答，提高决策的科学性和有效性。决策支持系统与互联网、群件等技术结合形成群体决策支持系统，与人工智能技术结合形成智能决策支持系统。经理信息系统帮助高层管理者了解组织运作情况和制订组织战略方针，它根据管理者的要求调用其他有关系统获得所需要的结果，是一种高级智能查询系统。办公自动化系统实现办公活动的科学化、自动化，提高办公效率和办公质量。知识管理信息帮助科技人员和管理者收集、整理、发现和创造新的知识，是建设知识创造型企业的重要手段。知识管理系统有三种类型：面向经营和管理的系统、知识工作系统和知识发现与应用系统。组织内六类信息系统并不是独立存在的，一类系统的输出是另一类系统的输入，它们通过数据联系和组织的流程进行集成，分工合作完成特定的需求。

思考与练习

1. 简述安东尼模型的主要思想。从信息来源、精度、寿命、频率、内容等方面归纳组织战略层、管理层、作业层及知识层的信息需求。

2. 依据事务处理系统、管理信息系统、决策支持系统、经理信息系统、知识管理系统、办公自动化系统的定义，阐述它们的服务目标以及它们对组织的支持作用。简述它们的数据来源和输出信息的特点以及六类信息系统之间的数据联系。

3. 列举结构化、半结构化和非结构化知识的例子。

4. 简述三类知识管理系统的服务范围、支持对象和主要技术。

5. 什么是信息系统集成？组织内信息系统集成有哪些方法？图3.2与图3.11所示的组织内信息系统组合模型的主要区别在哪里？你认为哪一个模型的描述更合理？为什么？

第4章

企业流程管理

企业流程包括业务流程、管理流程、经营过程和制造过程等，是企业各种流程的统称。企业流程管理是用流程的观点分析和管理企业的系统化方法，是企业管理模式的一种变革。信息技术和信息系统是实现企业流程优化和创新的使能器，也是实施企业流程管理的支撑技术；反之，信息系统的规划和设计必须以企业流程管理为中心。

4.1　企业流程概述

4.1.1　企业流程的概念

企业流程是指企业为了完成某一项目标或任务而进行的跨越时间和空间的逻辑上相关的一系列活动的有序集合。它由组织结构、人、管理原则、管理技术、管理信息和管理方法等要素组成。企业流程具有以下特征：

(1) 每个企业流程都有输入和输出。

(2) 每个企业流程都有客户。

(3) 每个企业流程都有一个核心的处理对象。

(4) 企业流程往往是跨职能部门的。

(5) 企业流程有目标和绩效。

简单地说，企业流程就是企业完成其经营活动，为客户创造有效的价值和服务并获得利润的各种有序的活动过程。图4.1所示是某个企业出差报销的简单流程，图4.2所示是某个企业的采购流程。

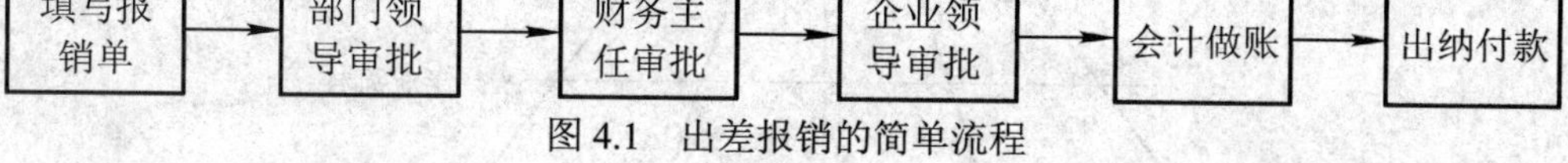

图4.1　出差报销的简单流程

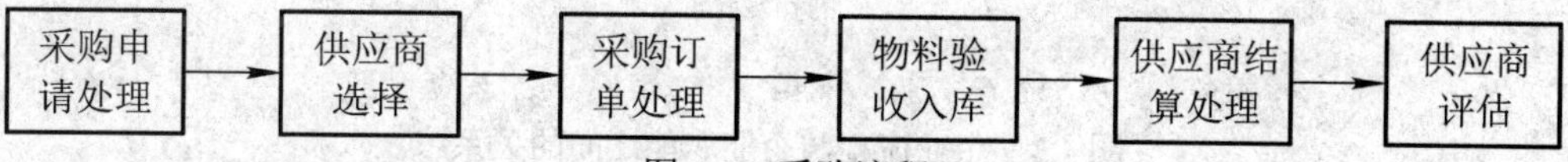

图4.2　采购流程

4.1.2　企业流程观

1. 面向职能的企业管理模式

18 世纪英国著名经济学家亚当·斯密(Adam Smith)在其名著《国富论》中提出了劳动分工论，其主要思想是将生产流程分解，每个员工负责其中的一部分，最后再进行组装。后来斯隆(Alfred Sloan)又将这一理论应用于管理工作中，他将同类工作组合在一个部门中，将管理人员依职能组合在各个部门中，由部门主管(如销售主管、财务主管等)监督和管理部门的工作，从而产生了职能制。面向职能的企业管理模式成为现代企业的主要组织形式，其特点如下：

(1) 劳动分工使一个复杂的工作被分解成多个简单的工作，员工只需短期培训就能够满足工作需求。

(2) 员工技能单一，单项任务的效率高。

(3) 采用金字塔式的科层制集权控制模式。

200 多年来，劳动分工论在经济发展和社会进步中作出了巨大的贡献，但也暴露出以下几个弊病：

(1) 劳动生产率提高但管理费用增加。

(2) 金字塔组织不断扩大，管理层次随之增加，使管理效率下降。

(3) 员工只对任务负责，不对整个流程负责，下级组织仅对上级管理者负责。

(4) 科层组织是生产主导型而非客户主导型，缺少创新意识。

2. 基于企业流程观的企业管理模式

企业流程观是指以流程的视角理解、分析和管理企业各种活动的一种思想、观点和方法。以流程的视角来看待企业的各种活动，并不是今天才出现的。早在 20 世纪 70 年代，Nordsieck 就指出了以流程导向管理企业的必要性，他提到：“在任何情况下，企业都要以对流程的明确划分为目标。同时，对流程的划分必须符合任务目标、流程主体发展，特别是任务变化的要求。企业运行就是一个持续的流程、一个不间断运行的链条。真正的运营就像一条河流，它在完成相同或相似任务的过程中不断地创造和提供新产品和服务。”

在企业的内部组织和运营中，流程和职能是两个容易混淆的概念。职能描述这个部门或机构是做什么的，是一个静态的概念；而流程强调的是为了完成目标任务，这个部门或机构是如何工作的，是一个动态的概念。图 4.3 所示的是企业流程和企业职能之间的关系。

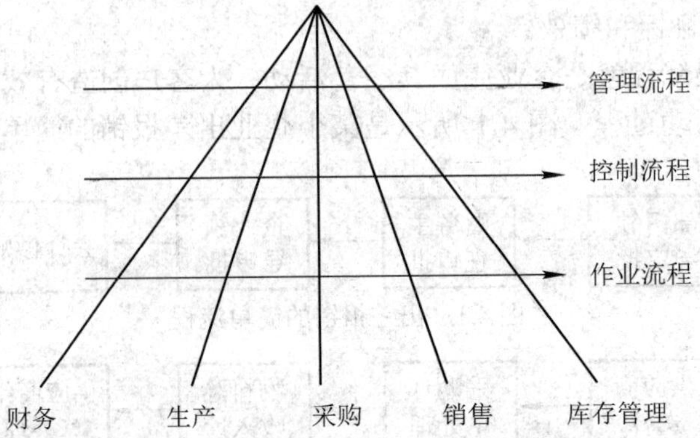

图 4.3　企业流程与企业职能之间的关系

企业内部组织和运营被分为若干个职能部门，而实际上最终实现向客户提供产品或服务，都依赖于跨越部门的各种流程的运作。在以职能为主导的管理模式下，职能部门追求最优并不能带来全局的最优化，直线职能制这种总体分治的条块化治理模式从根本上影响了企业快速、连续响应外部变化的能力，企业内部各职能部门之间为协调流程运作而产生的费用并不会因为现代技术的支撑而减少。在企业流程观的影响下，人们认识到只有各职能部门围绕产品或服务紧密协作，使流程高效运转起来，才有可能实现全局的最优化，企业管理模式开始出现从职能型向流程型转变的变革，如图 4.4 所示。

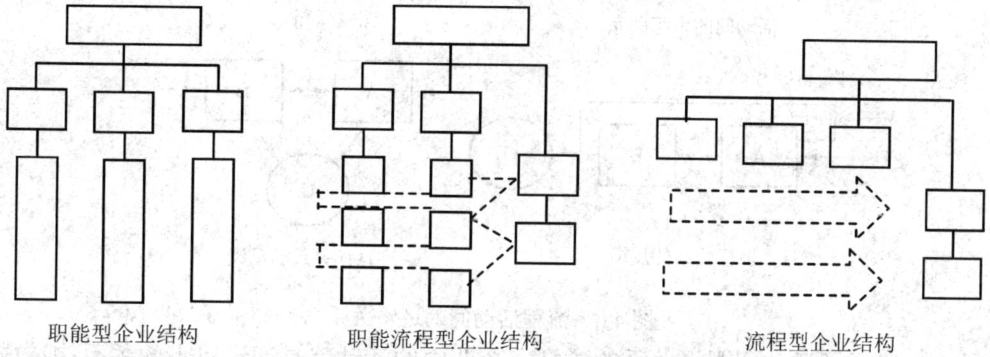

图 4.4　企业管理模式的转变

图 4.4 中的职能型企业结构指企业的基本单位是职能部门，每个职能部门由执行相似任务的人组成；职能流程型企业结构是职能型企业结构到流程型企业结构的一种过渡形式，它将职能型企业结构和流程型企业结构结合起来，在职能型企业结构的基础上突出了流程活动，在现实条件下具有较强的适用性；而流程型企业结构由若干流程小组组成，流程小组是围绕流程的执行组织起来的一群人，它以客户和流程为基础，将企业的各种资源集中于创造价值的流程之中，具备更快、更有效地适应外部市场变化、提升效益和提供优质服务的特点。

以企业流程观理解、分析和管理企业，深入理解企业流程的概念和企业本身的使命，重新思考企业经营和运作过程，已成为必然。

4.1.3　企业流程的四要素

企业流程的四要素为活动、活动间的逻辑关系、活动的承担者、活动的实现方式。

1. 活动

企业流程是由活动组成的，活动是流程最基本的要素。活动是一种变换，它包含几个方面的要素，即活动={输入、活动目标，处理规则、处理手段、资源、输出(反馈)}，企业活动接收某种输入，在某种规则的控制下，利用某种手段和凭借一定的方法，通过变换转化为一定的输入，如图 4.5 所示。

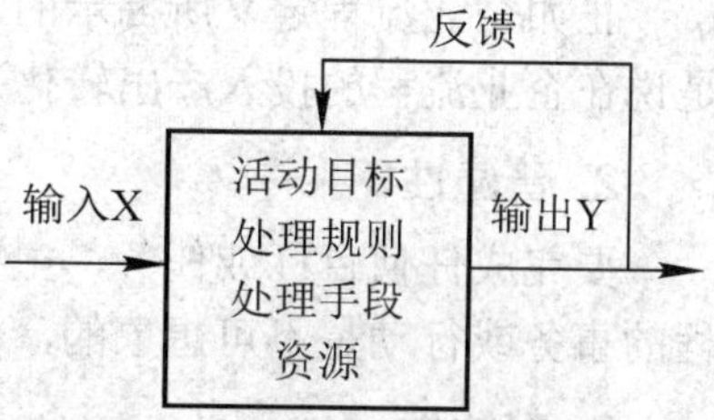

图 4.5　流程活动包含的要素

2. 活动间的逻辑关系

企业流程是逻辑上相关的一系列活动的有序集合，活动间不同的逻辑关系，可以导致不同的结果。活动间的逻辑关系是流程的关键要素，反映了活动发生的先后顺序与活动间的相互关系。流程活动间的逻辑关系可以分为串行关系、并行关系和反馈关系。假设 A 和 B 两个活动，其共同作用的结果是 O，则 A 和 B 之间的逻辑关系如图 4.6 所示。

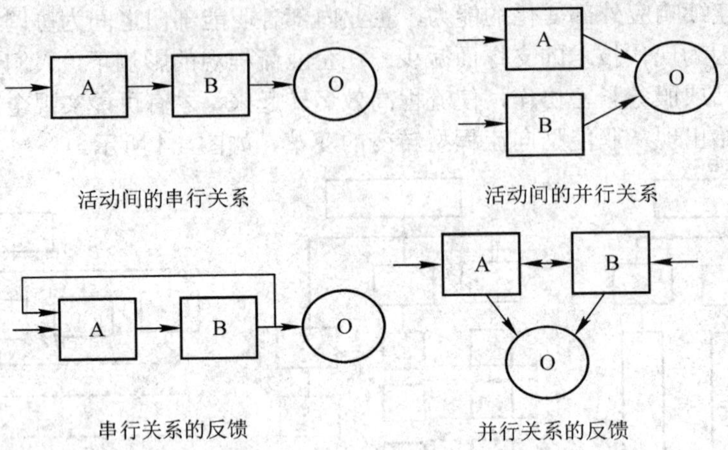

图 4.6　流程活动间的逻辑关系

图 4.6 表示了活动间逻辑关系的类型，企业中的活动就是通过以上的关系构造成企业的流程。企业流程的改变必将导致其中活动间逻辑关系的转变。

3. 活动的承担者

活动的承担者指完成部分活动或全部活动的部门或人，分工使一个人完成的工作变成由若干个人共同从事的活动。对于同一项工作，由不同的活动承担者承担时，可以构成不同的企业流程。

4. 活动的实现方式

活动的实现方式即采用的技术手段和管理模式。技术手段不同会导致分工不同，从而形成不同的企业流程。例如，信息技术会改变活动完成的方式和输入输出的流向。

4.1.4　企业流程的特性

不同的企业有不同的流程，但这些流程却包含着一些共同的特性。

1. 目标性

正如企业流程定义所揭示的，企业流程是为了完成一定的目标或任务而产生的，也就是说在企业流程的投入产出转化过程结束时，能够实现一定的既定目标。

2. 普遍性

要完成任何目标或任务，主要通过一定的流程。也就是说，流程无处不在，不包括流程的事务或行动是不可想象的，也是不存在的，这就是流程的普遍性。

3. 整体性

企业的组成元素是流程，而流程的组织元素是活动。单个活动无法构成流程，活动之间要通过一定的方式连接，共同实现某一目标，这构成了流程的整体性。

4. 动态性

流程总是由一种状态转变为另一种状态，或者是在一种活动完成后再进行另一种活动，企业流程正是通过这种活动(状态)的转变来实现某一目标的。

5. 结构性

企业流程的结构性指的是组成企业流程的各个活动之间的相互联系和相互作用方式。企业中的流程各种各样，但从活动间的逻辑关系来看，有串联、并联和反馈三种结构的组合。

6. 层次性

企业流程具有层次性。如果组成企业流程的某个活动的粒度较粗，则可以细化或分解该活动，形成下层流程；还可以根据需要进一步细化或分解组成流程的活动，直到其不可再分为止。

4.1.5 企业流程的分类

企业流程的分类有许多方法，企业的流程活动涉及企业的方方面面，下面介绍两种主要的分类方法。

1. 按照管理层次分类

按照美国哈佛大学安东尼教授的观点，企业的经营有三个层次：战略计划层(即战略层)、管理控制与战术计划层(即管理层)和作业计划与控制层(即作业层)。从这个角度来看，企业流程可以分为战略计划流程、管理控制与战术计划流程和作业计划与控制流程。

2. 按照价值链分类

根据哈佛大学商学院迈克尔·波特的价值链模型(如图 4.7 所示)，企业活动可以分为基本活动和辅助活动。基本活动是指与产品直接相关的、能够创造价值并且能够最终为公司创造经济效益的活动。基本活动存在于生产经营、市场营销、内部物流、外部物流及客户服务等领域。辅助活动包括企业基础设施、人力资源管理、技术开发和采购等。

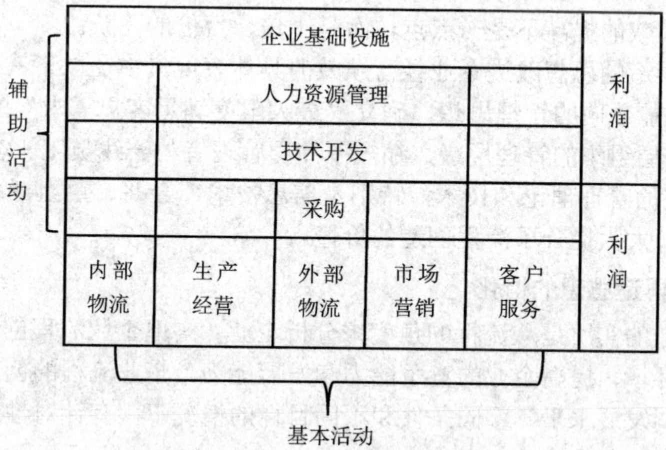

图 4.7 迈克尔·波特的价值链模型

从价值链的角度看，企业的运营本质就是其众多流程运营的过程。企业流程可以分为核心流程和辅助流程(保障流程)。核心流程与企业的基本活动相对应，辅助流程与企业的辅助活动相对应。核心流程与企业产品直接相关且能够为企业创造价值，而辅助流程从客户的角度来看则是不能创造价值的。

4.2 企业流程管理与企业流程再造

企业流程管理理论实质上是有关企业流程优化、变革和重组的理论、方法、策略、技术和工具的总结。实施企业流程变革的主要方法有两类：全新设计法和系统改革法。前者从根本上抛弃了旧流程，零起点设计新流程，其主要理论是企业流程再造(Business Process Reengineering，BPR)。后者继承逐步改善的思想，辨析和理解现有流程，在现有流程的基础上规范流程、优化流程和再造流程，其主要理论是企业流程管理。

4.2.1 企业流程再造的思想

1. 企业流程再造的概念

20 世纪 80 年代以来，数学界和企业界兴起了关注企业流程的热潮。1990 年美国麻省理工学院计算机教授哈默在《哈佛商业评论》上发表了《再造不是自动化，而是重新开始》一文，把“重新设计”(Reengineering)的思想引入企业流程的研究领域，首次提出了企业流程再造的概念。他认为：“企业流程再造是指以企业流程为改造对象，从客户的需求出发对企业流程进行基础性的思考和根本性的设计，以达到成本、质量、服务和速度等现代关键业绩指标的巨大提高。”

企业流程再造强调打破职能部门的分界线，考虑流程的连续性和有效性，以流程而不是以职能作为企业生产经营的管理对象，它包含了三个关键词：根本的、彻底的和巨大的。“根本的”是指再造时必须抛弃传统的框架、约束和规则，对企业现有的流程提出最根本的质疑；“彻底的”就是从零开始，创造性地使用一种全新的方法完成满足客户需求；“巨大的”是指经营绩效的提高不是一点点，而是十倍、百倍的飞跃。

用企业流程再造的思想改进企业经营绩效的具体表现集中在以下三个方面：

(1) 摒弃了职能导向的管理思想，确立“最大限度满足客户需求”的流程服务意识。

(2) 减少了各层组织的管理层级，缩短了高层管理者与一线员工、客户之间的距离。

(3) 运用先进的管理理论和技术，特别是信息技术，合并、重组活动或消除传统流程中不必要的活动，大大提升了流程创造的价值。

2. 企业流程再造思想的衍化

企业流程再造的实质是从流程的角度来分析企业，实现企业流程创新，谋求适应快速变化的企业经营环境，提高企业的竞争能力和发展能力。企业流程的创新包含着丰富的内涵，特别是在不同发展水平、不同条件和不同目标的情况下，有针对性地实施企业流程的变革。

许多学者试图从不同的角度来理解企业流程再造问题，因而衍生出各种与之相关的定义。

詹姆斯·哈灵顿使用企业流程改善(Business Process Improvement，BPI)的说法，企业流程改善寻求对企业流程的连续、逐渐的改善。

管理专家 Morrow 等人提出企业流程再设计(Business Process Redesign)的方法，通过检查和简化企业核心流程中的活动和信息流，达到降低成本、提高质量和增大柔性的目的。

信息技术专家 Davenport 提出了企业流程创新(Business Process Innovation，BPI)的概念。他认为企业流程创新是革命性的方法，通过使用信息技术和人力资源管理技术对企业流程进行创新，可以大大地提高企业的成本、时间、质量等绩效。

决策专家 Kaplan 等人提出核心流程再设计(Core Process Redesign)，其主要思想是对企业的运营进行根本性的再思考，对其工作流程、决策、组织和信息系统以集成的方式进行再设计。

组织专家 Loewenthal 提出组织再造(Organization Reengineering)，强调以组织核心竞争力为重点，对企业流程和组织结构进行根本性的再思考和再设计，以达到组织绩效的巨大提高。

3. 企业流程再造的案例

一个企业流程再造的经典案例是福特汽车公司应付账款部采购流程再造，再造前后的采购流程如图 4.8(a)和图 4.8(b)所示。

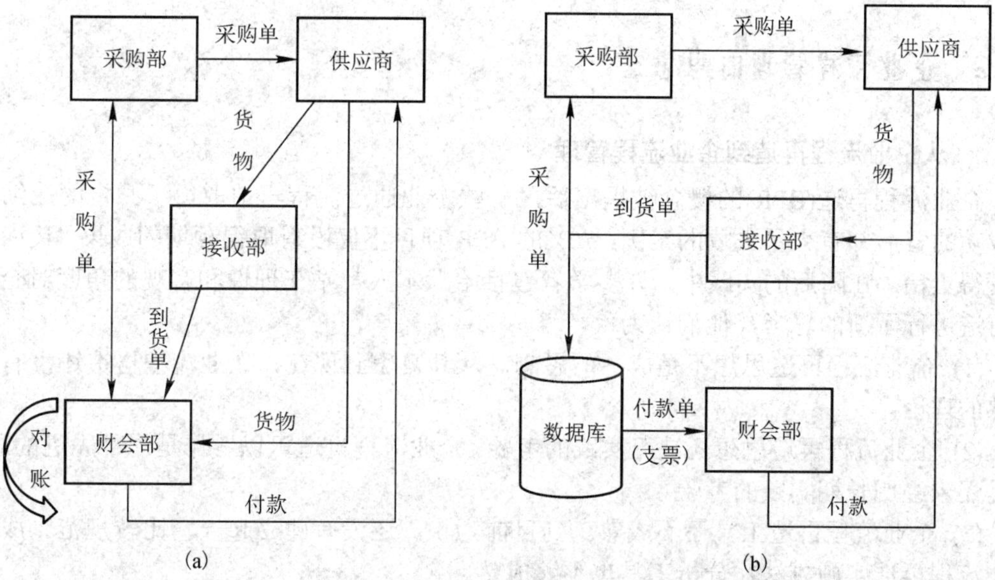

图 4.8　福特汽车公司流程再造前后的采购流程对比图

位于北美的福特汽车公司应收账款部有 500 多名员工，主要负责审核并签发供应商供货账单的应付款项，业务量很大。福特汽车公司应用计算机信息系统以后，员工减到 400 人左右。公司的管理人员注意到日本马自达汽车公司的规模虽然较小，但其雇用的办理应付账款事务的人员只有 5 名，两者对比，相差悬殊。福特汽车公司决定对涉及应付账款业务的流程进行再造，再造工作实际上是针对福特汽车公司的采购流程。

在经过再造的福特公司采购流程中，应付账款部的对账工作不再需要发票，需要核实的数据从原来的 14 项减为 3 项：零部件名称、数量和供应商代码。采购部和接收部分别将采购单和到货单信息输入数据库，由信息系统的程序进行电子数据匹配，核对无误后自动打印付款单，财会部按照付款单付款。通过采购流程再造，福特汽车公司应付账款部的人员减少到 125 人，工作效率大大提高。

这个案例说明企业流程再造的"彻底"和"根本"，福特汽车公司的旧原则是"收到发票，我们付款"，新原则是"当收到货物时，我们付款"。案例也说明采用信息系统对比到货单与采购单，大大简化和提高了核查付款活动的效率。

4. 企业流程再造的对象、原则和方法

企业流程再造的主要对象包括：不完整的企业流程、对全局工作有影响的核心流程、高附加值的企业流程、属于瓶颈的企业流程、提供客户服务的企业流程、跨部门或跨组织的企业流程。

企业流程再造的原则包括：强调客户满意，而不是领导满意；删除不必要的活动和不增值的活动；使企业流程的整体绩效优化；利用信息技术实现信息的贡献，将串行流程改造为并行流程等。

企业流程再造的方法包括：清除不增值的活动；对企业流程中必要的活动进行简化；对企业流程的活动进行整合；在清除、简化和整合的基础上利用信息技术实现流程自动化。

4.2.2　企业流程管理的思想

1. 从企业流程再造到企业流程管理

企业流程再造(BPR)的概念被提出后，一些企业通过流程再造取得了一定的成绩，但是成功的背后却有大量失败的案例，70%的 BPR 项目不仅没有取得预期的成果，反而使事情变得更糟。在随后的实践中，许多学者包括哈默本人都站在理性和客观的角度对企业流程再造进行了新的思考，他们认为：

(1) 企业流程再造思想不是成熟的思想。从其诞生到现在，企业流程再造还没有形成成熟的理论。

(2) 企业流程再造思想还缺乏实践的考验。企业流程再造可以看作是一种先进的思想，但是还未经历长期实践的考验。

(3) 企业流程再造工具还不成熟。到目前为止，还没有建立起一套比较规范、成熟的企业流程再造实施方法，分析工具也不够成熟。

随着信息技术的飞速发展和企业流程变革手段的日益成熟，企业流程再造思想的精华继续延伸。针对企业流程再造中存在的问题，人们提出了企业流程管理(Business Process Management，BPM)的观点。企业流程管理是在信息技术的支持下，对企业流程活动进行充分、准确的描述，通过持续改善的方式优化和变革流程，使企业流程执行得准确和高效。企业流程管理代表了一种新思想，是对过去有关流程管理理论的创新和发展。

不同学者对企业流程管理给出了不同的定义。

“企业流程管理是这样一种管理体系，从流程的层面切入，关注流程是否增值，形成一套‘认识流程、建立流程、优化流程、E 化流程、运作流程’的体系，并在此基础上开始一个‘再认识流程’的新的循环。同时，需要使用流程描述与流程改进等一系列的方法、技术和工具。”

“企业流程管理是以规范化地构造端到端的卓越流程为中心，以持续、系统化地提高组织绩效为目的的系统化方法。”(注：所谓“端到端”，即一端是流程的企业外部输入点，另一端是流程的企业外部输出点。)

IDS Scheer 公司将企业流程管理定义为：企业根据自身的战略重点，有选择地对支撑其战略实现的核心流程进行系统化的、持续改进的管理过程。

从以上定义可以看出，企业流程管理(BPM)是一种规范化的、持续的、不断提升的系统化方法，它放弃了企业流程再造“彻底、根本”的戏剧性提法，用“规范化、持续性和系统化”三个关键词替代，这样的提法显然更具有现实意义。企业流程管理认为并不需要对所有流程进行彻底的重新设计，首先应该对流程进行规范化，然后考虑流程是否需要优化，最后考虑其是否需要再造。例如，对于符合卓越流程观点的流程，如果其原先没有规划，则将其规范化；如果流程中存在冗余或消耗成本的活动，则可以采用优化流程的方法对其进行优化；对于一些积重难返、效益和效率很差、客户反映不好的流程，就需要进行再造了。

2. 企业流程再造与企业流程管理的不同点

(1) 企业流程再造强调管理的重新规划，采用疾风骤雨式的革命，不主张改革或改良；企业流程管理是一种系统化方法，是持续的、不断提升的动态过程，讲究实效，切实可行。

(2) 企业流程再造的关键词是彻底的、根本的；企业流程管理的关键词是规范化、系统化。

(3) 企业流程再造要求对所有流程进行再造；企业流程管理不要求对所有流程进行再造，而是根据现有流程的具体情况对流程进行规范化设计。

(4) 企业流程再造仅在再造层面上进行；企业流程管理可以在规范流程、优化流程和再造流程三个层面上进行。

企业流程管理的实质就是构造卓越流程，保证流程是面向客户的流程，流程中所有的活动都应该是增值的活动。企业流程管理保证了一个企业的流程是经过深思熟虑、精心设计的，可以以一种规范的方式对它进行持续改进，使流程本身永不落伍。企业流程管理的思想包含了企业流程再造，但是比企业流程再造的概念更为广泛，更适合企业的需要。

3. 企业流程管理实施的策略

企业流程管理实施的策略是以企业的整体发展战略为指导，将企业的各种活动统一起来，建立持续改进的流程体系、支撑流程运作的管理配套体系和流程运转的信息技术应用平台，将组织职能协调、岗位设计、绩效考核、制度规范等接口问题纳入企业流程管理的工作范围。图 4.9 显示了企业流程管理在企业整体框架中的位置、涉及的相关内容和相互关系，同时也表达了企业流程管理的实施策略。

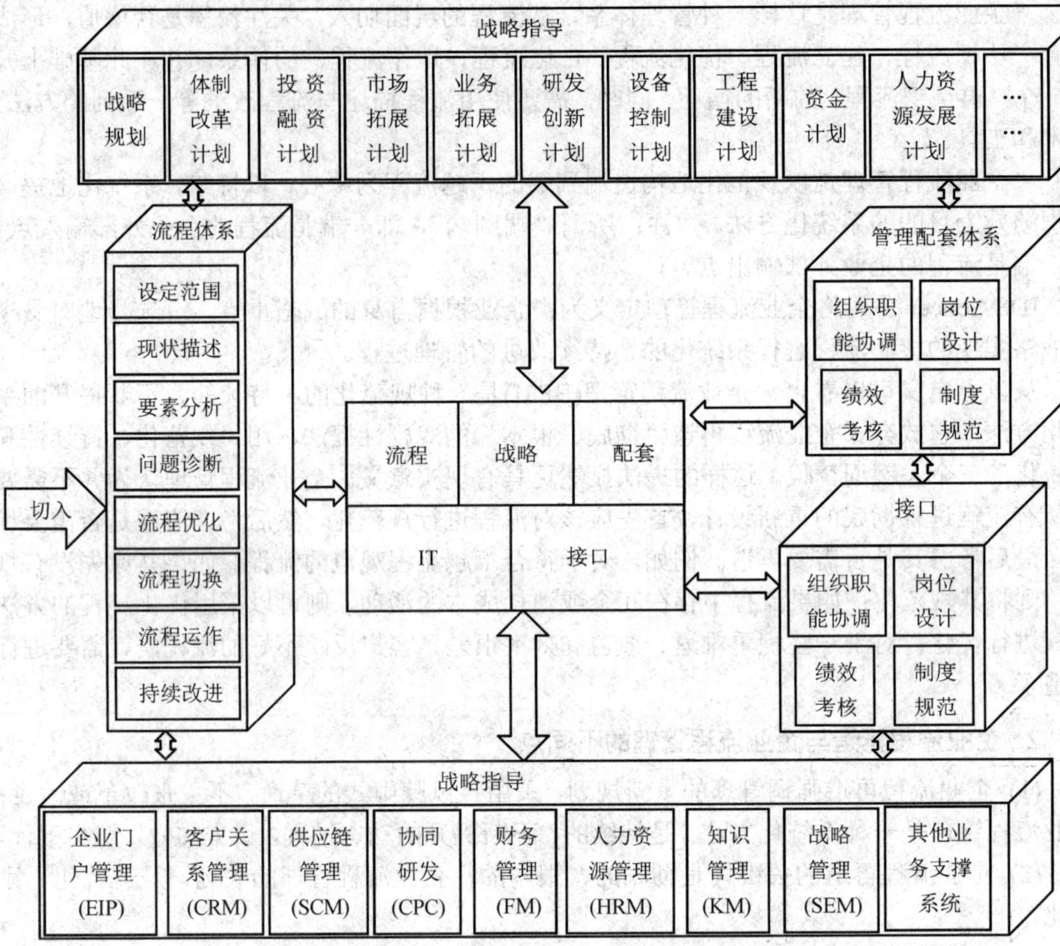

图 4.9　企业流程管理(BPM)实施策略及内容

4. 影响企业流程管理/企业流程再造实施的因素

企业流程管理是一项系统工程，表 4.1 列出了企业流程管理(BPM)/企业流程再造(BPR)实施的各种相关因素。其中，与流程运作直接相关的是人和管理，影响实施的因素有环境因素、组织结构、信息和技术、产品、服务和绩效是企业流程管理/企业流程再造的输出。

表 4.1　影响企业流程管理(BPM)/企业流程再造(BPR)实施的因素

影响因素	具 体 项 目
环境因素	客户和供应商的力量；经济环境；文化因素；产业竞争；社会因素；技术革新
信息和技术	数据和信息；信息技术；决策、模拟和建模工具；生产技术
管理	风格；系统；考评指标；风险偏好
企业流程	组织间；部门间；部门内部
人	技能；行为；文化；价值观
产品、服务和绩效	成本；质量；客户满意度；灵活性/创新；股东利益
组织结构	正式组织；非正式组织；团队/工作小组；协作/控制岗位

4.3　企业流程管理的方法和技术

4.3.1　企业流程管理实施的方法论模型

1. 建立卓越流程方法论模型

实施企业流程管理不是单纯的技术问题，更是一种思维方式的转变；不是单纯地用技术来解决问题，而是一种管理创新。从企业流程管理的定义和本质出发，实施企业流程管理的方法比企业流程再造的方法有了很大的改进

建立卓越流程(Build Excellent Process，BEP)方法论建立在众多已用于实践的企业流程再造方法和技术基础上。建立卓越流程方法论可以归纳为三个主要步骤：确定一个项目，构造一个卓越流程，将这个卓越流程整合到相应的组织结构中去。这三个主要步骤可以进一步分解成五个阶段的生命周期：战略构想、流程评价、流程构造、组织转换和流程转换，如图 4.10 所示。企业在决定启动企业流程管理时，首先要进行战略构想以指导后续的四个阶段，但这个阶段不包括在循环中。

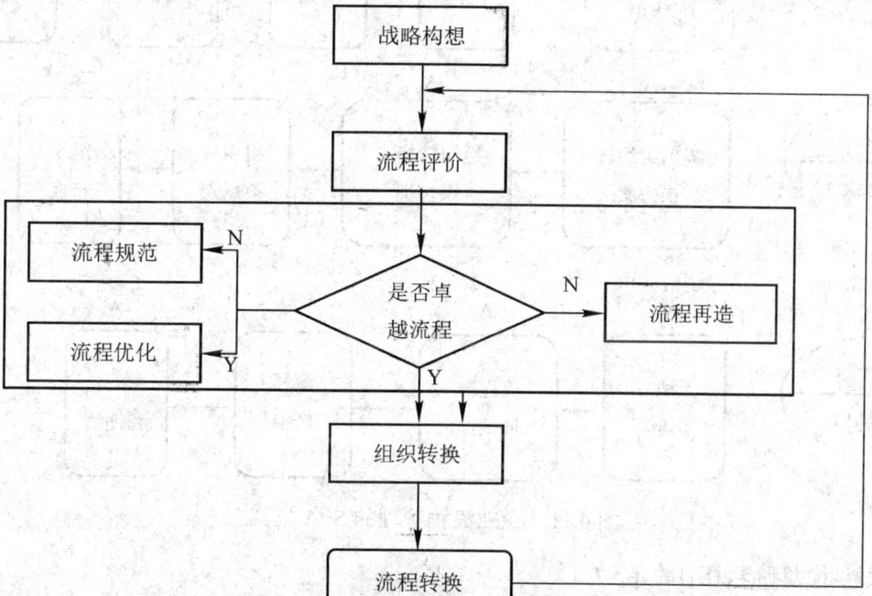

图 4.10　建立卓越流程方法论示意图

从图 4.10 可以很清楚地看到企业流程管理不是一步到位的，需要不断地进行循环和改进，才能始终保持企业的流程是卓越的。建立卓越流程方法论还涵盖了企业流程的程序、人员、沟通、技术、部门分工等多个方面的内容。

2. S-A 框架

S-A(Stage-Action，阶段-活动)框架详细描述了建立卓越流程方法论每个阶段的任务。按照建立卓越流程方法论的阶段划分，S-A 框架把企业流程优化过程细分成五个阶段，每

个阶段又分成多项活动，如图 4.11 所示。

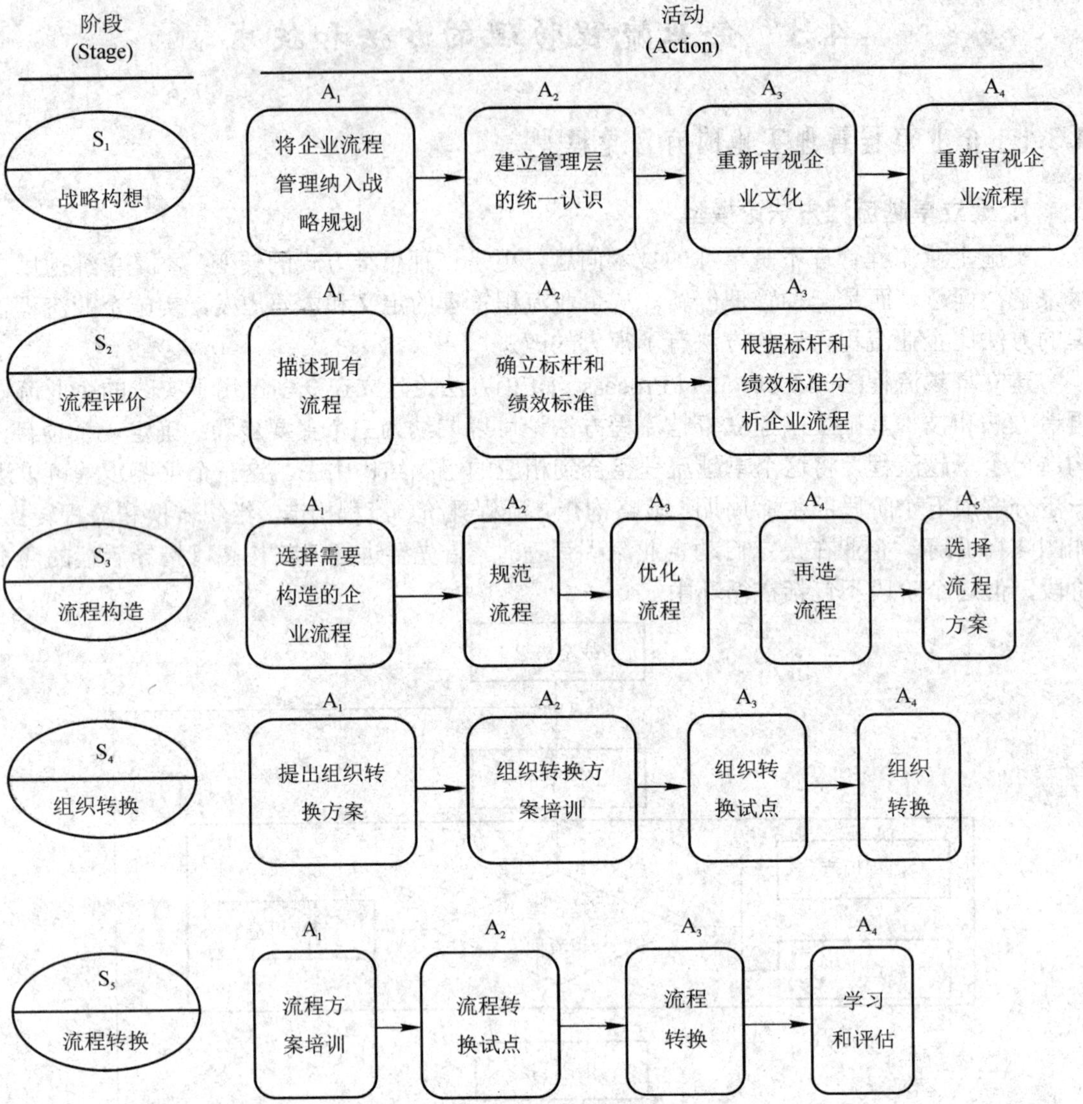

图 4.11　企业流程管理的 S-A 框架

1) 战略构想阶段(S_1)的活动

S_1A_1：将企业流程管理纳入战略规划。在战略构想阶段，企业首先要做的是打破原有的职能分工，树立起正确的企业流程观，以企业流程为管理和创新对象，把企业流程管理纳入企业的战略规划。

S_1A_2：建立管理层的统一认识。企业流程管理是一种对企业影响深远的变革，因此必须在管理层面达成统一的认识，全力支持企业进行企业流程管理。企业流程管理的倡导者应该是企业的高层管理者，具有很高的威望，拥有调动企业资源的权力。

S_1A_3：重新审视企业文化。企业文化对企业流程管理的成败具有决定性的影响，重新审视企业文化，确认企业文化是否达到了启动企业流程管理的基础。

S_1A_4：重新审视企业流程。在确定进行企业流程管理之前，管理者要根据企业的经营状况做出客观的分析。可以用竞争性分析、价值链分析以及关键成功因素分析等技术，精确分析企业的目标，规划企业主要的经验指标，并识别企业的主要流程。

2) *流程评价阶段(S_2)的活动*

S_2A_1：描述现有流程。通过面谈和问卷揭示流程中的信息流及影响流程的相关因素，用基本活动的成本分析、数据流程图、过程流图、层次化着色 Petri 图、角色-活动图和事件驱动的过程链等流程建模工具描述现有流程及其结构。用信息控制网络模型、沟通媒体分析方法等找出流程中的沟通特点、频率及意图。本阶段产生的现有流程的描述资料将用于随后的新企业流程构造。

S_2A_2：确立标杆和绩效标准。企业流程评价阶段最重要的任务就是确立流程管理的标杆和绩效标准。这个活动也是流程管理循环的开始和结束。在最初始的时候，通过设立标杆来判断现有流程是否卓越；在进行流程管理后，可以通过绩效目标来判断流程管理的效果，同时不断更新标杆和绩效标准，使企业流程得到提升和发展。

S_2A_3：根据标杆和绩效标准分析企业流程。根据 S_2A_2 确立的标杆和绩效标准，可以对现有流程进行详细的分析，并将流程置于不同的企业流程管理层面，以便在接下来的流程构建阶段根据不同的评价情况采取不同的构造策略。

3) *流程构造阶段(S_3)的活动*

S_3A_1：选择需要构造的企业流程。根据流程评价的结果，决定对企业流程进行规范、优化或再造，确定需要规范、优化和再造企业流程的名单。

S_3A_2：规范流程。规范流程一般都是指绩效较好、基本符合卓越要求的企业流程。规范流程所花费的时间最少，风险也最小。

S_3A_3：优化流程。需要优化的流程一般都是主体上没有大的问题，但存在冗余环节的流程。对流程进行优化，就是要去除冗余的环节，减少时间和成本的消耗。这种方需要花费的时间相对较长，但风险也较小。

S_3A_4：再造流程。对于那些给企业经营带来沉重负担，与先进的标准相差太远的流程需要进行再造。这种方式需要的时间更长，而且风险更大。

S_3A_5：选择流程方案。无论是对流程进行规划、优化还是再造，都设计了几种流程方案可供选择，企业针对自身的实际情况，选择可行的企业流程方案实施。

4) *组织转换阶段(S_4)的活动*

S_4A_1：提出组织转换方案。根据所选择的流程方案，对组织结构进行必要的调整，并提出相应的组织转换方案。

S_4A_2：组织转换方案培训。对员工进行培训，使他们了解自己的新职责和新岗位，以及在企业流程小组中的地位和作用。

S_4A_3：组织转换试点。与流程转换试点同时进行，发现组织设计的问题，并做出相应的调整。

S_4A_4：组织转换。根据调整的情况进行实际转换，正式运行新的组织。

5) *流程转换阶段(S_5)的活动*

S_5A_1：流程方案培训。新企业流程方案实施前，必须对有关员工进行培训，解释新的企业流程与现有流程的不同，让员工树立以流程为核心的观念。

S_5A_2：流程转换试点。在组织转换方案确定后，对流程进行试行，并根据实际发生的情况对企业流程方案进行适当的调整。

S_5A_3：流程转换。根据调整的情况实施流程转换。

S_5A_4：学习和评估。根据所确定的标杆和绩效标准的实施情况，不断修改标杆和绩效标准，返回到流程评价阶段，重新开始循环。

4.3.2 基于信息技术/信息系统的企业流程管理技术和产品

1. 信息技术/信息系统与企业流程管理/企业流程再造的关系

在广义信息技术体系结构中，信息系统是信息技术体系结构中的一种应用技术，而信息系统的体系结构将信息技术视为信息系统的一个组成部分。由于信息技术和信息系统相互作用、相互包含，某场合下，人们常常把它们相提并论或不加区分。信息技术/信息系统是促进企业流程再造诞生的技术基础，反之信息技术/信息系统又是企业流程再造的使能器。随着 Internet、企业内部网和电子商务的飞速发展，想脱离信息技术/信息系统而完成企业流程管理/企业流程再造是不可能的。

2. 企业流程管理技术和产品

企业流程管理思想及方法论的发展，深刻影响着流程技术的发展，而流程技术的发展反过来也促进了企业流程管理思想的发展，两者相辅相成。

从 20 世纪初开始，企业流程管理经历了流程实现萌芽、信息技术驱动的流程自动化、企业流程再造、企业流程管理和企业流程治理 5 个阶段。伴随着这 5 个阶段，流程技术的发展经历了工作流技术阶段、企业流程管理技术阶段和企业流程管理治理技术阶段，后两个阶段都是在工作流技术基础上发展起来的，企业流程管理治理技术的核心思想是“以治理为出发点，按照治理的理念去规划和实施企业流程管理”。

如果说图 4.10 所描述的企业流程管理战略层面的生命周期，那么对应于企业流程管理战术层的生命周期也有 5 个阶段，即设计、建模、执行、监控和优化。随着企业流程管理技术的发展，这 5 个阶段中的每个阶段都有成熟的工具予以支持。例如，2011 年 1 月发布的 BPMN(Business Process Model Notation，企业流程模型和符号)2.0 是在 BPMN.x 基础上发展起来的，它是一系列企业流程建模的符号标准和规范，具有企业流程的元模型定义与执行语义功能，以及存储、交换和执行企业流程的功能。它将业务人员和开发人员统一在同一套符号标准和规范下，很好地解决了业务人员和开发人员之间的协调问题。

BPM 套件(Business Process Management Suites，BPMS)是指用信息技术去实现企业流程管理的部分或全部内容的相关软件系统集合。BPMS 产品支持企业流程管理整个生命周期的各个阶段。例如，IDS Scheer 公司的集成信息系统体系结构(Architecture of Integrated Information System，ARIS)是一个负责战略层面的流程规划、梳理、设计和监控的平台。多年来一直被 Gartner 公司看作企业流程管理技术的领导者。Oracle BPM 11g(以下简称 11g)是 Oracle 公司最新版本的 BPM 套件。它既支持以人为中心的企业流程，又支持以集成为中心的企业流程，11g 实现了对 BPMN2.0 流程建模规范的支持。IBM 公司的 BPMv7.5 是该公司最新的 BPM 产品，它由流程设计器、集成设计器、流程中心、流程服务器 4 个重要部分组成，其流程建模仅支持 BPMN1.x 版。开源 BPMS 产品 Activiti 的组件直接采用 BPMN2.0 作为建模和执行语言，通过 Activiti 的分析，读者可以在实战项目中直接学习 BPMN2.0。

企业流程管理技术的进一步发展趋势是与新兴信息技术结合。例如，随着云计算及相关技术的成熟，BPM 云已成为当前众多组织和厂商的共同研究方向。

本章小结

本章在企业流程观的视角下，阐述了企业流程的概念，包括企业流程的定义、组成要素、特性和分类。在此基础上，重点阐述了企业流程的基本理论，包括企业流程再造(BPR)和企业流程管理(BPM)的主要思想以及两者的区别及衍化、实施企业流程管理/企业流程再造的策略和影响因素；介绍了企业流程管理方法论模型、企业流程管理实施的 S-A 框架和每项活动的内容和技术；鉴于企业流程设计在信息系统设计中的重要性，本章介绍了基于先进信息技术的企业流程管理技术和产品。

思考与练习

1. 什么是企业流程和企业流程观？企业流程可以分为哪几类？
2. 企业流程建模的方法有几种？企业流程建模和工作流程建模有什么区别和联系？
3. “流程自动化”和“流程再造”有何区别？试述流程再造的对象和方法。
4. 为什么“流程创新是企业流程理论发展的主线”？
5. 试述企业流程再造与企业流程管理的主要思想以及两者的区别和联系。
6. 试述企业流程管理方法论与 S-A 框架的主要内容。如何理解信息技术/信息系统与企业流程管理/企业流程再造的关系？
7. 企业流程管理技术与工作流技术在支持企业流程电子化方面有什么不同？

第 5 章

管理信息系统技术基础

信息技术是管理信息系统的基础，只有把信息技术与管理结合起来，才能真正发挥管理信息系统的作用。本章介绍的有关管理信息系统的技术主要包括数据库技术、数据仓库技术、计算机网络技术和云计算技术。

5.1　数据库与数据仓库

5.1.1　数据库管理系统

1. 数据库管理系统

数据库管理系统是位于用户与操作系统之间的一种数据管理软件。数据库管理系统使用户能够方便地定义数据和操纵数据，并能够保证数据的安全性、完整性，多用户对数据的并发使用以及发生故障后的系统恢复。数据库管理系统具备数据库定义、数据库操纵、数据库保护和数据库建立和维护等功能，它们实际上是由一组不同的程序模块来完成的。不同的数据库管理系统，其功能不完全相同，因此它包含的程序模块也不完全一致。例如，关系型数据库管理系统没有数据的物理描述语言，一些层次数据库管理系统和网状数据库管理系统没有查询语言。

2. 数据库管理系统的分类

数据库管理系统的分类如表 5.1 所示。

表 5.1　数据库管理系统的主要分类

分类标准	具 体 类 别
数据模型	网状数据库管理系统、层次数据库管理系统、关系数据库管理系统、对象数据库管理系统和其他数据库管理系统
所支持的用户数	单用户数据库管理系统和多用户数据库管理系统
允许数据库分布的站点数	集中式数据库管理系统和分布式数据库管理系统
用途	通用数据库管理系统(如 Oracle、Informix 等)和专用数据库管理系统(如时态数据库、空间数据库、移动数据库等)

3. 数据库管理系统的组成

一般来说，数据库管理系统由 3 部分组成：数据定义语言及其翻译程序、数据操纵(或查询)语言及其编译(或解释)程序、数据库管理例行程序。其中，数据定义语言和数据操纵语言称为数据库语言。数据库语言是用户使用数据库的接口，数据库管理系统支持用户通过数据库语言进行数据存取。

1) 数据定义语言

数据定义语言(Data Definition Language，DDL)通常被数据库管理员或数据库设计人员用来定义数据库模式，如数据元素的名称、特征、字域宽度和相互关系，以及数据的密码、完整性限定等。数据库管理系统负责对数据定义语言进行编译，生成一系列元数据，并将其存储到数据字典或系统目录中。

2) 数据操纵语言

数据操纵语言(Data Manipulation Language，DML)通常用来对数据库中的数据进行增加、删除、修改、查询。数据操纵语言有两种类型：第一种是非过程化的数据操纵语言，用户只需以交互方式指定“需要什么数据”，不必给出“如何获得这些数据”，一个数据操纵语言语句可以检索和处理一组记录，因此是基于集合的。第二种是过程化的数据操纵语言语句，这种语言只能检索和处理一组记录，因此是基于记录的；过程化的数据操纵语言必须嵌入某种程序设计语言中使用，被嵌入的程序设计语言称为宿主语言(Host Language)，如 C、Java 语言，嵌入的数据操纵语言称为数据子语言(Data Sub-Language)。

3) 数据库管理例行程序

数据库管理例行程序也随着系统的不同而不同，通常由系统运行控制程序、语言翻译处理程序和数据库管理系统的公共程序 3 部分组成。

5.1.2 数据库系统结构

数据库系统是一个完整的、复杂的系统。它不仅指数据库和数据库管理系统本身，还指引进数据库技术后的整个计算机系统。一般来说，数据库系统由硬件、软件、人员组成。数据库系统的层次结构如图 5.1 所示。

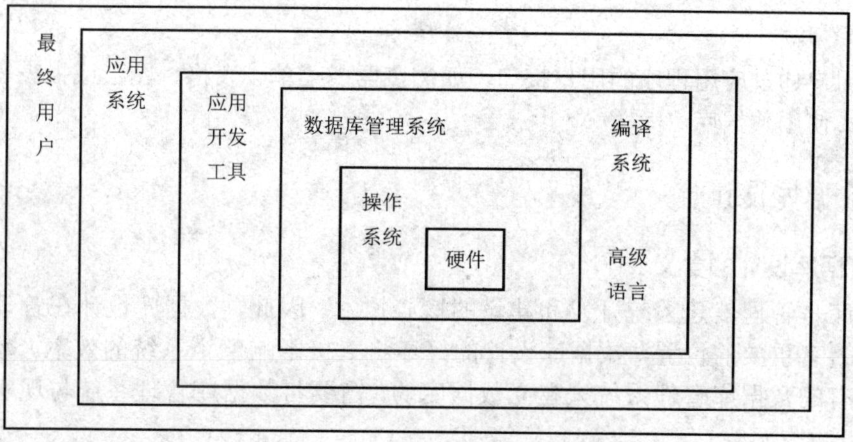

图 5.1　数据库系统的层次结构

1. 硬件

数据库管理系统的硬件部分包括中央处理器、内存、磁盘、磁带以及其他外部设备。随着数据库中数据量的增大，以及数据库管理系统规模的扩大，除了要求重要处理器的运算速度足够快外，数据库系统还要求硬件有足够大的内存、大容量的直接存取设备和高性能的数据通道传输能力。

2. 软件

数据库系统的软件部分包括操作系统、数据库管理系统、用于开发应用程序的具有数据库接口的高级语言及其编译系统、以数据库管理系统为核心的应用开发工具、为某应用环境开发的应用系统。

3. 人员

管理、使用和开发数据库的人员主要有数据库管理员(DataBase Administrator，DBA)、系统分析员、数据库设计人员、应用程序员和最终用户。他们不但熟悉操作系统、高级语言和数据库管理系统等，而且对应用系统的业务处理工作也很理解。

1) 数据库管理员

数据库管理员是专门监督和管理数据库系统的一个或一组人员，全面负责数据库的管理和控制。其主要职责包括：定义数据库的结构和内容；决定数据库的存储结构和存储策略；定义数据的安全性要求和完整性约束条件；监控数据库的运行和使用；负责数据库的改进和重构；规划和实现数据库信息的备份和恢复；等等。

2) 系统分析员

系统分析员负责应用系统的需求分析和规范说明，与数据库管理员和用户一起确定系统的硬件和软件配置，并参与数据库系统的概念设计。

3) 数据库设计人员

数据库设计人员一般由数据库管理员兼任，负责数据库中数据的确定与数据库的存储结构、全局和局部逻辑结构的设计。

4) 应用程序员

应用程序员负责设计、编写、调试和安装应用系统程序模块。

5) 最终用户

最终用户通过应用程序的用户接口，如浏览器、菜单、表格、图形或报表等直观的数据表示方式使用数据库。

5.1.3 数据库设计

1. 数据库设计的含义

数据库是管理信息系统开发和建设的核心技术。因此，数据库设计在管理信息系统的开发中占有重要的位置，数据库设计的好坏将直接影响整个系统的效率。数据库设计是利用现有的数据库管理系统来建立数据库的，需要将数据库管理系统与现实世界有机结合起来。

数据库设计，尤其是大型数据库的设计和开发，是涉及多学科的综合性技术，因此数据库设计人员需要同时具备数据库系统及其实际应用等方面的知识。他们不但要熟悉以数据库管理系统为基础的计算机系统、软件工程的原理和方法，还要熟悉现实世界中处理的内容。可以说，设计一个性能良好的数据库并不是一项简单的工作。

由于到目前为止还没有一个完善的数据库设计方法和工具，因此在数据库设计中，数据库设计人员的知识和经验是首要的。对于同一个应用对象，同一个数据库管理系统，不同数据库设计人员设计的数据库其性能可能会有较大的差异。这就要求一方面用户要尽可能地对数据库系统的应用提出明确的需求，另一方面数据库设计人员要使用规范的数据库设计方法和工具。

2. 数据库设计的方法和工具

由于信息结构的复杂性和应用对象的多样性，传统的数据库设计主要采用手工试凑法。随着研究人员的不断探索，软件工程技术被用于进行数据库设计，因此数据库设计更加规范，逐渐从一种技能向一个工程技术方向转变。由于采用了规范化设计方法设计数据库，因此数据库的运行更加稳定，同时降低了信息系统的维护成本。

典型的数据库设计方法如下：

(1) 新奥尔良(New Orleans)的 4 个阶段方法。这种方法将数据库设计分为需求分析(用户要求分析)、概念设计(信息分析和定义)、逻辑设计(设计实现)和物理设计(物理数据库设计)4 个阶段。

(2) S. B. Yao 方法。S. B. Yao 等人将数据库设计分为需求分析、模式构成、模式汇总、模式重构、模式分析和物理数据库设计 6 个步骤。

(3) L. R. Palmer 方法。L. R. Palmer 等人认为数据库设计应该为一步接一步的过程，并采用一些辅助手段来实现。

E-R 图、第三范式、抽象语言规范等数据库设计方法是用于数据库设计不同阶段的具体技术和方法。数据库设计方法的基本思想是过程迭代和逐步求精。

目前，数据库设计工具已经有一批实用化产品。例如，Oracle Designer 和 Power Designer 分别是 Oracle 公司和 Sybase 公司推出的数据库设计工具。这些工具可以自动或辅助数据库设计人员完成数据库设计过程中的许多任务。目前，许多计算机辅助软件工程(Computer Aided Software Engineering，CASE)工具使得数据库设计和应用可以同时进行，被广泛应用于大型数据库的设计。

3. 数据库设计的过程

数据库系统的开发过程包括数据库系统设计阶段、数据库系统实施阶段、数据库系统使用阶段，如图 5.2 所示。其中，数据库系统设计阶段的主要步骤包括需求分析、概念结构设计、逻辑结构设计和物理结构设计。数据库系统实施阶段的主要步骤包括应用程序设计与调试、系统性能测试与试运行。数据库系统使用阶段的主要步骤包括数据库系统运行与维护、数据库系统重构。

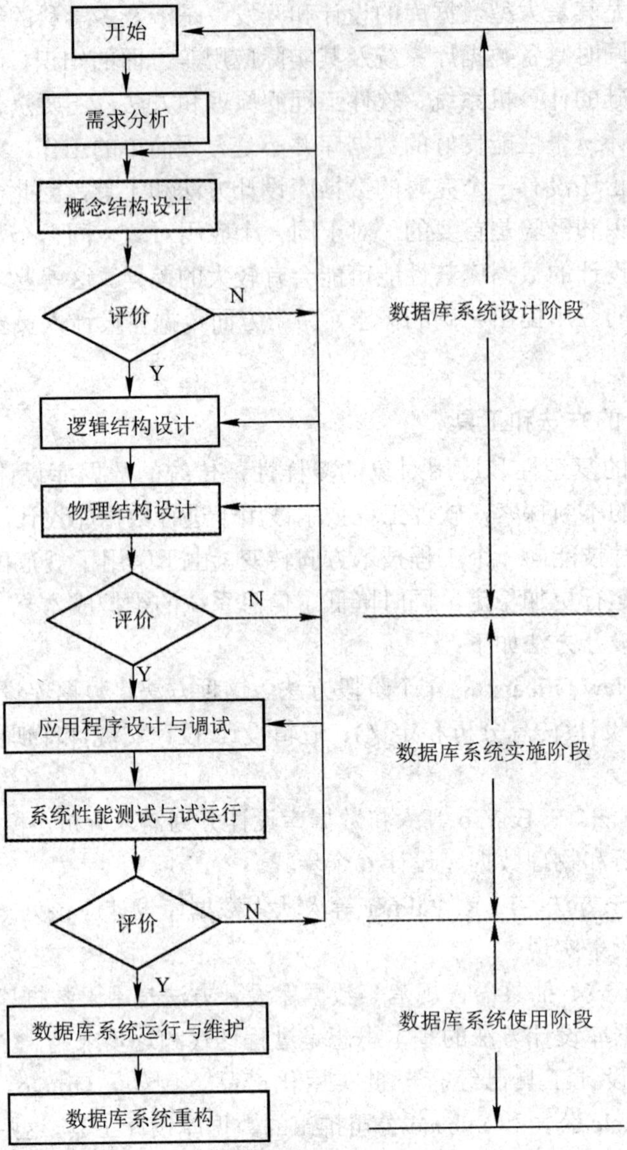

图 5.2　数据库系统的开发过程

1) 需求分析

需求分析的任务是详细调查现实世界中要处理的应用对象，充分了解原系统的工作概况，明确用户的各种需求，以确定数据库系统的功能。

需求分析的具体方法是：调查组织结构情况；调查各部门的业务活动情况；协助用户明确对数据库系统的各种需求；确定数据库系统的边界；确定哪些功能由计算机完成或将来准备由计算机完成，哪些活动由人工完成，由计算机完成的功能就是数据库系统应该实现的功能。需求分析的主要成果是数据字典。

2) 概念结构设计

概念结构设计的任务是对用户的需求进行综合、归纳和抽象，产生一个独立于数据库管理系统的概念模型。概念模型用 E-R 图来表示。概念结构设计所用的主要工具是 E-R 图。在进行概念结构设计时，在需求分析的基础上进行数据抽象、局部视图设计，画出局部 E-R 图；然后进行视图集成，合并同类实体，消除冗余，构造综合 E-R 图。对于一个给定的应用对象，所构造的 E-R 图并不是唯一的，可以得出不同形式的 E-R 图。概念结构设计的基本过程如图 5.3 所示。

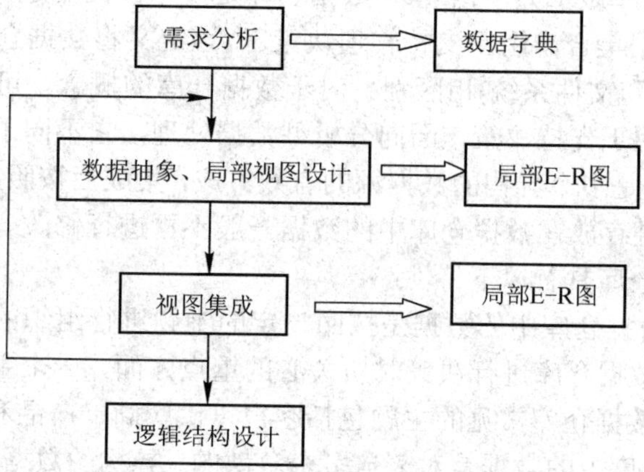

图 5.3　概念结构设计的基本过程

构造概念模型时应注意以下几点：充分反映现实世界中实体与实体之间的联系；满足不同用户对数据处理的要求；易于理解，可以与用户交流；易于更改；易于向关系模型转化。概念模型是数据库管理系统支持的数据模型的基础，也是数据库设计的关键步骤之一。

3) 逻辑结构设计

逻辑结构设计的任务是将概念模型(如 E-R 图)转换为某个数据库管理系统支持的数据模型，然后对转换后的数据模型进行定义、描述和优化，最终产生一个优化的数据库模式。在进行数据库逻辑结构设计时，首先要把概念模型转换为关系模式，并按照一定的规则将其向一般的数据模型转换；然后按照给定的数据库管理系统的要求，对所得到的数据模型进行修改和完善。具体方法是：将 E-R 图中的每个实体都相应地转换为一个关系(该关系应该包括实体的全部属性)，并根据该关系表达的语义确定主码(因为关系中的主码属性是事项之间的主要联系手段)。对于 E-R 图中的联系，要根据联系方式的不同，采取不同的手段来实现。

4) 物理结构设计

物理结构设计是为逻辑结构选取最适合的应用环境的物理结构，包括数据存储结构和存取方法。它主要依赖于给定的计算机系统。在进行物理结构设计时应该主要考虑数据存储和数据处理的问题。数据存储要考虑数据库所需存储空间的大小，以尽量减少存储空间为原则。数据处理要考虑操作次数的多少，应尽量减少操作次数，使响应时间越短越好。

5.1.4　数据仓库

在数据仓库出现以前(1965—1990 年)，企业主要使用事务处理系统，这个状况持续了 25 年，人们将其称为“遗留系统”环境。事务处理系统主要实现了数据的收集、数据的存储、数据的在线存取。随着时间的推移，企业数据库中存储了大量数据，但是由于缺乏从海量数据中提取有价值知识的工具，因此管理者往往无法及时获得重要的决策信息，数据库变成了“数据丰富，信息贫乏”的“数据坟墓”，于是产生了现在的数据仓库技术。

1. 数据仓库和数据仓库系统的定义

著名的数据仓库专家 W. H. Inmon 在其著作《建立数据仓库》(*Building the Data Warehouse*)中对数据仓库做了如下描述：“数据仓库是一个面向主题的、集成的、随时间变化的、相对稳定的数据集合，用于支持管理决策。”该定义将数据仓库与其他数据存储系统(如关系数据库系统和文件系统)相区别。对于数据仓库的概念，可以从两个层次予以理解。首先，数据仓库用于支持决策，面向分析型数据处理，它不同于企业现有的操作型数据库；其次，数据仓库是多个异构的数据源的有效集成，集成后按照主题对其进行了重组，并包含历史数据，而且存放在数据仓库中的数据一般不再进行修改。根据 Inmon 提出的数据仓库的概念，数据仓库具有以下特性：

(1) 面向主题：数据仓库中的数据是按照一定的主题进行组织的。主题是一个抽象的概念，是指用户使用数据仓库进行决策时所关心的重点方面，一个主题通常与多个事务型信息系统相关。企业数据仓库常见的主题包括客户、供应商、产品和销售等。

(2) 集成：数据仓库中的数据是对来自多个分散的、异构的数据源中的数据进行抽取、清理，并对其进行加工、汇总和整理而得到的。在这一过程中，必须消除源数据中的不一致性，以保证数据仓库内的信息是关于整个企业的一致的全局信息。

(3) 随时间变化：数据仓库中的数据通常包含历史信息，系统地记录了企业从过去某一时刻(如开始应用数据仓库的时刻)到目前各个阶段的信息，通过这些信息，可以对企业的发展历程和未来发展趋势做出定量分析和预测。

(4) 不可更新：数据仓库中的数据主要供企业进行决策分析使用，所涉及的数据操作主要是数据查询，某个数据一旦进入数据仓库，一般情况下将长期保留。也就是说，数据仓库中有大量的查询操作，但修改和删除操作较少，一般只进行定期的加载和刷新。

一个完整的数据仓库系统的定义是：数据仓库系统=抽取/转换/加载+数据仓库+联机分析处理+数据挖掘+决策支持。由该定义可以看出，数据仓库系统涉及众多关键技术，包括数据预处理技术、数据仓库建模技术、数据立方体技术、联机分析处理技术、数据挖掘技术、决策支持技术等，合理使用这些关键技术是数据仓库系统构建成功的关键。

2. 数据仓库系统的体系结构

数据仓库的建立可以看作构造和使用数据仓库的过程。构造数据仓库需要进行数据集成、数据清理和数据统一。数据仓库不是静态的，它的任务是以企业现行业务系统和大量业务数据的积累为基础，将这些业务数据和信息加以整理、归纳和重组，并及时提供给相应的管理者。因此，从企业角度看，建立数据仓库既是一个过程，也是一项工程。

数据仓库系统体系结构包含 4 个层次，如图 5.4 所示。

(1) 数据源：它是数据仓库系统的基础，通常包括企业内部数据源和外部数据源。内部数据源包括存放于关系数据仓库中的各种业务处理数据以及各类文档数据。外部数据源包括各类法律法规、市场和竞争对手等信息。

(2) 数据的存储与管理：这是整个数据仓库系统的核心。数据仓库的组织管理方式决定了它与传统数据库的区别，也决定了它对外部的数据表现形式。要进行数据仓库的数据存储与管理，就需要对数据仓库的技术特点进行分析，对企业现行业务系统中的数据进行抽取、清理、装载、刷新，并按照主题进行组织。数据仓库按照数据的覆盖范围可以分为企业级数据仓库和部门级数据仓库(通常称为数据集市)。

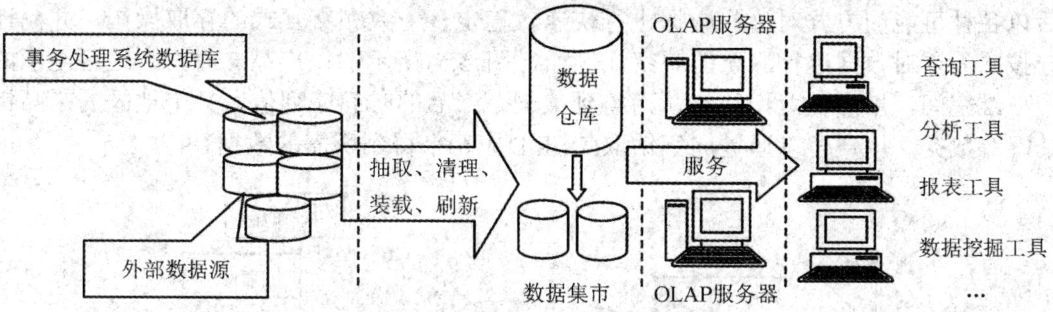

图 5.4　数据仓库系统体系结构

(3) OLAP 服务器：它对需要分析的数据进行有效集成，按照多维模型进行组织，以进行多角度、多层次的分析，并发现其发展趋势。其具体实现可以分为关系型连接分析处理(Relation OLAP，ROLAP)、多维联机分析处理(Multidimensional OLAP，MOLAP)和混合型联机分析处理(Hybrid OLAP，HOLAP)。ROLAP 中，基本数据和聚合数据均存放在关系数据库管理系统之中；MOLAP 中，基本数据和聚合数据均存放在多维数据库之中；HOLAP 中，基本数据存放在关系数据库管理系统之中，聚合数据放在多维数据库之中。

(4) 前端工具：主要包括报表工具、查询工具、分析工具、数据挖掘工具以及各种基于数据仓库或数据集市的应用开发工具。其中，分析工具主要针对 OLAP 服务器；报表工具、数据挖掘工具主要针对数据仓库。

许多组织在多个异种的、自治的、分布的数据库中收集了各类数据。集成这些数据，并提供简便、有效的访问，是目前数据仓库研究的目标之一。

5.1.5　联机分析处理和数据挖掘

1. 联机分析处理技术的基本概念

在线分析处理或联机分析处理(OLAP)是一项广泛应用的数据仓库应用技术。数据仓库中的信息资源要想被有效利用，就必须使用分析工具。联机分析处理就是专门用于复杂决策分析的一种决策分析工具。它根据分析人员的要求，迅速、灵活地对大量数据进行复杂的查询处理，并且以直观的、容易理解的形式呈现查询结果，将其提供给决策人员，使其能够迅速、准确地掌握企业的运营情况和市场的需求。

1993 年 E. F. Godd 提出了联机分析处理的概念。Godd 认为，用户进行决策分析时需要对关系数据库进行大量计算才能得到结果，而简单查询语言不能满足用户的需求。也就是说，传统的联机事务处理(OLTP)和结构化查询语言(SQL)对大数据库的简单查询不能满足用户分析的要求。因此，Godd 提出了多维数据库和多维分析的概念，即联机分析处理。这项技术与联机事务处理有本质区别。

联机分析处理技术有两个特点：一是在线性(On-Line)，表现为对用户请求的快速响应和交互式操作，它的实现是由客户-服务器结构完成的；二是采用多维数据库进行多维分析(Multidimensional Analysis)，它是联机分析处理技术的核心。联机分析处理主要针对特定问题的联机数据进行查询和分析。在查询和分析汇总时，系统首先要对原始数据按照用户的要求进行转换处理，使这些数据真正反映用户眼中问题的某个真实方面("维")；然后以各种可能的方式对这些数据进行快速、稳定、一致和交互式的存取操作，并允许用户按照需要对数据进行深入的观察。例如，图 5.5 所示的以产品、时间、地区组织的一个三维空间，用户任意切片，从而得到某一个产品的时间序列值、某个地区的产品销售情况等数据。用户可以通过向下钻取(Drill Down)来得到所需的数据。

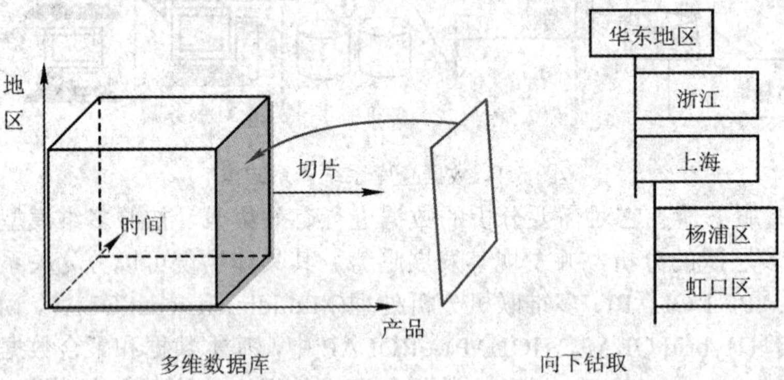

图 5.5　以产品、时间、地区组织的联机分析处理

2. 数据挖掘的概念

数据挖掘又称为数据库中的知识发现，它是从大量的、不完全的、有噪声的、模糊的、随机的实际应用数据中，提取隐含在其中的人们事先不知道、但又是潜在有用的信息和知识的过程。数据挖掘已被数据库界广泛研究，其中关联规则的挖掘是一个重要的问题。

数据挖掘使用了人工智能和传统的统计学方法。它与传统的数据分析(如查询、报表、联机分析处理等)的本质区别在于：数据挖掘是在没有明确假设的前提下去挖掘信息、发现知识的。因此，数据挖掘得到的信息具有预先未知的、有效的和实用的 3 个特征。企业进行数据挖掘，就是企业按照既定的业务目标对大量的企业数据进行探索和分析，揭示隐藏的、未知的或验证已知的规律性，并进一步将其模型化的过程。其中，未知的规律是指未曾被预料到的规律，数据挖掘就是要发现那些不能靠直觉发现的信息或知识，有时可能是违背直觉的，甚至是出人意料的信息或知识。例如，在商业数据挖掘中最典型的例子是一家连锁店通过数据挖掘发现小孩尿布和啤酒之间有着惊人的联系。

3. 数据挖掘和数据仓库

大部分情况下，进行数据挖掘前都要先把数据从数据仓库中拿到数据挖掘库或数据集市中。由于数据仓库中的数据已被清理过，而且所有数据不一致的问题都已被解决了，因此对数据仓库中的数据进行挖掘比较合适。但是，如果数据仓库的计算资源很紧张，那么最好建立一个单独的数据挖掘库。数据挖掘库可以是数据仓库的一个逻辑上的子集，而不一定是物理上单独的数据库。

4. 数据挖掘过程

数据挖掘过程必须在一定的环境中进行。数据挖掘环境如图 5.6 所示。

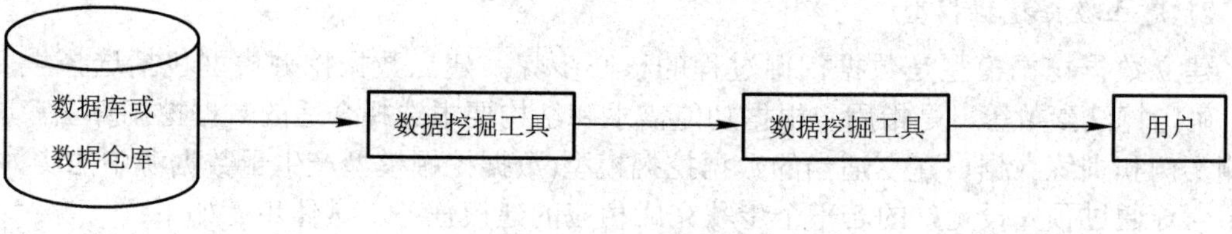

图 5.6　数据挖掘环境

整个数据挖掘过程是交互的、与领域相关的，需要设计人员，特别是具有领域知识、经验的专家参与，它并不是一个全自动化的过程。数据挖掘的基本过程如图 5.7 所示。

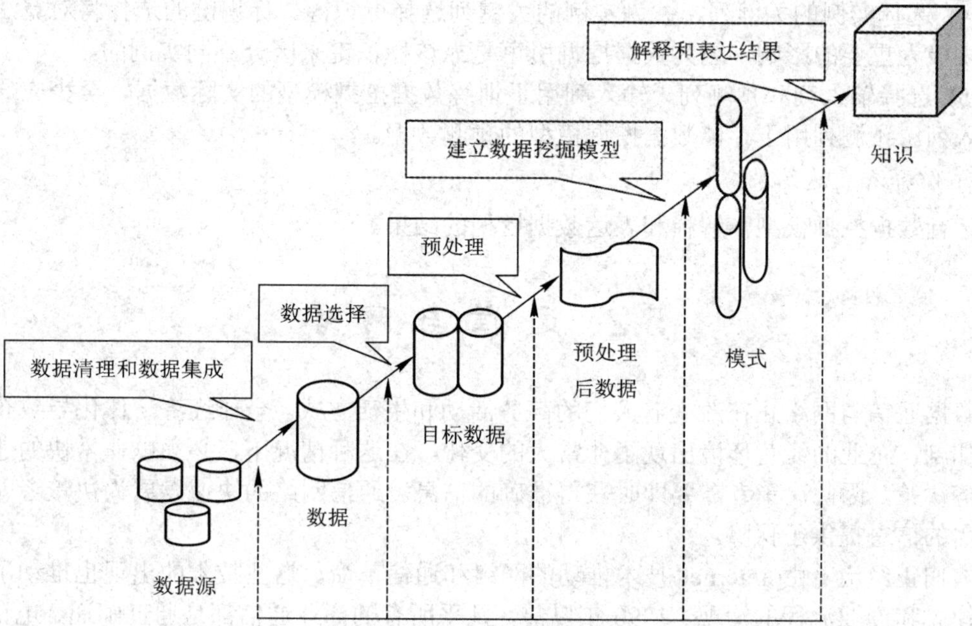

图 5.7　数据挖掘的基本过程

数据挖掘的主要阶段如下所述。

1) 数据准备阶段

数据准备阶段的主要任务是形成数据挖掘的数据对象。数据对象包括以下 3 个：

(1) 训练数据集。在构建数据挖掘的初始模型时要使用训练数据集。该数据集也许会有一些偏差或额外的特性，但是它如实反映了用来进行数据挖掘的样本。

(2) 测试数据集。在对初始模型进行训练的过程中，训练数据集逐渐被矫正，并随之变成了测试数据集。测试数据集反复修正，直到测试数据集所建立的模型能够准确地反映真实的数据为止。

(3) 评估数据集。评估数据集就是从同一个数据种群中抽取的用于测试的数据集。它必须含有不同的记录，可用它的属性值来检验由前两种数据集所建立的模型的准确性。

经过数据清理(消除噪声或不一致数据)、数据集成(组合多源数据)，就可以进行数据选择了(从数据库中检索与分析任务相关的目标数据)。然后进行数据的预处理。数据的预处理包括数据的理解，模式的识别，属性的选择，连续属性的离散化，数据中噪声、丢失值或空缺值的处理，实例(Case)选择，各种数据集的产生等。

2) 建立数据挖掘模型

建立数据挖掘模型是数据挖掘过程的核心步骤。建立数据挖掘模型包括选择学习算法、确定算法参数等，是指用户根据功能需求和结构要求选择合适的数据挖掘算法，选择预测实例和训练数据，建立适当的数据挖掘模型(数据挖掘模型产生于数据源中的实体)，使用向导通过预先设定好的若干个步骤完成相应的建模任务。具体步骤如下：

(1) 选择数据源。可以创建一个新的数据源或者从已经存在的数据源中进行选择。

(2) 选择实例表或者数据挖掘模型表。选择与已选定的数据源相关联的表。

(3) 选择数据挖掘技术和方法(如选择决策树算法)。

(4) 选择实例的关键列，并为实例的关键列选择标识键。标识键的选择将对算法的输出产生极为重要的影响，因为数据挖掘引擎是靠该标识键来区分不同实例的。

(5) 选择输入列和预测列。输入列用于训练数据挖掘模型的实际数据，至少应该有一个输入列。预测列用于存储数据挖掘模型的预测数据。

3) 解释和表达结果

运行数据挖掘模型，解释和表达数据挖掘的结果。

5.2 通信与网络

数据通信与网络正在改变着人们的商务活动和生活方式。全球经济一体化导致企业间竞争加剧，企业的经营环境出现了非常大的变化。在这种情况下，必须以非常快的速度做出商务决策，因此决策者需要即时获得准确的信息。通信网络的快速发展为决策者即时获得所需的信息提供了保障。

人们正经历着由 Internet 技术推动的网络和通信革命，这些技术的出现也推动了新的商业模式和商业流程的涌现。1990 年以前，几乎所有的商业通信都是通过邮递、电话、传真等方式进行的。而今天，人们越来越多地通过计算机、Internet、移动电话和接入无线网络的便携设备等进行通信。管理信息系统的应用也从原来的单机环境扩展到基于企业内部网络，甚至基于 Internet 的应用平台。随着“互联网+”概念的兴起，网络技术对传统产业的影响也会越来越大。

5.2.1 计算机网络

1. 计算机网络的概念

目前的通信网络主要有电信网、有线电视网和计算机网络，其中发展最快、影响最广、应用最多的是计算机网络。计算机网络是计算机技术和通信技术相结合的产物。1970 年，在国际信息处理联合会召开的一次会议上，将计算机网络定义为“以能够共享资源(硬件、软件和数据等)的方式连接起来，并且各自具备独立功能的计算机系统之集合”。

本书将计算机网络定义为：计算机网络是利用通信设备和通信介质将地理位置分散的、具有独立功能的多台计算机连接起来，按照协议进行数据通信，以实现信息传递和资源共享的系统。

网络按照其物理范围可以分为局域网、城域网和广域网。局域网的范围在几公里以内，一般企业的内部网、校园网等都是典型的局域网。城域网是指一座城市的主干网，范围可达几十公里，用于连接政府机构、教育科研单位、企事业等单位内部的局域网，实现网络间的通信。广域网所覆盖的范围从几十公里到几千公里，用来实现不同地区的局域网或城域网的互联，可以提供不同地区、城市和国家计算机之间的通信。

要实现通信，离不开通信介质。通信介质可以分为有线和无线两大类。有线介质包括双绞线、同轴电缆和光纤。其中，双绞线和同轴电缆为金属导体，利用导线电流传输数据；光纤则通过光波实现数据传送。卫星通信、红外通信、激光通信以及微波通信属于无线通信范畴，它们利用电磁波传输数据。

2. 计算机网络的功能

计算机网络的功能包括支持数据通信、实现资源共享、增加可靠性、提高系统处理能力等。

1) 支持数据通信

现代社会信息量激增，信息交互也日益增多，早期每年有几万吨邮政信件要传递，利用计算机网络传递信件是当前流行的传递方式。电子邮件比传统的通信工具有更多的优点，它不像电话需要通话者同时在场，也不像广播系统只是单方向传递信息，在速度上比传统邮件快得多。另外，电子邮件还可以携带声音、图像和视频，实现多媒体通信。即时通信也越来越受到人们，特别是年轻人的喜爱。QQ 和微信是目前较流行的聊天工具，可以实时地在通信双方之间传递文字、声音甚至视频信息。

2) 实现资源共享

在计算机网络中，有许多重要的资源，如大型数据库、巨型计算机等，为了充分利用这些资源，应该进行资源共享。资源共享包括硬件资源的共享，如打印机、大容量磁盘等，也包括软件资源的共享，如程序、数据等。资源共享的结果是避免重复投资和劳动，从而提高资源的利用率，使系统的整体性能价格比得到改善。现代管理信息系统以数据库为核心，数据库中存放了企业的各种数据，这些数据是企业的宝贵资源。利用计算机网络，这些数据资源可以很方便地传递到需要它的用户手里。

3) 增加可靠性

在一个系统内，单个部件或单台计算机的暂时失效必须通过替换资源的办法来维持系统的继续运行。在计算机网络中，各种资源(尤其是程序和数据)可以存放在多台计算机中，一旦一台计算机出现故障，就可以将任务交由网络中的其他计算机完成，不会出现单机在无后备的情况下产生故障使全系统瘫痪的现象，从而提高了全系统提供服务的可靠性。

对于像银行这样的金融机构来说，确保数据库中存储的数据安全是至关重要的。保证数据存储安全的主要措施是备份，而要应对像地震、水灾这样大面积的自然灾害或美国“9·11”事件那样的恐怖袭击，远程实时数据备份就显得尤为重要了。计算机网络为数据的远程实时备份提供了可能。中国农业银行在上海外高桥保税区建立了数据中心，可以对全国各分行的数据进行实时远程备份(数据丢失时间小于 2 小时)，极大地降低了运行风险。

4) 提高系统处理能力

单机的处理能力是有限的，而且由于种种原因(如时差)，计算机之间的忙闲程度是不均匀的。当一台机器不能完成处理任务时，可以按照一定的算法将任务交给不同的计算机分工协作完成，达到均衡地使用网络资源进行分布式处理的目的。利用网络技术，能够将多台计算机联成高性能的计算机系统，使用这种系统解决大型复杂的问题，其费用比采用高性能的大中型计算机低得多，甚至能够解决连超级计算机也解决不了的问题。

目前，即时通信和电子邮件已成为人们重要的通信手段。视频点播、网络游戏、博客、微博、微信、社交网络、网络社区以及电子商务正逐渐走入普通百姓的生活、学习和工作当中。

在未来，谁拥有"信息资源"，谁能有效使用"信息资源"，谁就能在各种竞争中占据主导地位。计算机网络作为信息收集、存储、传输、处理和利用的整体系统，将在信息社会中得到更加广泛的应用。随着网络技术的不断发展，各种网络应用层出不穷，并将逐渐深入社会的各个领域及人们的日常生活，改变着人们的工作、学习和生活乃至思维方式。

3. 网络体系结构

由于计算机网络很复杂，设计的软件和硬件技术很多，由此应该将其分层设计实现。计算机网络各层及其协议的集合称为网络体系结构。网络体系结构一般用模型来表达。

1) OSI 模型

早期的计算机网络往往采用不同的协议，不同网络之间通信很困难，在 20 世纪 80 年代早期，国际标准化组织(ISO)即开始致力于制定一套普遍适用的规范集合，以使得全球范围的计算机平台可以进行开放式通信。国际标准化组织创建了一个有助于开发和理解计算机的通信模型，即开放系统互联(Open Systems Interconnection，OSI)模型。OSI 模型将网络体系结构划分为七层：物理层、数据链路层、网络层、传输层、会话层、表示层和应用层，如图 5.8 所示。

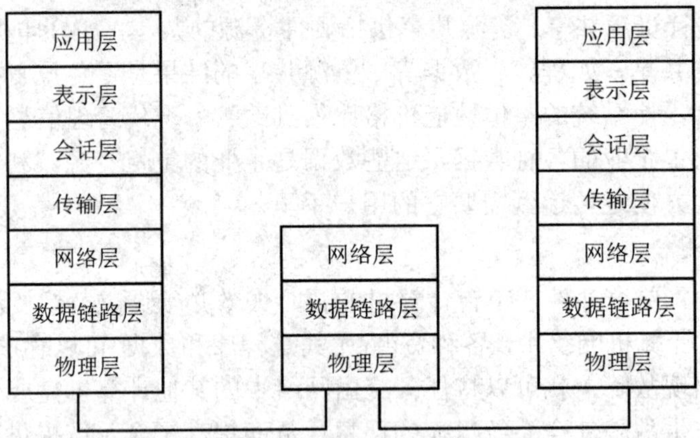

图 5.8　OSI 模型的层次

OSI 模型各层的主要功能如表 5.2 所示。

表 5.2　OSI 模型各层的主要功能

层名	主 要 功 能
应用层	为操作系统或网络应用程序提供访问网络服务的接口
表示层	对上层数据进行交换，如数据的加密、压缩、格式转换等，以保证一个主机应用层信息可以被另一个主机的应用程序理解
会话层	管理主机之间的会话进程，即复杂建立、管理、终止进程之间的会话，还利用在数据中插入检验点来实现数据的同步

续表

层名	主 要 功 能
传输层	负责将上层数据分段，并通过处理端到端的差错控制和流量控制问题来提供端到端的、可靠的数据传输
网络层	负责对子网间的数据分组进行路由选择，以将分组从源主机传递到目的主机；同时还可以实现拥塞控制、网络互联等功能
数据链路层	负责在相邻节点间传输数据帧，并通过流量控制和差错控制的方法在不可靠的物理层上提供可靠的传输
物理层	通过通信介质传输比特，规定了通信端点之间的机械及电气等规范

2) TCP/IP 模型

TCP/IP 模型是由传输控制协议/互联网协议(Transmission Control Protocol/Internet Protocol，TCP/IP)及各协议之间的关系来描述的。通过 TCP/IP，不同操作系统、不同架构的多种物理网络之间均可进行通信。TCP/IP 协议族的层次与 OSI 模型的层次并不大严格对应。TCP/IP 模型是四层结构，图 5.9 描述了 TCP/IP 模型和 OSI 模型之间大体上的对应关系。

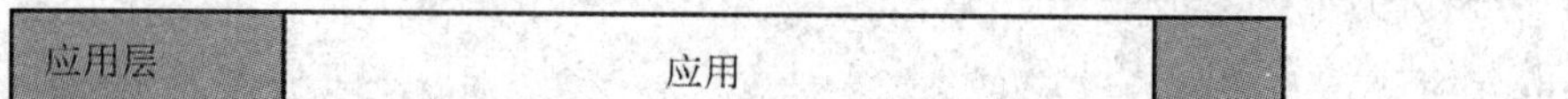

图 5.9 TCP/IP 模型与 OSI 模型的对应关系

TCP/IP 在网络接口层并没有定义具体的协议，它可以利用其他网络所定义的底层协议。网际层对应 OSI 模型的网络层，主要通过 IP 来处理数据分组。传输层与 OSI 模型的传输层功能相同，提供了两个传输层协议：可靠的面向连接的传输控制协议(TCP)和无线连接的用户数据报协议(UDP)。应用层包括所有高层协议。

在 TCP/IP 模型中，IP 是其核心，所有的数据传输都是通过 IP 完成的。IP 是一个分组交换协议。IP 只负责将数据分组传送到目的主机，无论传输正确与否，不做验证，不发确认，也不保证数据分组的到达顺序，而这些问题是由传输层的 TCP 来解决的。TCP 为应用层提供了可靠的、无差错的通信服务。在数据分组到达目的地址后，TCP 检查数据分组在传输过程中是否有错误，如果接收端发现有损坏的数据分组，就要求发送端重新发送被损坏的数据分组，确认无误后再将数据分组重新组合成完整的报文。

5.2.2 计算机网络技术

1. Internet

Internet 即在 TCP/IP 协议下实现的全球性的互联网络。Internet 已经是全球最大的、开放的、由众多网络互联而成的计算机互联网。Internet 可以连接各种各样的计算机系统和计算机网络，不论是微型的计算机还是大/中型计算机，不论是局域网还是广域网，不管它们在世界上任何地方，只要遵循 TCP/IP 协议，就可以连入 Internet。Internet 提供了丰富的、瞬息万变的信息资源，成为人们获取信息的一种方便、快捷、有效的手段，可是说是信息社会的重要支柱。目前，Internet 提供的服务多种多样，如 WWW、电子邮件服务(E-Mail)、文件传输服务(FTP)、信息查询服务、网络新闻服务和公告服务、娱乐和会话服务等。这些服务都是采用客户/服务器(Client/Server，C/S)方式在相应的协议支持下完成的。

2. Intranet

Intranet(企业内联网)是把 Internet 技术应用到企业内部建立的基于开放技术的新型网络体系结构，可以说是组织内部的 Internet。Intranet 采用浏览器/服务器(Browser/Server，B/S)系统结构。这种结构实质上是 C/S 结构在新的技术条件下的延伸。在传统的 C/S 结构中，Server 仅作为数据库服务器，进行数据的管理，大量的应用程序都在客户端进行。这样，每个客户都必须安装应用程序和工具，因而，客户端很复杂，系统的灵活性、可扩展性都受到很大的影响。在 Intranet 结构下，C/S 结构自然延伸为三层或多层结构，形成 B/S 应用模式，如图 5.10 所示。

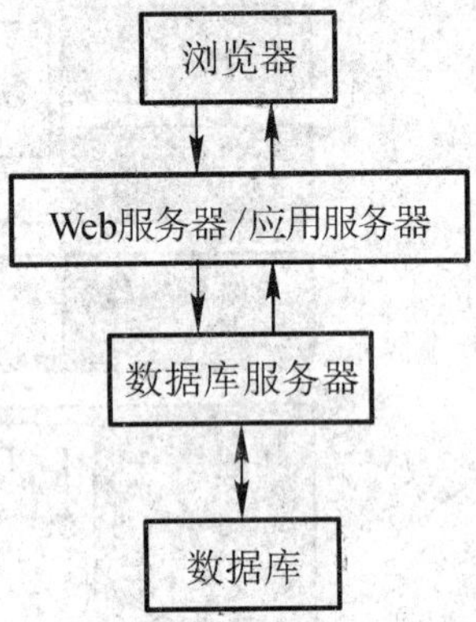

图 5.10 浏览器/服务器结构

在这种方式下，Web 服务器既是浏览服务器，又是应用服务器，可以运行大量的应用程序，从而使客户端变得很简单。

3. 虚拟专网(Virtual Private Networks，VPN)

如果一家企业是分布式的，外地员工需要像通过局域网一样访问企业内部数据，在过去，只能通过调制解调器或远程访问服务器访问局域网内部数据。这种方式不仅价格昂贵，而且传输速度慢。虚拟专网采用加密、认证和通道技术，提供了 Internet 上两点间的安全通信。这样，对采用 Internet 技术的企业而言，好像有了一个专用的广域网一样。由于虚拟专网是在 Internet 的点对点通信，不仅适合于移动或者远程用户，而且适用于分公司和总公司之间以及企业与供应商、分销商之间的通信等，从而构成了安全的 Extranet。在虚拟专网中，采用了协议通道技术，数据包首先被加密，然后封装到 IP 包中并通过 Internet 传输，在目的端由特定的主机或路由器解密。

4. Extranet

Extranet 即扩展的 Intranet(Extended Intranet)，它通过 Internet 把分散在不同地理位置的 Intranet 联系起来。Internet 不能提供数据传输过程的安全性，而采用 Extranet 进行远程系统通信时，可利用通道技术提高通信两端的安全性级别。Extranet 通过虚拟专用网络方式使企业与其他企业或客户联系起来，完成共同目标的合作网络。Extranet 既不像 Internet 那样提供公共服务，也不像 Intranet 那样仅仅提供对内服务，它可以有选择地向公众开放其服务或向有选择的合作者开发其服务，为电子商务或其他商业应用提供安全广域网平台。通常情况下，Extranet 只是 Intranet 和 Internet 基础设施上的逻辑覆盖，而不是物理网络的重构。

5.3　大数据和云计算

5.3.1　大数据

1. 大数据的概念

大数据不是一个确切的概念，根据维基百科的定义，大数据是指无法在一定时间内用传统数据库软件对其内容进行抓取、管理和处理的数据集合。大数据的产生是计算机和网络通信技术广泛应用的结果，而互联网、云计算、移动互联网、物联网、社交网络等新一代信息技术的发展，对大数据的产生起到了催化剂的作用，由此带来了四大变化：一是数据由企业内部向企业外部扩展；二是数据由 Web 1.0 向 Web 2.0 扩展；三是数据由互联网向移动互联网扩展；四是数据由计算机/互联网向物联网扩展。这四个变化，让数据产生的源头数量成倍地增加，数据量也大幅度地增长。大数据不只是数据规模大，更由于其多样性、非结构化特征明显导致数据存储、处理和挖掘异常困难。业界通常用 4 个 V，即数据体量巨大(Volume)、数据类型繁多(Variety)、数据流动快(Velocity)、价值密度低(Value)来概括大数据的特征。

1) 数据体量巨大

体量巨大是大数据区分于传统数据最显著的特征。一般关系数据库处理的数据量在太字节(TB)级，大数据所处理的数据量通常在拍字节(PB)级(1 PB=1 024 TB)以上，甚至是艾字节(EB)级(1 EB=1 024 PB)。据互联网数据中心发布《数据时代 2025》的报告显示，全球每年产生的数据将从 2018 年的 33 ZB(1 ZB = 1024 EB)增长到 175 ZB，相当于每天产生 491 EB 的数据。

2) 数据类型繁多

大数据所处理的数据对象已不再是单一的文本形式或结构化数据库中的表，还包括半结构化和非结构化数据，如网络日志、微博、音频、视频、图片和地理位置信息等。

3) 数据流动快

数据流动快，一是指数据产生得快，有的数据是爆炸式产生，如点击流、日志、射频识别数据、GPS 位置信息等；二是指数据处理得快，有些数据跟新闻一样具有时效性，如很多传感器的数据产生几秒之后就失去意义了。

4) 价值密度低

价值密度低是指数据总量巨大，价值密度低，但数据潜在价值大。价值密度的高低与数据总量的大小成反比。如何通过强大的机器算法迅速地完成数据的价值“提纯”，成为目前大数据背景下亟待解决的难题。

2. 大数据分析的特征

与传统的数据分析方法相比，大数据时代数据分析的转变可以用更多、更杂、更好三个特征来描述。

(1) 更多：不是随机样本，而是全体数据。

大数据分析的第一个转变是利用所有数据，而不再是仅仅依靠一小部分数据。在大数据时代，人们可以分析更多的数据，有时甚至可以处理与某个特别现象相关的所有数据，而不再依赖于随机采样。社会科学是受“样本=总体”影响最大的学科，过去依赖调查问卷来进行样本分析，随着大数据分析取代了样本分析，社会科学不再单纯依赖于分析实证数据。大数据记录下来的是人们的评测状态，不必担心研究者在做研究和进行调查问卷时所存在的偏见。

在预测系统中，随着数据量的增加，预测结果也会更加精准。在过去技术资源匮乏的年代，人们只能通过采样进行分析，然而仅仅只有采样具有绝对随机性，分析结果才会比较精准，但是现实生活中实现采样的随机性十分困难。因此，当人们具有足够的数据存储、处理和分析能力时，就可以收集全面而完整的数据。通过所有数据，许多在采样分析汇总时被遗漏的数据往往会被发现。例如，通过异常情况来识别信用卡诈骗，如果通过采样分析，这些细微的异常则往往会被遗漏。

(2) 更杂：不是精确性，而是混杂性。

在越来越多的情况下，使用所有可获取的数据成为可能，但为此也要付出一些代价。数据量的大幅增加会造成结果不准确，与此同时，一些错误的数据也会进入数据库。随着数据量的增大，错误率也会相应增加，因此要允许“不精确”存在，并接受存在适量错误。实际上，只有 5%的数据是结构化的且适用于传统数据库，这些数据是精确的。如果不接受数据的混杂，95%的非结构化数据都无法被利用。数据多比数据少好，数据更多比算法系统更智能还要重要，因为通常情况下大数据的简单算法比小数据的复杂算法更有效。

(3) 更好：不是因果关系，而是相关关系。

大数据研究的不是因果关系，而是相关关系，即知道“是什么”就足够了，没必要知道“为什么”。在大数据时代，不必非要知道现象背后的原因，而是让数据自己“发声”。相关关系可以帮助人们捕捉现在和预测关系，建立在相关关系分析法基础上的预测是大数据应用的核心。人们利用大数据的相关关系分析法去了解以前不曾注意到的联系，而不必去了解现象产生的机制及其内在的原理。

不过因果关系还是有用的，在有些情况下，人们完成了对大数据的相关关系分析，但又不满足于仅仅知道“是什么”，这时就会更深层次地研究因果关系，找出现象背后的“为什么”。

3. 大数据处理的总体架构与关键技术

大数据应用需要一个统一的平台，使得用户能够在统一的平台上对不同类型的数据进行处理和存储，集成各种工具和服务来管理异构存储环境下的各类数据，并建立一个实时预测分析解决方案，整合结构化的数据仓库和非结构化的分析工具。在这个大数据平台上，用户可以在任何时间、任何地点通过任何设备进行大数据的集中共享和协同访问。

1) 大数据平台 Hadoop 的总体架构

大数据的产生、组织和处理主要通过分布式文件处理系统来实现，其主流的技术是 Hadoop+MapReduce。Apache 基金会发布了基于开源技术的大数据平台 Hadoop 的总体架构，如图 5.11 所示。

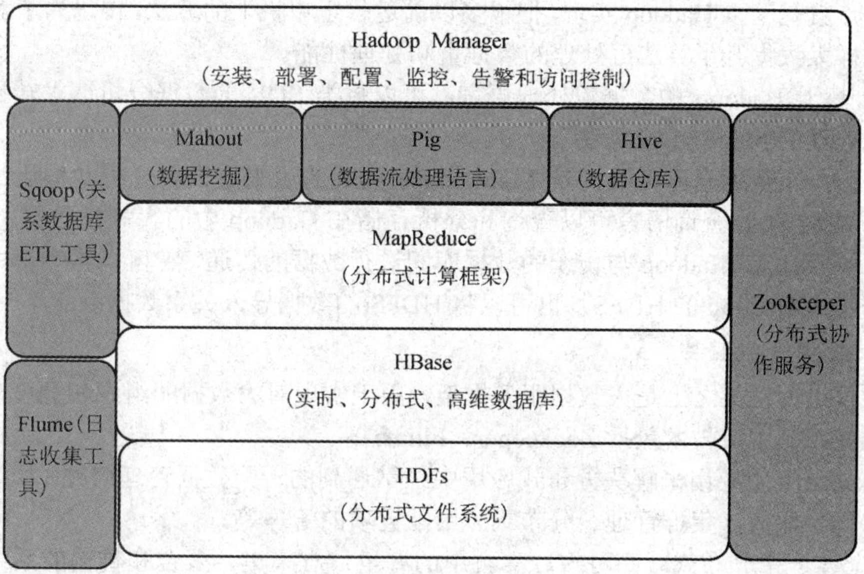

图 5.11　Hadoop 的总体架构

Hadoop 以分布式文件系统 HDFS 作为大数据存储的框架，分布式计算框架 MapReduce 作为大数据处理的框架。Hadoop 的特点在于能够存储并管理 PB 级的数据，能够很好地处理非结构化数据，擅长大吞吐量的数据处理，应用模式为“一次写，多次读”。由于采用分布式框架，Hadoop 具有很好的可扩展性和容错性。

2) 大数据存储结构

HDFS 即 Hadoop 分布式文件系统(Hadoop Distributed System)，前身为 Google 文件系统(Google File System，GFS)，运行于大规模集群之上，集群由廉价的普通计算机构成。整个文件系统采用的是元数据集中管理与数据块分散存储相结合的模式，并通过数据复制来实现高度容错。

HBase 即 Hadoop 数据库，是 Google Bigtable 的开源实现。HBase 建立在 HDFS 之上，提供高可靠性、高性能、列存储、可伸缩、实时读写的分布式非关系型(Not Only SQL，NoSQL)数据库系统。

3) 大数据处理框架

MapReduce 是一个分布式计算软件框架。基于 MapReduce 编写的应用程序能够运行在由普通计算机组成的大规模集群之上，并以一种可靠、容错的方式并行处理 TB 级以上的数据集，特别适合用于海量的结构化、半结构化和非结构化数据的混合处理。MapReduce 采用先分后合的数据处理方式。Map 即“分解”，把海量数据分割成了若干部分，分给多台处理器并行处理；Reduce 即“合并”，对各台处理器处理后的结果进行汇总操作以得到最终结果。

4) 大数据访问框架

大数据访问框架实现了对传统关系数据库和 Hadoop 的访问，其主流技术包括 Mahout、Pig、Hive、Sqoop 等。

Mahout：一个很强大的数据挖掘工具，是一个分布式机器学习算法的集合。Mahout 最大的优点就是基于 Hadoop 实现，把很多以前运行于单机上的算法，转化为了 MapReduce 模式，这样大大提升了算法可处理的数据量和处理性能。

Pig：基于 Hadoop 的数据流处理语言，可以将类 SQL 的数据分析请求转换为一系列经过优化处理的 MapReduce 运算。

Hive：一个数据仓库工具，是 MapReduce 实现的用来查询和分析结构化数据的中间件。Hive 的类 SQL 查询语言可以查询和分析存储在 Hadoop 中的大规模数据。

Sqoop：用于在 Hadoop 与传统的数据库间进行数据的传递，它可以将一个关系数据库中的数据导入 Hadoop 的 HDFS，也可以将 HDFS 的数据导入关系数据库。

5) 大数据服务框架

大数据访问框架之上是大数据服务框架，用于实现对大数据的组织和调度，为大数据分析做准备，其主流技术包括 Zookeeper、Flume 等。

Zookeeper：主要用来解决分布式应用中经常遇到的一些数据管理问题，如统一命名服务、状态同步服务、集群管理、分布式应用配置项的管理等。

Flume：一个分布式、高可靠、高可用的海量日志采集、聚合和传输的系统，支持在系统中定制各类数据发送方，用于收集数据；对数据可进行简单处理，并写到各种数据接收方。

4. 大数据应用

大数据应用的业务流程包括产生数据、聚集数据、分析数据和利用数据四个环节，其业务链如表 5.3 所示。

1) 产生数据

在企业运营过程中，产生并收集了大量的业务数据，这些结构化数据存储于数据库中。同时，也产生了非结构化文档、交易日志、网页访问日志、视频监控文件、传感器数据等非结构化数据，这是在大数据应用中可以被发现具有潜在价值的企业内部数据。企业的外部电子采购、电子商务、客户服务系统等产生了大量的外部结构化数据。企业的外部网站、移动应用、社交网络、传感器等系统产生了大量的外部非结构化数据。

2) 聚集数据

企业架构的三个核心要素是业务、应用和数据，业务架构描述业务流程和功能结构，应用架构描述处理工具的结构，数据架构描述企业核心数据内容的组织。企业内外部已产生了大量的结构化、非结构化数据，需要将这些数据组织和聚集起来，建立企业级的数据

表 5.3　大数据应用的业务链

产生数据	聚集数据	分析数据	利用数据
·企业内部业务数据库中生成的结构化数据 ·企业内部交易中同时生成的其他非结构化数据 ·企业外部电子采购、电子商务、客户服务系统等生成的外部结构化数据 ·企业外部网站、移动应用、社交网络、传感器、视频监控设备等产生的非结构化数据	·聚集企业应用的数据 ·建立企业级的统一数据模型 ·实现企业级数据仓库 ·聚集和处理非结构化的文档和知识 ·聚集和处理外部非结构化的社交网络、流媒体、传感器、物联网等数据	·客户行为分析 ·产品需求分析 ·市场营销效果分析 ·工程可靠性分析 ·绩效分析 ·风险分析 ·形势预测分析 ·企业文化分析 ·公众行为模式分析 ·经济预测 ·公共安全分析	·报表 ·报告 ·可视化报表 ·社交网络分析

架构，有组织地对数据进行采集、存储和管理。首先实现的是不同应用数据库之间的整合，这需要建立企业级的统一数据模型，实现企业主数据管理。主数据是指企业的产品、客户、人员、组织、资金、资产等关键数据，通过这些数据的属性以及它们之间的相互关系能够建立企业级数据架构和模型。在统一模型的基础上，利用提取、转换和加载(ETL)技术，将不同应用数据库中的数据聚集于企业级数据仓库，实现企业内部结构化数据的集成，这为企业商务智能分析奠定了良好的基础。文档和知识管理是对非结构化文档进行处理的一个阶段，仅限于对文档的保存、归类和基于元数据的管理。更多非结构化文档的聚集，需要引入新的大数据平台和技术，如分布式文件系统、分布式计算机框架、NoSQL 数据库、流计算机技术等，通过这些技术来加强非结构化数据的处理和聚集。内外部结构化、非结构化数据的统一集成则需要实现两种数据(结构化、非结构化)、两种技术平台(关系数据库、大数据平台)的进一步整合。

3) 分析数据

集成起来的企业各种数据是大容量、多种类的大数据，分析数据是提取信息、发现知识、预测未来的关键步骤。企业内部网络数据分析的目的是发现数据所反映的组织业务的运行规律，是为了创造业务价值。许多数据分析需要借助模型和算法。

4) 利用数据

以报表、报告、可视化视图等方式表现的数据分析的结构不能仅呈现给专业从事数据分析工作的科学家，只有呈现给更多非专业人员才能真正发挥它的价值，客户、业务人员、高管、股东、社会公众、合作伙伴、媒体、政府监管机构等都是大数据使用者。因此，大数据分析结果应以不同的专业角色，根据不同地位人员对数据的不同需求提供给大数据使用者。数据被重复利用的次数越多，其所能发挥的价值就越大。

数据已经成为一种商业资本，通过数据挖掘、文本分析，大数据可以产生巨大的价值。如今，大数据应用已经渗透到各行各业。由于本文篇幅限制，就不在这里一一赘述。

5.3.2 网络计算

回顾从电子计算机出现到现在的 70 多年，随着计算机技术和网络技术的发展以及全球经济模式的变化，网络计算模型也在不断发展。所谓网络计算，是指网络上的多台计算机协同处理一个复杂的计算任务，每台计算机负责一部分，这样可以大大提高运算效率。从集中式计算到分布式计算，再到移动计算和普适计算，每种计算模型都各有特点。企业信息系统的应用结构也随着计算模型的变化而变化。

1. 集中式计算

集中式计算诞生于早期的大型机时代，当时计算机庞大而昂贵，一个组织机构不可能为每个用户单独提供整台计算机，主机必然是共享的，所有用户都是通过系统的终端设备(哑终端)使用主机的资源。终端设备仅仅是一个输入输出接口设备，没有任何处理和存储能力。主机应用程序既负责与用户的交互，又负责对数据的管理。这种计算机模式又称为主机/终端模式。由于物流设备的限制，采用这种计算模式的所有计算数据和程序都只能位于主机系统上，从而形成典型的“集中存储、集中计算”模式。

集中式系统是以主机为中心的计算环境，数据管理、事务处理高度集中，初始成本高。这种模式下的信息系统维护与升级只涉及主机，管理成本低。一般来说，集中式计算可靠、高效、安全，管理也方便。但随着用户的增多，对主机处理能力的要求越来越高，一旦原有主机不能满足需要，企业要投入高昂的成本进行主机的升级或替换。同时各主机平台之间的差异越大，不同主机之间的资源共享和互操越困难。

该模型适用于大规模集中式应用，如科学与工程计算和集中式事务数据处理。

2. 分布式计算

20 世纪 80 年代以后，随着微型计算机技术和局域网的兴起，计算机应用领域被大大拓宽。桌面办公应用和数据库技术的大力发展，使协同计算和分布式计算的理念得以迅速推广。分布式计算又可以分为几种不同的计算模型。

1) 客户-服务器模型

随着客户-服务器计算模型的出现，人们找到了解决异构平台之间资源共享的最佳方法，用户可以选择适合自己需要的客户端、操作系统和应用程序。基于客户-服务器结构的分布式计算逐渐成为企业应用平台的主流计算模型，其结构如图 5.12 所示。

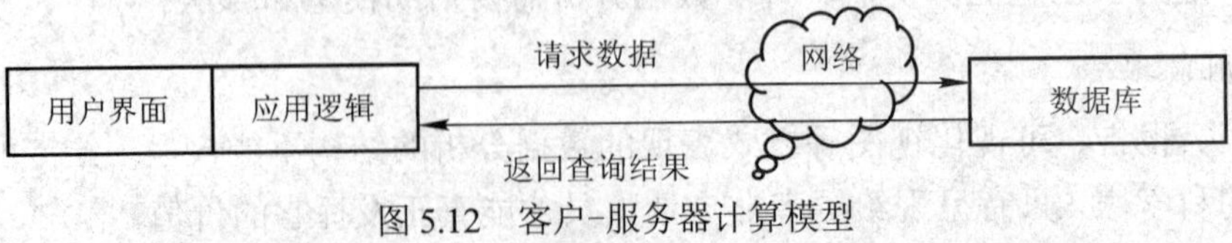

图 5.12　客户-服务器计算模型

客户端是一台本地个人计算机，后端的服务器通常运行一个数据库管理系统。由于服务器只返回查询结果的数据，因此网络上传输的数据量很少，同时数据库中数据量的增加也不会影响系统的响应性能。客户-服务器模型的优点主要在于系统的客户端应用程序和服务器端应用程序分别运行在不同的计算机上，系统中的功能部件充分隔离。客户端应用程序集中于数据的分析和展示，而服务器则集中于数据的管理。其缺点在于，由于分析和处理数据的应用逻辑在客户端，客户端需要安装庞大而复杂的应用程序，称为“胖客户端”。随着应用规模的扩展以及网络上异种资源类型的增多，客户端开发、管理、维护的复杂度加大。两层结构的客户-服务器模型表示逻辑和应用逻辑的重心放在客户端，随着应用软件的复杂性增加，对客户端资源的要求也越来越高。尽管硬件性能不断提升，但应用软件也变得越来越复杂，特别是大数据的应用，使得用户对客户端处理能力的要求越来越高。客户-服务器结构下，应用系统的可伸缩性较差，很难对其进行有效的维护。

2) 浏览器-服务器模型

为了解决传统两层结构客户-服务器模型中的固有问题，出现了三层客户-服务器模型，即客户-应用服务器-数据库服务器模型。在这种三层结构中，客户端应用程序只完成基本的显示、输入和输出；应用逻辑在中间的应用服务器上进行处理，应用服务器接收客户端的请求，根据应用逻辑将该请求转化为数据库请求与数据库服务器进行交互，并将交互结果返回给客户端；而数据则放在后端的数据库服务器上。其模型如图 5.13 所示。

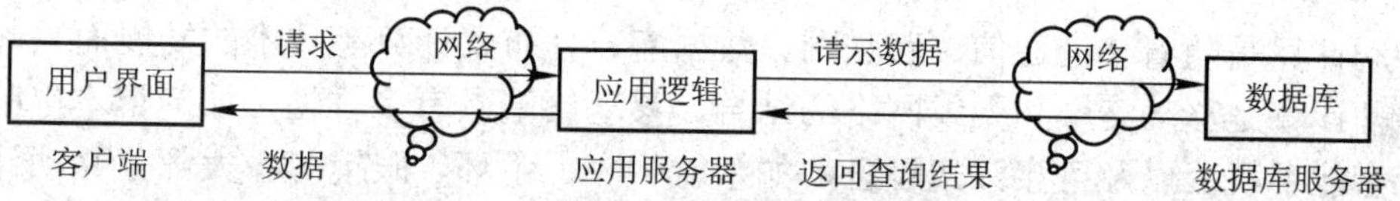

图 5.13　三层客户-服务器计算模型

与两层客户-服务器计算模型相比，三层客户-服务器计算模型具有更灵活的硬件系统结构，每层可以选择与其处理负荷和处理特性相适应的硬件。合理地分割三层结构并使其独立，可以使系统的结构变得简单、清晰，一层的改动不会影响其他层，这样就提高了程序的可维护性和系统的可伸缩性，使系统性能大大增强。

典型的三层结构是浏览器-Web 服务器-数据库服务器，这种结构也被称为浏览器-服务器结构。客户端只需要使用 Web 浏览器就能访问系统，而且客户端可以是各种不同的软件和硬件平台，甚至包括平板电脑、手机等，只要它们支持标准的 Web 浏览器即可，因此其跨平台性非常好。这种客户端称为“瘦客户端”。客户端只负责数据的展示，Web 服务器处理所有的应用逻辑。

在企业应用方面，浏览器-服务器计算模型特别适用于与用户交互量不大的应用系统。对于需要大量频繁、高速交互的应用系统，采用这种计算模型并不一定是最好的选择。实际上，在企业信息系统中可以把浏览器-服务器计算模型同传统的客户-服务器计算模型结合起来，互相补充，相辅相成。

然而，不论两层客户-服务器计算模型还是三层浏览器-服务器计算模型，都存在很大的局限性。这两种计算模型在海量信息的组织、访问等方面都不同程度地存在如单点服务瓶颈、无法抵挡拒绝服务攻击等问题。对等(Peer-to-Peer，P2P)计算模型正是为了解决海量计算单元及其信息资源的合理利用问题而提出的一种分布式计算模型。

3) P2P 计算模型

P2P 是在 Internet 上实施网络计算的新模型。在这种模型下，服务器与客户端的界限消失了，网络上所有的节点都可以“平等”共享其他节点的计算资源。系统中的成员同时扮演服务器与客户端的角色，网络应用的核心从中央服务器向网络边缘的终端设备扩散。在这个分布式系统中，各个节点是逻辑对等的，节点之间可以直接进行数据通信而不必通过中间的服务器，每个节点都可以请求服务(客户端的特性)，也可以提供服务(服务器的特性)。

在 P2P 网络中，每个节点都为网络提供了一些资源，当越来越多的节点加入网络时，网络的性能就会增强。因此，当网络增大时，它的性能也会增强，这是与客户-服务器计算模型的不同之处。在客户-服务器网络中，当网络增大(即越来越多的客户端加入)时，中央服务器的压力就会增大，最后有可能会导致服务器瘫痪。P2P 计算模型带来的一个重要变化是改变了“内容”所在的位置，内容从“中心”走向“边缘”。也就是说，内容将不是存放在几个主要的服务器上，而是存放在所有用户的个人计算机上。除了帮助优化网络性能之外，P2P 计算模型还可以用来消除由于单点故障而影响全局的危险。在企业应用方面，可以利用客户端之间的分布式服务代替一些费用高昂的数据中心功能，在客户端上实现数据的备份和存储。

3. 移动计算

移动计算是随着移动通信、互联网、数据库、分布式计算等技术的发展而兴起的新技术。移动计算是移动终端和无线网络的结合。移动终端具有多样性，如笔记本电脑、平板电脑、智能手机，以及可穿戴式设备，如智能手表、手环、眼镜等。大部分移动计算是通过移动网络进行的。除了消除时间和空间的限制，实现随时随地的通信之外，移动计算还可以实现产品和服务的可定位性。了解用户在任何时刻的位置是为其提供相关产品和服务的关键。基于产品及服务的位置而实现的电子商务应用，被称为定位电子商务。全球定位系统(Global Positioning System，GPS)可以将各种精确的定位信息传递到用户持有的无线设备上。例如，可以利用移动设备来寻找距离最近的电影院、餐馆或停车场。同时 GPS 还能够将用户的位置告知他人。定位服务可以针对全体人员，如购物中心内所有的顾客；也可以针对特定的目标，如依据用户所处的不同位置及不同喜好提供不同的信息，将定位服务和个性化服务结合起来。

4. 普适计算

普适计算，又称普存计算、普及计算、遍布式计算、泛在计算，是一个强调和环境融为一体的计算概念，而计算机本身则从人们的视线里消失。在普适计算的模式下，人们能够在任何时间、任何地点、以任何方式进行信息的获取与处理。

普适计算的含义十分广泛，所涉及的技术包括移动通信技术、小型计算设备制造技术、小型计算设备上的操作系统技术及软件技术等。

在信息时代，普适计算可以降低设备使用的复杂程度，使人们的生活更轻松、更有效率。实际上，普适计算是网络计算的自然延伸，它使得不仅个人电脑，而且其他小巧的智能设备也可以连接到网络中，从而方便人们即时地获得信息并采取行动。科学家认为，普适计算是一种状态，在这种状态下，iPad 等移动设备、谷歌文档或远程游戏技术 Online 等云计算应用程序、4G 或广域 Wi-Fi 等高速无线网络将整合在一起，清除“计算机”作为获取数字服务的中央媒介的地位。随着每辆汽车、每台照相机、每台电脑、每块手表以及每个电视屏幕都拥有几乎无限的计算能力，计算机将彻底退居到“幕后”以至于用户感觉不到它们的存在。

5.3.3　云计算

1. 云计算的概念

20 世纪 90 年代后期，Salesforce 公司率先在企业中引入了远程服务的概念，2002 年，Amazon 公司启用 Amazon Web 服务(Amazon Web Service，AWS)平台。该平台提供一套面向企业的服务，包括远程配置存储、计算机资源以及业务功能。直到 2006 年，“云计算”(Cloud Computing)这一术语才出现在实业界。在这个时期，Amazon 公司推出其弹性计算云(Elastic Compute Cloud，EC2)服务，使得企业通过“租赁”存储容量和处理能力来运行企业应用程序。同年，Google 公司也推出了基于浏览器的企业应用服务。3 年后，Google 应用引擎(Google App Engine)成为另一个云计算发展的里程碑。

使用云计算，用户可通过一个门户浏览和选择相关云服务，如计算、软件、信息存储或这些资源的组合。云计算可自动将选定的云服务交付给用户。它可帮助组织和个人以较低的所有权成本部署 IT 资源，同时更快地进行调配，并且能够遵守法规。

云计算的定义有很多种，被业界广泛接受的是美国国家标准与技术研究院(NIST)所给出的定义：“云计算是一种模型，它可以随时随地、便捷地、随需应变地访问可配置计算资源共享池中的资源(如网络、服务器、存储、应用和服务)，只需与最小的资源管理工作或服务提供商进行交互，这些资源就能够被迅速供应和释放。”

在当今充满竞争的环境中，组织在提高效率和转变 IT 流程以达到事半功倍的效果方面的压力越来越大。企业需要缩短产品上市时间，需要更大的灵活性、更高的可用性，并降低成本来满足不断变化的业务需求以及加快创新的步伐。这些业务需求使 IT 团队面临许多挑战。一些主要挑战是连续向世界各地的客户提供服务，快速更新技术和更快地调配 IT 资源，并在实现所有这一切的同时降低成本。随着云计算这种新计算模式的出现，这些长期挑战得到了解决，通过云计算，组织和个人能够以服务的形式获取和调配 IT 资源。

云计算的优点主要有：

(1) 降低了 IT 成本：用户可根据按使用付费或按订阅价格购买云服务，从而减少或消除了用户的 IT 资金开支。

(2) 业务灵活性：云计算可提供快速分配和扩展计算容量的能力。云计算可将调配和部署新应用程序和服务所需的时间从数月减少到数分钟，使得企业能够更快地对市场变化做出响应，并缩短产品上市时间。

(3) 灵活扩展：云计算使用户能够轻松增加、减少计算资源需求。用户可单向和自动地扩展计算资源，而无须与云服务提供商进行交互。云计算灵活的服务调配功能通常可向云服务用户提供一种无限可扩展的体验。

(4) 高可用性：云计算能够确保不同级别的资源都具有可用性，具体取决于用户的策略和优先级。冗余基础架构组件(服务器、网络路径和存储设备以及群集软件)支持云部署的容错功能。这些技术可覆盖位于不同地理区域的多个数据中心，从而避免由于区域故障而引起的数据不可用情况。

因此，对于企业用户而言，云计算帮助他们降低了初始投资，需要时购买，不需要时就退购。云计算帮助企业解决了信息化基础设施构建问题，因此对于许多对成本比较敏感的中小企业而言具有极大的价值。

云计算模型由三种交付模式、四种部署模型、五个基本特性构成。

2. 云交付模式

云交付模式是云计算服务提供者提供的事先打包好的信息技术资源组合。三种常见的交付模式是：基础设施作为服务(IaaS)、平台作为服务(PaaS)和软件作为服务(SaaS)。这三种模式是互相关联的，并且可以组合起来使用。

1) 基础设施作为服务(IaaS)

IaaS 是指向用户提供的功能用于调配处理、存储网络和其他基础计算资源，用户能够在其中部署和运行任意软件(包括操作系统和应用程序)。用户不管理或控制基础云基础架构，但可控制操作系统和部署的应用程序；可以有限制地控制选择的网络组件(例如主机防火墙)。

IaaS 是云服务堆栈的基本层，它是 SaaS 和 PaaS 的基础。

例如，Amazon 弹性计算云 (Amazon EC2) 就是一个 IaaS，它根据需求在云架构中提供可扩展计算功能。它使用户能够利用 Amazon 的大容量计算基础架构，而无须前期资金投入。

2) 平台作为服务(PaaS)

PaaS 是指向用户提供的功能将部署到云基础架构用户创建的或获得的应用程序上，这些应用程序是使用提供商支持的编程语言、库、服务和工具创建的。用户不管理或控制基础云基础架构(包括网络、服务器、操作系统或存储)，但可控制已部署的应用程序，并可以控制应用程序宿主环境的配置设置。

PaaS 还用作应用程序开发环境，由云服务提供商提供相关服务。用户可使用这些平台对其应用程序编码，然后在云架构上部署这些应用程序。由于已部署应用程序的工作负载各不相同，因此计算资源的可扩展性通常由计算平台以透明方式进行保证。例如 Google App Engine 和 Microsoft Windows Azure 平台就是 PaaS。

3) 软件作为服务(SaaS)

SaaS 是指用户可以使用云平台上提供的应用。可从各种客户端设备通过瘦客户端接口(例如 Web 浏览器(如基于 Web 的电子邮件))或程序接口访问这些应用程序。用户不管理或控制基础云基础架构(包括网络、服务器、操作系统、存储甚至单个应用程序功能)，但可控制应用中的用户特定设置。

在 SaaS 模式中，应用程序(如客户关系管理 (CRM)、电子邮件和即时消息 (IM))作为云服务提供商的服务来提供。云服务提供商以独占方式管理所需的计算基础架构和软件来支持这些服务。SaaS 模式允许用户更改一些应用程序配置，以自定义应用程序。

EMC Mozy 就是一个 SaaS 的示例。用户可利用 Mozy 控制台轻松执行自动、安全、联机的数据备份和恢复操作。Salesforce.com 是基于 SaaS 的 CRM 应用程序(如 Sales Cloud 和 Service Cloud)的提供者。

3. 云部署模型

根据 NIST，云计算分为四个部署模式：公有云、私有云、社区云和混合云，它们是云基础架构的构建和使用方式的基础。

1) 公有云

在公有云模式中，云基础架构被调配为由公众公开使用，它可由企业、学院或政府组织或这些组织的组合拥有、管理和操作。它的存在以云提供商为前提。

用户使用提供商通过 Internet 提供的云服务，并支付定量使用费用或订阅费用。公有云的优势在于其低资金成本和良好的可扩展性。但是，对于用户来说，这些优势会带来一些风险：无法控制云中的资源，涉及机密数据的安全性，存在网络性能和互操作性问题。常见的公有云服务提供商包括 Amazon、Google 和 Salesforce.com。

2) 私有云

在私有云模式中，云基础架构被调配为由包含多个用户(例如业务单位)的单个组织以独占方式使用。它可由组织、第三方或它们的组合拥有、管理和操作，并且可以现场或异地方式存在。私有云模式具有以下两种类型：

现场私有云：也称为内部云，由组织的数据中心托管，能使组织标准化其云服务管理流程和安全性。但此模式在大小和资源可扩展性方面具有限制，还需组织为物理资源承担资金成本和维护成本。现场私有云最适合于需要完全控制其应用程序、基础架构配置和安全性机制的组织。

外部托管的私有云：此类型的私有云在组织外部托管，由第三方组织管理。第三方组织为特定组织提供专用云环境，能完全保证隐私性和机密性。

3) 社区云

在社区云模式中，云基础架构被调配为由组织中的特定社区的用户以独占方式使用，这些用户具有共同关心的问题(如任务、安全需求、策略和遵从性考虑事项)。它可由社区、第三方或它们的组合中的一个或多个组织拥有、管理和操作，可以现场或异地方式存在。

与公有云相比，社区云中的成本分散到更少的用户身上，因此，此模式更昂贵些，但可提供更高级别的隐私性、安全性和遵从性。与私有云相比，社区云还可向组织提供对大量资源池的访问。比如，社区云在政府机构中非常有用，如果政府中的各种机构依据类似的准则操作，它们就可全部共享相同的基础架构，从而降低其单个机构的投资。

4) 混合云

在混合云模式中，云基础架构是两个或更多个不同的云基础架构(私有云、社区云或公有云)的组合，这些云基础架构保留唯一的实体，但由支持数据和应用程序移植性的标准化或专用技术绑定在一起。

混合模式允许组织将不太关键的应用程序和数据部署到公有云，从而利用公有云的可扩展性和经济高效性。组织的任务关键型应用程序和数据保留在可提供更高安全性的私有云上。

4. 云特性

根据 NIST，云基础架构应有五个基本特性。

(1) 按需自助服务：用户可自动根据需要单向调配计算功能(如服务器时间和网络存储)，而无须与云服务提供商进行人工交互。云服务提供商发布服务目录，该目录包含有关可供用户使用的所有云服务的信息。服务目录包含有关服务属性、价格和请求流程的信息。

用户可通过基于 Web 的用户界面查看服务目录，并使用它来请求服务。用户可利用这些“随时可用的”服务或更改一些服务参数来自定义服务。

(2) 广泛的网络访问：可通过网络使用功能，并通过标准机制访问功能，这些机制可提升异构精简或非精简客户端平台(例如移动电话、平板电脑、笔记本电脑和工作站)的使用率。

(3) 资源共用：共用提供商的计算资源，以便使用多重租用模式向多个客户提供服务，并根据用户需求动态分配和重新分配不同的物理和虚拟资源。客户通常无法控制或了解提供的资源的准确位置，但可指定抽象级别更高的位置(例如国家/地区、州或数据中心)。存储、处理、内存和网络带宽都属于资源。

注意：多重租用是使用一组资源向多个独立用户(租户)提供服务的体系结构。这可降低用户的服务成本。虚拟化支持云中的资源共用和多重租用。例如，可在运行虚拟机管理程序的同一物理服务器上同时运行不同用户的多台虚拟机。

(4) 快速灵活：有时可自动灵活调配和发布功能，以便根据需求快速向外和向内扩展。对于用户，可用于调配的功能通常显示为无限，并且可随时占用任意数量的资源。

用户的 IT 资源需求发生波动时，可利用云的快速灵活性。例如，在某个特定时间段，某组织可能需要双倍数目的 Web 和应用程序服务器才能完成特定任务。在其余时间，它们可能需要释放闲置服务器资源以缩减开支。通过云，用户能够动态增长和缩小资源需求。

(5) 可计量的服务：云系统可自动控制和优化资源使用，方法是利用与服务类型(例如存储、处理、带宽和活动用户账户)相对应的某个抽象级别的计量功能。通过监控和报告资源的使用情况，可清楚地向提供商和用户提供有关所使用服务的信息。

5. 云计算的关键技术

网格计算、实用计算、虚拟化和面向服务的体系结构是云计算的支持技术。

网格计算是分布式计算的一种形式，它使网络中的大量异构计算机的资源能够同时共同处理一个任务。网格计算支持并行计算，最适合大型工作负载。

实用计算是一种服务调配模式，其中，服务提供商根据需要将计算资源提供给客户，并根据使用情况对他们进行收费。这类似于其他实用服务(如电)，收费是根据使用情况来计算的。

虚拟化是一种从资源用户抽象 IT 资源的物理特征的技术。它支持将资源作为池来查看和管理，并允许用户在池中创建虚拟资源。与在非虚拟化环境中调配相比，虚拟化可以更灵活地调配 IT 资源，可以帮助优化资源利用率和更高效地提供资源。

面向服务的体系结构 (SOA)用于提供一组可彼此通信的服务。这些服务可共同执行某项活动，或仅在服务间传递数据。

本 章 小 结

本章从技术的角度介绍了开发信息系统需要使用的技术，数据库系统是由计算机系统、数据、数据库管理系统及有关人员组成的高度组织的整体。计算机网络是管理信息系统的基础设施。将分布式信息处理通过计算机网络集成起来，是管理信息系统运行的基础。

云计算是在计算机网络的基础上发展起来的新兴信息技术，利用虚拟化的信息服务资源，按需地为用户提供服务，为管理信息系统的发展提供了新的思路。企业能够根据自身的条件，选择适当的云计算部署模式和云服务提供商。

思考与练习

1. 简述数据库系统的组成。
2. 试比较数据库和数据仓库的差异。
3. 简述计算机网络的重要概念。
4. 试比较 Internet 和 Intranet 的差异。
5. 简述大数据的特点。
6. 简述网格计算的特点。
7. 简述云计算的特点。
8. 简述云计算不同部署模式之间的异同。

第 6 章

存 储 系 统

信息存储是信息技术的中流砥柱。无论是个人用户还是企业 IT 用户，他们每时每刻都在产生着海量的数字信息。我们需要对这些处于传统环境、虚拟环境以及迅速发展的云环境中的信息进行存储、保护、优化和管理。本章主要讲述存储系统及数据中心环境、存储网络技术，传统环境和虚拟环境中的业务连续性、备份及恢复，以及存储安全、存储基础设施的监控和管理。

6.1　信息存储与管理概述

6.1.1　数据和信息概述

如今，信息在我们的日常生活中变得日益重要。在 21 世纪的今天，我们生活在一个随需而变的世界中，几乎各项活动都依赖于信息，这意味着我们随时随地都需要信息，包括访问 Internet 执行搜索、进入社交网络、收发电子邮件、共享图片和视频以及使用其他应用程序。

信息对企业的重要性、企业对信息的依赖性以及信息的数量也在以惊人的速度提高。企业需要以快速、可靠的方式获取对成功至关重要的信息。例如，一些业务流程或系统依赖于数字信息，包括航班预订、电信计费、网上商务、电子银行、信用卡事务处理、资本/股票交易、医疗保健索赔处理、生命科学研究等。随着企业对信息的依赖性日益提高，数据存储、保护和管理方面的挑战也随之增大。与数据可用性和保护相关的法律、法规和合同业务进一步增加了这些挑战。

随着计算机和通信技术的进步，数据生成和共享的速率呈指数级增长。以下是导致数字数据增长的一些因素：

(1) 数据处理能力的提高。现代计算机的处理和存储功能显著提高，使得各种类型的内容和介质能够从常规格式转换为数字格式。

(2) 数字存储成本的降低。技术进步以及存储设备成本的降低提供了低成本存储解决方案，这一成本优势提高了数字数据生成和存储的速率。

(3) 价格合理、速度更快的通信技术的发展。现在共享数字数据的速率要比传统方法快得多。手写信件可能需要一周才能到达目的地，而电子邮件通常只需几秒即可到达收件人。

(4) 应用程序和智能设备的剧增。智能手机、平板电脑和更新的数字设备以及智能应用程序极大地促进了数字内容的生成。

根据数据的存储和管理方式，数据可分为结构化数据和非结构化数据，如图 6.1 所示。结构化数据以严格定义的格式按行和列进行组织，以使应用程序能够有效地进行检索和处理。结构化数据通常使用数据库管理系统 (DBMS) 进行存储。

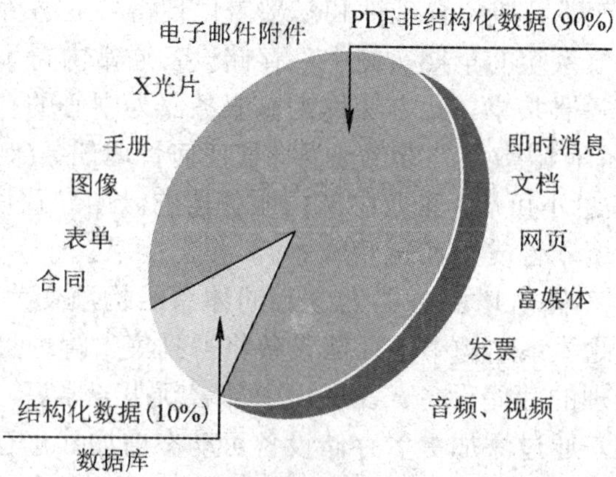

图 6.1 数据类型划分

如果数据的元素不能按行和列存储，因而难以通过应用程序进行查询和检索，则这样的数据就是非结构化数据。例如，客户联系信息有不同的存储方式，例如便签、电子邮件、名片甚至是数字格式的文件(如 .doc、.txt 和 .pdf)。鉴于这些数据的非结构化性质，难以使用传统的客户关系管理应用程序对其进行检索。如今所创建的绝大多数新数据都是非结构化数据。采用新的体系结构、技术、技巧和技能存储、管理、分析来自众多源的非结构化数据和从中实现价值会给行业带来挑战。

大数据是一个不断变化的新概念，是指大小超出常用软件工具，在可接受时间限制内具备捕获、存储、管理和处理能力的数据集。它包括各种源(包括业务应用程序事务、网页、视频、图像、电子邮件、社会媒体等)生成的结构化和非结构化数据。这些数据集通常需要实时捕获或更新以便进行分析、预测建模和决策制订。

传统的 IT 基础架构以及数据处理工具和方法不足以应对大数据的数据量、多样性、动态性和复杂性。实时分析大数据需要高性能、大规模的并行处理 (MPP) 数据平台以及对数据集进行高级分析的新技术、体系结构和工具。

数据科学是一门新兴学科，它使组织能够从大数据中获得业务价值。数据科学是几门现有学科(如统计学、数学、数据可视化和计算机科学)的综合，它使数据专家能够开发先进的算法来分析大量信息，从而推动创造新价值并做出更多数据驱动的决策。当前希望采用数据科学技术的一些行业和市场包括医疗和科研、医疗保健、公共管理、欺诈检测、社会媒体、银行、保险公司以及其他受益于大数据分析的基于数字信息的实体。大数据所需的存储体系结构管理应简单、高效且便宜，可同时提供对多个平台和数据源的访问。

6.1.2　存储概述

在计算环境中，用来存储数据的设备称为存储设备，简称存储。存储类型取决于数据的类型及其创建速度和使用频率。如手机或数码相机中的媒体卡、DVD、CD-ROM 以及个人计算机中的磁盘驱动器等设备，都是存储设备。

有多种数据存储方式可供企业选择，包括内部硬盘、外部磁盘阵列和磁带。

以往，组织都将计算机(大型机)和信息存储设备(磁带盘和磁盘组)集中放在其数据中心内。随着开放系统的演变，其成本合理性和易部署性使得各业务部门有机会拥有自己的服务器和存储设备。在开放系统的早期实施中，存储设备通常内置于服务器之中。这些存储设备无法与其他任何服务器共享。此方法称为以服务器为中心的存储体系结构。在此体系结构中，每台服务器具有有限数量的存储设备，且任何管理任务(例如服务器维护或增加存储容量)都可能会导致信息不可用。企业中部门服务器的激增导致信息支离破碎，且缺乏保护和管理，因而增加了资本性支出和运营成本。

为应对这些难题，存储从以服务器为中心的体系结构演变为以信息为中心的体系结构，如图 6.2 所示。在此体系结构中，存储设备将得到集中管理且独立于服务器。多台服务器可共享这些集中管理的存储设备。在环境中部署新服务器后，将从相同的共享存储设备向该服务器分配存储。通过添加更多存储设备可动态增加共享存储的容量，而不影响信息可用性。在此体系结构中，信息管理更简单且经济高效。

存储技术和体系结构将继续衍化，使组织能够整合、保护、优化和利用其数据，以获得最高的信息资产回报。

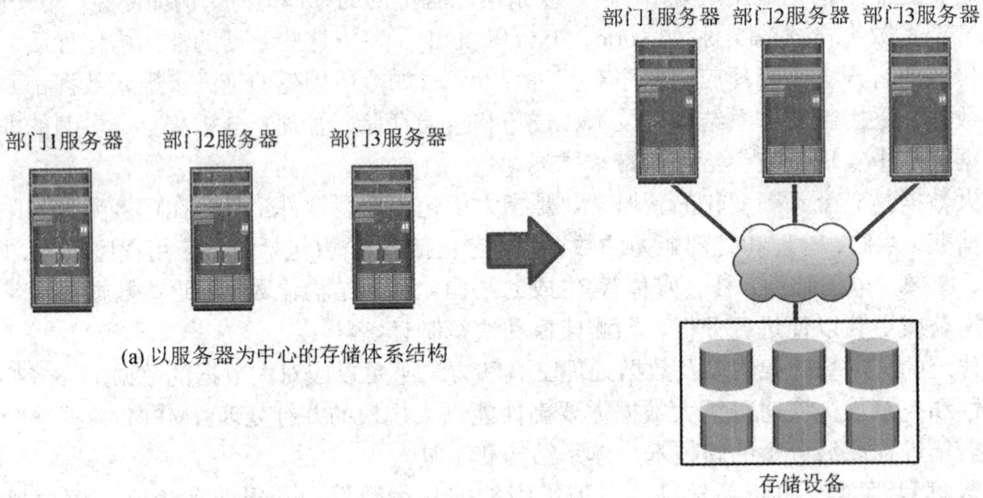

图 6.2　存储架构的发展

6.1.3　数据中心概述

组织通过数据中心向整个企业提供集中式数据处理功能。数据中心拥有并管理大量数据。数据中心基础架构包括硬件组件，如计算机、存储系统、网络设备和后备电源；还包括软件组件，如应用程序、操作系统和管理软件；另外，还包括环境控制系统，例如空调、灭火和通风系统。

大型组织通常维护多个数据中心，以便分散数据处理工作负载并在发生灾难时提供备份。

一个数据中心要实现基本功能，必须要有以下五个核心部件。

应用程序：为计算操作提供逻辑的计算机程序。

数据库管理系统 (DBMS)：提供结构化存储方式，可将数据存储在相互关联并按逻辑组织的多个表中。

主机/计算：运行应用程序和数据库的计算平台(硬件、固件和软件)。

网络：便于在各种网络设备之间进行通信的数据路径。

存储装置：持久存储数据供后续使用的设备。

这些核心元素通常被作为单独的实体来查看和管理，但所有这些元素必须协同工作，才能满足数据处理需求。

图 6.3 展示了一个在线订单处理系统，其中包含五个核心部件以及它们在商业处理中的应用。

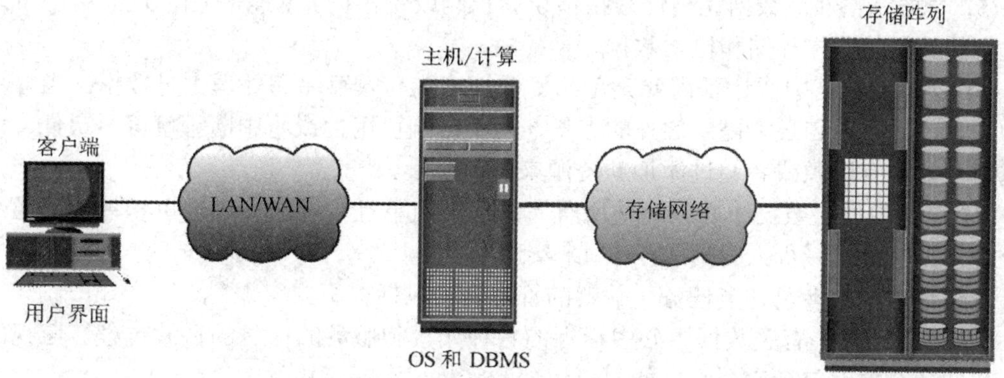

图 6.3 一个在线订单处理系统

客户借助客户端计算机下单，而该客户端通过 LAN/WAN 连接到运行订单处理应用程序的主机。客户端通过该应用程序在主机上访问 DBMS 以提供订单相关的信息，例如客户姓名、地址、支付方法、订购产品和订购数量。

DBMS 使用主机操作系统将这些数据写入存储阵列中的物理磁盘。存储网络提供主机和存储阵列之间的通信链路并在它们之间传输读取或写入数据的请求。在收到来自该主机的读取或写入请求后，存储阵列将执行必要操作以在物理磁盘上存储数据。

数据中心的无中断运营对于企业的生存和成功至关重要。因此，很有必要利用可靠的存储基础设施来保证数据随时可访问。图 6.4 所示的是对数据中心基础设施的所有部件都适用的基本要求。

(1) 可用性：数据中心应确保在需要时可以使用信息。信息不可用每小时会造成数百万美元的业务(例如金融服务、电信和电子商务)损失。

(2) 安全性：数据中心必须制订策略、建立流程并进行核心元素集成，以防止他人在未经授权的情况下访问信息。

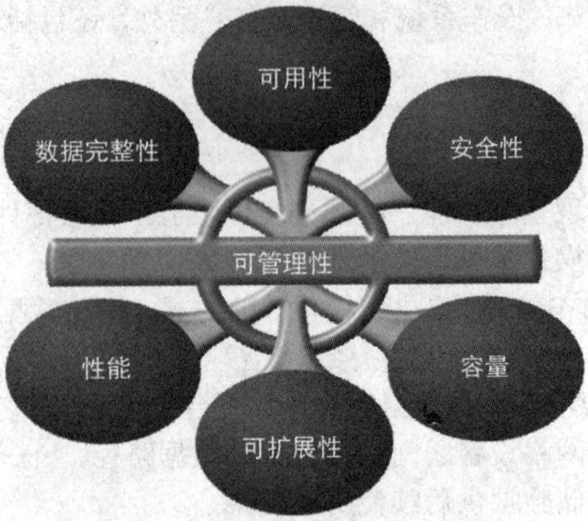

图 6.4　数据中心部件的基本要求

(3) 可扩展性：随着企业规模的扩大，通常需要部署更多服务器、新应用程序和其他数据库。数据中心资源应根据需要进行扩展，而不中断业务运营。

(4) 性能：数据中心的所有元素应根据所需服务级别提供最佳性能。

(5) 数据完整性：数据完整性是指错误修正码或奇偶校验位等机制，这些机制可确保按收到的数据的原样存储和检索数据。

(6) 容量：数据中心运行需要充足的资源，才能高效存储和处理大量数据。当容量要求增加时，数据中心必须提供额外的容量，而不影响可用性或将中断程度降至最低。可通过重新分配现有资源或者通过添加新资源来管理容量。

(7) 可管理性：数据中心应对其所有元素提供简单且集成的管理。可管理性可通过自动处理常见任务、减少人为(手动)干预来实现。

管理数据中心涉及许多任务。关键的管理活动包括以下内容：

(1) 监视：收集有关数据中心中运行的各种元素和服务的信息的持续过程。监视的数据中心的各个方面包括安全、性能、可用性和容量。

(2) 报告：对资源性能、容量和利用率定期执行报告。报告任务有助于建立业务合理性以及对与数据中心操作关联的成本进行计费。

(3) 资源调配：提供运行数据中心所需硬件、软件和其他资源的过程。资源调配活动主要包括可满足容量、可用性、性能和安全要求的资源管理。

虚拟化和云计算极大地改变了数据中心基础架构资源的调配和管理方式。组织正在对数据中心的各种元素快速部署虚拟化以优化其利用率。此外，持续的 IT 成本压力和随需应变数据处理需求也促进了云计算的采用。

6.1.4　虚拟化概述

虚拟化是指抽象化物理资源(如计算、存储和网络)并让其显示为逻辑资源的技术。虚拟化已在 IT 行业中以不同形式存在数年。常见的虚拟化应用有计算系统中使用的虚拟内存和原始磁盘的分区。

虚拟化支持共用物理资源以及提供物理资源功能的聚合视图。例如，存储虚拟化支持多个共用存储设备显示为一个大的存储实体。类似地，通过计算虚拟化，可将共用物理服务器的 CPU 容量视为所有 CPU 处理能力的聚合。虚拟化还支持集中化管理共用资源。

可根据共用物理资源创建和调配虚拟资源。例如，可根据存储池创建给定容量的虚拟磁盘，也可根据计算池配置具有特定 CPU 处理能力和内存的虚拟服务器。这些虚拟资源共享共用物理资源，这样可提高物理资源的利用率。根据业务需求，可向虚拟资源中添加容量或从中删除容量，而不会中断应用程序或影响用户。随着 IT 资产利用率的提高，组织将节省与采购和管理新物理资源关联的成本。此外，减少物理资源意味着降低空间和能源消耗，这将带来更高的经济价值和实现绿色计算。

除此之外，还有应用程序虚拟化和桌面虚拟化。

应用程序虚拟化打破了应用程序与底层平台(OS 和硬件)之间的相关性，可在虚拟化容器中封装应用程序和所需的 OS 资源。此技术支持部署应用程序，而无须对在其中部署应用程序的底层 OS、文件系统或计算平台的注册表进行任何更改。由于虚拟化应用程序在单独环境中运行，因此可保护底层 OS 和其他应用程序免遭潜在损坏。在许多方案中，如果多个应用程序或同一应用程序的多个版本安装在同一计算平台上，则可能会发生冲突。应用程序虚拟化可通过隔离不同版本的应用程序和关联的 O/S 资源来消除此冲突。

桌面虚拟化是一项支持从终端设备断开用户状态、操作系统 (OS)和应用程序的技术。它打破了硬件与其 OS、应用程序、用户配置文件和设置之间的相关性，使 IT 员工能够独立更改、更新和部署这些元素。台式机位于数据中心且在虚拟机上运行，而用户会从各种客户端设备（例如笔记本电脑、台式机和移动设备（又称瘦客户端））中远程访问这些台式机。应用程序执行和数据存储在数据中心（而非在客户端设备中）集中执行。由于台式机作为虚拟机在组织的数据中心中运行，因此可降低数据泄露和窃取的风险。它还有助于执行集中化备份和简化遵从性程序。虚拟桌面易于维护，因为应用修补程序、部署应用程序和 OS 以及集中调配或删除用户都很简单。

计算虚拟化是一项掩蔽物理硬件并将其从操作系统中抽象出来的技术。它支持对单个或群集物理机并行运行多个操作系统。此技术支持创建便携式虚拟计算系统，称为虚拟机(VM)。每台虚拟机均以隔离方式运行操作系统和应用程序实例。

计算虚拟化通过位于硬件和虚拟机之间的虚拟化层来实现。这一层也称为虚拟机管理程序。该虚拟机管理程序可提供硬件资源，如所有虚拟机的 CPU、内存和网络。在物理服务器中，可以创建大量虚拟机，具体取决于物理服务器的硬件功能。

虚拟机是逻辑实体，但对于操作系统而言就像物理主机一样，包括其自身的 CPU、内存、网络控制器和磁盘。但是，所有虚拟机均以隔离方式共享相同的基本物理硬件。从虚拟机管理程序角度看，虚拟机是包括虚拟机配置文件、数据文件等的独立文件集合。

6.2　数据中心环境

不管商业机构的规模如何，数据中心都是其不可或缺的部分。集中管理的主机、存储、连接(或网络)、应用和数据库管理系统是一个数据中心的关键部件。这些部件协同工作，对数据进行处理和存储。随着虚拟化技术的成熟，传统的数据中心也逐渐转化为虚拟化的数据中心。在虚拟化的数据中心中，传统的数据中心资源被放到一个共享池里，作为虚拟资源。经过这个抽象化处理，物理资源的复杂性和局限性对于用户不再可见。利用虚拟化整合 IT 资源，商业机构可以提高基础设施的利用率，降低整体拥有成本。另外，在一个虚拟化的数据中心中，虚拟资源的创建是通过软件实现的，与传统数据中心的所有关键部件，包括在计算、内存、桌面和应用层面的虚拟化。信息资产对于商业机构的关键性与日俱增，存储这一数据中心的关键部件，被视为一项独特的资源。存储的实现值得特别关注。

6.2.1　数据中心的关键部件

一个数据中心的关键部件包括集中管理的主机、存储、连接(或网络)、应用和数据库管理系统。

1. 主机

用户通过应用程序存储和检索数据，运行这些应用程序的计算机称为主机或计算系统。主机可以是物理机，也可以是虚拟机。计算虚拟化软件可以在一个物理计算架构上创建多个虚拟机。物理机包括桌面计算机、服务器或服务器群集、虚拟服务器、笔记本电脑和移动设备。主机包含 CPU、内存、I/O 设备和软件集合，可执行计算操作。软件包括操作系统、文件系统、逻辑卷管理器、设备驱动程序等。这些软件可以分别安装，也可以成为操作系统的一部分。

2. 存储

存储是数据中心内的核心元素。存储设备可使用磁介质、光学介质或固态介质。例如，磁盘、磁带和软盘使用磁介质，CD/DVD 光盘使用光学介质，可移动闪存或闪存驱动器使用固态介质。

过去，磁带是备份最常用的存储设备，因为其成本很低。但是，磁带在性能和管理方面具有各种限制，由于这些限制以及磁盘驱动器的实用性，磁带不再是企业级数据中心备份目标的首选。

光盘存储适用于小型的单用户计算场合，例如在个人计算机或笔记本电脑上存储照片或用作备份。它还可用于小型应用程序(如游戏)的分发，或者用于将少量数据从一台计算机转移到另一台计算机。能够一次写入、多次读取(WORM) 是光盘存储器的优点。光盘在一定程度上可以保证其内容未经修改。因此，对于在创建后不会更改、数量相对较少的固定内容，光盘可用作成本低廉的长期存储设备。组成阵列的光盘集合称作光盘机，仍然用作固定内容存储。其他形式的光盘包括 CD-RW、Blue-ray(蓝光)磁盘和各种各样的 DVD。光盘的缺点是容量和速度有限，不适用于业务数据存储。

闪存驱动器(或固态驱动器，SSD)使用半导体介质，可提供高性能、低功耗。它拥有极高的性能，能满足性能敏感型应用的需求。闪存驱动器使用基于半导体的固态存储(闪存)来存取数据。与传统的机械磁盘相比，闪存驱动器不含移动部件，因此没有寻道时间和旋转延迟。另外，因为是基于半导体的设备，所以闪存驱动器比机械磁盘更省电。

3. 连接

连接是指主机之间或主机与外围设备(如打印机或存储设备)之间的互连。这里着重讨论主机与存储设备之间的连接。主机与存储设备之间的连接与通信通过物理组件和接口协议来实现。

1) 物理组件

物理组件是将主机与存储设备连接起来的硬件。连接主机与存储设备的三个物理组件为主机接口设备、端口和缆线。

主机接口设备(或主机适配器)可将主机连接到其他主机和存储设备，主机接口设备包括主机总线适配器(HBA) 和网络接口卡(NIC)。HBA 是特定于应用程序的集成电路(ASIC)板，在主机与存储设备之间发挥 I/O 接口作用，从而为 CPU 减轻了其他 I/O 处理负担。一台主机通常包含多个 HBA。

端口是支持主机与外部设备之间连接的特殊出口。HBA 可以包含一个或多个用于将主机连接到存储设备的端口。

缆线使用铜缆或光缆介质将主机连接到内部或外部设备。

2) 接口协议

接口协议用于支持主机与存储设备之间的通信。主机与存储设备之间通信的常用接口协议有集成的设备电子系统/高级技术附件(IDE/ATA)、小型计算机系统接口(SCSI)、光纤通道(FC) 和 Internet 协议(IP)。

4. 应用

应用是指提供计算操作逻辑的计算机程序。应用程序通过向底层操作系统发送请求来对存储设备执行读/写(R/W) 操作。应用程序可分层放在数据库中，数据库再使用操作系统服务对存储设备执行读/写操作。

数据中心环境中部署的应用程序通常分为业务应用程序、基础架构管理应用程序、数据保护应用程序和安全应用程序。这些应用程序包括电子邮件、企业资源规划(ERP)、决策支持系统(DSS)、资源管理、备份、身份验证和反病毒应用程序等。

应用程序生成的 I/O(输入/输出)特性会影响存储系统的整体性能和存储解决方案设计。应用程序的常见 I/O 特性包括： I/O 的大小、特点及其在工作峰值产生的 I/O 数量。

5. 数据库管理系统

数据库是一种结构化存储方式，可将数据存储在相互关联并按逻辑组织的多个表中。数据库有助于优化数据的存储和检索。DBMS 可控制数据库的创建、维护和使用，以及处理应用程序的数据请求并指示操作系统从存储中传输相应的数据。

6.2.2 磁盘驱动器组件和磁盘的结构

1. 磁盘驱动器组件

硬盘驱动器主要由盘片、磁盘轴、读/写磁头、传动臂组件和控制器组成，如图 6.5 所示。

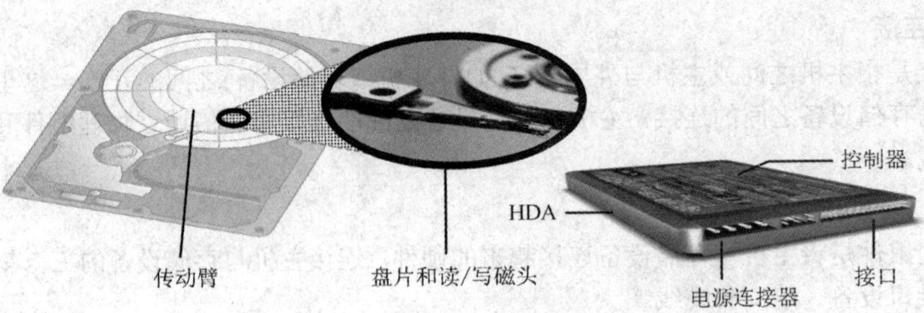

图 6.5　磁盘驱动器部件

盘片：在上下两面均涂有磁性物质的坚硬圆盘，盘片两面均可写入或读取数据。数据通过极化磁盘表面的磁性区域(或称磁畴)进行编码。盘片数目以及每个盘片的存储容量决定了驱动器的总容量。

磁盘轴：用于将所有盘片连接起来并与电机相连。磁盘轴的电机以恒定速度旋转。磁盘盘片以每分钟数千转(每分钟转数即 r/m)的速度旋转。常见磁盘轴转速有 5 400 r/m、7 200 r/m、10 000 r/m 和 15 000 r/m。随着技术的改进，盘片的转速越来越高，但可以提高的幅度有限。

读/写磁头：用于从盘片读取数据和向盘片写入数据。驱动器的每个盘片有两个读/写磁头，盘片两面各有一个。读/写磁头在写入数据时，盘片表面的磁性极化情况会改变；而在读取数据时，磁头会感应盘片表面的磁性极化情况。在读取和写入数据期间，读/写磁头均不会接触盘片表面。当磁盘轴旋转时，读/写磁头与盘片之间会留有一个微小的空隙，此空隙称作磁头飞行高度；当磁盘轴停止旋转时，此空隙便会消失，读/写磁头会搁置在盘片上接近磁盘轴的一个专用区域内，此区域称作停放区。停放区涂有润滑剂，以减少磁头与盘片之间的摩擦。磁盘驱动器的逻辑设计可确保磁头在尚未接触到表面时便被移动至停放区。如果驱动器出现故障，致使读/写磁头意外接触到盘片上停放区以外的表面，便会出现磁头划碰，盘片上的磁性涂层会受到刮擦，并且可能导致读/写磁头受损。磁头划碰通常会造成数据丢失。

传动臂组件：读/写磁头安装在传动臂组件上，传动臂组件可将读/写磁头放置在盘片上需要写入或读取数据的位置。驱动器上所有盘片的读/写磁头和一个传动臂组件相连且同时在盘片上移动。

控制器：安装在磁盘驱动器底部，由微处理器、内存、电路和固件组成。固件用于控制输送到磁盘轴电机的电力和电机的转速，以及驱动器与主机之间的通信。此外，控制器通过移动传动臂和在不同读/写磁头之间进行切换，可控制读/写操作，并进行数据访问优化。

2. 磁盘的结构

磁盘的结构如图 6.6 所示，磁盘上的数据记录在磁道上。磁道是盘片上以磁盘轴为中心的同心环，以零开始从盘片外边缘进行编号。盘片上每英寸的磁道数(TPI)称为磁道密度，用来衡量盘片上磁道排布的紧密程度。

每个磁道可划分为若干更小的单元，称作扇区。扇区是最小、可单独寻址的存储单元。驱动器制造商会采用低级别格式化工序在盘片上刻写磁道和扇区结构。每个磁道的扇区数目因驱动器类型而异。一个盘片上可能有数千个磁道，具体取决于盘片的实际尺寸和记录密度。

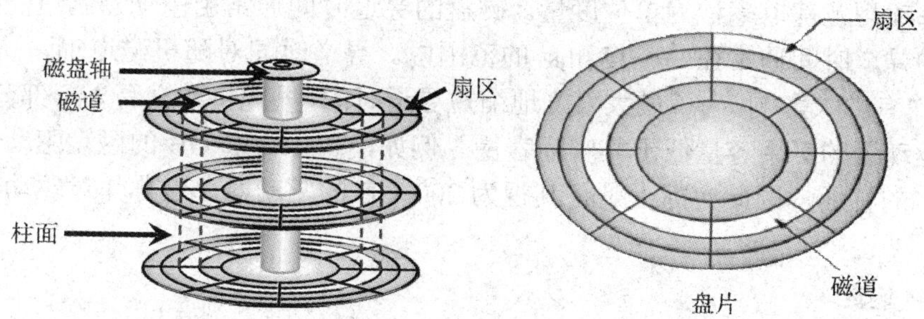

图 6.6 磁盘的结构

通常，一个扇区可保存 512 字节的用户数据，不过某些磁盘因格式化而具有更大的扇区容量。除用户数据外，扇区还存储着其他信息，例如扇区编号、磁头编号或盘片编号，以及磁道编号。这些信息可帮助控制器定位驱动器上的数据。

柱面是由每个驱动器盘片两面上完全相同的磁道组成的集合。读/写磁头的位置用柱面编号表示，而不是磁道编号。

早期的磁盘利用物理地址，包含了柱面、磁头和扇区的编号，称为 CHS 编号，以在磁盘上进行定位。主机操作系统必须知道每个正在使用的磁盘的几何结构。逻辑块寻址则使用线性地址访问物理块的数据，从而大大简化了寻址过程。磁盘控制器将逻辑块寻址地址转换为 CHS 地址，主机操作系统只需知道磁盘包含多少个物理块即可。逻辑块与物理块(扇区)之间是 1∶1 映射。

在图 6.6 中，驱动器的每个磁道有 8 个扇区、6 个磁头和 4 个柱面，即共有 $8 \times 6 \times 4 = 192$ 个数据块，因此数据块编号的范围为 0～191。每个数据块都有各自的唯一地址。假定扇区可保存 512 个字节，那么一个容量为 465.7 GB 的 500 GB 驱动器经过格式化后将拥有超过 976 000 000 个数据块。

6.2.3 磁盘驱动器的性能

磁盘驱动器是决定存储系统环境总体性能的电子机械设备。

1. 磁盘服务时间

磁盘服务时间是指磁盘完成一个 I/O 请求所花费的时间。影响磁盘服务时间的因素有 3 个：寻道时间、旋转延迟和数据传输速度。

1) 寻道时间

寻道时间(也称作访问时间)用于描述通过径向移动(沿盘片的半径移动)在盘片上定位读/写磁头所用的时间。换言之，它是将传动臂和磁头定位并安放到正确磁道上所用的时间。因此，寻道时间越短，I/O 操作就越快。寻道时间具有以下规范：

(1) 全程：读/写磁头移动磁盘全宽(从最内侧的磁道到最外侧的磁道)这一距离所用的时间。

(2) 平均：读/写磁头从一个随机磁道移至另一随机磁道平均使用的时间，通常为全程寻道时间的 1/3。

(3) 道间：读/写磁头在相邻的两个磁道间移动所用的时间。

上述每项规范都以毫秒为单位度量。磁盘的寻道时间通常由驱动器制造商指定。现代磁盘的平均寻道时间通常在 3～15 ms 的范围内。寻道时间对随机磁道(而不是相邻磁道)的 I/O 操作有较大影响。为了最大限度地缩短寻道时间，只能将数据写入一部分可用柱面。这会导致驱动器的可用容量低于其实际容量。例如，一个 500 GB 的磁盘驱动器设置为仅使用前 40%的柱面，因此实际上是将其视为 200 GB 的驱动器。这称作对驱动器采用短行程技术。

2) 旋转延迟

为访问数据，传动臂会将读/写磁头从盘片上移至特定磁道，同时盘片会进行旋转以将所请求的扇区置于读/写磁头下。盘片通过旋转将数据置于读/写磁头下所用的时间称作旋转延迟。此延迟取决于磁盘轴的旋转速度，以毫秒为单位度量。平均旋转延迟是旋转一周所用时间的一半。与寻道时间相似，旋转延迟对磁盘上随机扇区的读取/写入产生的影响大于对相邻扇区上的相同操作产生的影响。驱动器的旋转延迟(以毫秒为单位)按以下公式计算：

$$\text{旋转延迟} = \frac{1/2}{\text{转速}(r/m)/60}$$

例如，对于转速为 5 400 r/m 的驱动器，平均旋转延迟约为 5.5 ms；对于转速为 15 000 r/m (即每秒 250 转)的驱动器，则约为 2.0 ms。

3) 数据传输速率

数据传输速率(也称作传输速度)是指单位时间驱动器可以向 HBA 输送的平均数据量。在读取操作中，数据先从磁盘盘片移至读/写磁头，再移至驱动器的内部缓冲区，最后通过接口从缓冲区移至主机 HBA。在写入操作中，数据通过驱动器的接口从 HBA 移至磁盘驱动器的内部缓冲区，随后从缓冲区移至读/写磁头，最后从读/写磁头移至盘片。读/写操作中的数据传输速率用内部传输速率和外部传输速率加以衡量，如图 6.7 所示。

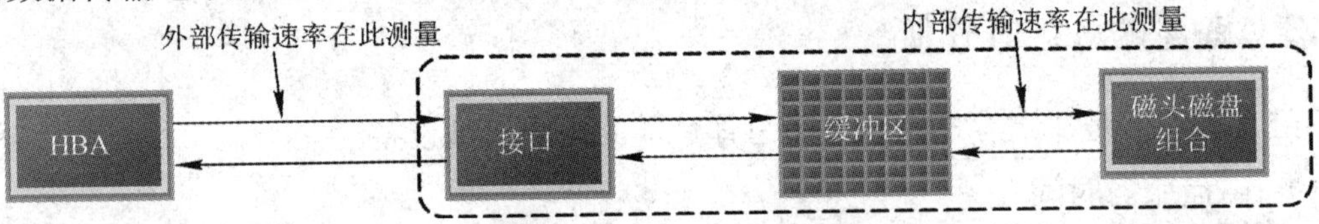

图 6.7　数据传输速率

内部传输速率是数据从盘片表面移至磁盘内部缓冲区(缓存)时的速率，需考虑寻道时间和旋转延迟等因素。外部传输速率是数据通过接口移至 HBA 时可以达到的速率，通常也是对外宣传的接口速率，如 ATA 的外部传输速率为 133 MB/s。外部传输速率应低于接口速度。

2. 磁盘 I/O 控制器的利用率

磁盘 I/O 控制器的利用率对 I/O 响应时间具有显著影响。将磁盘视为一个包含队列和磁盘 I/O 控制器的黑匣子。队列是用于存放等待 I/O 控制器处理的 I/O 请求，磁盘 I/O 控制器用来处理在队列中等待的 I/O 请求。

I/O 到达速度、队列长度以及 I/O 控制器处理每个请求所用的时间决定了 I/O 响应时间。如果控制器处于忙状态或利用率很高，则队列大小会很大且响应时间会很长。控制器利用率与平均响应时间之间的关系满足以下公式：

$$\text{平均响应时间}=\frac{\text{服务时间}}{1-\text{利用率}}$$

其中，服务时间是控制器为 I/O 服务所用的时间。

当利用率达到 100%(即 I/O 控制器达到饱和)时，响应时间会接近于无穷大。实质上，饱和的组件(即瓶颈)会强制序列化 I/O 请求，这意味着每个 I/O 请求必须等待它前面的 I/O 请求完成。图 6.8 显示了利用率与响应时间的关系。该图表明，随着利用率提高，响应时间的变化是非线性的。当平均队列大小很小时，响应时间保持在较短水平；随着队列负荷的增加，响应时间缓慢增加；当利用率超过 70% 时，响应时间呈指数级增加。因此，对于性能敏感型应用程序，磁盘的利用率通常低于其 I/O 服务功能的 70%。

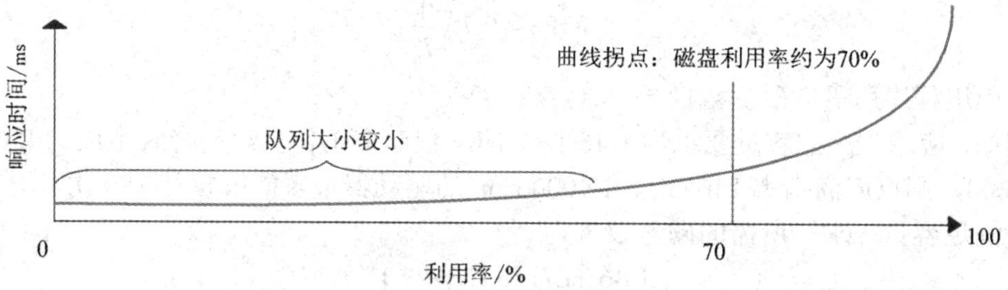

图 6.8　利用率与响应时间的关系

6.2.4　基于应用程序的需求和磁盘性能的存储设计

应用程序的存储需求分析通常都是从确定存储容量开始的。这可以根据文件系统的大小和数量，以及应用程序将要使用的数据库部件来评估确定。

要确定应用程序的存储要求，首先要确定所需的存储容量和 I/O 性能。可通过应用程序使用的文件系统以及数据库组件的大小和数量轻松估计容量。应用程序在工作负载高峰时生成的 I/O 大小、I/O 特性和 I/O 数量是影响性能、I/O 响应时间和存储系统设计的主要因素。

I/O 的磁盘服务时间(TS) 是磁盘性能的一个关键指标；TS 和磁盘利用率(U)可确定应用程序的 I/O 响应时间。如前所述，总磁盘服务时间是寻道时间、旋转延迟和传输时间之和。

注意：传输时间是由 I/O 的数据块大小和磁盘驱动器给定的数据传输速度计算得到的。例如，I/O 的数据块大小为 32 KB，给定的磁盘数据传输速度为 40 MB/s，则传输时间为 32 KB/40 MB。

TS 可确定 I/O 控制器为 I/O 提供服务所用的时间，因此，每秒提供服务的 I/O 即 IOPS 的最大值为 $1/T_S$。

上面计算的 IOPS 是在较高 I/O 控制器利用率(接近 100%)下实现的。如果应用程序需要缩短响应时间，则磁盘利用率应保持在 70%以下。

应用程序所需的磁盘总数 = Max(为满足容量所需的磁盘，为满足性能所需的磁盘)

为满足应用程序的容量需求，所需的磁盘数量(D_C)：

$$D_{\mathrm{C}}=\frac{\text{所需总容量}}{\text{单个磁盘的容量}}$$

为满足应用程序性能需求所需的磁盘数量(D_{P})：

$$D_{\mathrm{P}}=\frac{\text{峰值工作负载时应用程序生成的IOPS}}{\text{由单个磁盘提供服务的IOPS}}$$

根据磁盘服务时间，由磁盘提供服务的 IOPS (T_{S})：

$$T_{\mathrm{S}}=\text{寻道时间}+\frac{0.5}{(\text{磁盘转速}/60)}+\frac{\text{数据块大小}}{\text{数据传输速度}}$$

T_{S}是 I/O 提供服务所用的时间，因此，由磁盘提供服务的 IOPS 值等于 $1/T_{\mathrm{S}}$。

对于性能敏感型应用程序，有

$$\mathrm{IOPS}=0.7\times\frac{1}{T_{\mathrm{S}}}$$

所以，应用程序所需的磁盘数量 = Max (D_{C}，D_{P})。

例如，应用程序的容量要求为 1.46 TB，应用程序在工作负载高峰时生成的 IOPS 值估计为 9000，则供应商指定 146 GB、15 000 r/m 的驱动器最多能够执行 180 次。

为满足容量需求，所需的磁盘数量为

1.46 TB/146 GB = 10 个

为满足应用程序 IOPS 需求，所需的磁盘数量为

9 000/180 = 50 个

但是，如果应用程序对响应时间很敏感，则磁盘驱动器可执行的IOPS值应基于70% 的磁盘利用率进行计算。因此，在 70%的利用率下磁盘可执行的值 IOPS 值为

180 × 0.7 = 126 次

为满足应用程序 IOPS 需求，所需的磁盘数量为

9 000 / 126 = 72

为满足应用程序需求，所需的磁盘数量为

Max (10, 72) = 72 个

由此表明，从容量角度来看，10 个磁盘就足够了；但是，为满足应用程序性能，所需的磁盘数量应为 72 个。

6.2.5　闪存驱动器简介

闪存驱动器又称为固态驱动器(SSD)，是用于性能敏感型应用程序的超高性能的新一代驱动器。它的关键组件包括控制器、I/O 接口、大容量存储(存储芯片的集合)和缓存。闪存驱动器使用基于半导体的固态内存(闪存)存储和检索数据。与传统机械磁盘驱动器不同，闪存驱动器不包含运动部件，因此，它们没有寻道和旋转延迟。闪存驱动器可提供较高的 IOPS，且响应时间非常短。另外，作为基于半导体的设备，相比机械磁盘驱动器，闪存驱动器耗电更少。闪存驱动器尤其适用于数据块大小较小的应用程序和需要持续较低(低于 1 ms)响应时间的随机读取工作负载，以及需要快速处理大量信息的应用程序(如货币兑换、电子交易系统和实时数据源处理)等场合。

总体来说，闪存驱动器可降低总体拥有成本(TCO)。利用闪存驱动器，企业可使用更少的驱动器(与传统机械磁盘驱动器相比，驱动器数量约减少至原来的 1/30～1/20)满足应用程序性能要求。这样不但可以节约驱动器成本，而且可以节省电力、冷却和空间消耗。驱动器的数量减少，管理存储的成本也随之降低了。

6.3 数据保护：RAID

如今的数据中心可在其存储基础架构中容纳数百个磁盘驱动器。磁盘驱动器本身因机械磨损和其他环境因素而容易出现故障，这可能会导致数据丢失。存储阵列中的磁盘驱动器数量越多，阵列中发生磁盘故障的几率就越大。例如，假设某个存储阵列包含 100 台磁盘驱动器，每台磁盘驱动器的平均预期寿命为 750 000 小时。因此，该阵列中的这组磁盘驱动器的平均预期寿命为 750 000/100(即 7 500)小时。这意味着，每隔 7 500 小时，该阵列中就可能有一台磁盘驱动器至少发生一次故障。

RAID(Redundant Array of Independent Disks，独立磁盘冗余阵列)是一项以集合形式利用多台驱动器的技术，能够提供数据保护，从而防止出现驱动器故障。通常情况下，通过同时从多个磁盘提供 I/O，RAID 可提高存储系统性能。包含闪存驱动器的新型阵列还可使用 RAID 提高保护能力和性能。

1987 年，美国加利福尼亚大学伯克利分校的 Patterson、Gibson 和 Katz 发表了一篇文章《廉价磁盘冗余阵列(RAID)案例》(*A Case for Redundant Arrays of Inexpensive Disks (RAID)*)。这篇文章介绍了如何使用价格低廉的小容量磁盘驱动器来替代大型机通用的大容量驱动器。RAID 被重新定义为独立磁盘，RAID 技术目前已从学术概念发展成为一种行业标准，并且成为当今存储阵列中的常见实现手段。

6.3.1 RAID 的实现方式

RAID 有两种实现方式：硬件 RAID 和软件 RAID。

在软件 RAID 实现中，主机中的软件提供 RAID 功能并由操作系统实现。该方式具有成本较低和简单直观的优点，但是存在以下限制：

(1) 软件 RAID 会影响系统整体性能。这是因为需要额外的 CPU 周期来执行 RAID 计算。

(2) 软件 RAID 并不支持所有的 RAID 级别。

(3) 软件 RAID 需与主机操作系统绑定，因此，对软件 RAID 或操作系统升级进行兼容性验证，会降低数据处理的灵活性。

在硬件 RAID 实现中，可在主机或阵列中实现专用硬件控制器。控制器卡 RAID 是基于主机的硬件 RAID 实现方式，专用 RAID 控制器安装在主机上，并且所有磁盘驱动器均与主机相连；也可将 RAID 控制器集成到主板上。在包含大量主机的数据中心环境下基于主机的 RAID 控制器不是高效的解决方案。外部 RAID 控制器是基于阵列的硬件 RAID，它充当主机与磁盘之间的接口，将存储卷提供给主机，主机将这些存储卷作为物理驱动器进行管理。RAID 控制器的主要功能包括：管理与控制磁盘聚合、转换逻辑磁盘和物理磁盘之间的 I/O 请求、在磁盘出故障时重新生成数据。

6.3.2 RAID 阵列的组成

如图 6.9 所示，RAID 阵列是一个包含大量磁盘驱动器的存储模块，它支持通过硬件实现 RAID。对 RAID 阵列中的磁盘子集进行组合，可以形成一个称为“逻辑阵列”的逻辑关联，也可以将其称为 RAID 集或 RAID 组。

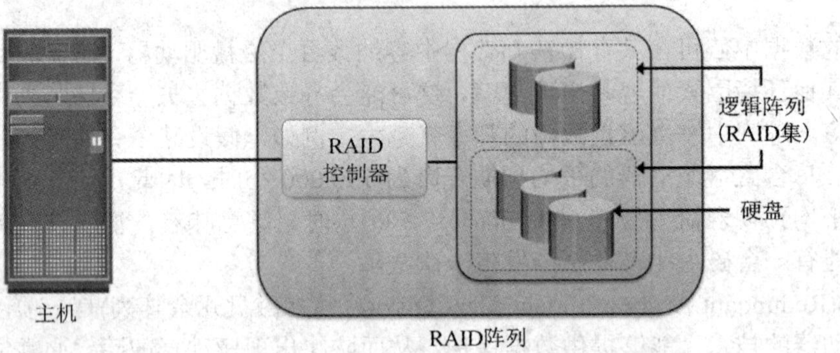

图 6.9　RAID 阵列的组成

6.3.3 RAID 技术

分条、数据镜像和奇偶校验等 RAID 技术构成了 RAID 分级的基础，决定了 RAID 集的数据可用性和性能特点。

1. 分条

分条是一项跨越多个驱动器传播数据以并行使用驱动器的技术。与从单个磁盘进行读取和写入相比，所有读/写磁头同时工作，从而允许在较短时间内处理更多数据并提升性能。

在 RAID 集的每个磁盘中，既定数量的连续编址磁盘块定义为条块。跨越 RAID 集中所有磁盘的一组对齐的条块称为条带。

条块大小(也称为条带深度)描述条块中的数据块数量，也是可以从集合中的单个磁盘读取和写入的最大数据量(假定从条块开始处访问数据)。一个条带中的所有条块都具有相同的数据块数。具有较小的条块大小意味着在磁盘上分布数据时会将数据分成更小的部分。

条带大小是条块大小与 RAID 集中数据磁盘数的乘积。例如，在条块大小为 64 KB 的 5 个磁盘分条 RAID 集中，条带大小为 320 KB (64 KB × 5)。条带宽度是指条带中数据条的数量。如果未使用奇偶校验或镜像，分条 RAID 不会提供任何数据保护。

2. 数据镜像

镜像是一项将相同数据存储在两台不同的磁盘驱动器上，从而生成两个数据拷贝的技术。如果一台磁盘驱动器出现故障，那么正常运行的磁盘驱动器上的数据将完好无损，并且控制器可继续通过镜像对中仍正常运行的磁盘来满足主机的数据请求。

在用新磁盘替换故障磁盘后，控制器会从镜像对中仍正常运行的磁盘上拷贝数据。该过程对主机是透明的。

除了提供完善的数据冗余外，镜像还支持从磁盘故障中快速恢复数据。但是，磁盘镜像只提供数据保护，而不能代替数据备份。镜像会不断捕获数据更改，而备份则捕获数据在某个时间点的映像。

镜像涉及数据复制，因而所需的存储容量是存储数据量的两倍。因此，镜像的成本较高，比较适合不能承担任何数据丢失风险的任务关键型应用程序。镜像可提高读取性能，因为有两台磁盘可以处理读取请求，但是写入性能稍弱于单个磁盘的性能，因为每个写入请求在磁盘驱动器上都表现为两次写入。镜像无法与分条 RAID 提供相同级别的写入性能。

3. 奇偶校验

奇偶校验是一种既能为分条 RAID 提供数据保护，又能避免镜像所需开销的方法，是一项无须维护整个重复数据集即可保护数据的冗余技术。奇偶校验计算是 RAID 控制器的一项功能。奇偶校验信息可以存储在单独的专用磁盘驱动器上，也可以在 RAID 集中的所有驱动器上进行发布。

图 6.10 中的前 4 个磁盘(D_1～D_4)用于存储数据，第 5 个磁盘(P)用于存储奇偶校验信息。如果其中一个数据磁盘出现故障，则可通过从奇偶校验值中减去剩余元素的总和，计算缺失值。为简单起见，此处奇偶校验的计算表示为数据的数学运算。实际上奇偶校验计算是一种 XOR 位运算。

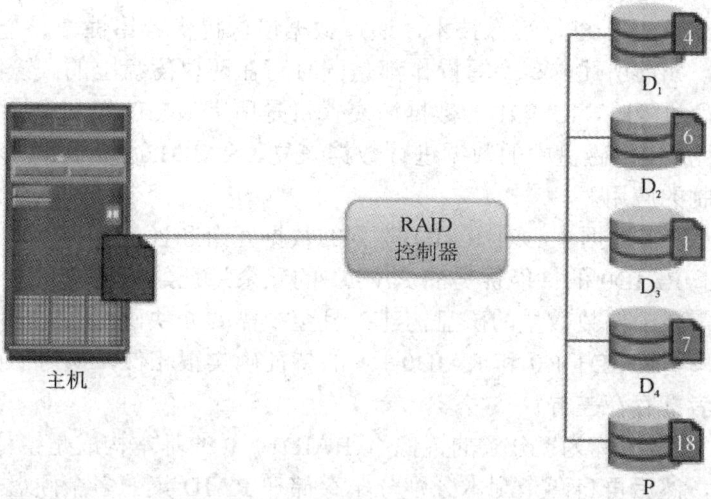

图 6.10 RAID 奇偶校验

与镜像相比，奇偶校验大幅降低了与数据保护相关的成本。图 6.10 中，奇偶校验只需 25% 的额外磁盘空间，而镜像则需要 100% 的额外磁盘空间。使用奇偶校验的缺点是，奇偶校验信息是由数据磁盘上的数据生成的，一旦数据发生更改就要重新计算奇偶校验。这种重新计算十分耗时，并且会影响 RAID 阵列的性能。

对于奇偶校验 RAID，条带大小计算不包括奇偶校验条块。例如，在条块大小为 64 KB、包含 5 (4 + 1)个磁盘的奇偶校验 RAID 集中，条带大小为 256 KB (64 KB × 4)。

6.3.4　RAID 级别

在选择RAID级别时，应考虑应用的性能、数据可用性需求及成本等因素。分条、镜像和校验技术是RAID级别的基础，RAID级别可使用一项技术，也可使用多项技术。表6.1列出了常用的RAID级别。

表 6.1　RAID 级别

级别	简要描述
RAID0	无容错性的分条阵列
RAID1	磁盘镜像
嵌套 RAID	多个 RAID 级别的组合，如 RAID1+0
RAID3	带专用校验磁盘的并行访问分条阵列
RAID4	带独立磁盘访问和专用校验磁盘的分条阵列
RAID5	带独立磁盘访问和分布式校验的分条阵列
RAID6	带独立磁盘访问和双重分布式校验的分条阵列

RAID0：在RAID0中，数据分条存储在RAID集的各个磁盘上，因此可利用全部的存储空间。读取数据时，控制器将各条带数据重新组合起来。随着阵列中磁盘数目的增加，它便能够并发地读写更多的数据，因而性能也随之提高。RAID0特别适用于那些对I/O带宽需求很大的应用程序。然而，RAID0无法提供数据保护功能及应对磁盘故障的高可用性。

RAID1：RAID1基于进行镜像技术，通过数据镜像提供容错性。一个RAID1组至少由两块硬盘构成。如前所述，每个写操作都是同时写在两块磁盘上的。镜像对主机是完全透明的。发生磁盘故障时，RAID1的数据恢复代价是所有RAID级别中最小的。这是因为RAID控制器将利用镜像磁盘中的数据进行数据恢复。RAID1适用于那些对高可用性有需求且没有成本限制的应用。

嵌套RAID：许多数据中心对RAID阵列的数据冗余和性能都有需求。RAID1 + 0和RAID0 + 1集成了RAID0的性能优势的RAID1的冗余特征，将镜像和分条的优点组合起来。这类RAID需要由偶数数量的磁盘构建，且至少需要4块磁盘。

在正常情况下，RAID1 + 0和RAID0 + 1的特征确实很相似，但对于磁盘损坏时的数据重构，它们二者却存在差异。

RAID1 + 0：通常被称为“分条的镜像”，RAID1 + 0的基本构成是镜像对。也就是说，数据首先被镜像，然后再将两个副本分别分条存储在RAID集的多个硬盘上。当替换故障磁盘时，首先需要重建镜像，即阵列控制器利用镜像组中的幸存磁盘来完成数据恢复，并继续提供服务。幸存磁盘中的数据将被复制到新替换的磁盘上。

RAID0 + 1：通常被称为“镜像的分条”，RAID1 + 0的基本构成是分条。这意味着数据将首先分条存储到各个磁盘上，然后再对整个分条生成镜像。当一块磁盘失效时，整个分条都将失效。

RAID3：RAID3通过存储分带提供高性能，并利用奇偶校验提升容错性。它将奇偶校验信息存储在一个专用的磁盘上，因此，如果RAID阵列中有一个磁盘损坏，那么数据是可以被重新构造的。例如，5块磁盘中的4块将用于存储数据，而另一块用于存储校验和。

因此，总的磁盘开销将是数据磁盘的 1.25 倍。在 RAID3 中，数据总是以整个分条位单位对所有磁盘并行读写的，不存在只更新同一分条中某些条带的部分写操作。RAID3 适用于数据备份及视频流服务等涉及大量顺序数据访问的应用，可以提供很好的性能。

RAID4：RAID4 也通过存储分条提供高性能，并利用奇偶校验提升容错性。数据被分条存储在除了校验盘以外的其他磁盘上。奇偶校验信息存储在一个专用的磁盘上，以备磁盘损坏时重构数据。与 RAID3 不同的是，RAID4 的数据磁盘支持独立访问。因此某个数据单元可以从单块磁盘中读写，而无须访问整个分条。RAID4 提供了很好的读吞吐率和可接受的写吞吐率。

RAID5：RAID5 是一种适用性很强的 RAID 实现，与 RAID4 类似的地方在于它也采用了分条技术，磁盘可以独立访问。二者的不同点在于它们存储校验值的位置。由于 RAID4 将校验值存储在一个专用的磁盘上，这就使校验磁盘成为写性能的瓶颈。在 RAID5 中，校验值是分布存储在所有磁盘上的，这种方法克服了校验值写性能瓶颈的缺陷。RAID5 适用于较多随机读写和写密集型的应用，在消息信息、数据挖掘、中等性能的媒体服务器，以及数据库管理员优化数据访问所用的关系型数据库管理系统中得到了广泛应用。

RAID6：RAID6 的工作模式和 RAID5 基本相同，但它引入了第二个校验元素以应对 RAID 组中两块磁盘同时失效的情况。因此，RAID6 至少需要 4 块磁盘。 RAID6 也将校验值分布在所有磁盘上。由于 RAID6 的写代价要比 RAID5 大，因此 RAID5 的写性能要比 RAID6 好。此外，由于 RAID6 有 2 个校验集，因此它的重建操作要比 RAID5 更耗时。

6.3.5　RAID 级别对磁盘性能的影响

在选择 RAID 级别时，必须考虑它对磁盘性能和应用程序 IOPS 的影响。在镜像和奇偶校验 RAID 配置中，每次写入操作都会转换为磁盘的多项 I/O 开销，这种开销称为写性能损失。在 RAID 1 实现中，必须在配置为镜像对的 2 块磁盘上执行每次写入操作，而在 RAID5 实现中，写入操作可能表现为 4 次 I/O 操作。在配置为使用 RAID5 的磁盘上执行 I/O 操作时，控制器必须针对每次数据写入操作读取、重新计算和写入奇偶校验段。

如图 6.11 所示，为对一组包含 5 块磁盘的 RAID5 执行单次写入操作。控制器按以下方式计算奇偶校验 (P)：

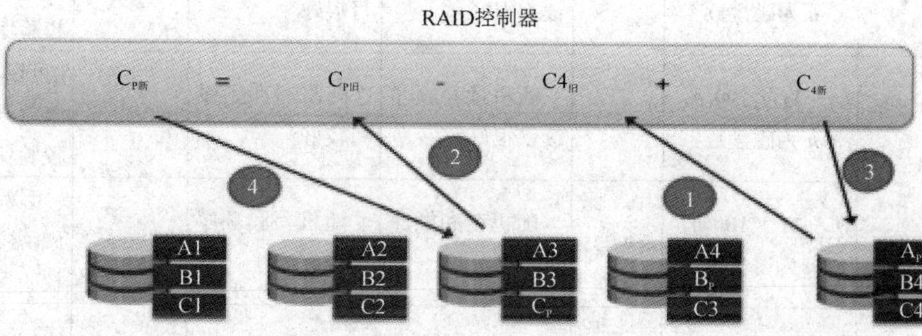

图 6.11　RAID5 的写代价

$$C_P = C_1 + C_2 + C_3 + C_4 (\text{XOR 运算})$$

只要控制器执行一次写入 I/O，就必须通过从磁盘读取旧奇偶校验($C_{P旧}$)和旧数据($C_{4旧}$)来计算奇偶校验，这意味着两次读取 I/O。然后，新奇偶校验($C_{P新}$)的计算方式如下：

$$C_{P新} = C_{p旧} - C_{4旧} + C_{4新} (\text{XOR 运算})$$

计算完新的奇偶校验后，控制器会通过将新数据和新奇偶校验写入磁盘来完成写入 I/O，这相当于 2 次写入 I/O。因此，对于每次写入操作，控制器都会执行 2 次磁盘读取和 2 次磁盘写入，而写性能损失为 4。

在保持双奇偶校验的 RAID6 中，一次磁盘写入需要执行 3 次读取操作：2 次奇偶校验和 1 次数据读取。计算完 2 个新奇偶校验后，控制器会执行 3 次写入操作：2 次奇偶校验和 1 次 I/O 操作。因此，在 RAID6 实现中，控制器对于每次写 I/O 会执行 6 次 I/O 操作，写性能损失为 6。

6.3.6 各种 RAID 级别的比较

表 6.2 比较了各种不同级别的 RAID。

表 6.2 各种不同级别的 RAID 的比较

RAID	最少磁盘数	存储利用率/%	开销	读性能	写性能	写代价	数据保护
0	2	100	低	随机读与顺序读都很好	很好	无	无保护
1	2	50	高	较好，比单个磁盘高	较好，比单个磁盘略慢，因为每次写操作都需提交给所有磁盘	中	镜像保护
3	3	$(n-1) \times 100/n$，n 为磁盘数	中	对随机读较好，对顺序读很好	对琐碎的随机写不太好，对大型连续写较好	高	可以应对单磁盘失效的校验保护
4	3	$(n-1) \times 100/n$，n 为磁盘数	中	随机读和顺序读都很好	随机写和顺序写较好	高	可以应对单磁盘失效的校验保护
5	3	$(n-1) \times 100/n$，n 为磁盘数	中	随机读和顺序读都很好	随机写和顺序写较好	高	可以应对单磁盘失效的校验保护
6	4	$(n-2) \times 100/n$，n 为磁盘数	中，比 RAID5 略高	随机读和顺序读都很好	随机写和顺序写较好	非常高	可以应对单磁盘失效的校验保护
1+0 和 0+1	4	50	高	很好	很好	中	镜像保护

6.3.7 热备盘

热备盘是指 RAID 阵列中会通过接管故障磁盘驱动器的标识来暂时代替故障磁盘驱动器的备用驱动器。热备盘可根据 RAID 执行以下数据恢复方法：

(1) 如果使用奇偶校验 RAID，则根据 RAID 集中仍正常运行磁盘驱动器上的奇偶校验信息和数据，在热备盘上重建数据。

(2) 如果使用镜像，则将仍正常运行镜像上的数据拷贝到热备盘上。

向系统中添加新磁盘驱动器时，会向其中拷贝热备盘上的数据。热备盘返回其空闲状态，准备替换下一个故障驱动器。此外，热备盘会永久代替故障磁盘驱动器。这意味着它不再是热备盘，必须在阵列上配置新的热备盘。热备盘的大小应该大到足以容纳故障驱动器中的数据。某些系统配置了多个热备盘，以提高数据可用性。

可将热备盘配置为自动启动或由用户启动，以便在磁盘出故障时指定它的使用方式。在自动配置中，当磁盘可恢复错误数超过既定阈值时，磁盘子系统会自动尝试将数据从故障磁盘拷贝到热备盘。如果在损坏磁盘发生故障前完成该任务，则子系统会切换到热备盘，并将故障磁盘标记为不可用；否则，它会使用奇偶校验或镜像磁盘来恢复数据。在用户启动的配置中，管理员具有重建过程的控制权。例如，重建可以在夜间进行，以避免引起系统性能的下降。但是，如果其他磁盘出现故障，则系统将面临数据丢失的风险。

6.4 智能存储系统

业务关键型应用程序需要很高的性能、可用性、安全性和可扩展性水平。磁盘驱动器是存储的核心元素，决定着存储系统的性能。RAID 技术为增强存储性能和可靠性作出了重要贡献，但即使采用了 RAID 技术，磁盘驱动器也难以满足当今应用程序不断提升的性能要求。

随着技术的进步，一种称作智能存储系统的新型存储解决方案已逐渐发展成型。智能存储系统是功能丰富且可提供高度优化 I/O 处理能力的 RAID 阵列。这些存储系统配置了大量称作缓存的内存和多条 I/O 路径，并使用复杂的算法来满足性能密集型应用程序的需求。这些阵列具有可以智能和优化方式控制存储资源的管理、分配和使用的操作环境。对闪存驱动器和其他现代技术(如虚拟存储资源调配和自动存储分层)的支持已为存储系统性能、可扩展性和可用性添加了新的内容。

6.4.1 智能存储系统的组成部分

智能存储系统由以下四个关键组件组成：前端、缓存、后端和物理磁盘。如图 6.12 所示，前端端口从主机收到的 I/O 请求通过缓存和后端进行处理，以将数据存储到物理磁盘或从物理磁盘中检索数据。如果在缓存中找到了所请求的数据，那么读请求可以直接在缓存中完成。在现代智能存储系统中，前端、缓存和后端通常集成在一个板上(称为存储处理器或存储控制器)。

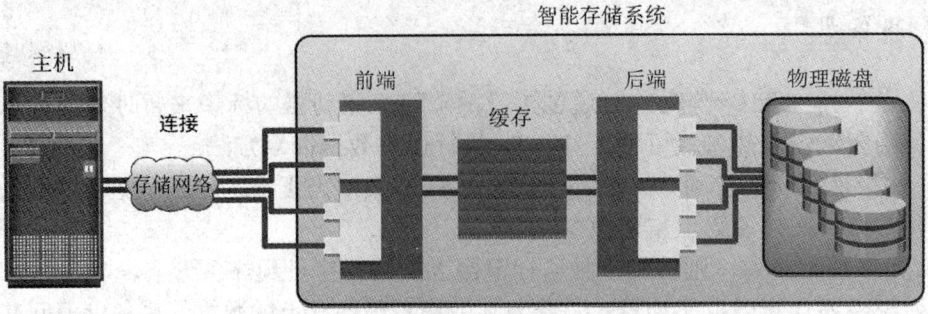

图 6.12　智能存储系统的组成部分

6.4.2　存储资源调配

存储资源调配是根据主机上运行的应用程序的容量、可用性和性能要求向主机分配存储资源的过程。存储资源调配可采用两种方式执行：传统和虚拟。虚拟资源调配指利用虚拟技术来调配应用程序的存储。

在传统存储资源调配中，物理磁盘以逻辑方式进行分组，在组中应用了必需的 RAID 级别，以形成一个集，称为 RAID 集。RAID 集的可用性、容量和性能由 RAID 集中的驱动器数和 RAID 级别确定。根据同一类型、速度和容量的驱动器创建 RAID 集，可以确保最大可用容量、可靠性和性能一致性。如果在 RAID 集中混合了不同容量的驱动器，则集中的每个磁盘都只会使用同最小驱动器相同的容量，以形成 RAID 集的总体容量。较大驱动器的剩余容量会保持未使用状态。同样，将每分钟转数 (RPM) 更高的驱动器与 RPM 较低的驱动器混合会降低 RAID 集的总体性能。

RAID 集通常具有较大的容量，因为它们结合了集中各个驱动器的总容量。逻辑单元是从 RAID 集中通过将可用容量分区(被视为 RAID 集的切片)为更小的单元来创建的。然后，这些单元会根据其存储要求分配到主机。逻辑单元分布在属于该集的所有物理磁盘上。从 RAID 集创建的每个逻辑单元都分配有一个唯一的 ID，称为逻辑单元号 (LUN)。LUN 会在主机中隐藏 RAID 集的组织和组成方式。传统存储资源调配方法创建的 LUN 也称为非精简 LUN，用于与虚拟资源调配方法创建的 LUN 区分开。

在虚拟化主机环境中，LUN 分配到虚拟机管理程序，后者会将其识别为原始磁盘。使用虚拟机管理程序文件系统配置此磁盘，然后在其上创建虚拟磁盘。虚拟磁盘是虚拟机管理程序文件系统上的文件，然后将虚拟磁盘分配到虚拟机，并将其显示为虚拟机的原始磁盘。为使虚拟磁盘用于虚拟机，需要执行与非虚拟化环境中类似的步骤。这里，多台虚拟机可能会同时共享和访问 LUN 空间。

虚拟机还可直接在存储系统上访问 LUN。在此方法中，整个 LUN 分配到一台虚拟机。当虚拟机上运行的应用程序是响应时间敏感型应用程序，并且与其他虚拟机共享存储可能会影响其响应时间时，建议以这种方式存储数据。当虚拟机与物理机群集时，可使用直接访问方法。在这种情况下，需要虚拟机访问正在由物理机访问的 LUN。

虚拟资源调配支持在存储阵列上创建和呈现其容量多于实际分配给它的容量的 LUN。使用虚拟资源调配创建的 LUN 称为精简 LUN，用于与传统 LUN 区分开。

在创建精简LUN并将其呈现给主机时，精简LUN并不需要将物理存储完全分配给它们。物理存储从物理容量的共享池中"按需"分配给主机。共享池由物理磁盘组成。虚拟资源调配中的共享池与RAID组类似，它是在其上创建LUN的驱动器的集合。与RAID组类似，共享池支持单RAID保护级别。但是，与RAID不同的是，共享池可能包含大量驱动器。共享池可以是同构的(包含一种驱动器)或异构的(包含混合驱动器类型，如闪存、FC、SAS和SATA驱动器)。

通过虚拟资源调配，可将存储更高效地分配到主机。虚拟资源调配还支持超额预订，即向主机呈现的容量比存储阵列上实际可用的容量多。在主机的存储需求增加时，共享池和精简LUN都可以无中断方式进行扩展。可在存储阵列中创建多个共享池，共享池可由多个精简LUN共享。

6.4.3 智能存储系统的类型

智能存储系统通常分为两种类型：高端存储系统和中端存储系统。

高端存储系统称作主动-主动阵列，通常面向大型企业应用程序。这些系统设计有大量的控制器和缓存。主动-主动阵列暗示主机可通过任何可用控制器执行对其LUN的I/O。

为解决企业存储需求，主动-主动阵列提供以下功能：

(1) 具有很大的存储容量。

(2) 具有大量的缓存，以便以最优方式为主机I/O服务。

(3) 采用可容错的体系结构，以便提高数据可用性。

(4) 可以连接到大型机和开放系统主机。

(5) 有多个前端端口和多种接口协议，可用来为大量的主机服务。

(6) 有多个后端控制器，可用来管理磁盘处理。

(7) 可通过扩展满足更高的连接、性能和存储容量需求。

(8) 能够处理来自大量主机和应用程序的大量并发I/O。

(9) 支持基于阵列的本地和远程数据复制。

除这些功能外，高端系统还具有任务关键型应用程序所需的一些独特功能。

中端存储系统也称作主动-被动阵列，最适合于中小型企业应用。它还可以较低的成本提供最佳存储解决方案。在主动-被动阵列中，主机只能通过拥有某一LUN的控制器执行对该LUN的I/O。主机只能通过通往控制器A的路径执行对LUN的读取或写入，因为控制器A是该LUN的拥有者。通往控制器B的路径保持被动状态，任何I/O活动均不通过该路径执行。

中端存储系统通常设计有两个控制器，每个控制器都包含主机接口、缓存、RAID控制器和磁盘驱动器接口。

中端存储系统旨在满足中小型企业应用的需求，因此，与高端存储系统相比，它具有的存储容量和缓存更少，用于连接到主机的前端端口也更少。不过，中端存储系统可以确保为具有可预测工作负载的应用程序提供高冗余和高性能，并且还支持基于阵列的本地和远程复制。

本 章 小 结

近十年来，信息存储技术已发展成为尖端技术，为数字信息的存储、管理、互联、保护、安全、共享和优化提供了丰富多彩的解决方案。虚拟化的广泛应用、云计算的出现、数据量每年的高速增长、数据类型和来源多样化——所有这些因素都让现代存储技术在企业和组织中扮演着越来越重要的角色。

本章简述了存储系统的主要内容，首先讲述了信息增长及其带来的挑战，定义了存储系统及数据中心环境，回顾了存储技术的发展历程，并介绍了数据保护、智能存储系统和虚拟化。

思 考 与 练 习

1. 什么是结构化数据和非结构化数据？调查存储和管理非结构化数据面临的问题。

2. 讨论并比较以信息为中心的存储架构和以服务器为中心的存储架构的优势。

3. 一个应用程序需要 200 GB 的存储卡空间来部署一个数据库和其他文件，同时，在负载高峰期还要求能够支持 5 000 IOPS。现在可用磁盘具有 66 GB 的可用空间，制造商声明该磁盘可以支持最大 140 IOPS。应用程序是响应时间敏感型的，且磁盘利用率超过 60%时就不能满足响应要求。请计算出为了满足应用程序的需求所要使用的最少磁盘数量，并解释原因。

4. 一个应用程序有 1 000 个高负荷用户(每个用户的吞吐量峰值为 2 IOPS)以及 2 000 个典型用户(其吞吐量峰值为 1 IOPS)，所有用户的读写比例都是 2∶1。假设该应用还有 20%的性能开销用于处理其他负载，请分别计算 RAID1 + 0、RAID5 和 RAID6 下的 IOPS 需求。

5. 针对思考与练习 4 的情况，假设采用转速为 10 000 r/m、吞吐量为 130 IOPS 的磁盘，试计算在不同 RAID 环境下该应用分别所需的磁盘数目。

6. 一个由 5 块磁盘组成的 RAID5 集，条带尺寸为 32 KB，那么分条尺寸为多少？条带大小相同的 5 块硬盘组成的 RAID0 阵列的分条尺寸是多少？

7. 研究高速缓存一致性的机制，该机制在有多个共享缓存的环境下是如何工作的？

8. 何种应用能够通过调用写缓存得到最多好处？为什么？

第 7 章

管理信息系统应用

7.1　商务智能

近年来，随着大容量数据存储、并行处理、数据集成以及数据分析等技术的不断成熟，成本不断下降，企业的各种应用软件中逐渐积累了大量的数据。这些因素促进了商务智能的发展。商务智能把各种数据及时地转换为支持决策的信息和知识，帮助企业管理者了解客户的需求、消费习惯，预测市场的变化趋势以及行业的整体发展方向，从而在竞争中占据有利地位。

7.1.1　商务智能的定义

商务智能集数据库、管理信息系统、统计学、人工智能中的机器学习与模式识别等多学科于一体，它能与应用背景紧密融合。人们从技术与方法、理论与实践等不同的角度给出了商务智能的概念。

商务智能的概念是在 1996 年首先由信息技术咨询公司 Gartner Group 提出的:“商务智能是通过应用基于事实的支持系统而进行商业决策支持的一系列概念和方法。”同时企业界也分别从技术、应用的角度去定义商务智能。例如，IBM 公司认为商务智能是基于数据仓库、数据挖掘和决策支持的先进技术，它通过收集相关的信息并加以分析，从而发现商业机会和针对客户需求制订相应的战略。Oracle 公司认为商务智能就是在合适的时间提供合适的数据给管理决策人员以制订正确的决策。SAP 公司则提出商务智能是收集、存储、分析和访问数据以帮助企业更好地做出决策的技术。

数据仓库和商务智能专家 Larissa Moss 却认为，商务智能既不是产品也不是系统，而是一个体系，通过一系列应用的集成，提供商业数据的查询，进行决策支持。Brian Larson 认为，商务智能是一种行为，它能在一定的时间内向决策者提供准确、有用的信息，进而有效地支持决策活动。也有学者认为，商务智能是一个从大规模数据中发现潜在的、新颖的、有用的知识的过程，旨在支持组织的业务运作和管理决策。

尽管对商务智能的描述各有不同，但是总的来说，商务智能可以通过对大量数据的分析和交互，将数据转化为新颖的、潜在有用的知识，使决策者得到有价值的洞察力，从而做出更优的决策。

商务智能和传统的决策支持系统是有区别的。传统的决策支持系统，主要根据已知领域的知识和规则去构造模型，并通过数据进行模型检验和预测，或者决策者实现给出逻辑假设，然后在数据中进行检验，得到“验证型”知识。商务智能系统的重点在于其“智能性”，它通过数据挖掘技术可以自动地从海量数据中提取出隐含在数据中的有用知识，从而做到更有价值的决策，提高企业的智能化。这些知识是在没有人为假设的前提下自动挖掘的信息和发现的知识，具有事先未知、潜在有效、可实用等特征，属于“发现型”知识。相对于传统的决策支持技术的模型驱动，商务智能技术则更强调数据驱动。

7.1.2　商务智能系统的架构

如图 7.1 所示，企业的内外部信息系统为企业积累了大量的数据，决策者只有对这些数据进行及时分析和利用，得到合适的知识，才能发现新的市场机会和创新模式。商务智能系统则在这些海量数据和决策者之间架起了一座桥梁，内外部数据经过清洗转换为一致的、集成的数据存放在数据仓库中，联机分析处理和数据挖掘从数据仓库中获得灵活的报表显示和新知识，通过可视化界面以直观、友好的形式呈现给决策者。商务智能系统架构的主要智能组件有数据仓库、联机分析处理(On-Line Analytic Processing, OLAP)、数据挖掘和可视化界面等。在商务智能系统架构中，还可以纳入企业绩效管理(Business Performance Management, BPM)，使其与可视化技术融合，帮助企业将战略和目标转化为计划，并监控绩效，分析实际与预期的差距，从而调整目标和行动。

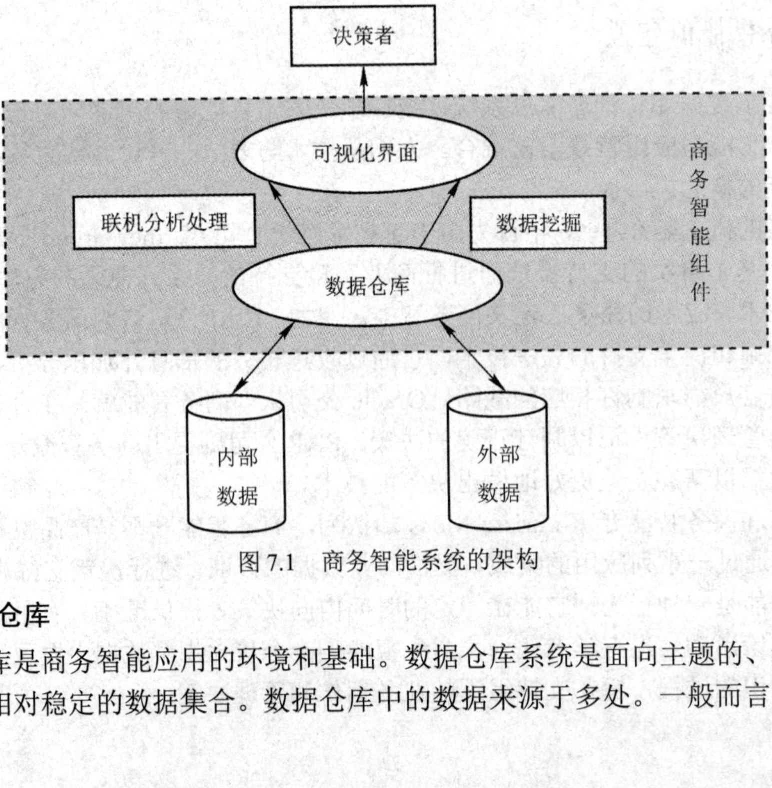

图 7.1　商务智能系统的架构

1. 数据仓库

数据仓库是商务智能应用的环境和基础。数据仓库系统是面向主题的、集成的、随时间变化的、相对稳定的数据集合。数据仓库中的数据来源于多处。一般而言，大部分数据来自数据库，如业务数据库、财务数据库、文档资料和外部数据。这些来源的数据只有经过提取、转换和装载，才能纳入数据仓库，以保证数据仓库内数据的一致性。

2. 联机分析处理

联机分析处理(OLAP)是一项分析处理技术，也是商务智能的基本技术。它从企业的数据集合中收集信息，并运用数学运算和数据处理技术，灵活地、交互式地为决策人员提供统计、趋势分析和预测报告。常用的 OLAP 工具可以对数据仓库中的数据进行多维分析和汇总，以图标或报告的形式表示出来，使得企业决策者能够清晰、直观地看到分析结果。

3. 数据挖掘

数据挖掘能够从海量数据中获取有效的、新颖的、潜在有用的知识模式，它是商务智能的核心技术。数据挖掘使企业能够得到传统分析工具所得不到的、新颖的、潜在有用的管理知识和业务规则。这些事先隐藏在数据与模式中的内容能够使企业在日常运营和市场竞争中获得战略性的优势。

4. 可视化界面

商务智能系统中的可视化界面应该提供两种功能：一种是用户观测和控制商务智能过程的功能，另一种是对分析和挖掘得到的知识进行展示和表达的功能。由于商务智能发现的知识模式形式复杂，其结果除了采用基本的报告形式呈现，更多地需要采用大量可视化的形式来呈现。例如，OLAP 的多维数据分析视图、空间数据挖掘的地形线视图、分类分析的决策树视图等。因此，为了能够使通过数据挖掘得到的信息和知识更好地呈现给使用者和决策者，并且帮助用户和决策者对商务智能系统进行监督、反馈、管理和应用，具有良好的可视化交互功能的用户界面也是商务智能必不可少的组件。

数据可视化在商务智能中的主要形式是图标和图形，如常用的折线图、条形图、饼图、散点图、直方图、甘特图等，以及各种用于制作平衡积分卡和绩效仪表盘的可视化元素。仪表盘(Dashboard)是大部分绩效管理系统、绩效评估系统和商务智能系统中常见的组件。仪表盘将重要的信息整理并显示在同一个屏幕中，使用户可以非常直观地理解这些信息，并进行深入分析。

7.1.3　商务智能分析技术与方法

近年来，商务智能的大量应用从前期的以 OLAP 为主、以数据挖掘知识发现为辅模式，转向联机分析处理和数据挖掘知识发现并重，这也是近年来业界和学界提到的深度商务分析(Business Analytics)中“深度”的含义所在。在信息分析处理层次上，联机分析处理对数据进行多维度的综合处理；在知识发现层次上，数据挖掘对数据进行深入的、智能化的挖掘分析，以寻找潜在的知识。

1. 联机分析处理

在日常管理中，企业管理者除了要解决基本的信息处理问题外，还要解决许多复杂的问题。例如，某服装企业的销售人员肯定会有以下的问题：①华中地区的门店在 1 月份售出的春装有多少？与去年和前年同期相比，销售额有何不同？与计划相比又有何不同？本月的销售额度应该是多少？线上销售和线下渠道的销售量有何不同？与华北地区比较如何？②企业在本季度末应该保留多少春装库存？冬装、春装和夏装的销售比例是怎样的？这一系列的问题都需要通过 OLAP 来解决。例如，在制订销售计划时，需要根据近几年、近几个季度和近几个月的销售情况来确定销售模式，然后根据该模式来预测本月的销售额度，从而制订销售计划。

从上述的例子可以发现商业数据事实上是一种多维数据，即同样的数据，从不同角度来看具有不同性质，但是这些性质之间是相互联系的。例如，销售数据、库存数据和预算数据之间相互联系、相互依赖。在分析销售模式时，要分别对年、季度、月等层次的数据进行处理。企业需要具有明显竞争力的市场，而寻找新的市场机会、细分微观市场并得到关于定位市场的计划是最基本的要求。要满足这些要求，必须采用多维分析。OLAP 则是多维数据分析工具的集合。

在多维分析中，数据是按照维度，如产品、区域和客户来表示的。维度通常按照层次组织，如按照地区组织的城市、省、国家、洲。时间也是一种维度，它具有自己的层次，如天、周、月、季度和年。不同的管理者可以从不同的维度(即视角)去考察这些数据。如上述例子中所提到的以产品、时间、销售区域表示的多维数据，财务经理、区域经理、产品经理及其他管理者可以分别从自己所关心的视角对其加以审视。这种在多个维度上对数据进行综合考察的手段就是通常所说的数据仓库的多维查询方式。OLAP 对多维数据的操作主要包括以下五项：

(1) 切片(Slice)。切片即在某个维度上选取特定的值，在维度值保持不变的情况下，通过其他维度对数据进行展现。这就好像从数据的多维立方体中“切”出一个截面来一样。

(2) 切块(Dice)。切块即限定一个或多个维度的取值范围而得到的数据展现结果，就好像从多维立方体中“切”出一个立方数据块来一样。

(3) 旋转(Pivot)。旋转即变换维度的方向，在表格中重新安排维度的放置，如行列互换，以获得所需的分析视角。

(4) 下钻(Drill-Down)。下钻及选定数据范围之后，进一步查询数据，以获得低一级别的详细数据。只要维度具有层级结构，下钻处理就是可行的。

(5) 上卷(Roll-Up)。上卷即选定特定的数据范围之后，对数据进行汇总统计，以获得高一级别的概括数据。上卷操作同样要求维度具有层级结构。

总的来说，OLAP 主要实现以下功能：①展示数据仓库中数据的多维逻辑视图；②包含交互式查询及对数据的分析，交互式查询通常有多种方法，包括较低级别的详细数据或较高级别的概括数据；③提供分析和建模功能，根据已有的决策分析模型确定合适的变量和比率等并进行计算；④生成概括数据和聚集的级别，以及在每个维度的交叉点上对概括数据和聚集级别的总结；⑤支持功能模型并进行趋势分析、统计分析和预测；⑥检索并显示以二维或三维表格、图形表示的数据，而且可以容易地变换基准轴，这一点相当重要，因为商业用户需要从不同的角度来分析数据；⑦迅速响应查询，只有这样才能保证与商业活动同步，从而具有实际应用价值；⑧具有多维数据存储引擎，按照阵列存储数据，这些阵列是商业维度的逻辑表示。

随着数据仓库和 OLAP 技术的不断成熟，联机分析处理在企业中的应用前景也越来越广阔。但需要指出的是，OLAP 通常是运用已有的知识(如业务规则和商务规则)来建立决策分析模型，并通过数据仓库进行多维度的预测和回溯分析，是一种“验证型”知识的获取方法；而数据挖掘作为商务智能的核心技术，则是一种“发现型”知识的获取方法。

2. 数据挖掘

数据挖掘是从大量数据中，挖掘到事前未知的、有效的且可以付诸行动的规则或知识。对于不同的知识类型和决策分析要求，通常需要采用不同的数据挖掘方法，包括关联分析、分类分析、聚类分析和时间序列分析等。

1) 关联分析

关联分析是数据挖掘的一个重要方法，最近几年受到企业界的广泛关注。关联规则是由 Agrawal 等人于 1993 年提出的。关联是指在两个或两个以上变量之间存在某种规律，但关联并不一定意味着因果关系。关联规则是统一事件中出现的不同项目的相关性，关联分析是挖掘关联规则的过程。早期关联分析用于分析零售企业客户的购物行为模式，所以关联分析又称为购物篮分析。关联规则也可以用于商品货架布置、销售配货、存货安排、购物路线设计、商品陈列设计、交叉销售以及根据购买模式对客户进行分类等方面。比较经典的关联规则事例是啤酒和尿布的故事。20 世纪末，美国沃尔玛超市的管理人员运用数据挖掘技术分析销售数据，发现了一个令人难于理解的规律：在某些特定的情况下，啤酒和尿布两种看上去毫无关系的商品经常会被同时购买。后来经调查发现，同时购买这两种商品的顾客往往是年轻的父亲们。原来在美国有婴儿的家庭中，母亲忙于照看婴儿，父亲们前去超市购买尿布。父亲在购买尿布的同时往往会顺便为自己购买啤酒，这样就会出现啤酒与尿布两种商品的同时购买关系。沃尔玛超市的管理人员通过关联分析挖掘到这一规律后，尝试着把啤酒和尿布摆放在邻近的区域，使两种商品的销量都增加了。关联分析被广泛应用于零售业、信用卡公司、银行、股票交易所通信行业、医学领域等。

2) 分类分析

分类分析是商务智能中重要且应用广泛的决策方法。简单来说，分类所要解决的问题是将一个时间或对象分到给定的类别上。例如，银行可以根据收入水平、工作情况等对用户进行信用风险分析，确定客户的信用风险等级。在实际生活中，生物辨别、图书分类、航班旅客归类、疾病诊断、行业划分、产品分类和人口统计等都是分类分析的例子。

通常，分类分析主要包括两个步骤：①分析已知数据，建立一个分类模型来描述已知数据属性与给定类别之间的对应关系，该分类模型也称为分类器；②利用所建立的分类模型对新数据的类别进行预测，如果一个分类器的准确率经测试被认为是可以接受的，那么就可以使用此分类器对未来数据对象进行分类分析。

分类分析是商务智能的主要方法之一，被广泛应用于决策分析的各个领域，能够基于数据构建趋势描述模型并对未来做出预测。例如，银行的信用风险分析、文献的整理归档、客户细分特征的认定、产品或服务评论的有用性估计等都离不开分类。目前，在统计学、人工智能和生物学等诸多领域已出现了许多分类方法，商务智能的分类方法主要是从这些分类方法衍化和扩展而来的，其特点是面向大规模数据的分类分析。

3) 聚类分析

聚类是把对象或样本的集合分为多个组(类)的过程，使同一个组中的对象对于特定测度具有较高的相似度，而不同组的对象差别较大。在许多应用场合，可以把一个组中的对象作为一个整体对待。与关联分析、分类分析等不同，聚类分析中的每个样本都没有分类标记，因此一般是无监督的方法。

在数据挖掘领域，聚类分析已广泛应用于模式识别、图像处理和市场研究等。通过聚类分析，人们能够识别密集的区域和稀疏的区域，进而发现全局的分布模式。目前已出现多种聚类方法：基于划分的方法、基于层次的方法、基于密度的方法、基于网格的方法、基于模型的方法以及模糊聚类等。聚类方法的选择取决于数据类型、聚类目的和应用场合。一个好的聚类方法可以产生高质量的聚类结果，这些类都具有高的类内相似性和低的类间相似性。一般地，聚类分析需要有良好的可伸缩性，能够处理不同类型的属性，发现任意形状的类。此外，聚类分析需要能够有效地处理噪声数据、异常数据和高维数据，产生满足用户指定约束的聚类结果，而且聚类结果是可解释、可理解和可用的。

聚类分析和分类分析的不同之处在于：分类分析是将数据按照事先定义的分类标准进行划分，给予分类标记，是一种监督学习的方法；而聚类分析则是将数据按照对于特定测度的相似性程度进行聚合，并没有事先给定类别，属于一种无监督学习的方法。所以，聚类分析是一种通过观察学习的方法，而不是示例学习。

4) 时间序列分析

时间序列是指由在不同时间上的观察值或事件组成的序列。时序数据库是一种有时间标记的序列数据库。现实中这些时间序列数据都是通过数据收集工具自动获取的，数据量非常大。时间序列数据是包含时间属性的一种特殊的序列数据，如我国国内生产总值从1949年到2009年的变化就是时间序列数据。时间序列分析的基础是惯性原则，即在一定条件下，被预测失误的过去变化趋势会延续到未来。时间序列分析运用统计分析和数据挖掘技术从时序数据库中找到系统的发展趋势等，有助于对系统的分析或者对系统变化的预测，如根据某地区近几年的月平均降雨量对未来的月降雨量进行预测。此外，时间序列还可以发现突变以及离群点，如销售预测、自然灾害预测、股票市场分析等。

除上述常用的数据挖掘方法外，社会网络分析、大数据分析等新技术也受到了广泛的重视。随着复杂数据与人们关系的日益密切，相应的数据挖掘方法将是商务智能未来发展的重点。

7.1.4　商务智能的应用与发展

随着商务智能技术的发展，其应用领域也越来越广泛，主要包括以下几个方面。

1. 零售业

零售业是商务智能快速应用和发展的领域之一。零售业通过对大量的销售数据(如客户的购买记录、货物的进出记录等)和企业外部数据(如评论、口碑等)进行商务智能分析，可以得到一定的知识和规则，从而为进一步的营销提供决策支持。同时，零售业中的商务智能应用是客户关系管理的核心内容，其主要包括：利用聚类分析和分类分析并识别客户购买行为，利用关联规则分析和发现客户购买模式，利用时间序列分析和发现客户购买趋势，利用分类分析对客户忠诚度进行分析等。

2. 金融业

金融业中，主要的数据挖掘和商务智能应用包括通过分类分析对客户贷款偿还情况进行预测，通过时间序列分析对产品收益率进行预测，通过聚类分析和分类分析对目标市场客户进行分析和归类，通过关联规则分析对金融欺诈问题进行分析等。

此外，商务智能还可以用于保证移动支付的交易安全性。当前，移动商务中的智能终端设备在进行在线交易和移动支付时，很容易受到攻击，如手机病毒或木马的侵袭、钓鱼攻击、截获用户键盘输入的数据等，移动支付的安全性极其容易受到威胁。商务智能中有许多技术和方法可以用来解决以上移动支付中遇到的问题。例如，利用高级恶意软件检测技术拦截虚假在线银行信息，利用反钓鱼模块检测和拦截电子支付页面中的钓鱼链接，利用对会话内容进行高强度加密来确保数据传输的安全性等。

3. 电信业

如今的电信运营商已经从单纯提供语音服务演变为综合电信服务提供商，如语音、图像、视频、电子邮件和 Web 数据传输等。电信业因能高水平地进行数据加工以及高速数据传输，是海量数据存储和加工的领域之一，从而为商务智能应用的开展提供了良好的基础。例如，电信公司的呼叫详细记录数据量巨大，这些数据主要用于计费目的，但是其中隐藏的大量知识还有待于被挖掘和使用。通过分析既可以主动采取措施以防止客户流失，也可以全方位地优化公司服务和开展各种营销活动。电信业中一些常用的商务智能应用还包括通过聚类分析对盗用和异样模式进行分析和识别，通过序列分析对通信模式进行分析，通过关联分析对客户行为模式进行分析等。

4. 医疗保健与制药业

新时代的医疗设备能将人体的相关检测数据进行实时分析，从而判断患者的身体状况，对于挽救生命起到很大的作用。制药业在药品生命周期的各个阶段所需要的技术也可以由商务智能应用来提供，通过商务智能应用，制药企业和医疗机构可以迅速把生物及医学书转换成临床治疗方案，控制风险；把分析结果转换成有效的药品研制方案，优化药品组合，进而在开发、销售和营销等一系列业务中创造价值。

5. 其他行业

生产制造业(如汽车、机械和飞机制造等)中存在着大量的业务数据。商务智能应用为充分利用这些数据进一步优化流程和进行经营决策提供了强大的支撑。生产制造业的商务智能应用中，除了多维分析外，还包括了一些专门的商务智能应用，如质量控制、制造流程优化等。此外，政府机构的电子政务活动也需要处理大量的结构化和非结构化数据。

20 世纪末期以来，随着互联网的普及，商务智能领域的创新也在不断加速，并越来越紧密地与移动商务系统、Web 2.0、云计算、大数据、物联网等技术及应用融合在一起，日益显示出其强大的生命力和巨大的商业价值。

7.2　企业资源计划

企业资源计划(Enterprise Resource Planning，ERP)既是一种软件，也是一种当今国际上先进的企业管理思想和管理模式。ERP 在信息技术基础上，利用现代企业的先进管理思想，全面集成了企业所拥有的人、财、物、信息、时间和空间等资源，为企业提供决策、计划控制与经营业绩评估的全方位和系统化的管理平台。

7.2.1　企业资源计划的发展过程

企业资源计划(ERP)的发展，源于信息技术的广泛应用和管理技术的发展。ERP 的发展包括以下几个阶段，如图 7.2 所示。

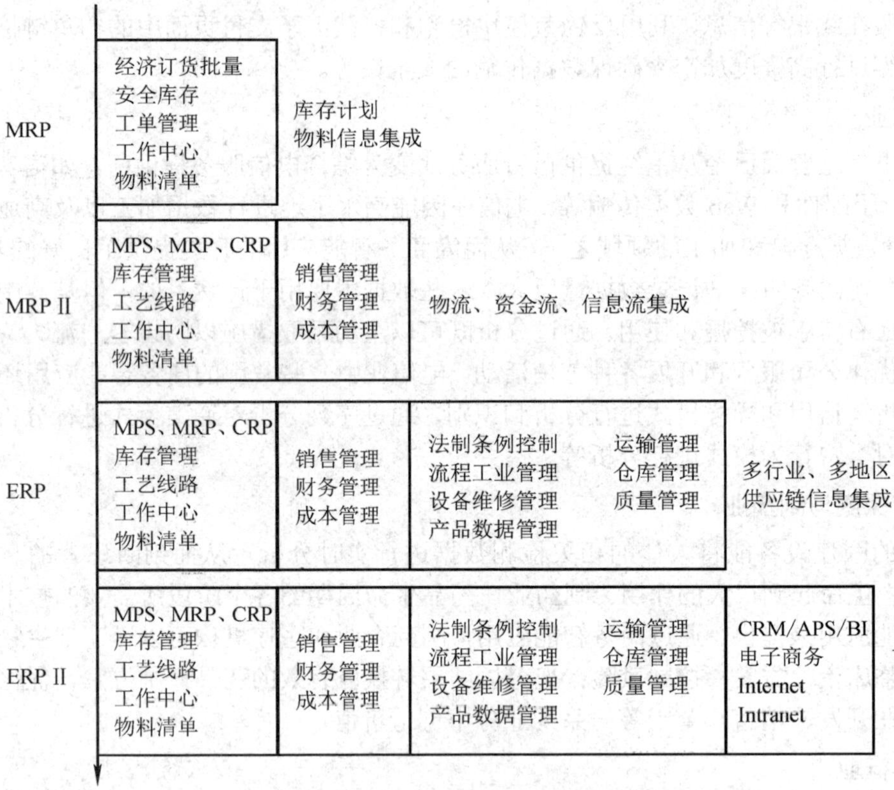

图 7.2　企业资源计划的发展

1. 物料需求计划(Material Requirement Planning，MRP)阶段

20 世纪 70 年代，企业资源管理处于 MRP 阶段。MRP 以均衡生产、减少库存和优化库存为管理目标，通过集成物料信息，以及借助计算机的运算能力及系统对客户订单、库存、产品结构、加工工时的管理，按照产品清单计算物料需求，实现“既降低库存，又不出现物料短缺”。

2. 制造资源计划(Manufacture Resource Planning，MRP Ⅱ)阶段

到了 20 世纪 80 年代，在 MRP 管理系统的基础上，MRP Ⅱ增加了对企业生产中心、生产能力等方面的管理，实现了应用计算机进行生产排程的功能，同时也将销售管理、成本管理和财务管理包括进来，在企业中形成以计算机为核心的物流、信息流与资金流集成的闭环管理系统，这种管理系统可以动态监控产、供、销的全部生产过程。

3. ERP 阶段

20 世纪 90 年代进入 ERP 阶段后，以计算机为核心的企业级管理信息系统更为成熟，系

统增加了财务预测、生产资源调度等方面的功能。ERP 配合企业实现了 JIT(Just In Time)全面管理、质量管理和生产资源调度管理及辅助决策，成为企业进行生产管理及决策的工具。此外，ERP 将管理重心转移到财务上，在企业整个经营过程中贯穿了财务成本控制的概念。ERP 的管理范围涉及企业的所有供需过程，其集成了多行业、多地区、多业务供需链信息。

4. ERPⅡ阶段

基于 Web 的企业资源计划被称为第二代企业资源(ERPⅡ)计划，如客户关系管理(CRM)、高级计划排程(Advanced Planning Schedule，APS)和商务智能(BI)，它强化了企业间的联系，形成了共同发展的生存链，体现了企业为生存而竞争的供应链管理思想。

7.2.2 企业资源计划的管理思想

企业资源计划的核心管理思想是实现对整个供应链的有效管理，主要体现在以下三个方面。

1. 全局管理供应链的思想

随着现代信息管理技术的发展，出现了许多信息管理系统，如客户关系管理系统、分销资源计划(Distribution Resource Planning，DRP)系统等。现代企业的竞争不再是单一企业之间的竞争，而是一个供应链与另一个供应链之间的竞争，企业不能仅依靠自己获得资源，还必须与经营过程中的供应商、制造商、分销商以及客户等进行合作，形成一个紧密相连的供应链，只有这样才能在市场上获得竞争的优势。ERP 正好满足了这一需要，从全局的角度对供应链进行管理。

2. 精益生产、并行工程以及敏捷制造的管理思想

ERP 可以支持混合型生产方式的管理，“精益生产”指的是把客户、代理商、供应商、协作单位纳入生产体系，与他们建立起利益共享的合作关系，从而形成一个企业的供应链；“敏捷制造”则是当市场出现新机遇，但合作伙伴不能满足新产品开发的要求时，企业可以组织一个由特定供应商的销售渠道组成的短期供应链，形成所谓的“虚拟工厂”，把供应链和协作单位视为企业的一部分，运用并行工程的方法组织生产，用最短的时间将新产品打入市场，时刻保持产品的高质量、多样化和灵活性，是“敏捷制造”的核心思想。

3. 事先计划和事中控制相结合的管理思想

ERP 中的计划体系主要包括主生产计划、物料需求计划、能力需求计划、采购计划、分销资源计划、利润计划、财务预算和人力资源计划等，而且这些计划功能和价值控制功能已经完全融入整个供应链体系。此外，ERP 通过定义与事务处理相关的会计核算科目和核算方式，在事务处理发生的同时会自动形成会计核算分录，保证了资金流与物流的同步记录和数据的一致性，并可以根据财务资金状况追溯资金的来源，进一步追溯所发生的相关业务活动，以便实现事中控制和实时做出决策。

7.2.3 企业资源计划的功能

企业资源计划主要从财务、生产、物流及人力资源等四方面进行资源的整合及管理。

1. 财务管理功能

ERP 系统中的财务部分一般分为财务管理和会计核算两方面功能。财务管理是 ERP 系统的重要组成部分，会计核算是财务管理的基础。财务管理各模块通过和其他模块之间的接口，将来自生产活动、采购活动和销售活动的信息自动导入财务管理各模块，更新总账和明细账中的数据，进而更新会计报表，从而实现生产、采购和销售活动与财务管理活动的集成，实现物流、资金流和信息流的集成。

ERP 财务管理又主要分为总账管理、应付款管理、应收款管理和财务分析。

2. 生产管理功能

生产管理是 ERP 系统的核心所在，它将企业的整个生产过程有机地结合在一起，使得企业能够有效地降低库存和提高效率。同时，原本分散的各个生产流程自动连接，前后连贯运行，而不会出现生产脱节、耽误交货时间的问题。

生产管理以计划为导向，由企业的决策层先确定经营计划，根据经营计划得到生产计划大纲和资源需求计划，再制订主生产计划(Master Production Schedule，MPS)和粗能力计划。管理层则根据从决策层得到的相关计划来制订相应的物料需求计划(MRP)和能力需求计划，最后操作层根据以上计划来制订车间作业及采购计划。

3. 物流管理功能

物理管理主要分为分销管理、库存管理和采购管理三大部分。其中分销管理主要针对销售产品、销售区域、销售客户等信息进行管理和统计，对销售数量、金额、利润、绩效、客户服务做出全面的分析。库存管理能够通过精确库存现状，动态地调整库存从而实时控制存储物料的数量，以达到占用最少的流动资金、保证正常生产的目的。采购管理要确定合理的订货量、合适的供应商以及保持最佳的安全储备，能够随时提供订购、验收信息，跟踪和催促采购或外包加工的物料，保证货物及时到达，并通过建立供应商的档案，用最新的成本信息来调整库存的成本。

4. 人力资源管理功能

近年来，企业内容部飞人力资源越来越受到企业的关注，被视为企业的资源之本。因此，人力资源管理模块被加入 ERP 系统，与系统中的财务、生产系统组成了一个高效的、高集成度的企业资源系统。人力资源管理又分为以下几方面：

(1) 组织管理：主要包括战略性的组织结构管理、员工计划与工作描述和人事成本计划。

(2) 人事管理：主要包括招聘管理、出差管理和福利管理。

(3) 工资核算与薪资管理：主要包括根据企业的工资结构及处理流程而制订的相应的工资总/净核算方法、工资处理方法、薪资管理方法等。

(4) 工时管理：主要包括班次计划、工时记录管理和考勤管理等。

除此之外，人力资源管理还出现了一些新内容。例如，在合适的时间自动把任务分配给合适的员工的工作流管理，Internet/Intranet 方案，使员工能够查看和更新个人数据的员工自助服务。

7.2.4　企业资源计划的发展方向

1. 云计算与企业资源计划

随着云计算技术的不断成熟，越来越多的企业选择基于云计算的 ERP 系统。这样一方面能够减少企业在硬件方面的投资，企业只需要从云计算服务提供商那里租用部署 ERP 系统所需的硬件和网络资源即可，大大减少了企业的投资；另一方面，云计算服务平台是由一些大型互联网企业搭建的，它们拥有顶尖的硬件环境、技术手段以及技术人才，对用户的数据进行保护和备份，为 ERP 系统实施环境的安全和稳定提供了可靠的保障。因此，云计算是 ERP 的发展方向。

2. 移动企业资源计划

随着移动通信技术的不断升级，ERP 系统新的需求开始显现。

首先，对即时管理的要求。在全球化经济背景下，企业所面临的市场环境越来越多变，对管理时效性的要求也越来越高，而移动 ERP 的出现使出差在外的商务人士可以凭借手机等移动终端随时处理重要问题。

其次，对低成本投入的需求。国内大多数中小企业资金有限，它们的很多业务终端并没有配备传统 ERP 系统运行所需的计算机，而是利用经济的手机等移动终端来进行业务往来。

最后，对交易灵活性的要求。中小企业的业务模式是随着市场的变化而变化的，而移动 ERP 的出现为中小企业的业务拓展提供了更大的灵活性。

3. 企业资源计划和其他系统的集成

随着信息技术和管理科学的不断发展，ERP 系统除了要具有传统的制造、财务、分销等功能外，还要具有功能上的可扩展性，能够很方便地与产品数据管理系统、客户关系管理系统、供应链管理系统、商务智能系统、制造执行系统、数据采集与监视控制(Supervisory Control And Data Acquisition，SCADA)系统、联机分析处理系统等系统集成，从而构成功能强大的企业管理与决策信息集成化系统。

7.3　电子商务与电子政务

随着 Internet 的快速发展和 Web 技术的广泛应用，开辟了一种新的商务交易模式，即基于 Internet 的电子商务。Internet 和其他数据网络的爆炸性增长、企业内部和外部环境与商务处理需求的变化，以及新的管理概念的冲击，都为电子商务的兴起和发展奠定了坚实的基础。近年来，无线网络与移动技术的完美结合又使电子商务自然延伸为移动商务，帮助客户在任何时候、任何地点都可以得到相应的商务服务。同时，随着 Internet、电子商务的出现，世界各国政府机构也纷纷推进其电子政务的进程，提高政府机构办公效率，将服务思想纳入政府管理方式中，为企业和社会公民提供更好的服务。实际上，从信息系统视角来看，无论是电子商务还是电子政务，其实质都是组织间信息系统(IOIS)在商务和政务活动中的应用。

7.3.1 电子商务

随着计算机技术、通信技术和网络技术的飞速发展和相互融合，电子商务技术日趋成熟，在企业中的应用也越来越广泛，电子商务在商务领域中引发了一场更新的革命，已成为社会的新热点。作为组织间信息系统的一种应用，电子商务也促进了企业和其他社会组织的管理以及业务流程等的变革。

1. 电子商务的定义

1997 年 11 月国际商会在巴黎举行的世界电子商务会议上对电子商务做出了定义，会议认为：电子商务(Electronic Commerce，E-Commerce)是指实现整个商贸活动的电子化。交易各方通过电子交易方式而不是通过当面交换或直接面谈方式进行的任何形式的商业交易活动都属于电子商务的范畴。

电子商务的概念有狭义和广义之分。狭义的电子商务主要指利用网络环境在网上进行电子交易，包括网上广告、电子订购、网上洽谈、电子支付、产品电子传送和售后的网络跟踪服务等；广义的电子商务(Electronic Business，E-Business)则除电子交易以外，还包含利用网络环境进行的其他商务活动，包括商品管理、客户管理、市场分析、商务决策和组建虚拟企业等方面。

与电子商务有关的对象涉及供应商、订货商、消费者、金融部门(如网上银行)、政府、货物运输单位(如配送中心)和交易认证机构(如认证中心)等。一个完整的电子商务交易过程包含信息流、商流、资金流和物流等四个基本的“流”。其中，信息流是商务活动中信息的流动；商流是商品在交易过程中所有权转移的活动；资金流是交易过程中资金的流动；物流是物质实体从供应商向需求者的物理流动。

从企业的角度看，电子商务是利用计算机网络等技术在企业之间、企业与消费者之间进行网上交易以及与此相关的企业内部事务联网处理的商业模式。

从管理的角度看，电子商务主要是解决信息流的问题，通过疏通信息流，提高合作效率，减少交易环节，缩短交易周期，降低管理成本，加强企业间和企业与客户间的联系，改善企业形象，提高企业的竞争力。

从技术的角度看，电子商务是一种工具，是以网络为主的多种信息技术在商业领域的集成应用。具体包括交换数据(如电子数据交换、电子邮件)、获得数据(如共享数据、电子公告)以及自动捕获工具(如条形码、RFID)等。信息技术使电子商务具有了崭新的交易方式：24 小时服务、个性化产品与服务组合、虚拟商店、信息产品直接在网上发送等。

从整个社会的角度看，电子商务的实施和发展是一个全球范围的系统工程。全世界的电子商务活动应遵循统一的规则，因为协调一致才能够提高商务活动创造的经济效益。

2. 电子商务的分类

随着电子商务的发展和成熟，电子商务的分类也在不断扩展，出现了很多的分类方法。目前电子商务的主要分类方法是按照电子商务交易对象的性质进行分类。电子商务的交易对象即商务实体的性质是不同的，可以是企业、政府部门，也可以是普通的个人消费者。按照交易主体的不同，电子商务可分为七种模式，即企业与企业(Business to Business，B2B)的电子商务、企业与消费者(Business to Consumer，B2C)的电子商务、消费者与消费者

(Consumer to Consumer，C2C)的电子商务、线上到线下(Online to Offline，O2O)的电子商务、企业与政府部门(Business to Government，B2G)的电子商务、消费者与政府部门(Consumer to Government，C2G)的电子商务和政府部门与政府部门(Government to Government，G2G)的电子商务。其中前四种类型最为常见。

(1) 企业与企业(B2B)电子商务。B2B 电子商务也叫商业机构对商业机构的电子商务，就是企业与企业之间进行的电子商务活动。B2B 电子商务模式又分为以下两种基本模式：一种是企业利用自己的门户网站直接进行电子商务，如制造商在线采购和在线供货(沃尔玛与供应商之间的电子商务模式)；另一种是通过第三方电子商务网站进行的商务活动，各个企业可以在第三方网站上发布和查询供求信息，与潜在客户或供应商进行在线交流和商务洽谈等，如阿里巴巴网站为企业间的贸易提供交易平台。

(2) 企业与消费者(B2C)电子商务。B2C 以在线零售和服务为主。消费者可以在网上向企业订货，在完成商家指定的支付手续后即可收到商家通过配送中心送来的商品，一些数字化商品(如软件等)还可以通过网络直接发送。典型的 B2C 电子商务有京东商城、天猫商城、亚马逊网站等。

(3) 消费者与消费者(C2C)电子商务。C2C 指的是个人消费者之间或消费者与小卖家之间通过 C2C 交易平台，进行商品的买卖交易。典型的 C2C 电子商务有淘宝网和 eBay 网等。

(4) 线上到线下(O2O)电子商务。O2O 电子商务是指用线上营销和线上购买带动线下经营和线下消费。所谓线上，是指以互联网为平台，通过打折、提供信息和服务等方式，把线下实体店的消费推送给网络用户，从而将他们转换为自己的线下客户；而消费者则可以通过网络挑选商品或服务并进行支付。所谓线下，是指消费者在实体店获取从线上购买的商品或享受从线上购买的服务。O2O 电子商务强调服务本土化，加强与地方服务性企业的深度融合。典型的 O2O 电子商务有团购网站、旅游网站等，如大众点评网、美团网、携程网、去哪儿网等。这些网站提供的线上到线下服务主要包括餐饮、旅游、生活、娱乐等。

除了上述几类电子商务以外，企业与政府部门(B2G)、消费者与政府部门(C2G)和政府部门与政府部门(G2G)三种电子商务通常被归入电子政务的范畴，相关内容将在第 7.3.3 节进行讨论。

3. 电子商务系统的结构

电子商务系统是一个由许多参与角色组成的大系统。一个典型的基于 Internet 的电子商务系统组成结构主要包括六个参与方。

(1) 客户：作为电子商务的买方，客户可以是企业或个人，他们通过自己的计算机系统发起交易请求，是电子商务运作的原因和起点。

(2) 商家：作为电子商务的卖方，同样可以是企业或个人，他们根据客户发起的交易请求在网络上与客户交流。商家一般设置了专门的电子商务服务器来处理这一交易过程，并得到后台管理信息系统(MIS)或 ERP 系统的配合，处理网上来自客户的订单等交易请求。

(3) 网络支付系统：为买卖双方提供由电子商务交易引起的资金流服务的第三方。网络支付系统通常由客户的开户银行、商家开户银行以及银行间的金融专用网络等组成。

(4) 物流中心：为买卖双方提供商品物流服务的专门机构。物流中心通常是第三方物流公司，也有部分是商家自备的物流部门。

(5) 认证中心(Certification Authority，CA)：一个公正的、有权威性的、独立的(第三方的)、广受信赖的组织机构。它主要负责为 Internet 上电子商务活动的各参与方(包括客户、商家、银行等)发放和维护数字证书，以确保各参与方在网络上的真实身份，也提供数字签名等安全工具，以保证电子商务安全有序进行。

(6) 公共网络平台：为电子商务各参与方提供信息传递与交换服务的公共通信网络平台，通常指的是 Internet。

4. 电子商务的安全技术

1) 防火墙技术

在电子商务中，主要利用防火墙(Firewall)技术来对支持电子商务活动的网络平台进行安全维护，也可以说是企业内部网络的第一道防护措施。

防火墙可看作是一道介于内部网与外部公共网之间的屏障，是一种装载于主机或路由器等节点上的软件。它的功能是防止非法的通信和来自外部的攻击；有的防火墙通过读取外来数据的源地址、目标地址等来判断是否来自安全站点，并及时拒绝来自危险站点的数据；有的防火墙通过对防火墙内部地址和外部地址转换的方法来隐藏内部 IP 地址，借以隐藏内部网络的各种信息。

2) 加密技术

为了保证电子商务中的一些数据，特别是与支付相关的隐私数据的保密性、真实性，实现对应用服务和信息资源的管理控制，对数据进行加密和解密是最常用的方法。加密技术通过加密算法、解密算法和密钥(一个字符串)，可将明文(普通的文本)变为非法获取者难以识别的密文进行通信，从而实现信息在通信方之间的安全传递。

通过加密算法可以实现电子商务中的数字签名和数字认证。

(1) 数字签名。数字签名是对以数字形式存储的消息进行某种处理，产生一种类似于传统手书签名功效的信息处理过程。它通过将某个算法作用于需要签名的消息，生成一种带有操作者身份信息的编码。通常我们将执行数字签名的实体称为签名者，所使用的算法称为签名算法，签名操作生成的编码称为签名者对该消息的数字签名。消息连同其数字签名能够在网络上传输，可以通过一个验证算法来验证签名的真伪以及识别相应的签名者。

(2) 数字认证。数字认证是用电子方式来验证信息发送者的身份、信息接收者的身份以及判断文件(如发票)是否被人修改或照片是否有效的加密技术。数字证书也称为数字凭证，它的内容包括版本号、序列号、签名算法标识符、颁发者、拥有者名、公钥及其算法标识符、有效期等字段。数字认证工作通常是由作为第三方的认证中心来完成的。认证中心是一个权威机构，其任务是验证交易双方的身份、管理数字证书和密钥。例如，认证中心可以签发一种电子形式的、用于验证个人身份的数字证书，用来保证网络发来信息的可靠性和建立收到信息的拥有权。

认证中心可分为根认证中心、品牌认证中心、商务认证中心等不同层次。根认证中心是最上层的权威机构，它向品牌认证中心和区域认证中心颁发证书，而后两者再向商务认证中心和持卡人认证中心等颁发证书，再由商务认证中心负责向商家和银行发放数字证书。在电子商务中，商务双方通过出示各自的数字证书来证明自己的身份。如果对颁发证书的认证中心不信任，则可进一步验证认证中心的身份。

5. 电子商务的支付技术

电子商务的支付简称为电子支付，是电子商务的一个关键组成部分。所谓电子支付，指的是以金融电子化网络为基础，利用电子媒介，以计算机技术和通信技术为手段，将货币以电子数据(二进制数据)形式存储在银行的计算机系统中，并通过计算机网络系统以电子信息传递形式实现流通和支付。电子支付系统的功能是实现实时的付款交易活动，当客户点击“付款”后，支付过程就能自动完成。

电子支付的形式通常有智能卡、电子支票和数字现金等。

(1) 智能卡(Smart Card)。智能卡是一种和信用卡大小一样、用于低额支付的储值系统。智能卡可以存储健康记录、身份数据、电话号码，也可以用作存放现金的“电子钱包”。

(2) 电子支票(Electronic Check，E-Check)。电子支票是显示在屏幕上的支票。电子支票的使用者凭信用卡或银行账号到提供电子支票的银行注册，才能在网络上生成电子支票。电子支票的内容包括：支付人的姓名、支付人金融机构名称、支付人账户名、被支付人姓名、支付金额等。此外，上面还有银行的数字签名。金融机构则使用签过名和认证过的电子支票进行账户结算。

(3) 数字现金(E-Cash)。数字现金也称为电子现金，是以数字形式代表的现金货币，具体是用一串加密的数字来表示现金。电子现金具有货币价值、可交换性、可存储性和重复性。电子现金的应用，除要求网络系统保证安全传送和存储外，在其背后还应有现金、银行信用等作为担保，并能方便地与其他货币形式、信用贷款和银行存款等进行交换。

除上述几种电子支付形式以外，还有电子支付形式，如储值支付系统、电子账单兑现和支付系统等。

6. 电子商务发展所涉及的问题

随着电子商务的日益发展，在电子商务活动中也出现了一些新的问题。

(1) 法律问题。目前，包括中国在内的世界各国的电子商务仍然处于发展的初级阶段。由于对电子商务认识的不足，相应法律法规等的建设相对滞后，导致电子商务的安全得不到保障，严重制约了电子商务在全球的发展。相关问题包括网上交易过程中出现的网上欺诈、销售服务和售后服务、信息安全等问题。

(2) 税收问题。由于电子商务交易的特殊性，带来了税务环境方面的问题，例如，税收管辖权难以界定、应纳税种难以确定、常设机构难以界定、避税问题更加突出、税收征管无账可查等问题。

(3) 知识产权问题。

电子商务以开放的 Internet 为基础环境，资源共享的便利性以及贸易的无形化和便捷化，使得知识产权的保护变得非常困难。例如，将互联网上的电子图书以及未经授权的软件进行下载等。

7.3.2　移动商务

当今，智能手机、平板电脑、笔记本电脑等移动设备逐渐成为了人们生活与工作中必不可少的工具。客户希望能在任何时间(Anytime)、任何地点(Anywhere)、使用任何可用的方式(Anyway)(即所谓的 3A 服务)都可以得到相应的商务服务。针对这种需求，人们将电子商务与移动技术结合，形成了一种称为移动商务(Mobile Commerce，M-Commerce)的新型电子商务模式。

1. 移动商务的概念和运行平台

移动商务是指用户在支持 Internet 应用的移动通信网络平台上，借助智能的移动设备进行的任何与商务相关的业务活动。它既包括 B2B 和 B2C 电子商务交易，也包括通过移动设备传输信息和服务。

早期移动商务的运作平台主要指采用 GSM(Global System of Mobile Communication)或 CDMA(Code Division Multiple Access)技术的移动通信网络。但随着移动通信网络支持越来越广泛的数据通信，以及无线局域网技术的应用，移动商务的运作平台架构已有所扩大。如今，移动商务用户利用智能手机、平板电脑和笔记本电脑等移动设备，通过移动通信网络、无线局域网等开通 Internet 数据业务，以随时随地接入 Internet，并访问企业内部 Intranet 上的商务内容。随着移动通信网络连接逐步宽带化，移动商务的内容也得到了进一步的丰富。

2. 移动商务的应用

从信息流向的角度来看，移动商务的应用业务一般可以分为三种：

(1)“推式”(Push)业务：主要用于商务信息发布与使用，企业用领域包括实时新闻、天气预报、股市行情、彩票中奖公布、交通路况信息、招聘信息、广告、学术论文、咨询资料等。

(2)“拉式”(Pull)业务：主要用于个人定制的信息和服务接收，其应用领域包括服务账单、电话号码、旅游信息、航班信息、影院节目安排、列车时刻表、商品信息、电影与音乐服务信息等。

(3)“交互式”(Interactive)业务：包括移动网上购物、网上游戏、网上证券交易、网上在线竞拍、网上教学答疑等。

移动商务的具体应用包括移动交易服务(例如，股票交易、物流终端业务等)、移动购物与订票、移动娱乐(例如，移动游戏、移动视频、移动音乐等)、移动金融(例如公交车、地铁车费支付、停车场费用支付、高速公路收费、手机银行等)、移动医疗、移动会议和移动定位、监控和维护服务等。

3. 移动支付

移动支付是一种基于如手机、平板电脑、笔记本电脑等移动设备，对所消费的商品或服务进行资金支付的服务方式。目前使用最广泛的移动支付是手机支付。

按照所使用的技术，移动支付分为进场支付和远程支付。进场支付是指通过具有进场通信(Near Field Communication，NFC)技术的移动设备实现资金转移的支付方式。例如，使用具有 NFC 芯片的手机在公共交通、超市等场所消费。远程支付是指通过移动通信网络，利用短信、通用分组无线业务(GPRS)、3G/4G/5G 通信网络等空中接口，与后台支付系统建立连接，实现各种转账、消费等支付功能。

按照支付账户的性质，可以将移动支付分为通信代收费账户支付、银行卡支付以及第三方支付账户支付。通信代收费账户支付是指在移动支付过程中，无需银行和信用卡公司的介入，云因上将用户交易结算所产生的费用与电话账单合并为一个账单。银行卡支付是指通过银行的网站或应用程序来使用银行的借记卡或贷记卡账户进行资金支付。第三方支付账户支付是指第三方支付机构为用户提供与银行或金融机构支付结算系统接口的通道服务，从而实现资金转移和支付结算功能的支付服务。

由于移动设备的特殊性，使得移动支付存在着许多安全风险，如加密和认证问题，隐私信息保护问题，移动设备的计算能力、存储能力和电池续航能力的有限性问题，以及移动通信网络中存在的漏洞和手机病毒与黑客攻击问题等。此外，移动设备的移动性，使得它容易被人窃取或丢失，而一旦移动设备丢失，就会有信息泄露和资金被盗用的风险。

随着移动设备功能的增强以及网络数据传输速率的提高，移动商务将会得到进一步的发展。

7.3.3　电子政务

从管理信息系统的概念结构来看，电子政务系统是管理信息系统应用发展以来最庞大且复杂的信息系统。它是面向全社会管理与服务设计的各级政府组织职能与活动的管理信息系统，既具有一般管理信息系统属性特点、符合一般信息系统建设的规律，又有特殊性。它是现代信息技术与行政管理等多个学科相融合的产物，不仅是计算机和网络技术的新的应用方式，而且是一场划时代的变革，具有深远的历史意义。

1. 电子政务的概念

从政府的职能和作用来看，电子政务(E-Government Affairs，E-Government)就是指政府在公共管理和服务等政务工作中，全面应用现代信息技术，特别是互联网技术进行办公、管理和开展为社会提供各种公共服务的一种治理方式；深层次上，电子政务实质上是对现代工业时代政府形态的一种改造，是利用信息技术和其他相关技术来构造更适合以互联网为主要特征的信息时代的政府结构和运行方式。

在传统政务向电子政务转型的过程中，经常会出现“电子政府”这个概念。但电子政府并不等同于电子政务。电子政府是利用以 Internet 为主的信息技术构建的一个“虚拟政府”，使社会实体能够随时随地通过网络接收各类政府服务。电子政务的重点在于“政务”，即政务的电子化，不涉及或很少涉及政府的体系、制度、组织和结构，电子政务通常是不同的政府部门各自开始建设的，是局部性的。而电子政府的重点则在于“整个政府”的电子化，意味着政府体系建构在电子化的基础上，通过政务过程电子化、网络化的影响，促使政府机制和流程重组而形成适应电子化、信息化的政府结构形态。从长远看，电子政务是电子政府的一个重要阶段；而电子政府则是电子政务发展的长期目标，代表了电子政务发展的高级阶段。

2. 电子政务模式的类型和应用

电子政务所包含的内容极为广泛，几乎可以包括传统政务活动的各个方面。目前，电子政务模式类型划分为政府与政府(Government to Government，G2G)的电子政务、政府与企业(Government to Business，G2B)的电子政务、政府与公民(Government to Citizen，G2C)的电子政务三种模式。

政府(Government)与政府公务员(即政府雇员，Employee)之间的活动(曾被称为 G2E)，是政府机构通过网络技术实现内部电子化管理的重要形式，是 G2G、G2B 和 G2C 电子政务模式的基础，目前不被作为一种独立的电子政务模式。

1) G2G 电子政务

G2G 电子政务即政府与政府之间的电子政务，是指政府内部、政府上下级之间、不同地区和不同职能部门之间实现的电子政务活动。G2G 模式是电子政务的基本模式，目前按其不同的职能部门及应用需求可分为以下几大类应用：政府内部网络办公系统、电子法规政策系统、电子公文系统、电子司法档案系统、电子财政管理系统、垂直网络化管理系统、横向网络协调管理系统和城市网络管理系统。

目前，传统的政府与政府之间的大部分政务活动都可以通过网络技术的应用来高速度、高效率、低成本地实现。

2) G2B 电子政务

G2B 电子政务指的是政府与企业之间的电子政务。企业是国民经济发展的基本经济细胞，促进企业发展，提高企业的市场适应能力和国际竞争力是各级政府机构共同的责任。对政府来说，G2B 电子政务的形式及功能主要包括以下几种：政府电子化采购、电子税务系统、电子工商行政管理系统、电子外经贸管理和综合信息服务系统。

G2B 电子政务活动远不止这些，实际上只要与企业发生直接或间接联系的支付管理部门都可在一定程度上通过电子政务方式代替传统形式的政务活动，以提高效率、降低成本，为企业提供更大的方便。

3) G2C 电子政务

G2C 电子政务指的是政府与公民之间的电子政务，也就是政府通过电子网络系统为公民提供各种服务。G2C 电子政务所包含的内容十分广泛，目前主要包括：电子身份认证系统、电子社会保障服务系统、电子公共事业服务系统、公民信息服务与电子民主管理系统、电子医疗服务系统、电子就业服务系统和教育培训服务系统等。

7.4 供应链管理与客户关系管理

近年来，管理信息系统的发展趋势之一是依托互联网从企业内部走向外部，典型的管理信息系统已由 MRP Ⅱ发展成为 ERP，进而又向供应链管理信息系统的方向发展。

7.4.1 供应链管理

1. 供应链

供应链是指由涉及将产品或服务提供给最终消费者的整个活动过程的上游及下游企业所构成的网络。它由围绕核心企业的供应商、供应商的供应商、用户和用户的用户组成，包括从材料采购开始，历经供应商、制造商、分销商、零售商，直至最终消费者的整个运作过程。在供应链中，每个企业是一个节点，节点企业和节点企业之间是一种供给和需求的关系。

图 7.3 是最简单的供应链结构模型。其中，G 代表供应商，Z 代表制造商，X 代表销售商，Y 代表用户，箭头所指为物流方向。现实中的供应链物流非常复杂，是多个制造商分别与多个供应商、销售商(或称为分销商)发生错综复杂的联系，形成一种网状的供应链结构模型。

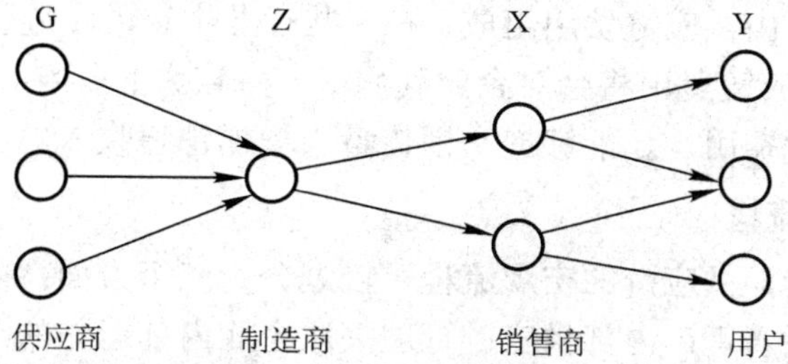

图 7.3　供应链结构模型

通常，供应链中存在着主要实体、上下游的信息流和原材料流之间的关系。供应链的上游包括多层级的供应商以及供应商之间关系处理的流程，下游则包括分发和运输产品至用户的组织及业务流程。有些大型公司的供应链上游可能由几千家实体组成，因为还有大量的分销商和零售商销售商品，所以供应链的下游可能是一个庞大而复杂的系统。

2. 供应链管理系统

供应链管理(Support Chain Management，SCM)指的是围绕核心企业，对供应链中的物流、信息流、资金流以及贸易伙伴关系等进行组织、计划、协调、控制和优化的一系列现代化管理。其目的是在供应链上从原材料到最终产品销售的过程中，以正确的数量、正确的时间进行产品制造和分销，提高协调效率，促进协调成本最小化，提高服务水平。

供应链管理是把企业资源的管理范围从企业内部向企业外部扩展，形成为了共同利益而结成的企业之间的战略联盟。据统计，实施供应链管理可以使企业的库存明显减少，总承包下降 10%，交货率提高 15%以上，订货-生产周期缩短 25%～35%。

SCM 系统可以分为供应链计划系统和供应链执行系统。供应链计划系统帮助企业规划供应链，而供应链执行系统则帮助企业执行供应链流程。通过供应链计划系统，企业可以将现有的供应链模型化，预测生产产品的需求，制订最优的采购与生产计划。

(1) 供应链计划系统。假设，一个大客户突然下了一个大订单或者突然更改了订单的状态，则会对供应链的上下游产生巨大的影响。这时，企业可能需要从其他供应商采购原生产计划外的原材料或者不同的原材料；新的生产计划可能要更改生产日程；运输承运人则可能需要重新安排运输计划。供应链计划系统可以调整生产计划和分销计划，并使更改后的信息在供应链成员间共享，以协调他们的工作。

著名的惠而浦公司主要生产洗衣机、干衣机、冰箱、烤箱等家用电器。为了更好地满足客户需求，惠而浦公司开始使用供应链计划系统管理产品生产，还安装了基于网络的协作计划、预测和补给工具，主要用于销售成员间的销售预测数据分享。供应链计划系统性能的提升，帮助惠而浦公司成功地将库存产品的可得率提升到了 97%，多余的成品库存减少了 20%，市场预测的错误率也降低了 50%。

(2) 供应链执行系统。供应链执行系统管理分销中心和仓库产品的流向，以最高的效率将产品运输到指定的地点。供应链执行系统还可以追踪产品的实体状态，管理所有供应链成员的原材料、库存、运输和财务信息。

通过 SCM 系统，可以优化企业内外部的供应链，并且向管理层提供更加精确的生产、存储和运输信息。通过应用安全化、集成化的 SCM 系统，企业可以使供需匹配，从而降低库存，改善配送服务，加快产品上市时间，并更有效地利用企业资源。

企业运营费用主要由供应链费用组成。在一些行业中，供应链费用占企业运营费用的近 75%。因此，降低供应链费用将会对企业利润率产生较大的影响。借助供应链管理系统，企业不仅可以降低运营费用，还能够提高销售量、增加销售收入。

3. 供应链的宏观流程

从企业的角度来看，供应链的宏观流程可以划分为三个方面：内部供应链管理、供应商关系管理和客户关系管理。内部供应链管理关注企业内部运作的流程，供应商关系管理关注企业与上游供应商的关系的流程；客户关系管理关注企业与下游客户的关系的流程。与供应链宏观流程有关的所有运作和分析都依赖于交易管理基础(Transaction Management Foundation，TMF)。供应链的宏观流程及其所包含的流程如图 7.4 所示。

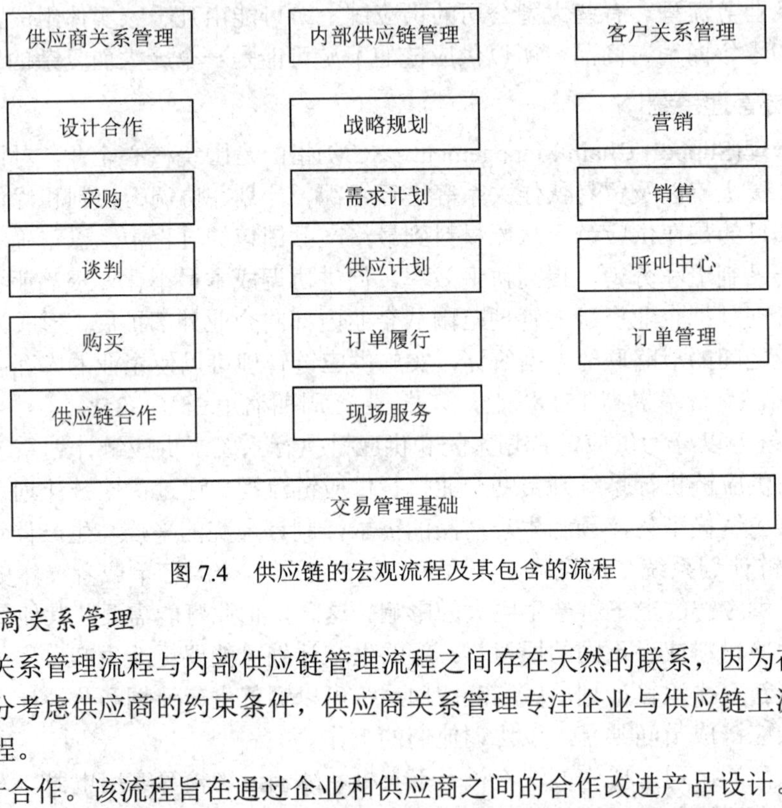

图 7.4　供应链的宏观流程及其包含的流程

1) 供应商关系管理

供应商关系管理流程与内部供应链管理流程之间存在天然的联系，因为在制订内部计划时必须充分考虑供应商的约束条件，供应商关系管理专注企业与供应链上游的供应商之间的互动流程。

(1) 设计合作。该流程旨在通过企业和供应商之间的合作改进产品设计。例如，提高产品的易制造性或提高最终产品的通用性。其他设计合作包括企业及其供应商之间共享工程变更指令，这可以消除多个供应商协同为企业的产品设计零部件时出现的延误。

(2) 采购。该流程协助对供应商进行认证，同时还在供应商选择、合同管理以及供应商评估方面提供帮助。采购的一个重要部分是分析企业来自每个供应商的成本。可以根据几个关键指标对供应商进行评估，包括交付时间、可靠性、质量和价格。这种评估可以帮助改善供应商的绩效，并帮助选择供应商。合同管理是采购的另一个重要部分，因为供应商合同有许多复杂的细节必须被跟踪，如为大批量采购提供的价格优惠。有效的采购软件可以帮助企业分析供应商绩效并管理合同。

(3) 谈判。与供应商的谈判包含许多步骤，首先从报价请求开始，谈判过程也可能包括谈判活动设计和执行拍卖。这一流程的目标是为供应商提供包含指定价格和交付信息的有效合同，以最大限度地满足企业的需求。有效的谈判软件可以实现自动化的报价请求流程，并实施拍卖。

(4) 购买。该流程实现从供应商处实际的原材料购买，包括创建、管理和购买订单的批准。有效的购买软件可以自动实现采购流程，并有助于降低处理成本和缩短处理时间。

(5) 供应链合作。企业与供应商一旦达成供应协议，就可以通过预测、产品计划和库存级别方面的合作提升供应链绩效。供应链合作的目标是确保供应链各个环节有一个共同的计划。

如果将供应商关系管理流程与适当的客户关系管理和内部供应链管理流程整合在一起，则可以显著提升供应链绩效。例如，在设计产品时，整合来自客户的输入是改进设计的自然途径。

2) 内部供应链管理

内部供应链管理关注的是企业内部的运作，包括计划和履行客户订单时所涉及的所有流程。

(1) 战略规划。该流程关注的是供应链的网络设计，所涉及的关键决策包括设施的位置和产能计划。

(2) 需求计划。该流程包括预测需求及分析定价和促销等需求管理工具对需求的影响。

(3) 供应计划。该流程将需求计划生成的需求和战略规划所设定的可用资源作为输入，然后制订满足该需求的最优计划。工厂计划和库存计划的功能通常由供应计划软件提供。

(4) 订单履行。用于满足需求的供应计划被制订之后，必须予以执行。该流程将每一个订单与特定的供应源和运输方式联系起来。订单履行软件通常用于运输管理和仓储管理。

(5) 现场服务。将产品发送给客户后，还必须提供售后服务。该流程关注的是确定零部件的库存水平以及安排客服电话服务。

3) 客户关系管理

由于内部供应链管理流程的目标是满足由客户关系管理流程生成的客户需求，因此客户关系管理流程与内部供应链管理流程之间的联系非常紧密。在进行需求预测时，必须与客户关系管理流程进行互动，因为客户关系管理流程会接触客户，对有关客户行为的信息了解得最多。类似地，内部供应链管理流程应该与供应商关系管理流程紧密联系。供应计划、订单履行和现场服务都依赖于供应商，也就是依赖于供应商关系管理流程。如果供应商不能供应生产产品所需的零部件，那么企业即使拥有能够满足需求的产能也毫无用处；而订单管理则必须与订单履行紧密整合，以成为有效的需求计划的输入。扩展的供应链管理需要各个宏观流程的整合。

4) 交易管理基础

20 世纪 90 年代初，供应链管理的绝大多数理念才刚刚萌芽，受到关注的主要是构建交易管理和流程自动化系统，这些系统后来成为决策支持的应用基础。当时对这些系统的大量需求促使 ERP 系统供应商成为规模最大的商业软件企业。交易管理基础的真正价值只有当供应链内的决策得到改善时才能体现出来。因此，ERP 系统整合三个宏观流程的固有能力通常是通过交易管理基础来实现的。

一个成功的供应链管理系统的最终目标是协调供应链中的决策和行动；而实现这一目标，信息技术需为宏观流程提供强有力的支持，使它们相互协调、共同运作。

4. 基于 Internet 的供应链管理信息系统

随着越来越多的企业进入了国际市场，它们开始将业务外包，签订供应商，将产品销售至国外。其供应链也扩展到了多个国家和地区，因此全球供应链变得极其复杂，供应链管理更具挑战性。

全球供应链跨越的地理范围很广，时间差异很大，其成员通常来自多个国家。尽管大量海外购买产品价格降低，但是需要支付额外的运输费、库存费和地方税务费等。此外，供应链管理还可能因为不同地区或国家的规章制度和文化差异而受到限制。这些因素都影响了企业在全球市场中接受订单、规划、判断仓储规模以及管理入厂和出厂的物流方式。

通过互联网，企业能够管理全球供应链的众多环节，全球化不仅催生了诸如仓库管理外包、运输管理，还促进了第三方物流商的供应链服务管理。通过基于互联网的物流服务系统，第三方物流商可以为企业了解全球供应链提供更加广阔的视角。

互联网出现之前，供应链的协调性常常受到限制。企业内部供应链因采购、库存、制造和配送等流程分离而难以共享信息。企业外部供应链也因为供应商、生产商、分销商、物流商和零售商的系统应用平台互不兼容和执行标准的不同，出现了难以共享信息的问题。

互联网出现之后，形成了基于互联网的供应链管理信息系统。一方面，利用 Intranet 将企业内部分离的各个流程进行整合，提升了供应链流程的协作水平，经过授权的供应商、分销商、物流商和零售商也可以进入企业内部的 Intranet；另一方面，通过 Extranet 企业可以与合作伙伴共享外部供应链。

通过基于 Internet 的供应链管理信息系统，供应链中的所有成员都可以进行实时交流，利用最新的信息调整采购、运输、生产、库存以及计划安排与日程安排等。

5. 信息技术在供应链管理中的作用

信息技术是供应链关键的驱动因素，协同其他供应链驱动因素建立起一条整合的、协调的供应链。信息技术在供应链管理中主要的作用有以下几方面：

(1) 预测中的作用。信息技术在预测中可以发挥很大的作用。供应链管理信息系统中的预测模块称为需求计划模块(Demand Planning Module)，是供应链管理信息系统的核心。供应链管理系统供应商，如 SAP 公司、Oracle 公司、SAS 公司和 SPSS 公司等，都提供需求计划模块。

(2) 库存管理中的作用。在制订最优库存策略的时候，信息技术可以提供需求模式、库存持有成本、缺货成本、订货成本等信息。同时，信息技术中的射频识别(RFID)技术可以对库存进行定位。

(3) 运输管理中的作用。信息技术所提供的成本、客户所在位置、装运规模等方面的信息可以确定运输网络、模式、装运方式和供应商等。运输的复杂性和规模化使其成为供应链中应用信息技术的重要领域。

确定运输网络是信息技术在运输管理中最常见的应用，它将客户分布、送货批量、期望交货时间、运输基础设施(站点之间的距离和车辆运载能力)作为变量，输入求解最优目标的公式中，所得的解决方案是在满足运输约束条件的前提下，实现成本最低的、一系列与每个车辆有关的运输网络和装箱单。

除了运输网络外，车辆装载优化软件有助于提升运输车辆的利用率。该软件根据集装箱规格以及每次送货的批量和顺序，制订有效的车辆装载计划，为运输途中的每次装卸提供最大的便利。车辆装载优化软件与运输管理软件之间必须保持同步，因为一辆卡车的装载量直接影响其送货线路，而运输管理软件则会影响卡车装载货物的类型和数量。

利用全球定位系统(GPS)可以实时监控车辆的位置，并通过电子方式向客户发送收货通知。信息的及时获得性，也使得运输网络和送货线路的动态优化成为可能。

6. 物联网在供应链管理中的作用

1999 年提出的物联网(Internet of Things，IoT)是一个基于互联网、传统电信网等信息载体，让所有能够独立寻址的普通对象实现互联互通的网络，它被视为互联网的应用扩展。物联网在以下供应链管理的环节中发挥了作用。

(1) 在采购环节的应用。通过物联网，企业可以识别不同原材料的供应商和生产日期，从而合理安排采购批次和采购量；同时也可以监控原材料采购的质量，保证采购过程的合理性和提高采购效率。通过对原材料进行唯一标识等级，实现对原材料的后期管理和问题识别，从而保证了产品的生产质量和售后服务的即时跟进。利用物联网还可以对供应商的信息进行有效管理，根据供应商在供应环节的表现，对供应商进行分级管理，针对不同等级的供应商采取不同的采购策略，从而提高企业的采购水平，培养供应商的忠诚度。

(2) 在生产环节的应用。通过物联网，可以提高生产的自动化水平，实现准时制生产。在生产线上，可以准确地找到原材料，从而减少了人工识别的错误和成本。同时，物联网还可以帮助企业的生产管理人员合理安排生产进度，即时跟进生产环节，并根据生产情况确定合理的补货策略。物联网还可以通过对生产设备的合理调度，提高企业的设备利用率，以及企业的固定资产使用效率，实现流水线均衡和稳步生产，同时也加强了对生产资料的控制与追踪。

(3) 在仓储环节的应用。通过物联网，能够利用智能货架技术和实时盘点技术在仓储环节实现对库存的高效管理。当贴有电子产品编码(Electronic Product Code，EPC)标签的产品出入仓库时，安装在仓库中的阅读器自动识别各类商品，自动进行盘点。通过调阅数据库中的资料，阅读器还可以自动读出产品进出货时间、存储位置和进出仓库的数量，保证入库出库的准确性，提高仓储中心的空间利用率，并能够使企业快速、准确地了解自己的库存水平，从而有效地降低库存。物联网还可以提高仓库的作业完成效率。

(4) 在配送环节的应用。通过物联网，可以提高配送效率，减少配送错误所造成的损耗。通过 EPC 技术，可以对货物的真假进行自动识别，实现配送环节的自动通关；可以提高配送环节的安全性和可视性，方便企业追踪货物的配送过程。同时，物联网的应用提高了货物配送的安全性和可靠性，为货物在配送环节中的分拣、包装、运输和堆码等作业提供了强大的技术支持，提高了这些作业的准确性和效率，降低了配送成本。此外，还可以节省人力成本，提高存货目录的准确性，降低货物在运输过程中的损耗。这样就确保了精确的库存控制，甚至可以使企业确切了解目前有多少货箱处于转运途中、转运的始发地或转运的目的地以及预期的到达时间等信息。

(5) 在销售环节的应用。通过物联网，可以提高产品的销售效率。当贴有 EPC 标签的商品摆放在货架上时，若客户取走货物，自动识别系统就可以自动地向系统报告。同时，自动识别系统还可以根据货架上商品的数量即时告知补货；在结算平台，也可以利用 RFID 技术进行自动识别，提高结算的速度，并通过信用卡系统记录货物的流向，便于企业统计产品的销售细节。企业也可以根据物联网提供的产品销售数据，统计各类产品的销售情况，改进产品的摆放作业，提高产品的销售量。此外，还可以根据这些信息建立客户资料，细分客户市场，制订合理的营销策略。

(6) 在售后和回收环节的应用。客户在购买商品后，可以利用商品上的 EPC 标签，对商品从原材料到生产过程等的详细信息进行了解。同时，在售后服务阶段，企业也可以跟踪客户的使用情况，针对使用过程中出现的问题追溯产生问题的缘由，提出改进意见，提高客户服务水平，更好地占领市场。此外，针对当前大力提倡的绿色经济环境，企业也可以通过 EPC 标签识别，对那些报废的产品进行有效回收，对其中的有用部件进行合理利用，提高废物利用的效率。这对于发展循环经济具有良好的实践意义。

7.4.2　客户关系管理

1. 客户关系管理的概念

客户是企业的重要资源，企业只有不断获取新客户、维护老客户才能得到巩固和发展。客户关系管理(Customer Relationship Management，CRM)指的是企业通过搜集、管理和使用信息，建立良好的客户关系，通过采取正确的营销策略影响客户行为，最终实现提高客户获得、客户保留、客户忠诚和客户创利的目的。它既是一种以“客户价值”为中心的企业管理理论和商业策略，也是一种以信息技术为手段、有效提高企业收益和客户满意度的管理方法。

客户关系管理能够帮助找到并锁定最好的客户，以正确的价格、在正确的时间、通过正确的渠道提供正确的产品或服务，能够最大限度地使潜在客户变为现实客户、现实客户变为忠诚客户，从而有效地满足客户的需求，为不断拓展市场和增加利润创造条件。

客户关系管理成功的例子是有名的亚马逊网上书店。它的客户关系管理能够通过记录客户网上浏览和购买书籍的信息掌握不同客户的偏好信息，当客户再次进入网上书店时，系统能很快识别其身份并主动推荐其所喜爱的图书。

2. 客户关系管理系统的定义与特点

客户关系管理(CRM)系统是一个以客户数据管理为核心，利用现代信息技术，记录企业在市场营销和销售过程中所进行的与客户的各种交互行为，以及各类有关活动的状态，提供各类数据模型的客户信息收集、管理、分析和利用的系统，帮助企业实现以客户为中心的管理模式。

客户关系管理主要具有以下特点：

(1) 综合性。CRM 系统综合了绝大多数企业对客户服务、销售和营销管理自动化、优化的需求，使企业拥有了畅通高效的与客户交流的途径，从而使企业顺利从传统企业模式转向以电子商务为基础的现代企业模式。

(2) 集成性。CRM 系统要有效地发挥作用，就要与企业的后台系统进行集成。在电子商务背景下，CRM 系统与企业资源计划(ERP)、供应链管理(SCM)、计算机集成制造、财务等系统的集成，将彻底改革企业的管理方式和业务流程，确保企业各个部门、各个系统的任务都能够动态协调和无缝连接。

(3) 智能化。CRM 系统具有商业智能的决策和分析能力。CRM 系统通过加强数据库建设和数据挖掘工作，可以对市场和客户的需求进行智能性分析，从而为管理者的决策提供依据或参考。CRM 系统还可以改变产品的定价方式和产品的组合方式，帮助企业提高产品的市场占有率，提高客户忠诚度以及发现新的商业机会。

(4) 多技术。CRM 系统涉及多种信息技术，如数据库技术、数据挖掘技术、多媒体技术等，同时为实现与客户的全方位交流，在部署这些技术时要求与呼叫中心、销售平台、远程销售、移动设备以及电子商务站点等功能模块有机结合，将这些不同技术、不同规则的功能模块整合在一起，形成一个统一的客户关系管理环境。

3. 客户关系管理的主要功能

CRM 系统可以是小型工具，也可以是大型企业应用软件。小型工具如为特定的客户群量身打造的网站；而大型企业应用软件则既可以加强与客户之间的信息互动，又可以运用复杂的报表工具进行分析，还可以与其企业应用软件相连接。更为复杂的 CRM 系统包含伙伴关系管理模块和员工关系管理模块。其中，伙伴关系管理模块运用与 CRM 系统相同的数据、工具和交流沟通工具，可以确保企业与业绩最佳的合作伙伴开展更广泛的合作。

CRM 系统使客户能够以多种方式与企业接触，典型的接触方式有呼叫中心、面对面的直接沟通、传真、移动销售、电子介质、互联网及其他营销渠道。企业要协调这些沟通渠道，以保证客户能够按照其方便或偏好的方式随时与企业沟通，并且保证来自不同渠道的信息完整、准确和一致。企业的每个部门也必须能够通过上述接触方式与客户进行沟通，而销售、客户服务和营销部门与客户的接触最为频繁，因此 CRM 系统要对这些部门予以重点支持。对于 CRM 系统来说，销售、客户服务和营销是其主要的功能，如图 7.5 所示，而数据库则是这些功能的基础。

图 7.5　CRM 系统的主要功能

4. 客户关系管理系统的类型

客户关系管理(CRM)系统可以分为运营型CRM系统、分析型CRM系统和协作型CRM系统，如图7.6所示。

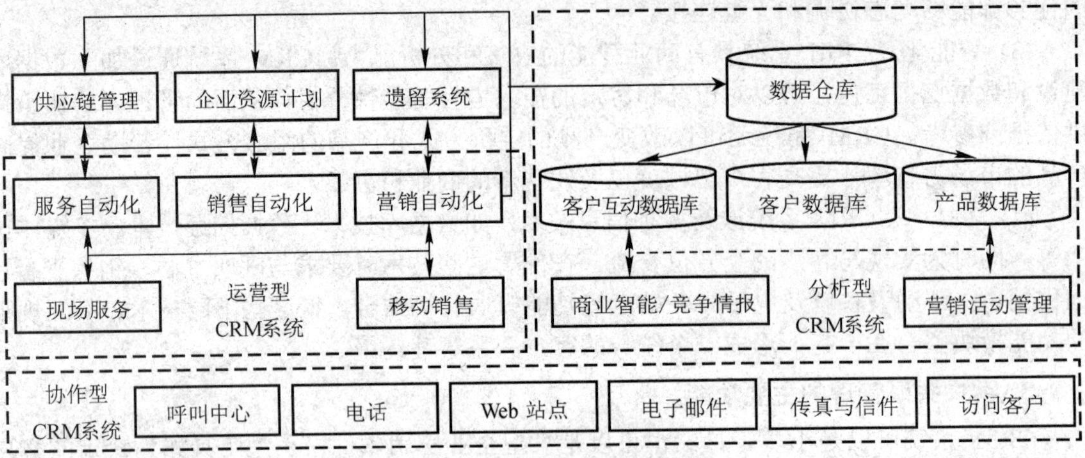

图7.6 CRM 系统的类型

1) 运营型CRM系统

运营型CRM系统也称为操作型CRM系统，它要求与客户直接发生接触的各个方面自动化，如销售自动化、客户服务自动化和营销自动化等。该系统通过自动化来改善与客户接触的流程，进而提高工作效率以及客户满意度，为提升企业绩效提供支持。

这种CRM系统的设计理念在于：随着客户管理在企业经营中的地位越来越重要，要求所有的流程流线化与自动化，包括经由各种渠道的客户接触点(即可接触机会)的融合，使前台与后台平滑地无缝连接起来。其目的是让企业在直接面对客户时能够提供集销售、营销和服务的日常业务于一体的自动化和科学化流程，使各个部门的业务人员共享客户资源，从而减少信息流动滞留点，为客户提供便利服务，使客户感觉像在与同一个人进行交易。

运营型CRM系统面向的是让营销、销售、客户服务等操作层工作，主要是应用现代信息技术解决“以客户为中心”所带来的一系列问题，包括销售信息管理、销售信息分析、销售过程定制、销售过程监控、销售预测功能、营销活动的环境分析、信息管理、计划预算、项目追踪、成本核算、回报预测、效果评估、客户服务请求，以及投诉反应机制的建立、分配、解决、跟踪、反馈和回访等。

2) 分析型CRM系统

分析型CRM系统通常也称为“后台”客户关系管理，它不需要直接同客户打交道，其作用是分析和理解发生在前台的客户活动，主要是从运营型CRM系统应用所产生的大量交易数据中提取各种有价值的信息，为企业的经营管理和决策提供有效的量化依据。

分析型CRM系统主要面向客户数据分析，针对企业的业务需求，设计相应的数据库(如客户互动数据库、客户数据库、产品数据库)和数据仓库，利用商业智能和竞争情报技术，对大量交易数据进行分析，对将来的趋势做出必要的预测或寻找某种商业规律。作为一种企业决策支持工具，分析型CRM系统用来指导企业的生产经营活动，以提高经营决策的有效性和成功度。分析型 CRM 系统的另一项重要输出是客户对于企业的终身价值，计算客户终身价值主要基于客户收入、为获得客户与服务客户而支出的成本、企业与客户保持关系的预期时间长短三个方面的内容。

分析型 CRM 系统主要基于数据仓库，以及来自运营型 CRM 系统所产生的与客户接触的数据。组织收集来的客户数据可以与其他来源的数据，如从其他企业购买或通过人口资料分析得到的直销客户名单相结合。在对这些数据进行分析后，可以确定客户购买模式，建立细分市场并进行营销活动管理。

3) 协作型 CRM 系统

协作型 CRM 系统可以使企业直接与客户互动。协作型 CRM 系统作为一种综合的解决方案，基于多媒体联系中心，将多渠道的交流方式融为一体，建立统一的接入平台——交互中心，为客户和企业之间的互动提供多种渠道和方式，提高企业与客户的沟通能力。

协作型 CRM 系统由呼叫中心服务、电话服务、Web 站点服务、电子邮件服务、传真与信件服务和访问客户服务等部分组成。协作型 CRM 系统的参与对象有两类，即企业客户服务人员和客户。例如，通过电话指导客户修理设备，在修理设备这个活动中同时有员工和客户参与，他们之间是协作的；而运营型 CRM 系统和分析型 CRM 系统只是企业单方面的活动，客户并未直接参与。由于在协作型 CRM 系统中，员工和客户要同时完成某项工作，因此就要求 CRM 系统的应用必须能够帮助员工快速、准确地记录客户请求内容，以及快速找到解决问题的方案。

通过以上的介绍和分析可以得出以下结论：运营型 CRM 系统和协作型 CRM 系统主要解决企业内部工作效率和交易数据采集问题，并不具备信息分析能力；而分析型 CRM 系统则具有信息分析能力，因而最具价值。

此外，这三种类型的 CRM 系统分别侧重某一方面的问题，因此都是不完全的。要实现企业与客户之间的联动机制，就需要将三种类型的 CRM 系统结合在一起。在实际应用中，三种类型的 CRM 系统之间往往是相互补充的关系，一个完整的 CRM 系统在实际应用中并没有严格意义的运营型、协作型和分析型的区分。

5. 客户关系管理系统的宏观流程

CRM 系统为企业创造的价值包括提高客户忠诚度、降低销售成本、提供更有效的营销方案和降低维系客户的成本等。通过 CRM 系统，企业可以有效识别高利润客户，做出精准的市场营销方案和销售策略，从而降低客户流失率。客户流失率可以反映多少客户停止购买来自一家企业的产品和服务，这是反映该企业客户群是增长还是降低的重要指标。

CRM 流程包括供应链企业与其下游客户之间发生的流程。CRM 宏观流程的目标是创造客户需求、促成交易和跟踪订单。如果订单并没有得到有效的处理和执行，就会导致糟糕的客户体验和客户流失。CRM 系统的宏观流程如下：

(1) 营销流程。营销流程包括一系列决策：目标客户是谁，如何定位客户，提供哪些产品，产品如何定价，如何管理定位客户的实际活动。CRM 系统提供的营销分析有助于改进定价、产品盈利能力、客户盈利能力等方面的决策。

(2) 销售流程。销售流程是对客户进行的实际销售。与营销流程不同，销售流程关注的是计划向谁销售及销售哪些产品。销售流程包括为销售人员提供进行销售所需的信息，使销售人员能够根据这些信息来配置订单，从而完成实际的销售。销售流程还要求能够确定交货期以及获取与客户订单相关的销售量。CRM 系统为销售人员提供自动化和个性化的配置以改善销售流程。

(3) 订单管理流程。订单管理流程对于客户追踪订单以及企业履行订单是非常重要的。这个流程将客户的需求与企业的供应链联系在一起。CRM 系统提供订单信息的共享，即订单信息到达客户之前在供应链各个环节中被共享。

(4) 呼叫中心。呼叫中心通常能帮助客户下订单、向客户推荐产品、为客户解决问题并提供关于订单状态的信息。CRM 系统可以帮助呼叫中心改善运营效果，为客服人员提供帮助，从而减轻客户人员的工作负担，CRM 系统还能将客户的来电转接给能够为其提供最好服务的客服人员。

7.5　信息系统应用案例

案例 1　连锁 KTV(Lucky Voice)的商务智能应用

Nick Thistleton 是英国一家连锁 KTV——Lucky Voice 的创始人兼董事总经理，“别人都说”(Everyone Says)是他最反感的一句话，他禁止同事们在所有业务问题上这么说。自从该公司使用商务智能软件之后，这种“别人的智慧”就不再有市场了。

Lucky Voice 成立后，在伦敦 Soho 区建立了总店。现在公司已经拥有三家分店，第一家在伦敦，第二家在布莱顿，第三家是 Novis Leisure 共同运营的分店。Lucky Voice 于 2008 年推出了在线流媒体的卡拉 OK 服务。Lucky Voice 目前有两组软件开发人员，在 2011 年，该公司为门店部署了新的在线预订系统，Thistleton 介绍，以前他们使用的是第三方预订系统，用 Excel 来导出信息。

Lucky Voice 的年营业额大约有 300 万英镑，但只拥有 40 名工作人员，分布在总店和各个分店。工作人员告诉 Thistleton，公司需要建立一个新的报表系统，而且最好找专业的商务智能工具提供商，否则会不断地进行定制化工作。2012 年年初，该公司购买了一套 Tableau 服务器许可证。到年底的时候，他们已经能够很直观地看到有哪些歌曲流行度最高。例如，鸟叔的《江南 style》要比经典的《友谊地久天长》更受欢迎。Thistleton 说：“Tableau 的界面感觉就好像是我设计的，几分钟内我就能设计好报表。”

Thistleton 说：“这个过程让我意识到我们有多少数据，如果处理好这些数据，我们的管理水平能提升多少。”他认为人人都可以成为数据分析师，从吧台服务员到业务人员。Lucky Voice 的吧台工作人员能实时从数据看到客户都爱喝什么饮料，从而制订推广策略，增加夜间收入。现在 Lucky Voice 已经形成了一种数据挖掘的企业文化。以前促销和推广策略更多地依赖直觉，而这往往是错的。例如，客户调查表明包房定价太高。关于这一问题，Tableau 显示其实这一比例要低于 5%。

Thistleton 认为他们才仅仅接触到商务智能工具的皮毛。他说：“未来还有更大的复杂度，让我们从客户关系管理方面、从挖掘客户内心方面去创建可视化数据，以便更好地了解客户的消费行为。”

案例思考题：

(1) 为什么 Thistleton 认为"人人都可以成为数据分析师"？

(2) 举例说明其中数据挖掘得到的知识或规则。

案例 2　SAP 助力南储公司优化配置

1. 企业背景

南储仓储管理集团有限公司(以下简称"南储公司")成立于 1998 年，是广东广晟有色金属集团有限公司控股的公司，是一家集仓储管理、期货交割、运输业务、仓储融资管理、保税仓储、仓储管理输出等为一体的综合性仓储管理公司。

公司总部位于珠三角经济圈的核心城市佛山，佛山工业经济繁荣，交通便捷，是上海期货交易所和大连商品交易所指定的交割仓库，目前已成为国内最具竞争力的仓储管理公司。南储公司以仓储业务为核心，在此基础上开展了一系列的衍生服务，服务种类包括期货交割、仓储管理输出、保税服务、仓储融资、港口接运、货物配送、国际货运代理、代理报关和信息服务。

南储公司年吞吐能力达 2 000 万吨，在国内仓储业名列前茅。2006 年至今，南储公司分别与平安银行、法国巴黎银行等十几家国内外银行签订了总对总合作协议，在国内率先开展了仓储融资管理业务。近年来陆续在北京、天津、上海、浙江、云南、河北等地成立了十几家子公司和分公司，全国战略布局已初具规模。

2. 公司发展中的信息化需求

近年来，南储公司主动适应市场需求，加快转型升级，由区域性的传统型仓储企业转变为全国同行业领先的现代化仓储物流企业。随着南储公司快速发展，从单一公司模式发展为多公司模式，管理跨度越来越大，业务量也呈现出大幅度增长。在发展壮大的过程中，南储公司深刻认识到信息化建设的重要性，在不断加强基础设施投入的同时，实施信息化提升战略，着力打造行业品牌。

南储公司希望建立完善的 ERP 系统，更好地体现"安全、快捷、规范"的服务宗旨，不断提升服务能力和客户满意度，树立信息系统应用典范，全面提升南储公司在业内的知名度和综合实力。具体来说，主要包括以下几个方面：

(1) 对公司业务流程进行梳理，通过信息化的方式来解决和改善业务开展过程中遇到的问题。

(2) 业务运营平台化，建设覆盖总公司、子(分)公司的统一业务平台，并逐步实现系统和上级部门、系统和兄弟单位、系统和客户的互联互通。

(3) 配合公司的管理愿景，向"系统运行集成化、业务流程合理化、绩效监控动态化、管理改善持续化"的目标开展工作。

(4) 实现组织、流程和信息系统的结合，并在结合应用的过程中不断优化和标准化，保持公司的专业性和先进性。

3. ERP 系统实施

2012 年，南储公司开始采用 SAP 公司的一系列解决方案，将其作为南储公司的企业管理信息化在线服务平台，全面支持仓储服务、仓储融资管理、运输货代业务，并与财务模块无缝衔接，实现南储公司各项业务资源的强大整合。南储公司信息科技部总监谭志海表示："ERP 系统是南储公司最为核心的信息系统。ERP 担负了支撑业务运作、提升运作效率和管理、辅助决策的重要作用。"

南储公司属于第三方物流，具有以客户为中心、客户服务能力较强、24 小时连续作业、现场服务、满足综合物流能力要求等业务特点。这些特点对信息系统提出了很高要求，信息系统除了要具备稳定性、功能强大、有行业解决方案等基本要求外，还要有良好的扩展性，在纵向上能很好地提供行业解决方案，支撑业务运作；在横向上能够提供系统整合，包括客户系统、银行系统以及内部系统的整合。

(1) 满足扩展需求，保证业务的安全性与严谨性。

ERP 系统上线之前，南储公司花了一年时间来做选型和准备工作。为了规避风险，明确需求，增加确定性，南储公司启动了"系统需求"调研项目，聘请了专业咨询机构，对高层、中层、操作层人员及客户进行了访谈和调研，梳理了所有业务流程，整理了各层次、各岗位的信息化需求和建议，最终形成了明确的信息化需求报告。

在选型中，南储公司对国内外几乎所有的 ERP 系统都做了全面、系统的考察，从系统功能、需求满足能力、技术能力、综合实力等多方面对供应商展开评估。通过对比，南储公司发现 SAP 系统最符合要求。由于南储公司在业内有着"安全、快捷、规范"的美誉，在与国内几十家银行对接业务时，安全性和严谨性是重中之重，而 SAP 系统的严谨性和安全性符合这一要求，所以南储公司选择 SAP 公司作为供应商。

随着南储公司电子商务业务的展开，南储公司希望通过线上平台为客户提供更好的服务，借电子商务的力量提升业务的边界效益。基于 SAP ERP 系统，南储公司又选用了 SAP NetWeaver 作为电子商务平台。这样选择，一是因为两个平台易于对接，不用做额外接口；二是因为南储的客户群是大宗商品客户群，所以选型要考虑安全性、严谨性、线上线下整合便捷性、性能和客户数量等因素，而 SAP NetWeaver 平台就符合这样的要求。

(2) 多方位及时管控，有效提升服务能力。

目前，ERP 系统第一期和第二期已经上线。仓储服务系统采用的是 SAP EWM 新一代仓库及物流管理解决方案，这一解决方案实现了南储公司仓储业务整体管理效率的提升，其具体特点体现为：精确的仓库建模，高效的库存规划与整理；精细且灵活的仓库业务流程控制；仓库作业的优化分派；无缝集成技术(RFID、自动化仓库、语音分拣、灯光分拣等)；资源及设备的优化管理；与 SAP ERP 系统的高度集成。

基于 SAP EWM 系统，南储公司建立了严格有效的货物安全管控体系，应用了多种先进手段。例如，通过现场进行二代身份证验证，可以有效识别提货人的真假。再如，提货人拍照留底、作业看板管理、快速单证扫描仪、PDA 等，都为网上办理业务安全和货物安全提供了充分的保障。

通过 ERP 系统，南储公司还实现了以下应用效果：

① 建立财务业务一体化的信息系统。实现业务和财务无缝集成，业务信息即时传递到财务，使财务能有效监管业务情况，及时发现问题，提升风险预防和管控能力。

② 加强下属公司管理。南储公司在全国各地有 18 家子(分)公司，要更好地管理这些公司，必须依赖先进的信息系统，通过网络手段，对子(分)公司进行管理复制，将成

熟有效的管理模式推行到子(分)公司，及时收集业务和财务数据，有效地掌控下属公司的经营情况。

③ 采用现代化的管理手段和工具。新系统采用 PAD、RFID 等新工具，提升公司的作业能力和效率，实现作业数据的及时性，提升南储公司在仓储行业的形象和地位，增强竞争力。

④ 帮助提升融资管理行业的地位。随着平安银行、交通银行、光大银行等银行推出监管系统，银行对企业也提出了与监管系统对接的需求。建立新系统能更好地实现与监管系统的对接，提升公司在监管行业的地位和竞争力。

⑤ 提升对外服务能力。新系统不仅能够支持公司的内部业务，提升管理水平，还能够通过整合外部系统，提供业务查询窗口、网上业务办理等服务，并通过信息平台全面整合上游下游业务，为客户提供更多增值服务，全面提升对外服务能力。

4. ERP 系统风险管理

本系统由顾诚管理咨询公司作为主要实施团队部署。南储公司的 ERP 系统实施项目是按照 SAP 加速方法论(ASAP)，结合南储实际情况执行实施的。在实施过程中，南储公司特别重视风险控制。由于南储公司的业务具有业务面广、涵盖地域宽、尤其是增强功能多的特点，所以在项目管理的范围、成本和质量中下足了工夫。

在 ERP 系统实施过程中，风险是不可避免的，关键是要对风险进行有效的监控，将风险控制在一个可接受的范围内。这样即使风险变成现实，也能够对它进行妥善处理。由于风险不是静态事务，会随着系统的实施而不断变化，旧风险可能在某个阶段后就不再是风险了，但新风险又会出现，所以对风险的分析、跟踪和控制贯穿了 ERP 系统实施的各个阶段。

进行风险控制，需要把风险管理纳入日常项目管理活动。一旦发现潜在风险，就立即跟踪处理，尽快消除。例如，ERP 系统有很多硬件接口，如地磅、二代身份证读取器、快速扫描仪、高速拍照仪等，实施团队很早就意识到了硬件接口方面的工作量，从一开始就着手进行相关硬件接口的开发工作，最终实现了系统准时上线。

5. ERP 系统实施效果

经过了一年半的实施和推广，SAP ERP、SAP EWM、SAP BO、SAP EP、运输管理解决方案系统已经在总部和各子(分)公司全面使用，支持了仓储业务、融资管理业务、运输业务、财务以及其他衍生业务的高效运行。

南储公司领导对于 SAP 系统的实施给予了极大的支持。系统上线运作以来，其重要性日益凸显：管理集中体现、效率有效提升、公司管理模式统一贯彻到子(分)公司，这些效果都得到了高层领导的肯定。

业务部门也从不能满足需求的原有系统中解脱出来，SAP 系统的集成性、完整性、严谨性和高效性很好地支持了业务运作，把业务部门的业务管理水平提升到了一个新的高度。

6. ERP 系统的作用

随着 SAP 系统在南储公司的全面深化使用，信息系统对业务的支持越来越强，不仅提升了效率、节约了成本、减了少人力，还在现场作业、远程仓库管控、客户服务、行业协同等多方面发挥了重要的作用，并且推动了业务发展，带动了业务创新，具体表现如下：

(1) 提升了客户服务效率。客户过去需要手工处理60分钟的业务，现在只要花5分钟即可，他们网上进行简单的操作就能够轻松地生成业务单据，并实时传送到南储公司内部岗位进行后续安排，为客户节省了宝贵时间，也提升了南储公司内部作业安排的计划性。

(2) 实时的数据统计分析能力。过去由于缺乏数据收集和分析工具，无法做到快速收集、分析、统计和生成数据。过去统计员平均每月需处理40万吨业务量、10 000张统计单据，现在则由系统自动完成，使统计效率有了极大的提升。此外，信息系统提高了各业务模块的数据统计和分析能力，能够实时反映业务情况，为企业提供所需的管理报表和业务数据。

(3) 信息共享，打通企业各个环节。过去南储公司的各个系统之间互不连通，数据不共享，业务数据和财务不一致，造成费用结算效率低下，结果不准确、错漏等情况时有出现，给管理造成了困扰。信息系统为企业打通了业务和信息的脉络，信息共享互通为企业管理水平的提升打下了坚实的基础。

(4) 先进的设备提升安全性。南储公司的仓储客户以有色金属行业企业为主，客户非常重视安全性。因此，信息系统针对安全性做了很多工作。例如，针对现场操作，可以应用多种设备来进行管理。

(5) 流程优化带来效益。南储公司对作业流程做了优化，对原有流程做了全面梳理，并对关键流程做了重点分析，从而提高了效率。例如，提货流程中，由于开通网上业务办理，简化了前期手续，配合先进的设备提升了作业效率，提货平均时间从原来的3小时减少到1.5小时。

(6) 提升了行业竞争力。随着信息系统的推广和使用，除了理顺作业流程、规范内部管理、提升作业效率外，还对行业的信息化水平提升起到了较大的推动作用，为行业信息化作出了贡献，同时也提升了南储公司行业竞争力以及南储品牌的美誉度。

(7) 建立仓储行业电子商务平台。南储公司一方面继续优化和提升现有系统的应用水平；另一方面，建立大宗商品服务电子商务平台，这是一个以交易流程为导向，结合基础、公共、集成服务而构建的完整的交易平台。南储公司希望通过这个整合社会各类资源而建立的电子商务平台挖掘需求，以为公司拓展渠道，寻找资源，撮合供需双方交易，为交易提供配套服务，同时降低交易成本、提高交易效率，实现阳光经营。这个平台的建设目标是成为对市场有重要影响力的仓储行业电子商务平台，服务于企业，成为仓储行业电子商务信息化的先锋。

未来，南储公司还将会进行一系列业务创新和尝试，如城市物流配送、冷链管理等，这些业务都需要信息系统的支撑。南储公司希望能够有一套完善的第三方物流行业解决方案，以支持企业快速部署，提高客户的满意度。

案例思考题：

(1) 分析ERP系统如何支撑南储公司的业务运作以及提升运作效率。

(2) 分析南储公司的ERP系统实施如何进行风险控制。

(3) 根据案例分析实施ERP系统的关键因素有哪些。

案例 3　星巴克：咖啡从手机开始

2015 年 3 月 23 日，咖啡巨头星巴克开始利用手机 APP(手机软件)来解决顾客预定咖啡流程繁杂的问题。此前，其手机 APP 已增加了 Apple Pay 等新功能，现在则准备至少再增加 3 个服务功能，包括联手 Postmates 推行按需派送服务功能。

由于能让餐饮类零售商为顾客提供更方便、更高效的服务，在线预订和手机预订已在全球迅速普及，而星巴克在这方面运用得很好。一方面，手机预订能够为咖啡爱好者节省时间，使他们在上班路上、午休时间或出差时都能够方便地喝到一杯咖啡；另一方面，由于星巴克是当时唯一一家提供手机预订服务的咖啡零售商，如果顾客想方便地喝到咖啡，星巴克手机 APP 一定是首选，这样也就间接减少了星巴克的竞争对手。

星巴克移动支付尝试始于 2009 年，最初只在美国西雅图和海湾地区的 16 家门店推行。通过开始的尝试星巴克发现，移动支付不仅提高了效率，还让它与合作伙伴和顾客之间建立了一种额外的联系。2011 年 1 月，星巴克正式在美国推出了具备支付功能的苹果版和黑莓版手机 APP，同年 6 月发布了安卓版本的手机 APP。随后，从当年年底的数据统计可以发现，星巴克移动支付的规模达到 2 600 万笔，成为美国当时最大的移动支付项目。

据悉，星巴克在 2014 年 12 月首次推出手机预订服务时，考虑的一个重要问题是如何提高配送咖啡的时效，以使顾客能够喝到温热且新鲜的咖啡。之后，经过在波特兰市几个月的实验，星巴克已经简化了咖啡配送流程，基本解决了这一问题。

星巴克手机 APP 上线之初，只在美国俄勒冈州的波特兰市提供服务，后来将服务范围扩展到了华盛顿、阿拉斯加、爱达荷州以及俄勒冈州的其他地区。星巴克表示，今后还会逐渐增加可提供手机预订服务的网点。

据了解，星巴克手机 APP 的用户已达 1 200 万人，其中 700 人平均每周使用一次手机 APP 预订咖啡服务。用户可以通过星巴克手机 APP 找到距离自己最近的星巴克餐厅，然后在线预定咖啡，不仅可以在线选择想要的咖啡品种，还可通过手机直接进行支付。

案例思考题：

(1) 星巴克的移动支付为什么能取得成功？

(2) 星巴克手机预订服务的实施还会存在哪些困难？

案例 4　IKEA 的供应链管理

IKEA 与其他家具厂商最大的不同就是将商品分解成易组装的组件，可以让消费者买回家后用最简单的方法组装，这个策略是 IKEA 所谓的“Cost-per-touch”。也就是说，在整个家具供应链中，家具从生产一直到被送到消费者家里，需要经过不同厂商的“手”去生产、组装、包装、运输，如果能够减少这些看不见的“手”，就可以让消费者用最便宜的价格买到家具。

在降低成本方面，IKEA 聘用的业务推广人员比较少，而在各门市展售空间的设计上投入较大，令人印象深刻的就是 IKEA 为了推广某个新设计的家具，会在门市内实际布置一个家庭情境的摆设，消费者看到实物以及摆设的状况，就可以想象出这个家具买回家后是否符合自己的需要，因此消费者总喜欢到 IKEA 门市购买家具，并心甘情愿地把家具搬回家。这也是 IKEA 在物流上的成功策略。

IKEA 每个门市的规划大致相同，约有 9 500 多个家具品种，但是在物流中心的设计上，不像一般厂商按照地理区域划分物流中心的权责范围，而是根据“80/20”原理将商品区分出高流动型和低流动型，然后将高流动型商品部署在高度自动化的物流中心，将低流动型商品放置在以人工操作为主的物流中心。

IKEA 最大的特色，也是 IKEA 最成功的物流策略，就是大量采用扁平化包装设计(Flat-Packed Form)。也就是不管是怎样形态的家具，都可以拆解，使消费者可以很方便地搬回家后，并能够快速组装起来。正是因为 IKEA 擅长将包装扁平化，商品具有极高的运输效率，不仅大幅降低了 IKEA 的运输成本，也让一个货柜可装载的商品种类变多，符合现代消费者少量多样的选择趋势。有了低成本运输的优势，就可避免受制于“生产点要离消费点愈近愈好”这个铁律，并让供应链的每个环节都发挥最大效率。

在运输策略上，IKEA 首选铁路运输，其次则是海运，而空运仅有 1%左右，目前全球 IKEA 门市最多的欧洲地区，部分门市甚至拥有铁轨，可以让货运火车直接驶入门市内卸货。

另一个 IKEA 的知名案例就是“蜡烛改善案”。在这个改善案中，IKEA 大幅降低了运输“空气”这种状况。这个案例是一款 100 个包装的小蜡烛，原本 IKEA 采用的包装方法是随机塞入法，也就是只要将蜡烛塞得进袋子即可，但是这样的结果是蜡烛的间隙很大，因此一个海运货柜塞不了几包就装满了。经过重新设计，蜡烛改用数组排序，再装入包装袋，这个小小的改变，使得原本的海运栈板数量降低了约 30%，不管是成本的节省还是碳排放的改善，效益都很大。

在库存管理上，IKEA 也进行了很多改进。举例来说，IKEA 在 2011 年刚开始推动电子商务时，可让消费者直接看到门市库存数据。如果消费者看到某个自己喜欢的家具有库存，就可能花两三个小时开车到 IKEA 门市，希望现场就可以把自己喜爱的家具买回家。不过，令消费者失望的是，这些家具没有摆放在消费者伸手可及的储位，而是放在比较高的补货式储位，根据 IKEA 的安全政策，又禁止消费者直接操作门市内堆高机将商品搬下来，因此往往是消费者看到了商品库存，但是到门市后又买不到。

为解决这个问题，IKEA 将库存数据修正为消费者“伸手可及”的库存，而不是门市内的总库存，并且提供未来 4 天内预计“伸手可及”库存数量让消费者参考。这样消费者有了这些信息，就可以安排自己到 IKEA 门市选购家具的时间。

除此之外，IKEA 的信息系统在工作日(周一到周五)是每隔 90 分钟更新一次库存状况；但是到了节假日，库存的更新频率提高到每 45 分钟一次，而且库存更新的数据来源不仅有各门市的销售终端(POS)系统，还包括门市内服务人员的例行巡场，他们若发现某个商品有破损或瑕疵，就可以立刻通过随身佩带的手持系统进行库存扣除，以避免消费者买到瑕疵商品。

在制造上，IKEA 不依赖少数专业家具制造厂商，而使家具从设计开始就彻底模块化，这样不同的模块可以分配给不同的制造厂商生产，不仅可以分散风险，避免受到制造厂商的牵制，还可以通过订单谈判来降低成本。

IKEA 鼓励制造厂商减少浪费，如果在家具制造过程中有下脚料发生，IKEA 也会与制造厂商一起展开头脑风暴，制作出可以应用这些下脚料的产品。不仅要做到原物料使用不浪费，还要做到不使消费者过敏，以及降低能源消耗。IKEA 目前从全球 55 个国家的 1 600

多家制造厂商采购，中国则是其最大的单一采购来源，其余大部分从欧洲各国，如波兰、意大利、瑞典、德国等采购。

IKEA有时帮助制造厂商进行联合采购，以降低它们的成本。同时，IKEA还与制造厂商签订长期合作契约，并在必要时资助制造厂商做产品研发。

在绿色供应链上，IKEA意识到，除了木材之外，最主要的碳排放来源是棉花原料的使用。以2012年为例，IKEA合计使用了16万吨的棉花，而根据澳大利亚昆士兰大学的学者研究，平均一捆(1 Bale)的棉花(约227公斤)，从种植到最后做成原料(包括灌溉的电力、收割、清洗等工序)，大约会引发226公斤的温室气体，相当于一公斤的棉花原料就会产生一公斤的温室气体。IKEA在2005年与世界自然基金会(World Wide Fund for Nature)合作，推动一系列的棉花管理再造 (Better Cotton Initiative, BCI) 计划，希望有效改善棉花原料整个生命周期过程的劳工与环境议题，并希望在2020年以前全球有30%的棉花来自这个计划。

案例思考题：

(1) 根据这个案例，分析IKEA是如何进行成本控制的，对消费者有什么益处。

(2) IKEA的库存管理的特点是什么？

(3) IKEA为何采用制造模块化？

(4) IKEA与生产制造厂商的合作方式对供应链发展有什么作用？

案例5 乐高的客户关系管理

乐高集团是根据客户特定需求来划定客户并进行个性化营销的。据调查，7岁男孩玩相同的乐高玩具至少出于两种原因：一种是角色扮演，喜欢把自己装扮成他刚刚用积木建好的宇宙飞船的船长；另一种是建造，喜欢根据所附的参考示意图进行搭建。鉴于此，乐高集团对“角色扮演者”提供与其乐高玩具配套的录像带和故事书；对建造者提供更多的参考图，甚至单独提供一套参考图书目录。

案例思考题：

(1) 乐高集团需要什么类型的客户关系管理系统？

(2) 乐高集团如何应用客户关系管理系统为客户提供个性化定制？

(3) 乐高集团的客户关系管理系统与乐高集团组织内其他系统是如何集成的？

本章小结

本章主要介绍了信息系统应用中的商务智能、企业资源规划、电子商务与电子政务和供应链管理与客户关系管理等几个方面的应用。

商务智能方面主要介绍了商务智能的定义、商务智能系统的架构、商务智能分析的技术与方法以及商务智能的应用与发展；企业资源计划(ERP)主要介绍的是企业资源计划的发展过程、管理思想、功能以及发展方向；电子商务介绍了电子商务的定义、电子商务的分类、电子商务系统的结构、电子商务的安全技术、电子商务支付技术以及电子商务发展过程中可能出现的一些问题；移动商务主要介绍了移动商务的概念和运行平台、移动支付以及移动商务的应用；电子政务主要给出了电子政务的概念、电子政务模式的类型和应用；供应链管理给出了供应链(SCM)的概念、供应链管理系统的组成和作用、供应链的宏观流程以及在供应链管理系统中信息技术与物联网所起的作用；客户关系管理主要介绍的是客户关系管理的定义和主要功能、客户关系管理系统的分类等。

思考与练习

1. 什么是商务智能？
2. 举例说明商务智能应用领域有哪些。
3. 数据挖掘有哪些方法？
4. 联机分析处理(OLAP)主要操作包括哪些？
5. 企业资源计划(ERP)的概念是什么？
6. 简述 ERP 的发展过程有哪几个阶段。
7. 简述 ERP 的功能。
8. 简述电子商务按照交易对象的性质的分类。
9. 电子商务中的安全技术有哪些？
10. 移动商务与传统电子商务相比有哪些优势？
11. 请举例说出我们日常生活中存在的移动商务实例。
12. 请分析日常生活中的移动支付可能存在的问题。
13. 什么是电子政务？它主要包括哪几类主要服务对象？
14. 客户关系管理主要有哪些功能？
15. 分析一下供应链在企业中的宏观流程。

第 8 章

管理信息系统开发概述及其规划

早期，在信息系统开发过程中，由于系统规模大、复杂程度高、用户需求不明确、开发过程缺乏理论指导等因素，很容易出现成本超出预算、开发进度拖延、资料难以保存等问题，逐渐地，人们意识到需要一套科学的、工程化的方法来指导信息系统的开发。

8.1　管理信息系统开发概述

8.5.1　系统开发生命周期

目前，管理信息系统的开发遵循的是系统工程的方法论，这样可以使得开发过程变得相对简单。依据系统工程的思想，无论做什么事都要考虑以下几点：① 为什么做此事？目的是什么？是否值得？可行吗？② 做什么？做成什么样子？③ 怎么做？采用什么样的技术做出来？④ 如何实现系统？

针对信息系统的特点，结合上面提出的几点考虑，通常把管理信息系统的开发过程可分为以下四个阶段：

(1) 管理信息系统规划。此阶段根据用户提出的开发需求进行初步调查，确定信息系统目标，给出总体方案，制订开发计划，并根据资源条件和约束条件进行可行性分析。

(2) 管理信息系统分析。此阶段通过详细调查来识别用户的需求。在此基础上，使用科学的分析工具和方法，对信息系统的目标、功能、流程、数据资源进行分析，并兼顾环境、费用、效益等因素，提出合理的系统逻辑模型。

(3) 管理信息系统设计。此阶段根据需求调查和信息系统分析的结果，选择一个具体的信息系统平台，设计多个能够在该平台上运行的物理方案，通过比较，确定信息系统的最佳方案，最后进行详细设计。

(4) 管理信息系统实施、运行和维护。此阶段进行信息系统的编程、调试、维护、评价以及运行和维护等工作。

一个系统从提出任务，经过规划、分析、设计、实施、运行和维护，直到被淘汰的全过程称为系统开发生命周期(System Development Life Cycle，SDLC)，它适用于任何类型的信息系统。正是有了系统开发生命周期，复杂的系统开发变得相对简单。在实践中，开发人员可能会因为系统规模大而采用更多的阶段，但这些阶段归根结底都是由上述四个阶段衍生而来的。

在系统开发生命周期中，通常涉及以下人员。

1. 用户

用户通常指实际使用信息系统处理日常事务的人，他们是信息系统功能需求的来源。用户通常分为：

(1) 业务操作用户，即使用系统处理日常事务的业务人员。业务操作用户应具有较高的业务水平和接受新事物的积极性。同时为了使业务操作用户顺利使用，人机界面应简要明了。

(2) 查询用户，即从信息系统中获取信息的人，与业务操作用户可以是同一组人。有时候，企业允许客户查看信息，但不允许他们修改信息，客户就称为查询用户。

(3) 管理用户，即企业的中层管理人员。他们希望信息系统能够提供统计和概要信息，以便对企业的日常活动进行计划和控制，从而高效地完成每一项事务。

(4) 主管用户，即企业的高级行政人员。他们是信息系统的发起者，具备组织、决策和协调能力，有用丰富的管理经验，并了解科技发展的新动向。他们希望信息系统提供市场趋势等战略信息。

2. 客户

客户通常指购买或拥有信息系统的人，又称为投资者。客户和主管用户通常是同一类人，但也有可能是两组不同的人。信息系统开发项目小组向客户汇报开发进展，客户代表负责批准或否决资金的使用。

3. 技术人员

技术人员通常指的是确保信息系统在计算机环境中运行的人。尽管技术人员不是真正的用户，但却是信息系统技术需求的来源。他们在编程语言、计算机平台和其他设备等方面为信息系统开发提供帮助。

4. 开发人员

开发人员包括以下四类人员：

(1) 系统分析员与系统设计员。系统分析员与系统设计员分别从事信息系统分析和设计工作，这两项工作往往由同一组人承担，只是在不同的阶段工作内容不同。他们是信息系统开发的领导者，具有丰富的计算机、信息系统、现代管理等专业知识，知识面广，实践经验丰富，学习能力强，能够在短时间内对不同信息系统的业务有深入的了解。此外，他们还具备较强的组织和协调能力以及较高的心理素质。

(2) 模型设计员。管理信息系统具有决策、控制和预测功能，因此要求在系统中配置一些专门解决某类管理问题的数学模型或仿真模型。模型设计员根据用户的具体问题建立合适的模型，确定求解模型所需要的参数和数据，并提出各种解法。模型设计员要求有扎实的数学基础，懂得各种优化与仿真方法，并具备一定的计算机和管理知识。

(3) 程序员。程序员根据系统设计员的程序说明书编制和调试程序，负责维护现有的应用程序。程序员应具有计算机程序设计和调试能力，并能够编制文档说明资料。

(4) 系统管理员和硬件管理人员。系统管理员和硬件管理人员负责维护操作系统和数据库管理系统等专用软件，编写专用的系统级例行程序，承担计算机网络与通信，以及硬件设备的故障诊断与维修任务。他们精通系统软件和硬件，具有计算机网络、分布式处理系统等知识。

5. 第三方咨询

由于信息不对称，用户需要借助第三方的咨询服务约束和监督开发方的行为，并指导企业与信息系统的磨合工作。第三方咨询的内容包括项目实施目标和计划的评价咨询、项目投入资源和项目过程及成果的监理、项目实施效益的评估等。

8.1.2　信息系统的开发原则

在信息系统开发过程中，通常遵循以下原则。

1. 一把手原则

由于信息系统开发涉及组织管理的各个方面，因此一把手，即高层领导出面协调各方面关系是信息系统成功开发的必要条件。

2. 优化与创新

信息系统开发不能简单地模拟原来的管理模式和业务流程，而必须根据实际情况和科学管理的要求，加以优化和创新。

3. 充分利用信息资源

在信息系统开发过程中，数据要尽可能共享，一次采集，多方使用，减少不必要的输入输出；对已有的数据做进一步分析，以满足作业层、管理层和战略层对数据的需求。

4. 实用和实效

针对信息系统开发生命周期的每个阶段，所有的方案都应该是实用的、及时的、有效的。

5. 规范化

按照标准化、工程化的方法开发信息系统，同时要求用户单位基础管理科学化，即满足管理工作程序化、管理业务标准化、报表文件标准化、数据资源完整化的要求。

6. 适应性

考虑组织结构、管理模式、业务流程可能的变化，摆脱信息系统对组织的依从性。如果信息系统适应性差，不仅不能成为企业变革的利器，反而会成为企业变革的阻力。

8.1.3　信息系统的开发策略

1. “自顶向下”的开发策略

从高层管理入手，考虑信息系统的整体目标、环境、资源和约束条件，再确定需要哪些功能去保证整体目标的实现，并划分相应的子系统，以及进行子系统的业务分析和设计。这种开发策略具有较强的整体性和逻辑性，但其工程量大、周期长、开发费用高，评价标准也难以确定。

信息系统“自顶向下”的开发策略的具体步骤如下：① 分析信息系统的整体目标、

环境、资源和约束条件；② 确定信息系统的主要业务处理功能，从而得到各个子系统的分工和接口；③ 确定每一个功能(子系统)所需要的输入、输出和数据存储；④ 对子系统的功能和数据做进一步分析与分解；⑤ 根据需要和具体情况，确定优先开发的子系统。

2. “自底向上”的开发策略

“自底向上”的开发策略从基层业务子系统入手进行信息系统开发。这些基层业务子系统容易被识别、理解、开发和调整，相关的数据流和数据存储也容易确定。在对基层子系统进行分析和设计之后，再将不同的功能和数据综合起来考虑，进行上一层系统的分析与设计。为了支持系统的整体目标，满足管理层和决策层的需要，除了增添新的功能和数据外，还要考虑一定的管理模型。

这种策略将具体的业务子系统逐层综合为总系统，实际上是模块的组合。但是，由于在子系统的具体开发中难以全面考虑系统的整体目标和功能，所以在进行上层分析与设计时，反过来还要对下层子系统的功能和数据做较大的调整。尽管可以根据资源的情况逐步满足用户的要求，但缺乏整体目标和协调性可能会导致功能和数据的矛盾、冗余，从而造成返工。

3. 综合开发策略

综合开发策略是上述两种策略的综合。“自顶向下”的开发策略适用于一个企业信息系统总体方案的设计，而“自底向上”的开发策略适用于基层业务信息系统的设计。综合开发策略首先采用“自顶向下”的开发策略确定信息系统的总体方案，再在总体方案的指导下，采用“自底向上”的开发策略，分别对基层业务子系统进行归纳和数据的分析、分解，并逐层综合为总系统。这样，通过全面分析、协调和调整，就能够得到一个比较理想的，耗费较少人力、物力和时间的，用户满意的信息系统。

8.1.4 信息系统的开发模式

在信息系统的实际开发过程中，标准系统开发生命周期中的四个阶段可能会被进一步细分，每个阶段执行的活动和采用的方法有可能不同，各阶段之间的衔接也会不一样。在基于标准系统开发生命周期所产生的变体被称为信息系统的开发模式，它们是信息系统开发活动的一系列步骤及执行过程。不同的信息开发模式适用于不同情况下的信息系统开发。常见的信息系统开发模式有以下几种。

1. 瀑布模式

瀑布模式是将信息系统开发过程分为若干阶段，每个阶段要清晰定义所做的工作，各阶段依次执行相应的工作，前一阶段的工作成功执行后才能进入下一阶段，直至整个信息系统被开发出来。阶段划分上没有统一的规定。对于简单信息系统，所划分的阶段可以比较少；对于复杂的信息系统，所划分的阶段可以比较多。每个阶段都必须考虑用户的所有需求，而且其工作结果都需要进行验证，如果验证通过，则该结果被冻结，并作为下一阶段的输入，否则返回修改。

瀑布模式适用于低风险的信息系统开发项目。例如，用户需求足够清晰且基本不变、问题域知识容易获取、解决问题技术手段比较成熟的信息系统开发项目。但是，对于其他信息系统开发项目，瀑布模式则可能并不适用。例如，有的信息系统在开发时需要通过与用户交互来获得用户需求，因此可能很难一时得到完整的用户需求。对于这样的信息系统开发项目，则不能使用瀑布模式。

瀑布模式的不足之处是：① 用户需求在项目初期就需要被完整、准确地描述；② 在各个阶段均需要同时考虑用户的所有需求，而且信息系统开发要在一个周期内完成；③ 过于强调完整的分析与设计文档，故一旦需求变更，就需要对文档进行大量修改；④ 开发周期长且用户参与不足，用户只在需求分析阶段以及运行和维护阶段参与。

2. 渐增模式

在系统开发过程中可能会出现人手不够、项目规模大、预算分期编制等问题，这样可能无法同时考虑用户的所有需求，为此人们提出了渐增模式。渐增模式将需求分为几个部分，然后按照渐增开发计划，将每个“部分需求”的开发视为一个周期，每个周期依次或平行开发。每个阶段清晰地定义所做的工作，每个阶段循序进行且循环一次。

渐增模式和瀑布模式都强调在信息系统开发的初期应该完整、准确地描述用户的需求，但前者更强调用户需求的可分性，每个“部分需求”则可以依据瀑布模式开发。在渐增模式下，信息系统开发的第 1 版通常是核心产品，它给出信息系统的基本框架，实现基本需求。随着时间推移，在听取用户意见的基础上，一边修改已发布的版本，一边制订下一个版本的发布计划，然后按照计划继续增量开发，直到产生用户满意的系统。

3. 原型模式

前面两种开发模式都假设用户需求被完整、准确地描述，但这种假设常常不能实现，因为用户经常无法清楚地表达自己的需求；或者虽然用户能够表达自己的需求，但系统开发人员却缺乏足够的知识完全了解或实现用户需求。为此，原型模式应运而生，其基本步骤如下：

(1) 用户提出基本需求，系统开发人员抓住问题本质，快速确定系统的基本功能，并根据原型所要体现的特性(如界面形式、处理功能、总体结构等)，描述基本规格说明。

(2) 根据用户的基本需求，快速构造一个可运行的初始原型系统。初始原型系统不要求完善，但要求满足用户的基本需求，一些细节问题，如安全性、健壮性、异常处理等可以暂时忽略。

(3) 用户在系统开发人员的指导下使用原型系统，评价信息系统运行的结果是否满足预期的要求，以及原来的需求描述是否满足用户的期望。纠正过去双方沟通中的误解，增补新的要求，针对各种因素引起的信息系统需求变动提出修改意见。

(4) 修改原型系统中不合适或错误的地方，提交给用户继续使用，再次聆听用户的意见。系统开发人员和用户在一次次的交互过程中不断完善原型系统，以接近系统的最终要求。直至修改后的原型系统得到参与双方的一致认可，原型模式系统开发的迭代过程即可结束。

原型模式符合人类循序渐进的认知规律，引入模拟手段进行系统分析，强调用户的参与，提倡使用工具开发，但它不适合大型复杂系统以及运算复杂、逻辑性强的程序模块的开发，也不适用于基础管理不善的单位。

4. 螺旋模式

螺旋模式不是用一系列活动及活动间的回溯来标识信息系统开发过程，而是用螺旋线标识信息系统开发过程。螺旋线的每个回路标识信息系统开发过程的一个阶段。最里面的回路可能与信息系统的可能性有关，下一个回路与信息系统的需求定义有关，再下一个回路与系统设计有关。螺旋线的每个回路被分成四个象限：① 制订计划，确定系统的目标、备选方案以及约束条件；② 风险分析，根据系统目标与约束条件，评估备选方案，考虑如何识别和消除风险；③ 实施工程，开发、验证下一层产品；④ 客户评估，客户评价开发成果，提出修正建议。

与其他相同开发模式不同的是，螺旋模式强调严格的全过程风险管理，并提供机会来检查项目是否有价值继续进行下去。在每一个开发阶段之前，都引入非常严格的风险识别、风险分析和风险控制，直到采取了消除风险的措施之后，才开始规划下一阶段的开发工作。

5. 统一过程模式

统一过程(Unified Process，UP)模式是面向对象软件工程的一个通用业务流程，它具有三个特点：① 用例驱动；② 以架构为中心；③ 迭代和增量开发。统一过程模式分为初始阶段、规划阶段、构造阶段和交付阶段，每个阶段中的核心过程工作流程为业务建模、需求、分析设计、实现、测试、部署，每个阶段中的核心支持工作流程又分为配置与变动管理、项目管理和环境。统一过程模式将每个阶段中各工作流程的成果进行迭代，从而得到最终可以交付使用的信息管理系统。

6. 极限编程模式

极限编程(Extreme Programming，XP)模式是一种轻量级、灵巧的软件开发方法。它实际上是一种演进式的原型化方法，适用于需求不确定、变化快、成员少且在同一地点工作的中小型团队，不适合大型团队以及人员异地分布的物理环境。对于需要长时间变异测试的系统和不太容易测试的系统，极限编程模式也不适合。

极限编程模式倡导测试驱动开发，即先写测试用例然后编码。极限编程模式系统开发的四项活动依次是聆听、测试、编码、修改。先聆听需要做什么，再编写测试用例，下一步编写需要通过测试的代码，最后修改代码，使其更简单、更有效。

极限编程模式的价值观是沟通、简化、反馈和勇气。

(1) 沟通可以减少系统开发人员、客户、管理者之间的误解。极限编程模式的很多实践，如单元测试、结对编程、工作评估等，都是依靠沟通来实现的。

(2) 在符合设计要求的前提下，测试用例越简单越好。现阶段的设计与测试只要满足现阶段的需要即可。代码编写也遵循此原则，算法实现越简单越好，能够通过测试即可。

(3) 尽快获得用户反馈，以保证开发人员的成果符合用户的需要。可先编写测试用例，利用测试的报错信息反馈了解代码没有通过测试用例的原因，再根据这些信息定位出错的地方，最后有针对性地修改代码。

(4) 对于用户的反馈，要对所编写的代码进行修改。极限编程模式常用的“先写测试用例后写代码”就是这一机制的体现，常用于针对测试用例运行时爆出错误后的反馈。

8.1.5 信息系统的开发方法

1. 系统开发中的常见术语

1) *方法*

系统开发方法提供了对完成系统开发生命周期每一阶段的详细指导，包括具体的模型、技术、工具。方法、模型、工具和技术存在相互联系：方法是用来完成系统开发生命周期每一阶段活动的技术组合。这些活动包括完成各种模型、提交其他文档资料和交付资料。与其他行业一样，系统开发人员使用软件工具来完成这些活动。

2) 模型

模型是对现实世界某些重要方面的表示。有些模型在外形上类似于真实产品，有些模型是重要细节的绘图表示，而有些模型则是抽象的数学符号。系统开发使用的模型包括输入、输出、过程、数据、对象及其相互关系、位置、网络、设备以及其他事务的表示。

模型通常分为两类：① 系统组件模型，如流程图、数据流程图、实体联系图、结构图、用例图、类图、顺序图；② 开发过程管理模型，如 Pert 图、甘特图、组织层次图、财务分析模型(净现值、投资回报率等)。

3) 工具

工具是模型生成的支持软件。常用的工具有集成开发环境、计算机辅助系统工程(CASE)、项目管理应用程序、制图应用程序、文本编辑器、数据库管理应用程序、逆向工程工具、代码生成工具。

集成开发环境向程序员提供了多种工具，如编辑器、上下文相关帮助、调试工具。逆向工程工具可以将执行文件转换成程序代码，并根据代码生成模型。即使文档丢失，也可以推断程序的用途。CASE 工具能够帮助生成主要的系统模型，自动检查模型的完整性，并根据模型生成程序代码。常用的 CASE 工具有 Microsoft Visio、Visible Analyst、Relational Rose 等。

4) 技术

技术是帮助系统开发人员完成开发任务的一组方法。它通常为创建模型提供指导，或为收集用户信息提供一般性的建议。常见的技术有战略规划技术、项目管理技术、用户访谈技术、数据建模技术、关系数据库设计技术、结构化分析技术、结构化设计技术、结构化编程技术、软件测试技术、面向对象分析和设计技术等。

2. 信息系统开发方法的分类

信息系统的开发方法有几十种，有些方法在技术上有细微的差别，而有些方法则基本思路就根本不同。通常信息系统开发的方法有以下几类。

1) 结构化方法

结构化方法的基本思想是用系统工程的思想和工程化的方法，按照用户至上的原则，结构化、模块化、“自顶向下”地分析和设计系统。在进行需求调查时，从顶层的管理业务入手，逐步深入基层。在系统分析和设计阶段，从宏观整体分析入手，先考虑系统的整体优化，再考虑局部的优化。系统实施过程采用“自底向上”的开发策略，组织系统开发人员从基层业务的模块编程入手，并对模块逐个测试，按照系统设计的结构，将模块集成起来进行总体调试，最后“自底向上”逐步构成整体系统。

标准系统开发生命周期中信息系统开发过程被分为五个阶段：① 信息系统规划阶段，可以根据用户的开发请求进行初步调查，明确问题，确定系统目标和总体结构，了解约束条件和所需的基本资源，确定各阶段实施进度，最后进行可行性分析；② 信息系统分析阶段，需要详细调查组织结构、业务流程的情况，深入了解用户对信息的需求和对开发信息系统的具体要求，详细分析信息系统的功能、流程和数据需求，采用功能图、数据流程图、E-R 图、数据字典、各种处理逻辑表达工具等，构造出独立于物理设备的信息系统逻辑模型；③ 信息系统设计阶段，要根据信息系统的逻辑模型，选择一个物理的计算机进行计算机过程和人工过程的详细设计，除了选择硬件和软件设备、进行代码、输入输出(I/O)、数据库设计外，还要进行程序模块和处理过程设计，对于高级管理系统，则需进行管理模型的细节设计；④ 信息系统实施阶段，按照设计说明书的要求，熟悉和安装新的硬件、软件、编制程序、调试信息系统，对管理人员进行培训，还要完成数据准备工作，然后投入试运行；⑤ 信息系统运行阶段，进行信息系统的日常运行管理、评价、监理审计，分析运行结果，如果良好，则报送管理部门，指导生产经营活动，如果存在较小的问题，则对现有系统进行局部修改。每一阶段都要严格把关，只有审核通过才能进入下一个阶段。

虽然结构化方法以用户为中心，能够深入地调查研究，严格划分工作阶段，对开发过程进行工程化，但是仍存在着一些不足：

(1) 用户需求必须事先明确。由于开发环境在不断变化，因此开发初期难以预料信息系统完成开发后的情况。结构化方法要求调查阶段就要充分掌握用户的需求、管理状况并预见可能的变化，这不符合人们循序渐进认识事物的规律。

(2) 开发周期较长。结构化方法只有在充分了解系统需求后才开始后续的开发活动，因此开发时间会被延长。

(3) 灵活性差。结构化方法完全按照已经确定的设计目标进行，因此很难用于运行环境经常变化的信息系统的开发。

2) 信息工程方法

信息工程方法是“以数据为中心”的系统开发方法，它遵循以下原理：① 数据位于现代数据处理系统的中心；② 数据是稳定的，处理是多变的；③ 最终用户必须真正参加开发工作；④ 采用“自顶向下”规划和“自底向上”设计相结合的开发方法论；⑤ 以主题数据库规划、设计和实现为主题的企业数据环境建设。

信息工程方法认为，系统开发包括以下构件：企业模型/战略数据规划(业务模型)、实体关系分析、主题数据库模型、应用软件生成工具、处理过程生成、数据应用分析、分布分析、物理数据库分析、第 4 代过程语言、结构化程序设计和原型设计等。在这些构件中，企业模型、实体关系分析及主题数据库模型是不随业务过程的变化而变化的。结构化方法是面向处理的，而信息工程方法是面向数据库管理的，其主要工作是：① 围绕核心业务，制订战略数据规划；② 建立主题数据库；③ 开发并运用独特的软件系统。

信息工程方法使用了许多结构化方法的概念，并把它们提炼成一种更严格、更全面的方法。这两种方法都是通过查看过程、数据以及两者之间的关系来定义信息系统需求、设计信息系统和改造信息系统的。信息工程方法主要归功于 James Martin 所做的工作，他开发了 CASE 工具来支持信息工程方法。

3) 面向对象方法

面向对象方法(Object-Oriented，OO)是一种运用对象、类、继承、封装、聚合、消息传递、多态性等概念来构造系统的软件开发方法。

对象是现实世界中一个实际存在的事物。对象可被认为是将属性和方法组合在一起的独立个体。对象具有静态特征和动态特征，前者是可以用某种数据来描述的特征，后者是对象所表现的行为或所具备的功能。对象是一个封闭体，它向外界提供一组接口，外界通过这组接口与对象交互，这样对象就具有较强的独立性、自治性和模块性。

类是具有相同属性和操作的一组对象的组合。把众多的事物归纳成一些类是人们在认识客观世界时采用的方法。分类所依据的原则是抽象，即忽略事物的非本质特征，只关注与当前目标有关的本质特征，从而找出事物的共性；把具有共性的事物划分为一类，得出一个抽象的概念。

消息是为了实现某一功能而要求某个对象执行其中某个功能操作的规格说明。对象间的相互服务是通过消息来连接实现的。它含有以下信息：① 提供服务的对象标识；② 服务标识；③ 输入信息；④ 响应信息。对象接收消息，根据消息及消息参数调用自己的服务，进行处理并予以响应，从而实现系统功能。

面向对象方法的思想是从现实世界的客观事物出发，运用人类的自然思维方式来构造信息系统。面向对象方法强调直接以现实世界的事物为中心来思考问题，根据这些事物的本质特征把它们抽象成对象，作为系统的基本单位。另外，系统开发方法不应该脱离人类日常的思维方式，也不应该与人类在长期进化过程中形成的行之有效的思想体系迥异。结构化方法采用了许多符合人类思维习惯的原则(如自顶向下、逐步求精)，面向对象方法则更强调运用人类日常的逻辑思维方式(如抽象、分类、集成、封装等)。这使得系统开发人员能更有效地思考问题，并以其他人也能够看懂的方式把自己的认识表达出来。

面向对象方法具有四个基本特征：① 抽象性，是指关注与当前目标有关的本质特征，忽略非本质特征，找出事物的共性，归为一类，得出一个抽象的概念；② 封装性，是指将属性和操作结合在一个类中，对象的属性只能由这个对象的操作来读取和修改，隐蔽对象的内部细节，只保留少量接口，接收外界的消息；③ 继承性，是指子类的属性与操作有自己定义的，也有从父类继承来的，继承是传递的，当子类被更下层的子类继承时，它继承来的和自己定义的属性和操作又被下一层继承下去；④ 多态性，是指不同的对象收到相同的消息时会产生不同的反应，分别执行不同的操作。

按照系统开发生命周期的理论，面向对象的信息系统开发方法可以分为以下五个阶段：

(1) 面向对象的分析。

面向对象的分析(Object-Oriented Analysis，OOA)直接根据问题域中客观存在的事物来设立对象，并采用对象的属性和操作描述事物的静态特征和行为。问题域有哪些值得考虑的事物，面向对象的分析模型中就有哪些对象，而且对象的命名都强调与客观事物一致。另外，面向对象的分析模型还保留了问题域中事物之间关系的原貌，包括：把具有相同属性和相同操作的对象归结为类；用一般-特殊结构描述事物间的继承关系；用整体-部分结构描述事物间的组成关系；用实例连接和消息连接表示事物间的静态联系和动态联系。可以看到，无论是对问题域中的单个事物，还是对各个事物之间的关系，面向对象的分析模型都保留着它们的原貌，没有转换和扭曲，也没有打破原有的界限而重新组合。

(2) 面向对象的设计。

面向对象的分析与面向对象的设计(Object-Oriented Design，OOD)的职责划分是：面向对象的分析建立一个反映问题域的对象分析模型，不考虑与系统具体实现有关的因素(如编程语言、用户界面、数据库等)，从而使面向对象的分析模型独立于具体实现。面向对象的设计则是针对系统的一个具体实现而运用面向对象方法，包括两方面的工作：一方面是把面向对象的分析模型直接搬到面向对象的设计上(不经过转换，仅做某些必要的修改和调整)，作为面向对象的设计的一个部分；另一方面是针对具体实现中的人机界面、数据存储、任务管理等因素补充一些与实现有关的部分。这些部分与面向对象的分析采用相同的表示法和模型结构。

面向对象的分析和面向对象的设计采用一致的表示法，这是面向对象方法优于传统系统开发方法的主要原因。从面向对象的分析到面向对象的设计不存在转换，只有局部的修改，并增加几个与具体实现有关的独立部分。因此，面向对象的分析与面向对象的设计之间不存在传统方法中分析与设计之间的鸿沟，两者紧密衔接，降低了从分析过渡到设计的难度、工作量和出错率。

(3) 面向对象的程序设计。

采用面向对象的程序设计语言，把面向对象的设计模型的每个成分书写出来。理想的面向对象开发规范，要求在面向对象的分析和面向对象的设计阶段就对系统中的对象及其内部构成(属性和操作)与外部关系(静态和动态联系)有透彻的认识和清晰的描述，而不是把这些问题留给程序员去思考。程序员只需用具体的数据结构定义对象的属性，用具体的语句实现服务流程图所表示的算法。面向对象的程序设计产生的程序对应于面向对象的设计模型；面向对象的设计模型中一部分对象对应于面向对象的分析模型，其余部分的对象对应于与具体实现有关的因素；面向对象的分析模型中全部类及对象都对应于问题域中的事务。这样的映射关系不但提高了开发的效率和质量，而且对以后的维护有帮助。

(4) 面向对象的测试。

对于用面向对象的分析和面向对象的设计建立模型并由面向对象程序设计语言编写的软件，面向对象的测试(Object-Oriented Testing，OOT)能够更准确地发现程序错误。其原因在于：封装性使对象成为一个独立的程序单位，只通过有限的接口与外部发生关系，可以大大减少错误的影响范围。面向对象的测试以类作为基本测试单位，差错范围主要是类定义之内的属性和操作，以及有限的对外接口(消息)所涉及的部分。此外，由于继承性的存在，面向对象的测试在完成对父类的测试后，子类的测试重点只是那些新定义的属性和操作。

(5) 面向对象的维护。

在面向对象的维护(Object-Oriented System Maintenance，OOST)中，程序与问题域是一致的，各个阶段的表示也是一致的，从而减少了理解的难度。无论是发现程序中的错误而逆向追溯到问题域，还是需求发生变化而从问题域正向跟踪到程序，都是很方便的。

统一建模语言(Unified Modeling Language，UML)是面向对象系统的标准化建模语言。

UML 因其简单、统一的特点，能够表达系统设计中的动态和静态信息，已成为可视化建模语言的工业标准。通过 UML，开发人员能够阅读和交流系统架构及设计与规划，如同建筑行业的设计图。

3. 信息系统开发的形式

现在越来越多的企业将信息系统开发任务外包给一些专业公司。根据外包任务的多少，系统开发可以分为四种形式：自行开发、外包编程、外包开发和购买软件包。从用户角度来说，这些开发形式各有特点，如表 8.1 所示。

表 8.1　系统开发形式的比较

项　目	自行开发	外包编程	外包开发	购买软件包
系统分析能力要求	需要	需要	不太需要	不需要
系统设计能力要求	需要	需要	不太需要	不需要
编程能力要求	需要	不太需要	不太需要	不需要
系统的可维护性	容易	容易	比较困难	困难
程序的可维护性	容易	困难	困难	困难
开发费用(用于单位外部)	小	大	大	小
开发费用(用于单位内部)	大	中等	小	小
开发风险	大	比较大	比较大	小
其他说明	开发时间长，但可以得到本单位要求的系统，并培养自己的开发人员；需要进行一定的咨询	需要具备系统分析与设计能力，最好也有编程能力；外包之后，由用户编写并提出系统说明和程序说明是不可少的	由专业公司全面负责信息系统分析、设计和实施。由于双方对信息技术知识的不对称，需要第三方咨询参与	明确软件包是否切合本单位的需要，应由精通业务的人员选购软件包；单位还应具有检验软件包性能的能力

购买软件包是一种被很多企业采用的常用系统开发形式。软件包是指针对目标用户群的共同需求开发的、可以在市场上销售的应用程序。目前，SAP、Oracle、用友、金蝶等公司都是国内外知名的 ERP 软件包供应商。

购买软件包形式也需要历经系统开发生命周期，但与其他几种系统开发形式不同，购买软件包在各个阶段的任务分别是：① 信息系统分析，包括明确问题和需求、提出各种解决方案、评估供应商、评价与选择软件包；② 信息系统设计，包括配置软件包、设计二次开发、准备硬件、培训技术人员、设计业务流程；③ 信息系统实施，包括安装软件包、实施二次开发、设计程序结构、切换系统、培训用户；④ 信息系统运行和维护，包括发现、解决问题和评价。

8.2　管理信息系统规划

信息系统规划是基于企业发展目标与经营战略制订的、面向企业信息化发展愿景的、关于企业信息系统的整个建设计划。信息系统规划是过程，而信息系统战略是信息系统规划的结果。由于信息系统开发投资大、历时久、质量难以把控等原因，如果系统开发规划不当，不仅直接损失大，间接损失更是难以估量。因此，对信息系统进行规划使其与企业战略保持一致并具有前瞻性，是极为重要的。信息系统战略是企业信息化建设要实现的目标以及实现目标的方法、策略、措施的总称。信息系统战略从属于企业战略，与生产、研发、营销、财务等战略同处于职能层。

所谓企业战略是指对企业长远发展的全局性谋划。企业战略并不抽象，是由企业的愿景使命、政策环境、预期目标和确保目标实现的策略组成，它是一个总体概念。企业战略具有三个层次，不同层次又包括不同类型的战略：① 管理层战略，包括加强型战略、一体化战略、多元化战略、防御型战略；② 业务层战略，包括成本领先战略、差异化战略、成本集聚战略、目标集聚战略；③ 职能层战略，包括生产战略、研发战略、营销战略、财务战略、人力资源战略、信息管理战略等。

8.2.1　信息系统规划的内容

信息系统规划的主要内容如下：

1. 现行系统的基本情况

现行系统包括：① 组织概况及存在问题；② 组织的总体目标及基本策略；③ 外部环境(产业状况、法律法规、客户及供应商状况)；④ 组织内部限制(如经营理念等)；⑤ 组织面临的风险及可承受的风险；⑥ 各方对信息系统目标的看法。

2. 现有资源分析

现有资源包括：① 清查现行系统资源，如硬件和软件及应用系统等；② 分析现行系统的运行情况及相关费用；③ 对现行系统，包括应用系统、数据库管理系统应用软件等的组织策略、运行情况等进行评估；④ 了解企业流程的现状、存在的问题，为企业流程再造提供依据；⑤ 分析现行系统的运行组织及其人员设置的合理性。

3. 信息系统总体方案设想

信息系统总体方案包括：① 确定用户类型及其信息需求；② 确定信息系统总体目标和子目标；③ 确定信息系统的功能规划、流程规划、数据规划；④ 确定支持信息系统运行的硬件、软件和网络规划；⑤ 确定子系统的开发顺序，选择开发形式(自行开发、外包编程、外包开发、购用软件包)，确定总体开发方法，制订进度计划；⑥ 制订资源计划，包括资金支持和开发人员的安排。

4. 信息系统的可行性分析

信息系统的可行性分析包括：① 经济可行性；② 技术可行性；③ 社会可行性。同时，对信息系统开发的风险进行展望，并提出应对预案。

5. 信息技术发展的预测

信息技术发展的预测包括计算机硬件技术、网络通信、数据存储及数据处理技术等信息技术的推陈出新将给信息系统的开发带来影响(如处理效率、响应时间等)，并决定将来信息系统性能的优劣。

8.2.2　信息系统规划的组织

信息系统需要建立相应的组织来保证系统规划的顺利启动。

1. 规划领导小组

规划领导小组应由单位的主要决策者负责。成员最好是本单位各部门的业务骨干，他们的任务是完成有关数据及业务的调研和分析工作。

2. 人员培训

制订战略规划需要掌握一套科学的方法，为此应组织对高层管理人员、分析员和规划领导小组成员进行培训，使他们掌握制订信息系统战略规划的方法。

3. 规定进度

明确了规划方法之后，应该为规划工作的各个阶段给出一个大体上的时间限定，以便对规划过程进行严格管理，避免因过分拖延而丧失信誉或被迫放弃。

8.2.3　信息系统规划的步骤

信息系统规划的步骤有以下几步：

1. 规划准备

规划准备包括确定规划年限和规划方法；确定是集中式规划还是分散式规划，以及是进取的规划还是保守的规划；邀请信息系统规划专家成立信息系统规划领导小组，落实信息系统规划工作环境，启动信息系统规划等工作。

2. 初步调查

初步调查的内容包括：企业发展战略、企业产品、市场定位、企业技术、设备和生产能力、企业综合实力、组织机构和管理、员工素质、企业面临的机遇和挑战、企业现行信息系统建设水平、管理水平和信息技术现状。

3. 现行系统战略回顾

对现有信息系统的目标、开发方法、功能结构、计划活动、信息部门的情况、财务情况、风险度和政策等进行分析。

4. 定义约束条件

根据单位(企业、部门)的财务资源、人力及物力等方面的限制，定义信息系统的约束条件和政策。

5. 明确战略目标

这实际上由总经理和计算机委员会来设置。根据步骤 3、步骤 4 的结果确定整个企业的目标、信息系统的开发目标，明确信息系统应具有的功能、服务范围和质量等。

6. 提出未来大纲

给出信息系统的总体框架、总体技术路线、信息系统建设路线以及各个子系统的计划等。

7. 选择开发方案

由于步骤4中的资源限制，不可能所有项目同时进行，只能选择利益最大、企业需求最为紧迫、风险适中的项目优先进行。在确定优先开发的项目后，还要确定总体开发顺序、开发策略和开发方法。

8. 可行性分析

从经济可行性、技术可行性、社会可行性3个方面分析信息系统方案的可行性。

9. 提出实施进度

估计项目成本和人员需求，并编制项目的实施进度计划。

10. 战略规划文档化

将信息系统战略撰写成文档，在此过程中，还要不断与用户、系统开发人员以及信息系统规划领导小组的领导交换意见。

11. 总经理批准

信息系统规划只有经过总经理批准才可生效。

8.2.4 信息系统规划的三项重要工作

在信息系统规划阶段，三项工作至关重要，这三项工作分别是初步调查、设想信息系统方案、可行性分析。初步调查为设想信息系统方案提供依据，而设想信息系统方案又是可行性分析的对象。本节将介绍这三项重要的工作。

1. 初步调查

用户提出开发信息系统的需求后，信息系统规划领导小组招集专业人员进行初步调查。参与者不需要多，但要求有工作经验。初步调查的目的是：① 通过与企业管理者进行讨论，明确和统一系统的目标；② 对现行系统进行调查，检查是否具备开发信息系统的基本条件。

通常，初步调查从以下“六度”着手进行分析：企业内部对信息系统功能的需求度、企业基础数据管理对信息系统的支持度、企业现有资源对信息系统的承受度、现有技术条件对信息系统开发的可行度、管理人员对信息系统的期望度、管理人员对信息系统运行模式的适应度。

初步调查的范围很广，其调查的内容包括以下几个方面：

(1) 用户需求分析。初步调查就是从用户提出信息系统开发请求的原因和对信息系统的期望入手，考察用户对信息系统的需求、预计要达到的目标。提出开发请求的通常是企业管理者，因为他们对管理问题的感受最深刻，但管理者对问题的认识往往是感性的、模糊的，这就需要企业管理者聘请系统分析人员，一起归纳、总结问题，逐步将问题明确化和定量化。

(2) 组织的概况。组织的概况包括组织性质、组织结构、规模、历史、生产过程、厂区布局、系统目标、人力、物力、设备和技术条件、管理体制、经营状况、各项经济指标的完成情况等。

(3) 组织的对外关系。组织的对外关系包括组织与哪些外部实体(如供应商、客户、竞争对手、政府部门等)有业务联系或从属关系，相互之间有哪些物资或信息的来往关系，哪些环境条件(包括自然环境和社会经济环境)对该组织的活动有明显的影响。

(4) 现行系统的概况及存在的问题。现行系统的概况及存在的问题包括观念、流程、基础数据、人员、管理方式、工作效率、规章制度等概况及存在的问题。

(5) 相关人员对信息系统的态度。相关人员包括企业高层管理者，以及管理部门、基层单位、有业务联系的外单位的相关人员。需要了解他们对现行系统是否满意、对哪些地方不满意、希望如何改变，以及上述看法的理由。

(6) 信息系统开发所需的资源情况。要了解开发信息系统，需要投入多少人力、具备何种技术水平及管理水平的人、多少物力和设备、花费的时长以及哪些现有设备可利用。

(7) 各方对信息系统目标的看法。针对企业管理部门初步提出的信息系统吞吐量、响应时间、容错能力、审核能力和使用方法等方面的要求，找出定量的标准。

2. 设想信息系统方案

在初步调查的基础上，开发人员与用户一起围绕以下问题进行讨论并得出结论：现行系统是否有推倒重来的必要性；如果有推倒重来的必要性，新的信息系统的总体方案应该是怎样的，总体方案的可行性如何，等等。信息系统方案设想包括以下几个方面：

(1) 初步确定信息系统的目标。根据企业管理者的开发请求初步确定目标。只有经过初步调查并明确企业管理者的问题，系统分析员才能初步确定信息系统的目标。具体来说，信息系统目标应该包含以下内容：① 节约成本和日常费用开支；② 提高工作效率和减轻劳动强度；③ 提高信息处理速度和准确性；④ 实现各种新的处理功能；⑤ 提高决策的科学性；⑥ 为服务对象提供更多的信息服务。

在信息系统规划阶段不需要将信息系统的目标定义得非常具体，可以随着系统分析和设计工作的深入，将信息系统的目标逐步具体化和定量化。

(2) 确定信息系统的总体结构、功能、流程、数据资源框架。确定信息系统的总体结构，包括对各管理层次的信息支持、辅助管理和决策的范围；初步设想子系统及其功能，确定信息系统的规模；对关键性的流程进行识别和诊断，对数据资源提出初步管理方案。

(3) 决定信息系统开发策略、方法、形式，制订开发进度和工作计划。根据信息系统的目标和功能，决定信息系统开发策略，如“自顶向下”的开发策略、“自底向上”的开发策略，或者两者综合的开发策略；决定信息系统开发方法，如结构化方法、面向对象方法等；决定信息系统开发形式，如自行开发、外包编程、外包开发、购用软件包等；确定信息系统各个组成部分的优先级，并制订信息系统开发进度和工作计划。

(4) 制订初步的资源计划。制订初步的资源计划，包括硬件计划、软件计划、网络计划和人员计划。制订初步的资源计划是为了做好信息系统开发的经费预算。

3. 可行性分析

可行性分析决定了信息系统能否立项。根据初步调查和信息系统方案，系统开发人员根据系统环境、资源等条件，判断所提出的信息系统开发项目在经济、技术、社会 3 方面是否具有可行性。通常，电子商务可行性分析更多地考虑经济可行性，而电子政务可行性分析则重点考虑社会可行性。

1) 经济可行性

经济可行性分析是分析开发信息系统所需的总成本和系统开发成功之后所带来的总收益，然后对总承包和总收益进行比较，当总收益大于总成本时，这个项目才值得开发。

(1) 信息系统的费用。

在估计信息系统费用时，主要考虑以下几个部分：

① 设备：包括计算机硬件、软件、网络连接设备、计算机机房辅助设施等。

② 人力：包括系统开发人员和系统运行人员。人力费用不仅包含这些人员的工资，还包含培训费用等。

③ 材料及其他易耗品的费用：包括电费、打印纸、硒鼓等。

④ 管理费用：信息系统既能改变工作方式，也能改变管理人员的任务。这些改变带来了一些额外费用，有的费用是一次性的，有的费用则是经常性的。

⑤ 维护费用：包括信息系统交付使用之后定期或不定期地对信息系统的软件、硬件及其辅助设施进行检修、保养、修改和更新以及对有关人员进行培训的费用。

(2) 信息系统的经济效益。

通常，信息系统的经济效益可以考虑以下几方面问题：

① 提供了哪些以前不能提供的信息？

② 信息质量(如准确度、效率)有哪些提高？

③ 完成了哪些以前不能或不易做或不能及时做的信息处理工作？

④ 使用者查询信息的方便程度有怎样的提高？

⑤ 节省了多少人力？

⑥ 为高层管理者的决策提供了哪些帮助？

⑦ 使本企业与外部单位的关系得到了什么改善？

2) 技术可行性

技术可行性是指现有的技术条件能否满足信息系统开发的要求，信息系统所涉及的关键技术是否成熟以及是否存在重大的技术风险，所需要的物理资源是否具备或能否得到，等等。在进行技术可行性分析时，需要注意以下几个方面的问题：

(1) 考虑信息系统开发所涉及的技术问题。信息系统开发涉及多种开发技术、软件和硬件平台、网络结构、系统布局、输入输出、数据安全技术，应客观分析这些技术对信息系统功能和性能的支持程度和可操作性。

(2) 尽可能采用成熟的技术。采用成熟技术开发信息系统具有较高的成功率。成熟的技术经过长时间和大范围的使用、补充和优化，其稳定性、可操作性、经济性都要比新技术好。鉴于此，在能够满足信息系统开发需要、适应信息系统发展的条件下，应该尽量采用成熟的技术。

(3) 慎重引入新技术。有时为了解决某些特定问题，或者确保信息系统具有更好的适应性，也需要采用新技术，但对信息系统开发来说仍然是不可行的。

(4) 考虑系统开发人员的能力。有的技术或许可行，但是如果系统开发队伍中没有人掌握这种技术，那么这种技术对信息系统开发来说仍然是不可行的。

3) 社会可行性

管理信息系统是一个社会-技术系统，因此除了经济和技术因素外，还有许多社会因素对信息系统的开发起着制约的作用。社会可行性涉及的内容比较广泛，需要从政策、法律、道德、制度、管理、人员等社会因素来考虑。可以从组织内部和组织外部两个方面，通过分析企业是否具备接受和使用信息系统的条件来分析信息系统的社会可行性。

(1) 从组织内部来看。

① 调查高层管理者对信息系统的态度。如果他们对信息系统有误解甚至抵触，则说明开发信息系统的条件暂不成熟，最好先做好宣传和解释工作，或者寻找阻力最小的部门先进行突破。

② 查看组织机构的各项规章制度是否完善、原始数据是否齐全。如果机构流程仍未定型，管理制度还在变动，甚至原始数据也不齐全，那么再先进的信息系统也难以发挥作用。

③ 在特定的环境下，分析信息系统能否有效地支持工作并方便用户使用，需要考虑以下几个方面的问题：手工业务流程、信息系统的流程，以及这两种流程的详尽程度和差距；信息系统业务的专业化程度；信息系统能否满足用户的使用要求；信息系统操作的方便程度；用户的实际能力。

(2) 从组织外部来看。

① 分析信息系统是否会为社会效益带来负面影响，是否与道德、法律、制度相抵触，是否会引发不道德行为。

② 考虑业务伙伴的信息化现状。有些企业的信息系统建设会“身不由己”，需要按照供应链上强势企业的标准来调整本企业的信息化战略。

③ 信息系统上线后，相关报表、票证格式的改变是否得到有关部门的认可，将直接影响企业的利益。

8.2.5 信息系统规划的方法

制订管理信息系统规划的方法有很多种，通常分为以下四种类型：

(1) 面向低层数据的信息系统规划方法。此类方法以数据为中心，关注数据的准确性和一致性，涉及数据实体的识别和抽取，以及数据库的逻辑设计，但不善于企业战略分析。企业系统规划法和战略系统规划法是这种类型的代表性方法。

(2) 面向决策信息的信息系统规划方法。此类方法以战略决策信息为核心，侧重于处理企业战略与信息系统战略的关系，但不擅长企业过程建模。战略目标集转换法和关键成功因素法是这种类型的代表性方法。

(3) 面向企业流程管理的信息系统规划方法。此类方法是指通过分析企业流程的价值创造过程，对企业流程进行梳理和优化，创造最大价值，从而达到增强企业竞争力的目的。企业流程再造价值链分析法是这种类型的代表性方法。

(4) 面向供应链管理的信息系统规划方法。此类方法将内部流程管理向企业的上游和下游拓展，依托供应链的优势提升企业竞争力；以价值链成分为研究对象，通过分析价值链成分的风险和收益来制订相应的决策。战略网络模型法是这种类型的代表性方法。

在此，我们只介绍企业系统规划(Business System Planning，BSP)法和关键成功因素法(Critical Success Factors，CSF)的基本原理。

1. 企业系统规划法

1) BSP 法的作用

企业系统规划(BSP)法是一种能够帮助规划人员根据企业目标制订出管理信息系统战略规划的结构化方法。通过这种方法可以做到：

(1) 确定出未来信息系统的总体结构，明确系统的子系统组成和开发子系统的先后顺序。

(2) 对数据进行统一规划、管理和控制，明确各子系统之间的数据交换关系，保证信息的一致性。

BSP 法的优点在于利用它能保证信息系统独立于企业的组织结构，也就是能够使信息系统具有对环境变更的适应性。即使将来企业的组织结构或管理体制发生变化，信息系统的结构体系也不会受到太大的冲击。

2) BSP 法的基本步骤

用 BSP 法制订规划是一项系统工程，其基本步骤如下：

(1) 准备工作。首先成立信息系统规划小组，组长由企业高层管理者担任，小组成员包括系统分析员、资深管理者，也可以聘请管理信息系统专家作为顾问。

(2) 调研。规划小组成员可以通过查阅资料和深入各级管理层，充分了解企业有关决策过程、组织职能和部门的主要活动及现行系统中存在的问题。通过调研，信息系统规划小组可确定信息系统规划的范围(如业务职能、管理层次)。每个小组成员都要明确为什么做、做什么、如何做，以及期望的目标是什么。

(3) 定义业务过程。定义业务过程是 BSP 法的核心。业务过程又称为企业过程或管理功能组，是指为了高效地管理企业资源而进行的逻辑上相关的一组决策和活动的集合。企业资源分为协调性资源(计划和控制)、关键性资源(产品和服务)和支持性资源(原材料、资金及设备等)。

任何资源都具有产生、获取、服务、归宿这四个生命周期，围绕生命周期，可以识别三类资源所对应的业务过程，如表 8.2、表 8.3 和表 8.4 所示。

表 8.2　协调性资源(计划和控制)

战略规划	管理控制
经济预测；组织计划；政策开发；人力资源开发；发展目标制订；产品设计计划	市场/产品预测；薪酬计划；员工培训计划；运营计划；预算；绩效评价

表 8.3　关键性资源(产品和服务)

产　生	获　取	服　务	归　宿
市场计划、质量预测、作业计划、能力计划	工程设计、产品开发、质量检查、生产调度	库存控制、质量控制、包装、存储	销售、质量报告、发运

表 8.4　支持性资源(产品和服务)

支持性资源	产　生	获　取	服　务	归　宿
人员	人事计划、工资管理	招聘、专业	培训、人事管理	离职、解雇、退休
材料	需求计划、物料清单	采购、入库	库存控制	回收、应付款项
资金	财务计划、成本计划、投资计划	拨款、应收账款	银行业务、成本核算、管理会计、财务分析	应付款项、分配管理
设备	更新计划	采购、基建、接收	维修、改装	折旧、报废

(4) 业务过程重组。业务过程重组是在业务过程定义的基础上，找出哪些过程是正确的，哪些过程是低效的，需要在信息技术支持下进行优化处理，还有哪些过程不适合计算机信息处理的特点，应当取消。

(5) 定义数据类。数据类是指支持业务过程所必需的逻辑上相关的数据。对数据进行分类是按业务过程进行的，即分别从各项业务过程的角度将与该业务过程有关的输入数据和输出数据按逻辑相关性整理并归纳成数据类。

(6) 定义信息系统总体结构。定义信息系统总体结构的目的是刻画未来信息系统的框架和相应的数据类，因此其主要工作是划分子系统，具体实现可利用 U/C 矩阵(U 表示使用，C 表示产生)，它描述了要支持某一过程都需要哪些数据、由哪个过程形成这些数据、数据的使用者是谁。

(7) 确定总体结构中的优先顺序。对信息系统总体结构中的子系统按先后顺序排出开发计划。

(8) 完成 BSP 研究报告，提出建议书和开发计划。

2. 关键成功因素法

关键成功因素(CSF)指的是对企业成功起关键作用的因素。CSF 法就是通过分析找出使用企业成功的关键因素，然后再围绕这些关键因素来确定系统的需求，并进行规划。

CSF 法主要包括以下几个步骤：

(1) 了解企业或 MIS 的战略目标；

(2) 识别所有的成功因素。主要是分析影响战略目标的各种因素和影响这些因素的子因素。

(3) 确定关键成功因素。不同行业的关键成功因素不同，例如，汽车制造业可能是控制制造成本，而保险业可能是新项目的开发和工作人员的效率控制。

(4) 明确各关键成功因素的性能指标和评估标准。

8.2.6 信息系统规划方案书

完成信息系统规划后，应该将信息系统规划的成果整理成信息系统规划方案书。信息系统规划方案书可是用文字、图表表示的信息系统开发指南，其大致内容如下：

(1) 引言。引言主要介绍信息系统的名称、项目由来、信息系统的目标和基本功能。

(2) 现行系统概况。现行系统概况主要介绍企业的目标和战略、业务概况及存在的主要问题。

(3) 新系统的总体方案。此部分需要对信息系统进行简要说明，分析对企业的意义和影响，提出主要方案及若干辅助方案，具体包括：

① 信息系统的目标；

② 信息系统的概念框架，即对信息系统进行建模；

③ 分别用功能图对信息系统的功能进行规划，使用流程图对信息系统的流程进行规划，使用数据库对信息系统的数据进行规划；

④ 通过对软件、硬件及网络的选择对信息系统的平台进行规划；

⑤ 通过选择自选开发或购买软件包对信息系统的开发方式进行规划；

⑥ 通过项目进度及项目组织来描述信息系统开发计划；

⑦ 确定信息系统开发的预算，通常包括平台投资费用、系统集成费用、人工费和不可预见费用等；

⑧ 通过确定企业高层管理者、业务骨干、信息中心人员和开发技术人员来确定信息系统开发的组织设计。

(4) 可行性分析。可行性分析包括以下三个方面：

① 从成本、收益以及两者之间的关系来进行经济可行性分析；

② 通过分析主要的开发技术来进行技术可行性分析；

③ 通过从企业内部和外部的社会环境入手来进行社会可行性分析。

(5) 方案的比较。通过比较多个方案，给出信息系统开发的计划。

(6) 结论。对可行性结果做出结论，并予以解释。结论通常是以下几种：

① 立即启动；

② 需要增加资源才能启动；

③ 需要推迟到某些条件具备之后才能启动；

④ 需要对目标进行某些修改才能启动；

⑤ 不能或没有必要启动。

信息系统规划方案书完成之后，应邀请企业高层管理者、部门管理者、系统开发人员及有经验的专业人士共同开会来进行审核。经过多方审核，一般会出现两种结果：

- 各方同意规划书方案，按方案书的建议，或立即启动系统的开发，或追加资源，或等时机成熟，或修改目标，或取消信息系统的开发。
- 审核意见存在异议，对某些方面的判断不能统一。如果不统一的判断不影响审核的结论，则求同存异，把存在异议的地方留到详细调查时解决；如果不统一的判断影响了审核的结论，则需要重新进行调查分析，不过这时的调查分析应侧重于存在异议的地方。

如果信息系统规划书的审核通过，那么方案书不但规定了信息系统的目标和功能范围，还规定了开发信息系统所需的资源条件，将作为下一阶段工作的依据。

本 章 小 结

本章简单介绍了信息系统开发周期中所涉及的人员、开发原则、开发策略、开发模式以及开发方法。

本章重点讨论了系统开发周期中的系统规划，还讨论了管理信息系统战略规划的作用和内容。MIS 系统的战略规划是一个组织的战略规划的重要组成部分，是关于 MIS 长远发展的规划。信息系统规划部分主要叙述了规划的内容、组织、步骤及方法。

思 考 与 练 习

1. 信息系统的开发过程包括哪些阶段？
2. 常用的系统开发方法有哪些？
3. 信息系统的规划需要经过哪些步骤？应当包括哪些内容？
4. MIS 系统战略规划制订的常用方法有哪些？
5. 信息系统规划方案书通常包括哪些组成部分？

第 9 章

系 统 分 析

系统分析是管理信息系统开发工作中最重要的一个阶段，在这个阶段中系统分析人员基于对企业管理业务的详细调查，利用一些描述及分析方法对企业现有的信息处理系统进行描述和分析，提出新系统的逻辑方案。系统分析的本质是通过对现有系统的描述和分析回答未来系统“要做什么”的问题。本章讲述管理信息系统系统分析的内容、实现步骤及为完成系统分析工作需要掌握的方法、分析和描述工具。

本章首先介绍结构化系统分析详细调查、需求分析、组织机构和功能分析、业务流程分析、数据流程分析；再介绍面向对象的需求分析和建模，并提供了两种方法的系统分析报告的一般格式。

9.1 系统分析概述

9.1.1 系统分析的任务

系统分析是管理信息系统建设最重要的阶段，也是最困难的阶段。系统分析在系统规划的基础上，回答新系统“做什么”这个具体而详细的关键性问题。只有明确了问题，才有可能解决问题。

系统分析的任务是通过对企业组织的详细调查，充分分析用户的需求，设计出将要建立的管理信息系统的逻辑模型。即定义和确定新系统应该“做什么”，暂且不涉及“怎么做”。

1. 了解系统的需求

用户对管理信息系统的需求包括：对系统功能、性能方面的需求，对硬件配置、开发周期、开发方式等方面的意向，对系统可靠性、安全性、保密性的要求，以及对系统开发费用、时间和资源方面的限制等。

2. 确定系统的逻辑模型

在详细调查的基础上，运用各种系统分析的理论、方法和技术，确定系统应具有的逻辑功能，再用一系列图表表示出来，形成系统的逻辑模型。对上述采用图表的逻辑模型进行适当的文字说明，组成系统分析报告，是系统分析阶段的主要成果。

9.1.2　系统分析的内容和方法

系统分析按内容可以分为目标分析、需求分析和功能分析。

(1) 目标分析。目标分析包括对现行系统的组织目标分析和目标系统的组织目标分析。任何一个企业或组织都有自己的目标，这是组织开展各项工作的指南。信息系统是帮助企业实现其总体目标的，因此在开发管理信息时，首先应该弄清楚企业的组织目标。

(2) 需求分析。在系统分析阶段，系统分析员要对企业各有关部门的业务流程进行详细的调查，还要向各级领导和业务人员就系统处理事务的能力和决策功能的需求做出分析，以及将需求分析的结果反馈给业务人员，以征求意见进行修改。

(3) 功能分析。这里的功能指的是目标系统应具备的功能。功能具有层次性的特点，各层功能之间存在着信息交换。

系统分析采用结构化系统分析和面向对象的系统分析两种方法。

结构化系统分析方法的系统分析人员根据系统规划，对现行系统进行分析，先描述现行系统业务流程、数据流程、系统的逻辑模型，再通过优化，建立新系统逻辑模型。结构化系统分析的难点是系统分析人员和用户对于开发系统的信息不对称，系统分析人员熟悉信息系统的理论知识，考虑系统技术实现的问题；而用户熟悉业务，从业务功能的实用性考虑问题。由于知识方面的差异，因此二者需要密切合作。结构化系统分析方法中，反映用户信息需求逻辑模型的建立方法的有关工具包括：业务流程图、数据流程图、数据字典、结构化语言、决策树和决策表等。通过业务流程分析，建立一套分层次的数据流程图，辅以数据字典，加上结构化语言、决策树和决策表等基本说明工具来描述系统，以构建逻辑模型，为结构化系统设计做准备。

面向对象的分析方法是使用面向对象分析技术对系统建模，称之为对象建模，通过它可以定义出新系统的业务需求。对象建模通过一些方法和图表符号，识别并表达出系统中所有对象以及对象之间的关系。通常采用 UML 分析工具进行对象建模，包括面向对象的需求分析模型和面向对象的系统分析模型。需求分析模型主要是创建用例模型，也可以辅助活动图描述系统用例；系统分析模型又包括静态分析和动态分析，静态分析主要是建立分析类图，动态分析主要是用顺序图或协作图来检验系统用例的实现问题。

9.2　结构化系统分析

结构化系统分析一般包括以下步骤：对现有系统进行详细调查，分析组织机构与业务流程，分析数据流程及处理过程。结构化系统分析的目的是建立新系统的逻辑模型，提出系统分析报告，为结构化设计做准备。

9.2.1　系统详细调查的内容和方法

对现行系统的详细调查结果是系统分析的主要依据。系统分析阶段的首要工作就是通过对现行系统的详细调查，弄清现行系统中各项业务的处理流程及其涉及的相关数据。详细调查的范围是现行系统，包括手工系统和已采用计算机的管理信息系统，围绕组织内部信息流所涉及领域的各个方面。

系统详细调查的内容主要由两个方面组成：一是现行系统管理业务的功能调查；二是现行系统的信息及信息流程调查。这两方面是紧密联系的。

1. 系统详细调查的内容

(1) 组织机构。组织机构是完成具体业务的依托单位，是实现组织管理工作的基础。系统详细调查的首要工作是了解当前组织机构设置情况和它们之间的隶属关系，以及业务分工和协作关系，并以图示的方式描述组织机构。对于大型管理信息系统而言，调查中不仅要了解系统所在组织的结构，还要了解与其相关联的组织机构及业务关系，尤其是与其有着业务制约关系的机构、外部单位或组织。

(2) 组织机构的功能。了解组织机构完成的相应功能，以及这些功能的隶属关系，为业务流程和数据流程分析奠定基础。

(3) 组织业务流程。系统分析员首先应分析组织的业务运作流程，全面了解组织的工作流程，包括组织完成的各项业务，各业务间的前后制约关系，同时还要了解组织的不定期业务，以及组织的物流、资金流、信息流之间的关系。业务流程以业务流程图的形式反映系统业务逻辑关系。

(4) 组织人员分工与偏好。管理信息系统是人机系统，需要对组织中负责具体业务的相关人员进行调查，充分了解系统各类角色所负责的具体业务内容和需求，全面了解组织的人员分工，以及业务的传递关系，同时还要了解新系统未来用户的个人偏好。

(5) 各类信息载体处理流程。全面收集、整理、分析各类信息载体，包括信息载体产生的流程，基础数据的来源，表内数据间的运算公式，表与表之间的数据关系，报表的周期、类型及各报表的时序关系，并搞清楚数据由哪些部门产生、哪些部门使用，相关文献资料的出处等。

(6) 定义系统边界。根据系统规划的要求，定义系统或子系统的边界，同时搞清楚各个子系统的数据调用关系，为日后其他子系统的开发和系统的验收奠定基础。

(7) 系统的资源与约束条件。了解企业的现有人力资源的水平，软件、硬件设备的装备情况；了解系统受到哪些条件限制，如项目开发资金、现有设备能否再利用、办公地点、系统运行的外部环境支持情况等，新系统开发在充分利用现有的资源基础上，还需要补充哪些资源，同时还要研究系统的开发理念是否和组织的文化相吻合。

对现行系统的详细调查工作是通过与企业组织机构各部门的业务人员交流来完成的。虽然业务人员对自己工作业务非常熟悉，却常常不能将自己的工作用规范化的方式表达出来，因此我们不得不借助于一些方法和工具使系统分析人员与业务人员进行沟通和互相理解。

2. 系统详细调查的方法

常用的详细调查方法有面谈法、问卷调查法、开调查会、参加业务实践等几种。

(1) 面谈法。

系统分析员通过口头提问的方式收集信息，面谈的对象是系统的用户，如企业领导或业务人员。为了取得较好的面谈效果，应尽量选择精通本职工作、经验丰富、善于表达的业务人员，面谈前应列出调查提纲，预约面谈时间，让面谈对象了解谈什么，以便事先做好充分准备。

根据收集的背景信息、用户的初步需求和系统分析员的经验确定面谈目标，确定5～8个关于决策行为和信息处理的关键问题，包括信息资源管理、信息的格式、决策频度、决策方法等。

调查分析的问题主要分为两类： 开放式问题和封闭式问题。开放式问题就像问答题一样，不是一两个词可以回答的，这种问题需要解释和说明，同时向对方表示你对问题很感兴趣，还想了解更多的内容；而封闭式问题相对于开放式问题来说，一般提问者给出了答案范围，通常是客观选择题，答案是一个或多个选项。在面谈过程中，应自始至终围绕需要了解的问题发问，提问要步步深入，面谈内容要及时总结。

(2) 问卷调查法。

问卷调查表往往是一种固定格式的调查方式，可以让很多业务人员回答相同的问题，系统分析员通过问卷进行统计分析，得到问题的规律性答案或不同业务人员对待同一问题的差异性答案，引导系统分析员发现系统存在的隐含问题。

问卷调查表设计要有开放式问题，问卷内容结构紧凑合理，合理安排问题的逻辑顺序，问卷格式清晰便于填写。

问卷设计完成后，可以同骨干的管理人员及业务人员对问卷的内容进行交流；可以采用试填写的方式来判断问卷是否全面合理，进行修改后，形成正式的调查问卷。

(3) 开调查会。

在系统分析阶段，进行业务调查时也常常采用召开专题调查会的方式，针对阶段性的工作或者专门的问题进行统一协调。例如，在调查物资供应与财务核算业务之间存在着的数据共享或信息传递关系时，一般需要召开调查会，邀请物资部门和财务部门的业务人员共同参加，明确所需要了解的业务内容。

调查会的规模及参加人员根据需要调查的具体业务情况而定。大规模的调查会一般用于解决涉及企业总体业务框架的关键问题，需要来自多个相关部门的骨干人员参加。小规模的调查会一般用于了解某个业务处理过程的细节。

调查会是在业务调查中应用比较广泛也比较有效的一种方法，但是该方法要邀请相关部门的业务骨干参加，牵扯面较大，不宜经常组织。对于大规模的调查会，尤其要注意明确目的，有效地解决问题，避免频繁召集会议，浪费时间。

(4) 参加业务实践。

系统开发者到业务部门专门从事一段时间相关的业务工作，以深入了解系统需求。可以比较深刻地掌握现行系统的业务运作流程，信息的产生、传递、加工、存储、输出的具体过程和方法，充分了解现有系统的功能、效率以及存在的问题。参加业务实践只有完成一个业务周期的工作流程，才能全面地了解系统的真实概貌。这是较好的系统调查方法，但缺点是系统分析人员需要耗费较长的时间完成一个周期的业务实践。该方法适合组织自主开发方式的系统开发模式。

9.2.2 组织机构与功能分析

组织机构及功能分析是指用图表来描述调查中所了解的组织机构及组织内各项业务功能。

1. 组织机构分析

组织机构分析就是要弄清企业内部的部门划分，以及各部门之间的领导和被领导关系、信息资料的传递关系、物资流动关系与资金流动关系，并了解各部门的工作内容与职责，以及各级组织存在的问题及对新系统的要求等，然后将了解和掌握的组织机构用组织机构图的方式描述出来。

组织机构图是反映系统组织机构隶属关系的层次图，如图 9.1 所示。

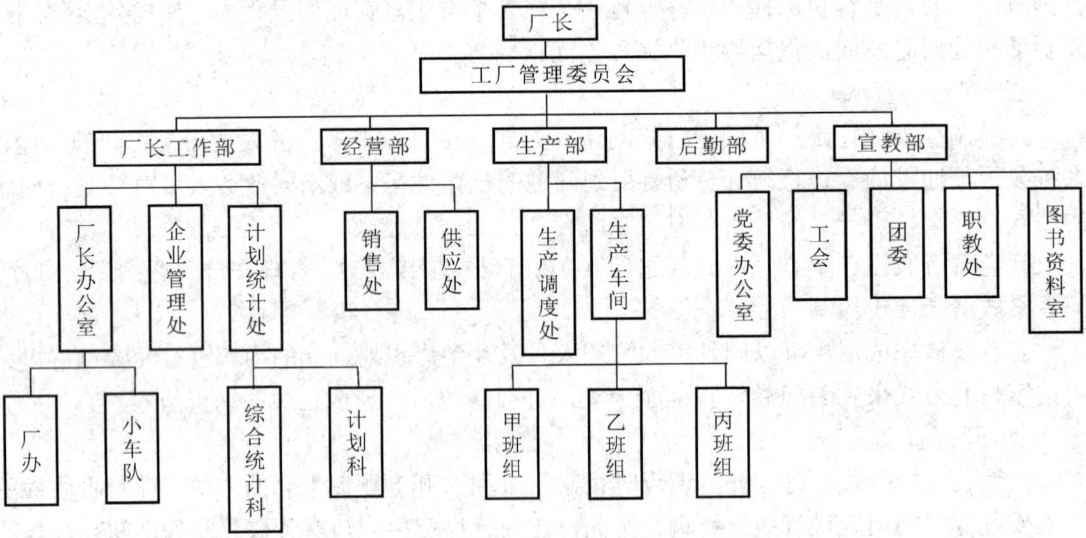

图 9.1　某企业的组织机构图

2. 组织机构功能分析

通过对系统内部各级组织机构的了解，系统分析人员可以进一步明确被调查对象在组织中完成的所有功能。

组织机构功能图是用来描述组织隶属的各个机构完成的具体业务图，便于分析人员概括地了解各功能之间的层次关系。在画组织机构功能图时，应注意以下几点：

(1) 画出组织中的业务功能的隶属关系，尤其是系统涉及的部分组织机构功能，明确系统的现状、边界和范围。

(2) 组织中现行机构的名称有时并不能反映该部门所做的全部实际工作，必要时应分解每一个部分，根据具体情况画出组织机构功能图。

(3) 在实际工作中，组织机构的划分通常是根据满足组织最初工作需要而确定的。

(4) 组织的变化事先难以全部考虑到，但可以预先知道系统的功能。

9.2.3 业务流程分析

组织机构功能分析主要是从系统纵向角度反映了系统的制约关系，而业务流程分析则是从横向的角度反映系统的业务传递关系。业务流程分析通过剖析现有业务流程并对其进行调整、整合，重构新系统的业务流程，它是数据流程分析的基础，对整个系统分析具有基础性的作用。业务流程分析的基本工具是业务流程图。

企业的运作是由企业组织机构的各项业务过程实现的，业务过程是企业动态系统的组成部分。对现行企业组织机构业务过程的描述和分析是系统分析工作的重要内容。

1. 业务流程分析工具

描述企业每一项业务过程的图形工具称为业务流程图(Transaction Flow Diagram，TFD)。对于一些简单的业务过程，也可以通过文字描述其处理过程。

业务流程图通过一些特定的符号描述企业业务的处理过程，它重点强调了业务过程中每一项处理活动和具体业务部门的关系。不同的学者对于业务流程图的画法各有差异，系统分析员在进行业务流程分析时，往往同系统设计人员共同约定业务流程图的图例和具体画法。这里介绍一种比较普遍的表示方法，其中各种符号的表示方法如图 9.2 所示。

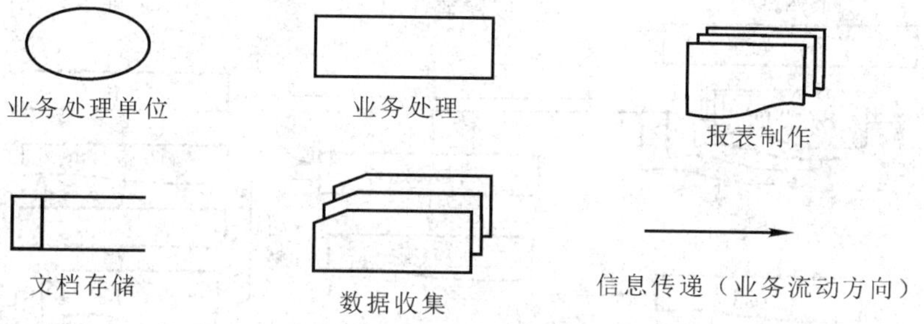

图 9.2　业务流程图的基本符号

业务流程图基本符号的具体含义如下：

(1) 业务处理(Process)：具体的业务处理功能。

(2) 业务流(Transaction Flow)：业务流程所涉及的物流、资金流或信息流的具体内容和流动方向。

(3) 业务处理单位：某项任务参与的人员，是业务流程的具体执行者。

(4) 报表制作：制作的各种报表和表格。

(5) 文档存储：存储的文件和数据。

(6) 数据收集：收集到的业务数据。

例如，某工厂成品管理的业务流程如下：

成品库保管员按车间送来的入库单登记库存台账，发货时，发货员根据销售科送来的发货通知单将成品出库并发货，同时填写三份出库单，其中一份交给成品库保管员，由他按此出库单登记库存台账，出库单的另外两联分别送销售科和会计科。

按以上的业务过程画出的业务流程图如图 9.3 所示。

业务流程图的作用如下：

(1) 用来全面了解业务处理的过程，是进行系统分析的依据。

(2) 作为系统分析员、管理人员、业务操作人员相互交流思想的工具。

(3) 系统分析员可直接在业务流程图上拟出可以实现计算机处理的部分。

(4) 用来分析业务流程的合理性。

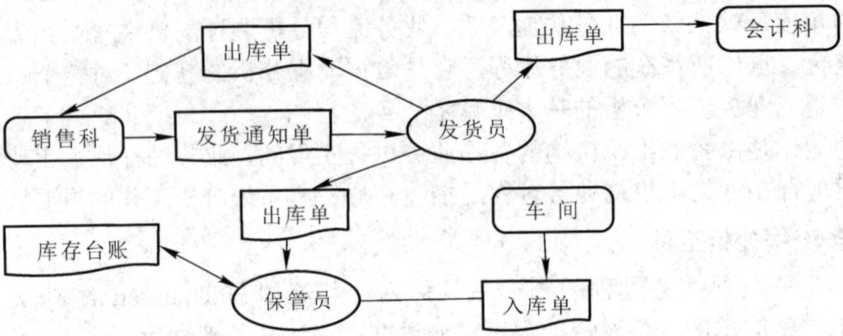

图 9.3　成品管理业务流程图

表格分配图是业务流程图的一种补充，可以帮助系统分析员表示出系统中的各种单据和报告涉及哪些部门的业务。图 9.4 是一个采购过程的表格分配图，其中每一列表示一个部门，箭头表示复制单据的流向，每张复制报告上都有编号，以示区别。

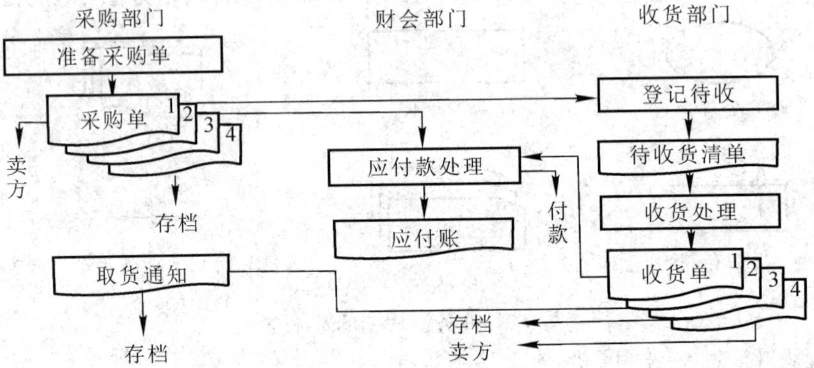

图 9.4　表格分配图

2. 业务流程分析内容

业务流程分析的目的是分析现有系统存在的问题，以便在新系统建设中予以解决或改进。业务流程分析包括以下内容：

(1) 分析原有流程。分析原有业务流程的各处理过程是否具有存在的价值，其中哪些过程可以删除或合并，哪些过程可以进行改进或优化。

(2) 优化业务流程。原有业务流程中存在冗余信息处理，可以按计算机信息处理的要求进行优化。

(3) 确定新的业务流程。画出新系统的业务流程图。

(4) 新系统的人机界面。分析其中计算机处理的业务和手工处理的业务，确定人机界面。

(5) 业务流程重组。业务流程重组过程从根本上重新设计企业的管理业务流程。

3. 业务流程重组

业务流程重组(Business Process Redesign，BPR)又称企业流程再造，是由美国的 Michael Hammer 和 Jame Champy 提出，在 20 世纪 90 年代达到全盛的一种管理思想。

BPR 是一种企业活动，内容为从根本重新而彻底地去分析与设计企业业务流程，管理相关的企业变革，以追求绩效，并使企业达到戏剧性的成长。企业流程再造的重点在于选定对企业经营极为重要的几项企业程序加以重新规划，以提高营运能力。

1) 企业流程再造的实质

BPR是对企业进行根本的再思考和彻底的再设计，以求企业在关键的性能指标上获得巨大的提高，如成本、质量、服务和速度等。

根本的：不是枝节、表面，而是本质的，即革命性的，对现行系统进行彻底的怀疑，用敏锐的眼光看出企业的问题，只有看出问题、看透问题，才能更好地解决问题。

彻底的：动大手术、大破大立，不是一般的修补。

巨大的提高：成十倍、百倍的提高，是在量变的基础上产生质变，出现突跃点。

2) 企业流程再造的实施

观念重组：变革基本信念、转变经营机制、重建组织文化、重塑行为方式。

流程重组：由面向职能转变为面向流程，对企业的现有流程进行调研分析、诊断、再设计，然后重新构建新的流程。

组织重组：建立流程管理机构，明确其权责范围；制订各流程内部的运转规则与各流程之间的关系规则，逐步用流程管理图取代传统企业中的组织机构图，实现组织结构扁平化。

3) 企业流程再造的原则

(1) 以过程管理代替职能管理，取消不增值的管理环节。

(2) 以事前管理代替事后监督，减少不必要的审核、检查和控制活动。

(3) 取消不必要的信息处理环节，消除冗余信息集。

(4) 以计算机协同处理为基础的并行过程取代串行和反馈控制管理过程。

(5) 用信息技术实现过程自动化，尽可能抛弃手工管理过程。

4) 企业流程再造的实现手段

信息技术(IT)：充分发挥IT的潜能，利用IT改造企业过程，简化企业过程。

组织变革：变革组织结构，达到组织精简、效率提高的目的。

5) 企业流程再造的适用情况

(1) 企业濒临破产。

(2) 企业竞争力下滑，必须调整战略和进行重构。

(3) 企业领导认识到BPR能大大提高企业竞争力，而企业又有此扩张需要。

(4) BPR的策略在相关企业已获得成功。

9.2.4 数据流程分析

业务流程分析中绘制的业务流程图，虽然形象地表达了管理过程中信息的流动和存储过程，但其中还有物资、材料、资金等物质要素。管理信息系统完成的是数据处理和信息处理的工作，包含在大量的业务处理之中由计算机处理，但并非所有的业务处理都能用计算机来完成，因此就需要一个从现有业务中抽取能够由计算机完成的业务处理的过程，这个抽取过程称为数据流程分析。数据流程分析是指把数据在组织内部流动的情况抽象地独立出来，不考虑具体的组织机构、信息载体、处理过程、物质和材料等，只从数据流动来考察实际的业务处理模式。

1. 数据流程调查过程中需收集的资料及汇总

数据资料收集是数据流程调查过程中的一项重要任务，其主要工作包括以下几点：

(1) 按业务过程收集原系统全部输入单据(如入库单、收据、凭证)、输出报表和数据存储介质(如账本、清单)的典型格式。

(2) 弄清各个环节上的处理方法和计算方法。

(3) 在上述各种单据、报表、账本的典型样品上或用附页注明制作单位、报送单位、发生频度、发生的高峰时间及发生量等。

(4) 在上述各种单据、报表、账本的典型样品上注明各项数据的类型、长度、取值范围等。

数据汇总是一项较为繁杂的工作，为使数据汇总能顺利进行，通常将它分为如下几步：

(1) 将系统调查中所收集到的数据资料，按业务过程进行分类编码，按处理过程的顺序排列在一起。

(2) 按业务过程自顶向下地对数据项进行整理。

(3) 将所有原始数据和最终输出数据分类整理出来。

(4) 确定数据的字长和精度，根据系统调查中用户对数据的满意程度以及今后预计该业务可能的发展规模统一确定数据的字长和精度。

2. 数据流程图概述

“自顶向下、逐层分解”是结构化分析方法将复杂的系统分解成较易理解的子系统的过程，例如图 9.5 中 S 是一个复杂的系统，结构化方法将它分解成 1、2、3 共三个子系统，若子系统 1 仍然复杂，可继续将它分解成 1.1、1.2、1.3 等子系统，如此逐层分解，直至子系统足够简单、容易理解和准确表达为止。绘制数据流程图就采用了“自顶向下、逐层分解”的方法。

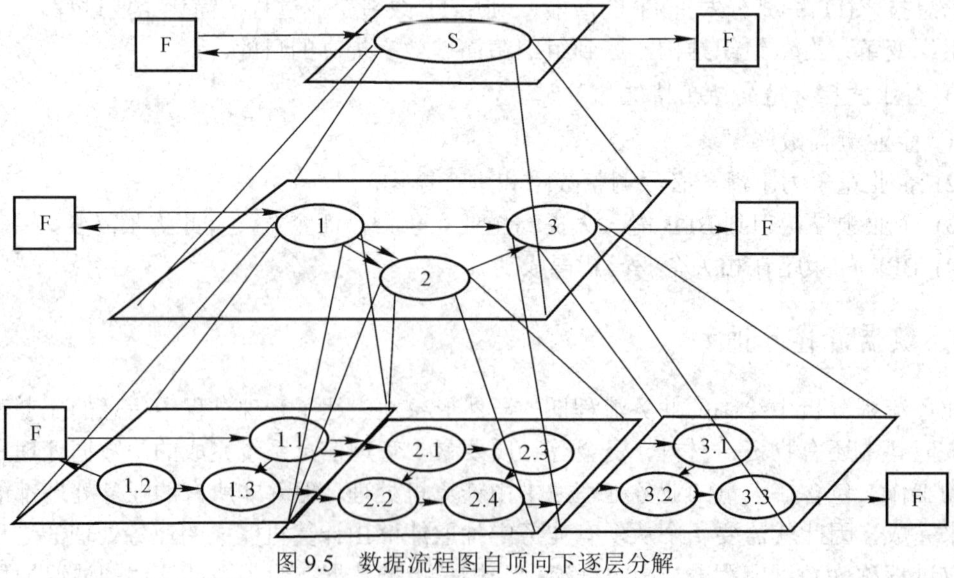

图 9.5　数据流程图自顶向下逐层分解

数据流程图(Data Flow Diagram，DFD)是业务流程图的抽象，数据流程图抛开业务流程的具体组织和人员关系，从信息的传递和加工的角度，以图形的方式描述系统的数据来源、信息的形成过程、数据存储和处理过程的逻辑关系。DFD 将系统对各个业务的处理过程联系起来，形成一个整体；而业务流程图只是孤立地分析各个业务的处理过程，不能反映业务之间的数据关系。

数据流程图的基本成分包括处理过程、数据流、数据存储和外部实体等四种，所用的符号如图 9.6 所示，可以根据需要选择使用。

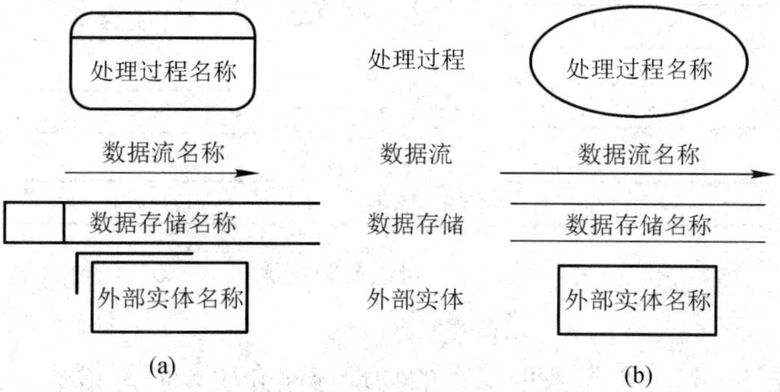

图 9.6　数据流程图的基本成分

1) 处理过程

处理过程(Process)是对数据进行变换操作，即把流向它的数据进行一定的变换处理，产生出新的数据。处理过程的名称应适当反映该处理的含义，使之容易理解。每个处理过程的编号说明该处理过程在层次分解中的位置。

在数据流程图中，处理过程好像一个暗箱，只显示过程的输入、输出和总的功能，而隐藏了细节。处理过程必须有输入/输出数据流，或者可以有若干个输入/输出的数据流，但不能只有输入数据流而没有输出数据流，或者不能只有输出数据流而没有输入数据流。

标识通常用字母 P 开头，后面数字用小数点分隔，分为几位就表示该处理位于流程图的第几层。顶层数据流程图命名 P0，第一层 P1、P2、P3、…，第二层 P1.1、P1.2、…、P2.1、P2.2、…，第三层 P1.1.1、P1.1.2、…、P2.1.1、P2.1.2、…，其下层依次类推。

命名一般用一个动词加一个名词的结构或者一个名词加动词的结构表示，所选动词能明确表达该处理的功能，如“计算库存量”“合同管理”等。

2) 数据流

数据流(Data Flow)是一条按特定的方向从源点流到终点的数据，它指明了数据及其流动方向。数据流可以由某一个外部实体产生，也可以由处理过程或数据存储产生。要对每一条数据流进行简单的描述，以使用户和系统设计人员能够理解它的含义。

数据流的种类很多，图 9.7 所示的是不同的数据流。

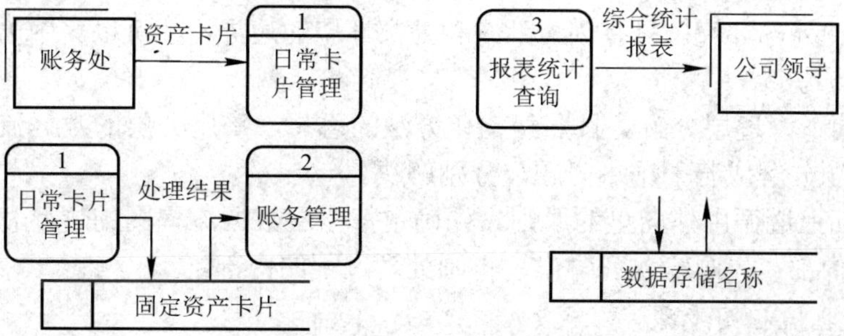

图 9.7　不同的数据流

数据流不能从外部实体到外部实体，不能从数据存储到外部实体或从外部实体到数据存储，也不能从数据存储到数据存储，中间必须经过数据处理。图 9.8 为错误的数据流。

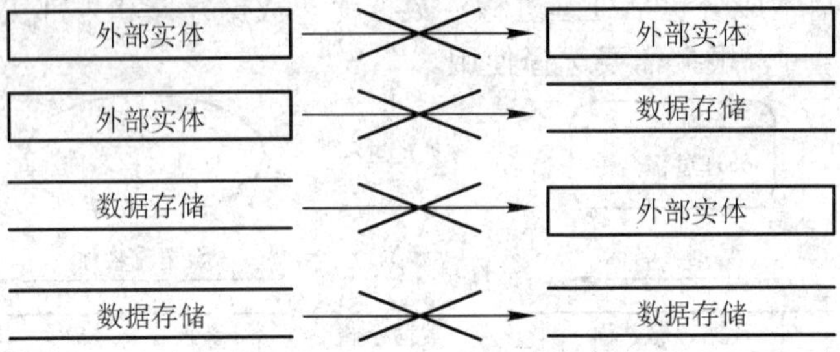

图 9.8　错误的数据流

3) 数据存储

数据存储(Data Store)不是指数据保存的物理存储介质，而是指数据存储的逻辑描述。数据存储的命名要恰当，以便见名知意。为了引用方便，除了名称外，数据存储还可以加一个标识，一般用字母 D 和数字表示，如 D1、D2 等。

从数据存储流入或流出数据流时，数据流的方向特别重要。如果是读取数据，则数据流的方向应从数据存储流出；如果是写数据则相反；如果又读又写，则数据流是双向的。

4) 外部实体

外部实体(External Entity)是指在所研究系统外独立于系统而存在的，但又和系统有联系的实体。它可以是某个人员、某个企业、某个信息系统或某种事物，也可以是系统的数据来源或数据去向。确定外部实体实际就是明确系统与外部环境之间的界限，从而确定系统的范围。

数据流程图的作用如下：

(1) 系统分析员用这种工具自顶向下分析系统信息流程；

(2) 在流程图中画出计算机处理的部分；

(3) 根据逻辑存储，进一步分析数据，为数据库设计做准备；

(4) 根据数据流向，决定存取方式；

(5) 对于一个处理过程，可通过相应的程序语言来表达处理方法，为程序设计做准备。

3. 数据流程图的绘制

1) 数据流程分析原则

使用数据流程图进行数据流程分析时，一般遵循以下原则：

(1) 明确系统边界。系统分析人员要根据调查材料，首先识别哪些是不受系统控制但又受系统影响的外部环境。只有划清系统和外部环境的边界，才可以集中力量分析和确定本系统的功能。

(2) 自顶向下、逐层分解。按照结构化方法的思想，采用分层的数据流程图，把大问题或复杂的问题分解成若干个小问题，分别解决。

(3) 在局部上遵循由外向里的原则。先确定每一层数据流程图的边界和范围，再考虑数据流程图的内部；先画输入和输出，再画处理过程的内部。

2) 绘制数据流程图步骤

绘制数据流程图的大致步骤如下：

(1) 画出系统的外部实体，对于向系统提供数据(输入信息)的外部实体，应画在数据流程图的左边或上边；对于从系统获取数据(输出信息)的外部实体，应画在流程图的右边或下边。然后从左到右、从上到下画出外部实体产生的数据流和相应的数据处理过程，如果需要保存数据，则画出对应的外部存储。最后画出接收该系统或数据处理输出信息的外部实体。

(2) 先画顶层的数据流程图，后画分层的数据流程图。顶层数据流程图是系统的概括和综合，可以不画数据存储；由于处于较高层次的数据流程图内容相对抽象，需要进一步分解，因此分层数据流程图是把上一层的数据流程图的各数据处理过程进行分解。分解过程如图 9.9 所示。

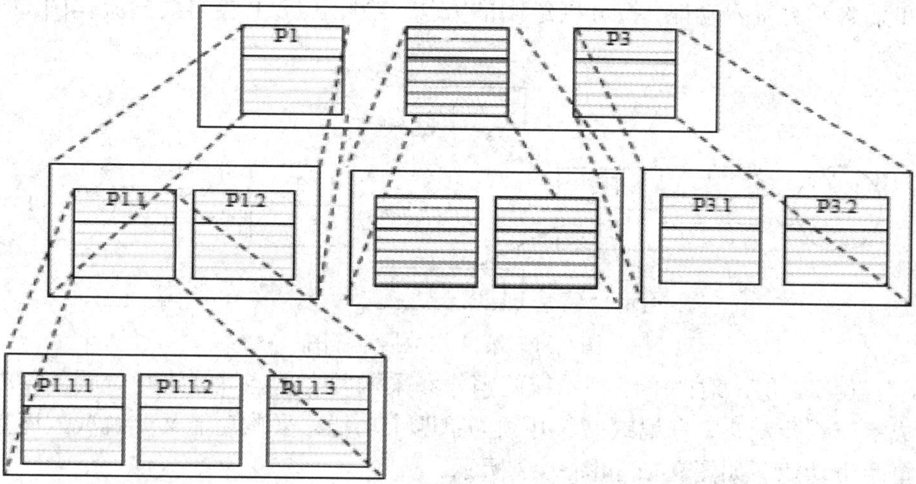

图 9.9 数据流程图的分层

对数据处理过程进行分层时，应注意以下两方面：

• 下一层图应包含上一层中与该数据处理过程有关的全部数据流，下一层图中的数据流不必出现在上一层。

• 下一层图应包含上一层中与该数据处理过程有关的全部数据存储，下一层图中的数据存储不必出现在上一层。

对于数据流和数据存储的规定如下：

• 对于各个数据处理过程，除画出有关外部实体或数据存储写入的数据流以及考虑其他数据处理过程写入的数据流外，还要考虑该数据处理过程向有关外部实体输出或数据存储写入的数据流。

• 避免过多的数据流交叉，在同一个数据流程图中，同一个外部实体、数据可以多次出现。

(3) 系统分析人员向用户、组织的管理者，详细解释各流程图的数据传递及处理关系，经反复讨论、调整后得到全面反映业务流程的数据流图。

3) 数据流程图的绘制实例

某图书销售系统的工作流程如下：学生交购书单，经审查无效购书单返回给学生，如果库存记录书库中有所需教材，则开发票，登记并开领书单，学生凭领书单到书库领书。

如果书库中该教材脱销，则填写缺书登记表。根据缺书登记表生成一张采购单，由教材采购人员根据采购单采购教材，新教材入库后，根据进书单登记到库存记录。

(1) 绘制顶层的 DFD。根据对图书销售系统的功能的描述，确定了外部实体有学生和采购员，绘制出顶层的 DFD，也可叫作第 0 层的 DFD，如图 9.10 所示。

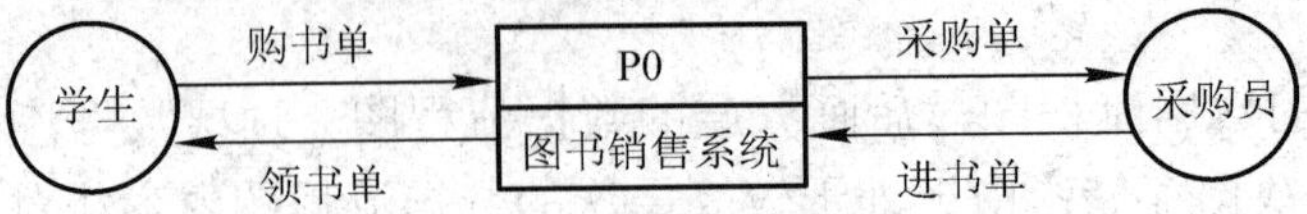

图 9.10　顶层数据流程图

(2) 分解第 1 层。根据对图书销售系统功能的详细调查，分析系统包含的功能主要有销售和采购两大基本功能，按分层绘制的方法，绘制出第 1 层的数据流程图，如图 9.11 所示。

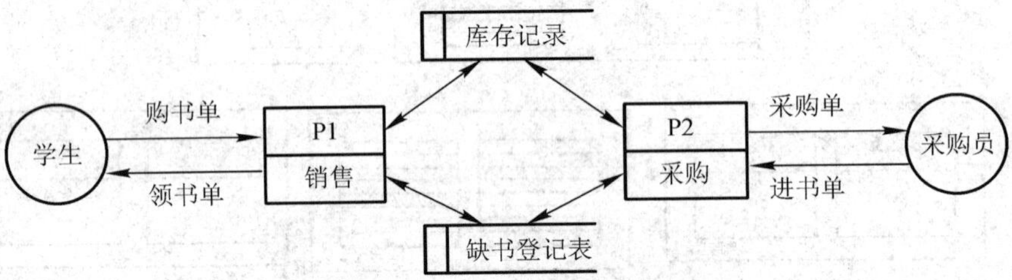

图 9.11　第 1 层数据流程图

(3) 分解第 2 层。对图书销售系统的销售和采购两大功能继续进行分解，其中销售功能分解成审查、开发票、登记缺书、开领书单四个功能；采购功能又分解成入库登记、生成采购单两个功能，如图 9.12 和图 9.13 所示。

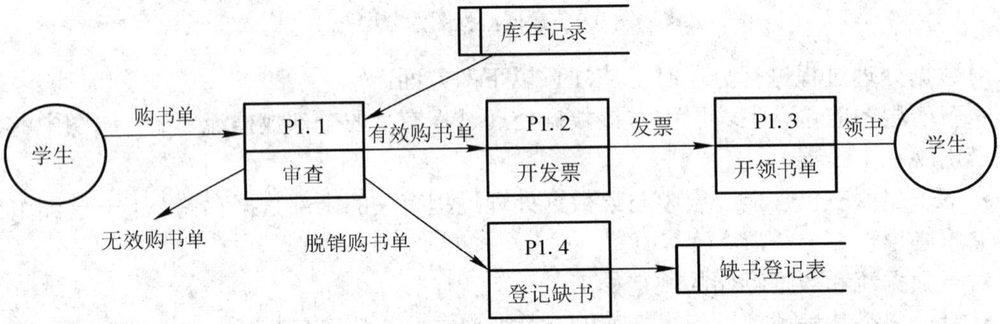

图 9.12　销售功能的第 2 层数据流程图

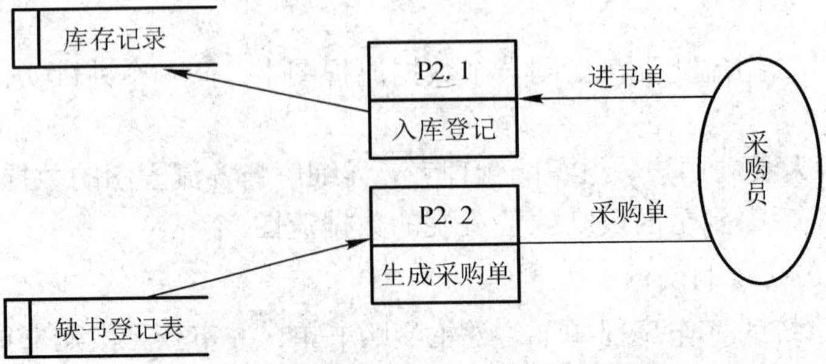

图 9.13　采购功能的第 2 层数据流程图

(4) 合并数据流程图。将两层的数据流程图进行合并，如图 9.14 所示。

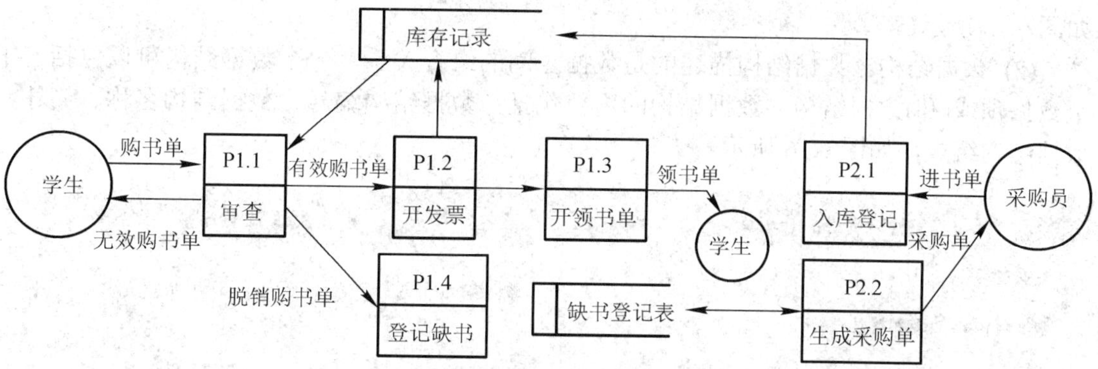

图 9.14 合并后的总数据流程图

4. 数据流程图的检查

数据流程图是否正确，可以从数据流输入和输出的合理性以及父图与子图的平衡两方面来检查。

(1) 输入和输出的合理性。如果一个处理过程所输出的某个数据在处理过程变换中既没有被产生，也没有被作为输入数据输入该处理过程，则该输入数据一定是在输入过程中被遗漏了。

(2) 父图与子图的平衡。在分层的数据流程图中，父图与子图不平衡的现象极易发生。在对子图进行修改时，一定要及时对父图进行相应的修改，以保持平衡。父图与子图的平衡，不能仅从形式上和数量上看，还要考虑其数据流的组成。如果父图中有一个输入数据流，而子图中有多个输入数据流，此时看起来似乎不平衡，但是如果父图中的这一输入数据流的组成和子图中的多个输入数据流的组成相同，则也认为两者是平衡的。

9.2.5 数据字典

数据流程图描述了系统数据处理的概貌，描述了系统的分解，即系统由哪些部分组成、各部分之间有什么联系等。但它不能完整地表达一个系统的全部逻辑特征，特别是有关数据的详细内容。只有对数据流程图中出现的每一个成分都给出详细定义，才能比较完整、准确地描述一个系统。因此需要有其他工具对数据流程图加以补充。

数据字典(Data Dictionary，DD)的作用就是对数据流程图中的每一个成分给予定义和说明。数据字典描述的主要内容包括数据元素、数据结构、数据流、数据存储、处理功能和外部实体等，其中数据元素是组成数据流的基本成分。数据字典是对数据流程图的辅助资料，对数据流程图起注解作用。

1. 数据字典的条目

数据字典中包含有六类条目：数据项、数据结构、数据流、数据存储、外部实体、数据处理。

(1) 数据项。数据项是具有独立逻辑含义的最小数据组成单位，如商品编号、商品名称等。

数据项的内容包括：数据项编号、数据项名称、别名、简述、类型及宽度、取值范围，如图 9.15 所示。

(2) 数据结构。数据结构描述的是数据之间的组合关系。一个数据结构可以包括若干个数据项或(和)数据结构。数据结构的内容包括：数据结构编号、数据结构名称、简述、数据结构组成，如图 9.16 所示。

例：数据项定义	
数据项编号：	ID201
数据项名称：	材料编号
别名：	材料编码
简述：	某种材料的代码
类型及宽度：	字符型，4位
取值范围：	"0001"~"9999"

图 9.15　数据项的内容

例：数据结构定义	
数据结构编号：	DS03-01
数据结构名称：	用户订货单
简述：	用户所填用户情况及订货要求等信息
数据结构组成：	DS03-02 +DS03-03+ DS03-04

图 9.16　数据结构的内容

(3) 数据流。数据流表明系统中数据流的组成、逻辑流向及在单位时间内的流量。数据流可为数据项或数据结构。数据流的内容包括：数据流编号、数据流名称、简述、数据流来源、数据流去向、数据流组成、数据流量、高峰流量，如图 9.17 所示。

(4) 数据存储。数据存储是数据流暂存或永久保存的地方。数据存储的内容包括：数据存储编号、数据存储名称、简述、数据存储组成、关键字、相关联的处理，如图 9.18 所示。

数据流编号：	F03-08
数据流名称：	领料单
简述：	车间开出的领料单
数据流来源：	车间
数据流去向：	发料处理模块
数据流组成：	材料编号十材料名称十领用数量十日期十领用单位
数据流量：	10份 / 时
高峰流量：	20份 / 时（上午9：00－－－－11：00）

图 9-17　数据流的内容

例：数据存储定义	
数据存储编号：	F03-08
数据存储名称：	库存账
简述：	存放配件的库存量和单价
数据存储组成：	配件编号十配件名称十单价十库存量十备注
关键字：	配件编号
相关联的处理：	P02,P03

图 9-18　数据存储的内容

(5) 外部实体。外部实体是数据流的来源或去向。外部实体的内容包括：外部实体编号、外部实体名称、简述、输入的数据流、输出的数据流，如图 9.19 所示。

(6) 数据处理。数据处理又称处理逻辑、数据加工等，仅对 DFD 最底层的处理加以说明。数据处理的内容包括：处理逻辑编号、处理逻辑名称、简述、输入的数据流、处理、输出的数据流、处理频率，如图 9.20 所示。

例：外部实体定义	
外部实体编号：	S03-01
外部实体名称：	用户
简述：	购置本单位配件的用户
输入的数据流：	D03-06、D03-08
输出的数据流：	D03-01

图 9.19　外部实体的内容

处理逻辑编号：	P02-03
处理逻辑名称：	计算电费
简述：	计算应交纳的电费
输入的数据流：	数据流电费价格，来源于数据存储文件价格表； 数据流电量和用户类别，来源于处理逻辑"读电表数字处理"和数据存储"用户文件"。
处理：	1、根据数据流"用电量"和"用户信息"，检索用户文件，确定该用户类别； 2、再根据已确定的该用户类别，检索数据存储价格表文件，以确定该用户的收费标准，得到单价； 3、用单价和用电量相乘得该用户应交纳的电费。
输出的数据流：	数据流"电费"一是去外部项用户， 二是写入数据存储用户电费账目文件。
处理频率：	对每个用户每月处理一次。

图 9.20　数据处理的内容

2. 数据字典的作用

数据字典是所有人员工作的依据，也是统一的标准，可以确保数据在系统中的完整性和一致性。在整个系统开发过程以及系统运行后的维护阶段，数据字典是必不可少的工具。

具体来讲，数据字典具有以下作用：

(1) 按各种要求列表。

(2) 相互参照，便于系统修改。

(3) 由描述内容检索名称。

(4) 完成一致性检验和完整性检验。

9.2.6　处理过程分析

数据流程图概要地反映了系统的数据输入、变换处理以及信息的生成和输出过程，数据字典对系统的数据进行了规范化的说明。运用数据字典虽然能反映数据处理功能的基本要求，但描述数据流程图中比较复杂的处理逻辑存在不清晰、易误解等缺点。因此，对于比较复杂的处理逻辑，可以借助其他一些工具来进行更为详细、易懂的描述说明。

处理过程说明是对数据流程图中处理的详细描述。数据流程图、数据字典和处理过程说明三者构成了系统的逻辑模型。

数据处理过程描述或说明的常用工具有结构化语言、判定树和判定表。

1. 结构化语言

结构化语言是一种介于自然语言与程序设计语言之间的语言。它由程序设计语言的框架(即允许三种基本结构：顺序结构、分支结构、循环结构)和自然语言的词汇(如动词、名词和程序设计语言的保留字)组成。

结构化语言综合了自然语言的容易表述和理解以及程序设计语言的严格精确等特点，此外还具有易于编写、能简明描述较复杂的处理逻辑等优点。

结构化语言只允许 3 种基本语句，即祈使语句、判断语句、循环语句。与程序设计语言的差别在于结构化语言没有严格的语法规定。结构化语言使用 3 类词汇：祈使句中的动词、数据字典中定义的名词以及某些逻辑表达式中的保留字。

例如，某公司的订货折扣政策：年交易额在 5 万或 5 万以下，不给予折扣；对于年交易额在 5 万以上时，如果无欠款，则给予 15%的折扣，如果有欠款，且与本公司的交易关系在 20 年以上，则折扣为 10%；如果有欠款，且与本公司交易关系在 20 年以下，则折扣为 5%。

利用结构化语言表述上述处理过程如下：

```
IF  购货金额在 5 万以上
  THEN    IF    最近 3 月无欠款
                THEN   折扣率为 15%
                 ELSE       IF   与公司交易 20 年以上
                                THEN     折扣率为 10%
                                ELSE   折扣率为 5%
  ELSE  无折扣
```

2. 判定树

结构化语言有时不能直观地表述数据处理过程。判定树采用树型结构来表示处理逻辑，从其图形上可以一目了然地看清用户的业务在什么条件下采取什么样的处理方式。

判定树左边是树根，是决策序列的起点；右边是各个分支，即每一个条件的取值状态；最右侧为应该采取的策略。从树根开始，自左至右沿着某一分支，能够作出一系列的决策。

前面的例子用判定树表示，如图 9.21 所示。

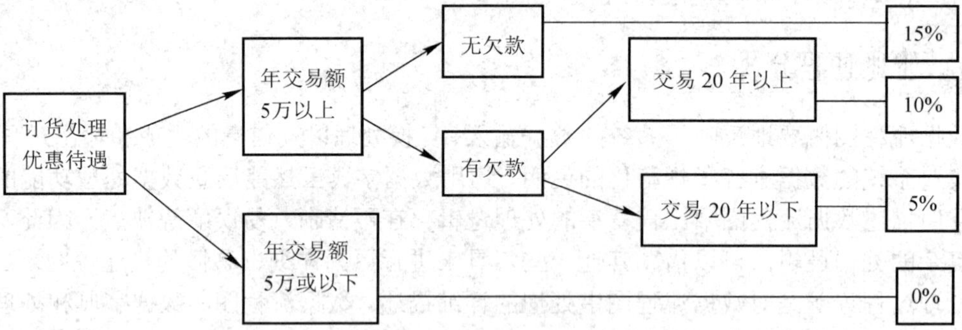

图 9.21　判定树

3. 判定表

判定表又称决策表。在处理逻辑中，如果决策树的条件较多，各个条件又相互结合，相应的决策方案比较多，在这种情况下用决策树表示，树的结构比较复杂，图中各项注释也比较烦琐。判定表采用二维表格形式来表达这类过程，处理问题就比较容易，表格分成 4 个部分，左上角为条件说明，左下角为条件和行动说明，右上角为各种条件的组合说明，右下角为各条件组合下执行的相应行动。判定表的格式如表 9.1 所示。

表 9.1　判定表的格式

条件及行动		1	2	3	4	5	6	7	8
条件组合	C1：交易额 5 万以上								
	C2：无欠款								
	C3：交易 20 年以上								
行动	A1：折扣率 15%								
	A2：折扣率 10%								
	A3：折扣率 5%								
	A4：折扣率 0%								

前面的例子用判定表表示，如表 9.2 所示。

表 9.2　判　定　表

条件及行动		1	2	3	4	5	6	7	8
条件组合	C1:交易额 5 万以上	Y	Y	Y	Y	N	N	N	N
	C2:无欠款	Y	Y	N	N	Y	Y	N	N
	C3:交易 20 年以上	Y	N	Y	N	Y	N	Y	N
行动	A1:折扣率 15%	√	√						
	A2:折扣率 10%			√					
	A3:折扣率 5%				√				
	A4:折扣率 0%					√	√	√	√

该判定表中，“Y”表示符合条件或条件成立，“N”表示不符合条件或条件不成立，“√”表示在以上条件组合下做出对应的行动。该表虽然能较为清晰地反映判定情况，但有些情况是重复判定，可以进一步简化。简化后的判定表如表 9.3 所示，该判定表还可以简化。

表 9.3　简化后的判定表

条件及行动		1	2	3	4
条件组合	C1:交易额 5 万以上	Y	Y	Y	N
	C2:无欠款	Y	N	N	
	C3:交易 20 年以上		Y	N	
行动	A1:折扣率 15%	√			
	A2:折扣率 10%		√		
	A3:折扣率 5%			√	
	A4:折扣率 0%				√

9.3　面向对象的系统分析

IT 界一直在研究和探索新的 MIS 系统的开发方法，面向对象的开发技术应运而生。一些可视化的编程语言出现，改变了传统的面向过程的编程方式，建立了面向对象的系统开发方法，包括面向对象的系统分析。根据面向对象程序设计的思想，人们提出了面向对象的系统开发方法。

9.3.1 面向对象的系统分析概述

面向对象的系统分析是指采用面向对象的思想，对系统进行分析，根据用户需求提取出系统应具有的属性和行为，是属于问题抽象阶段，解决“做什么”的问题。面向对象系统分析的任务首先是进行面向对象的系统需求分析，然后在系统需求分析的基础上，继续识别待开发系统应用领域的对象，分析对象间的关系，建立符合系统需求的两种模型：一是对象/类静态模型；二是对象/类动态模型。

一种系统开发方法应由建模语言和开发过程组成。建模语言是设计的表示符号，而过程则是描述如何进行开发所需的步骤。UML 只是一种建模语言，可以与任何开发过程配套使用。本章中的面向对象的系统分析与设计采用 UML 作为建模语言，而选用的开发过程包括需求分析、系统分析、系统设计、实施等阶段。UML 软件开发过程就是一个反复修改、逐步完善的迭代过程。在实际工作中，建模的步骤并不一定严格按照前面讲述的次序进行。

本章介绍的是需求分析和系统分析。

面向对象的系统需求分析主要任务是确定使用者，定义用例，建立 UML 用例图和用例描述以描述系统的需求。

面向对象的系统分析阶段，根据用例图及用例描述，并使用顺序图详细描述系统的工作流，推导出所有的关键分析类以及它们之间的关系，完成 UML 分析类图、活动图等的设计。

9.3.2 需求分析

使用面向对象的方法进行系统分析设计的依据之一也是用户的需求。因此，面向对象的开发第一阶段的任务就是要获取用户的需求，主要是功能上的需求。

需求收集从调查开始。调查的对象、方法等可参照本章 9.2 节结构化系统分析方法的内容。在面向对象方法中，用户功能需求的描述工具是用例图，而用例图的主要组成就是使用者(角色)和用例(功能)。

1. 系统功能和角色的识别

需求分析阶段最重要的内容就是对所要开发的系统能“做什么”(具备哪些功能)，即用例进行确定；还要分析有哪些人或物参与到应用系统中(系统将遇到哪些角色)，即使用者(角色)。

1) 系统功能的识别

系统的功能就是系统所提供的加工、分析和处理用户请求的方法和过程，它表现在人们如何使用系统和系统提供哪些功能两个方面。系统功能可以利用 UML 建模技术中用例图的方式来描述。比如，学籍管理系统可以提供学生档案管理、班级管理、课程设置和成绩管理等功能，这些都可以作为用例来描述。

用例通常用动词或短语命名，描述客户看到的最终结果；同时用例关注系统外的用户，每个用例应表示用户与系统之间一个完整的功能，为用户提供一定价值，使系统的功能更真实、更准确。

用例在UML图形上用椭圆来表示，椭圆下(或椭圆中)附上用例的名称。

2) 角色的识别

系统参与者又称角色，它是指与开发系统进行交互的人或物，是与系统直接交互的参与者，在识别和提取角色时，需要在用户的帮助下进行标识和描述。

角色一般包括以下几类：

(1) 系统操作的主要使用者和系统信息的使用者；

(2) 系统信息的来源；

(3) 系统管理和维护的参与者；

(4) 与其交互的应用系统；

(5) 系统使用涉及的硬件；

(6) 使用者的类型和细节功能；

(7) 系统使用的外部环境，如地点、用户数量、可选设备等。

角色在UML图形上用一个下面写有名称的小人图形表示。

3) 系统功能和角色的关系

建立用例图的一个关键步骤是描述关系。关系包括角色与用例之间的关系、角色之间或用例之间的关系、用例之间的关系等。这些关系具体表现为关联关系、泛化关系、包含关系和扩展关系，如表9.4所示。

表9.4 角色、用例之间的关系类型

关系类型	说　明
关联	角色与用例之间的关系
泛化	角色之间或用例之间的关系
包含	用例之间的关系
扩展	用例之间的关系

关联(Association)关系表示角色和用例之间的对应通信关系，它表示角色使用了系统中的哪些用例(或者说系统所提供的用例被哪些角色使用)，关联关系用实线表示。

泛化(Generalization)关系表示一般与特殊的关系，即用例之间或角色之间的“is a”关系。泛化关系分为用例泛化和角色泛化。泛化关系用带空心三角箭头的实线表示。对于用例泛化，从子用例发出，指向父用例。用例泛化如图9.22所示，角色泛化如图9.23所示。

包含(Include)关系把几个用例的公共步骤分离成一个单独的被包含用例，被包含的用例通常作为某些包含它的更大的基本用例的一部分，即表示用例之间的“has a”关系。被包含用例不能单独存在。在图形上，包含关系用一条从基本用例指向被包含的用例的虚箭线表示，并在箭线上标有构造型《include》。

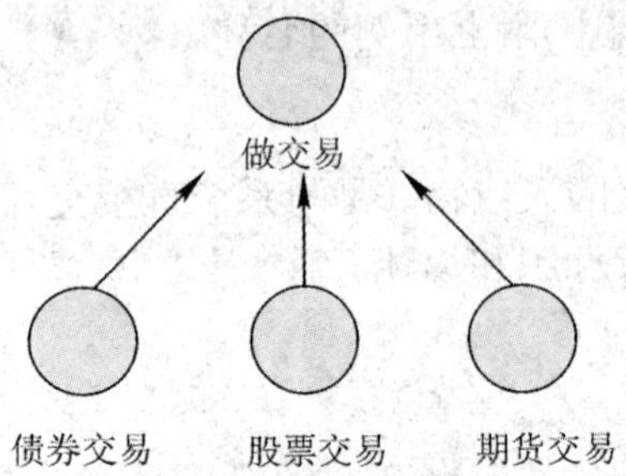

图 9.22 用例泛化

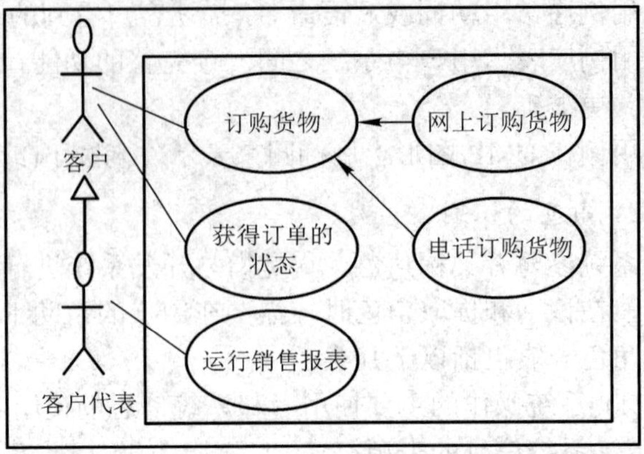

图 9.23 角色泛化

扩展(Extend)关系允许一个用例扩展另一个用例所提供的功能。扩展关系表示的是用例之间的“is a”关系。扩展关系表明扩展用例的行为相对于基本用例是在一个给定延伸点上的延伸关系。在图形上，扩展关系用一条从扩展用例指向基本用例的虚箭线表示，并在箭线上标有构造型《extend》。

包含关系和扩展关系如图 9.24 所示。

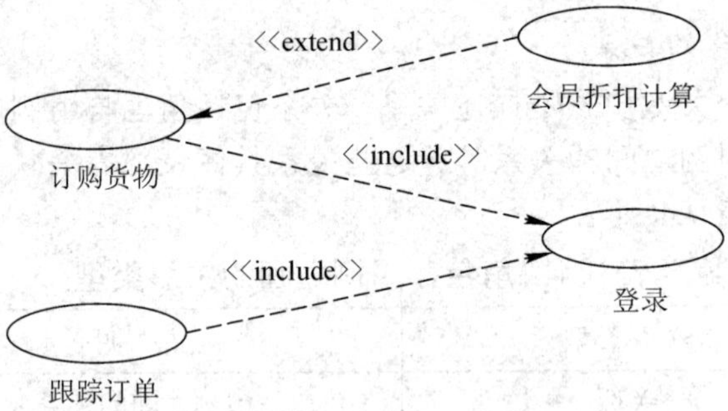

图 9.24 包含关系和扩展关系

2. 系统需求分析过程

系统需求分析过程一般包含系统需求描述、发现和确定角色、发现和确定用例、绘制用例图及进行用例描述四个步骤。下面以学籍管理系统为例来说明系统需求分析具体过程。

1) *系统需求描述*

系统需求描述就是根据系统需求的层次性，确定系统的范围和边界。系统的范围是指待开发系统的应用领域的目标、任务、规模以及系统提供的功能和服务。系统边界是指一个系统的所有元素与系统之外事务的分界线。

一个系统的范围与系统开发的目标、任务和规模密切相关。比如一个综合的企业管理系统，企业的生产、人事、财务、库存、销售、订货等都是系统开发的范围；而对于一个人力资源管理系统来说，其范围只涉及人员及人员激励的管理。

经调查，学籍管理系统的需求包括系统基本要求、学生档案管理、班级管理、交费管理、课程管理、成绩管理等方面。

2) 发现和确定角色

当确定了系统的范围并明确了系统的边界后，就要从系统的角度寻找与系统进行信息交互的角色。可以从以下方面来发现和确定系统的角色：

(1) 系统主要使用者：谁使用系统的主要功能？谁需要系统支持他们的日常工作？

(2) 系统辅助使用者：谁来维护、管理系统使其能正常工作？

(3) 系统信息提供者：谁为系统提供信息？

(4) 相交互的外部系统：系统需要控制哪些硬件？系统需要与其他哪些外部系统交互？

学籍管理系统包含的角色及其关系如图 9.25 所示。

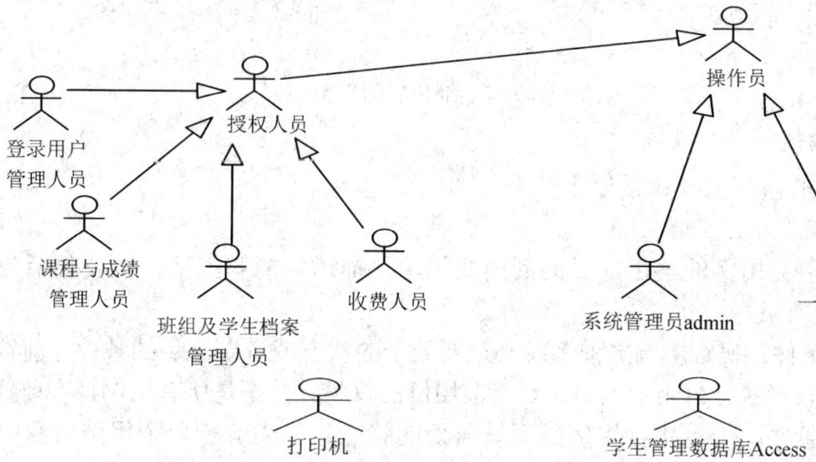

图 9.25　学籍管理系统包含的角色及其关系

3) 发现和确定用例

用例是系统的一种行为，它为角色产生一定价值的结果。用例描述角色希望系统完成的事情。用例应该是一个完整的任务，用来描述从角色看到的系统的全部功能。我们可以通过与每个角色交流来发现和确定可能的用例：

(1) 角色希望系统能提供什么功能？

(2) 角色要创建、读取、更新或删除什么信息？

(3) 系统通知角色什么信息？

(4) 系统需要从角色那里得到什么信息？

(5) 对系统的维护、管理等。

(6) 与系统交互的外部系统。

学籍管理系统包含的用例如图 9.26 所示。

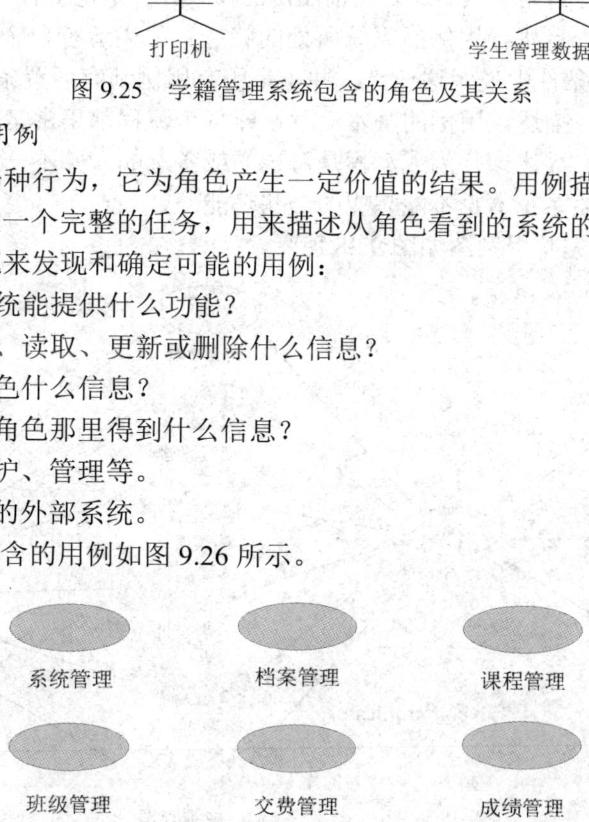

图 9.26　学籍管理系统包含的用例

还可以进一步改进和细化用例，其中，档案管理细化后的用例如图 9.27 所示。

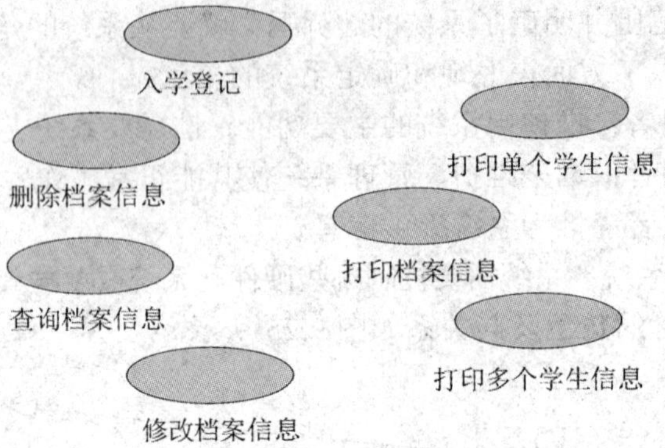

图 9.27　细化后的用例

4) 用例描述

用例描述的内容主要包括以下几个方面：

(1) 用例名称。

(2) 描述：对用例的角色、目的的简要描述。描述应简明扼要，但要包括角色通过用例所能达到的效果。

(3) 前置条件：执行用例之前系统必须要处于的状态或者要满足的条件。前置条件可能是另一个用例已经执行或用户具有运行当前用例的权限。并不是所有用例都有前置条件。

(4) 后置条件：一旦执行用例后系统所处的状态。如果运行一个用例后需要执行另一个用例，则可在后置条件中说明这一点。并不是所有用例都有后置条件。

(5) 基本事件流：描述该用例的基本流程，即每个流程都正常运作时所发生的事情。

(6) 备选事件流：描述该行为或流程是可选的或备选的，并不一定要执行。

(7) 错误流：描述系统本身不能完成的一些功能。

学籍管理系统的完整用例图如图 9.28 所示。

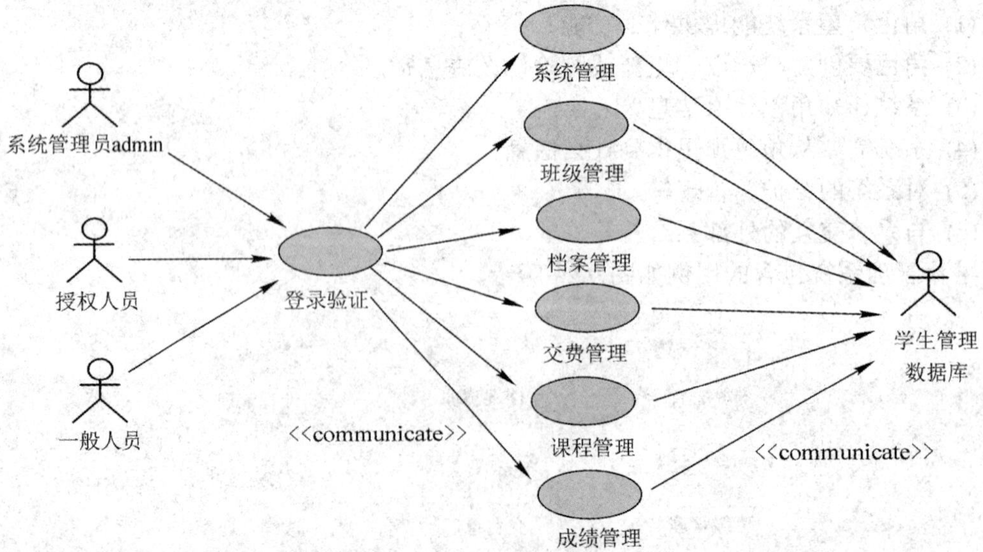

图 9.28　完整的用例图

以删除档案信息为例，用例描述如下：

用例名称：删除档案信息。

简要描述：显示要删除的档案信息，提示与档案信息有关的收费信息、成绩信息、选课信息将全部被删除，做删除处理，更新数据库中的数据表。

前置条件：执行用例前，操作员已经登录系统，且具备档案管理权限。

后置条件：用例执行成功后，操作员可以删除与档案信息有关的收费信息、成绩信息、选课信息；否则，系统状态不变。

基本事件流：

(1) 显示要删除的档案信息。

(2) 确认删除档案信息。

(3) 提示与档案信息有关的收费信息、成绩信息、选课信息将全部被删除。

(4) 再次确定删除档案信息。

(5) 做删除处理，更新数据库中的数据表。

(6) 显示删除档案信息成功。

备选事件流：检索要删除的档案信息是否存在，若不存在，则由操作员确定继续检索还是退出用例。

9.3.3　系统分析

系统分析并不是确定如何解决问题的过程，而是在寻找系统究竟处理什么的过程。在这一环节中，需要把那些复杂的需求分解为若干对象及其关系，并在此基础上提出系统的解决方案。

系统分析模型分为两部分：静态分析和动态分析。静态分析部分主要使用类图来描述系统要处理的对象和这些对象之间的相互关系，而动态分析部分主要使用交互图来证明静态分析模型的可行性。

1. 静态分析

静态分析的主要任务是建立反映对象静态结构的分析类图，即确定分析类、属性及关系。

1) 分析类

对象是面向对象方法中最基本的概念，它是数据和操作的封装体。系统功能是通过对象之间相互通信、不断变化来实现的。因此，为了更清晰地了解系统的运行过程，有必要建立对象的分析类图，可以很容易地观察到某一时刻活动的对象以及它们之间的关系。

分析类是从现实世界业务映射出来的，是对问题域的抽象。因此，分析模型中所有的分析类都应该只描述对象的高层次的属性和操作。

在分析阶段，不会在软件中实现分析类，通常只用自然语言去描述它的属性和操作。分析类是为定义设计类做准备，一个分析类可以创建一个或多个设计类。

在类图中，类的图标(Icon)是一个长方形，垂直地分出三个框，分别包含类的名称、属性、操作。

2) 分析类的识别

静态分析的第一步是确定那些备选的、执行用例行为的分析类。这些分析类的实例可以满足用例的所有需求。一般来说，有三种不同的分析类:实体类、边界类和控制类。在确定分析类时，可以使用三种不同的模式来识别和提取这些类。

(1) 实体类。它是系统表示客观事物的抽象要素。实体类一般来源于业务分析中所确定的实体，对应着业务领域中的某个客观事物，或是具有较稳定信息内容的系统元素。通常可以从业务领域模型中找到这些实体类。在学籍管理系统中，可以按需求描述标识出的实体类有学生、班级、班主任、成绩以及登录用户实体类等。

(2) 边界类。它是描述系统与使用者之间交互的抽象要素。边界类只对系统与使用者之间的交互进行建模，并不描述交互的具体内容及交互界面的具体形式。每一个使用者应至少拥有一个边界类，以表示它与系统的交互处理。但如果某个使用者与系统交互比较频繁，而且各交互内容之间也不存在较密切的关系，就需要为这个使用者设置一个新的边界类。

一般来说，可以从两个方面查找边界类：一方面是根据每个用例主要使用者至少有一个边界类的原则来获取用户界面边界类；另一方面是考虑外部设备或系统与新系统通信之间的接口，根据这些接口可以获得一些边界类。

在学籍管理系统中，登录界面类、主界面类、学费报表类都属于边界类。

(3) 控制类。它是描述系统对其他对象协调控制、处理逻辑运算的抽象要素。一个较复杂的用例一般都需要一个或多个控制类来协调系统中各个对象的行为。控制类的好处是它可以有效地把边界对象与实体对象区分开，使得系统对其边界内发生的变更具有适应性。同时，控制类还可以把用例所特有的行为与实体对象区分开，从而提高了实体对象在用例和系统中的复用性。

3) 分析类的属性

在识别出分析类后，下一步是识别出类的属性，继续细化和补充分析模型。

在找到实体类后，需要研究类的特性。类包括信息和行为，这些信息就称为属性。可以查阅需求描述和用例描述来获得属性，事件流中的名词有一些是属性。在标识属性时，应将其赋予适当的类，属性是与类相关的信息。

标识对象/类属性的规则如下：

常识性：按一般常识，该对象应具有的属性；

专业性：在当前问题论域中，该对象应具有的属性；

功能性：根据系统功能的要求，该对象应具有的属性；

管理性：建立该对象是为了保存和管理哪些属性；

操作性：为了实现对象的操作功能，需要增设哪些属性；

标志性：是否需要增设属性来区别对象的不同状态；

外联性：用什么属性来表示对象的整体-部分联系和实例链接。

4) 分析类的关系

类之间的关系有关联关系、聚合关系、组合关系、泛化关系、依赖关系。

关联关系是类之间的一种连接关系。在类图上，用一条把类连接在一起的实线表示关联。关联可以是单向的或双向的，如果该关联是双向的，就不必标出方向箭头。单向的消息仅能沿着箭头的方向传递。

如果一个关联既是类又是关联，则它是一个关联类。关联类定义了一组属于该关联的特性。关联类的图标用一条虚线连接到关联线上，如图 9.29 所示。

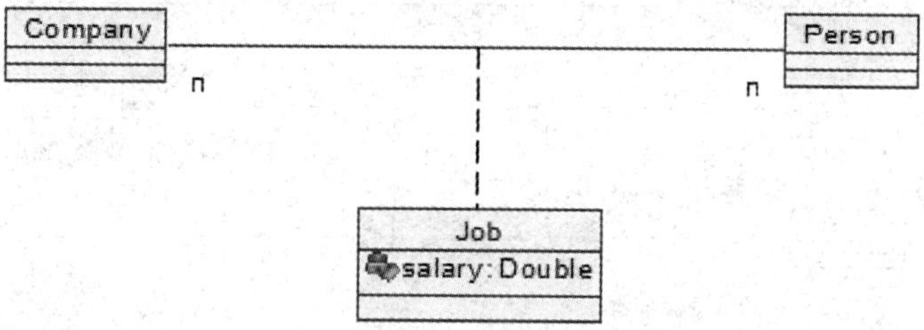

图 9.29　含关联类的关联关系

聚合关系是表示部分与整体关系的关联。聚合关联用端点带有空心菱形的连线表示。菱形与代表整体的聚合类相连接，连线的另一端连接代表部分事物的类，如图 9.30 所示。

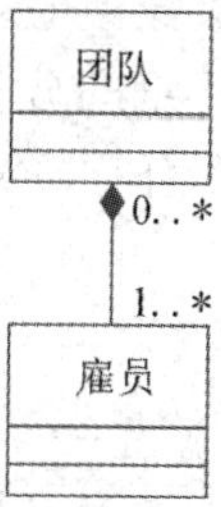

图 9.30　聚合关系

组合关系表示更强形式的部分与整体关系。在组合关系中，整体与部分之间有很强的所有关系和一致的生命周期。代表部分事物的对象只属于一个组合对象，而且与组合对象同时存在、同时消失。组合关系的图形是一个实心菱形与代表整体的类相连接，如图 9.31 所示。

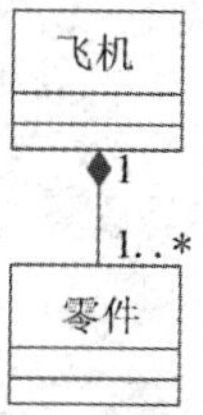

图 9.31　组合关系

泛化关系是类的一般描述和具体描述之间的关系。泛化关系是在保留对象差异的同时共享对象相似性的一种高度抽象方式。子类不仅具有父类所具有的特性(属性、操作、关联等)，同时还可以有自己的特性；泛化用一条带空心三角箭头的实箭线表示，箭线尾端连接子类，箭头指向父类，如图 9.32 所示。

依赖(Dependency)是指一个类的存在需要以另一个类的存在为前提。在类图中，依赖用一个从客户指向提供者的虚箭头表示，位于虚箭头尾端的类依赖于箭头所指向的类，如图 9.33 所示。

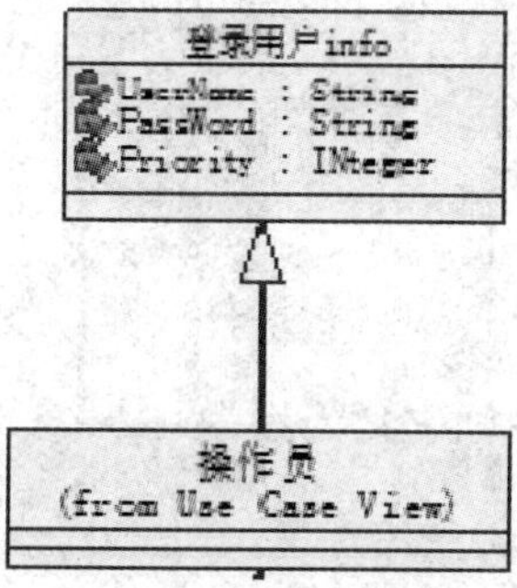

图 9.32　泛化关系

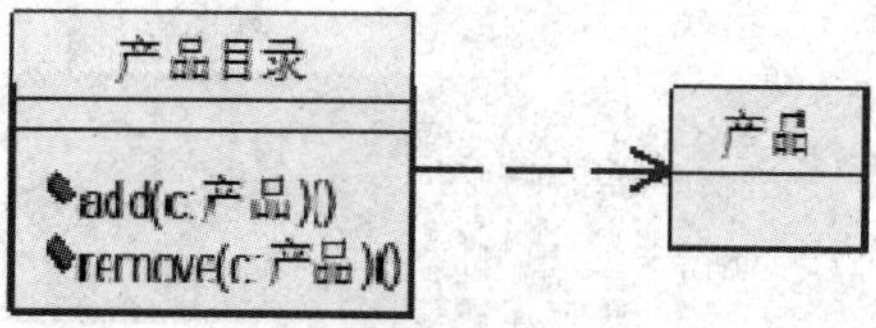

图 9.33　依赖关系

描述类之间关系的手段是绘制类图。分析阶段绘制的类图称为分析类图，逻辑上每个用例对应一张完整的分析类图。分析类图有两种，简略的分析类图和详细的分析类图。

简略的分析类图没有描述每个类的属性和操作，只突出类之间的关系。某银行系统的简略的分析类图如图 9.34 所示。

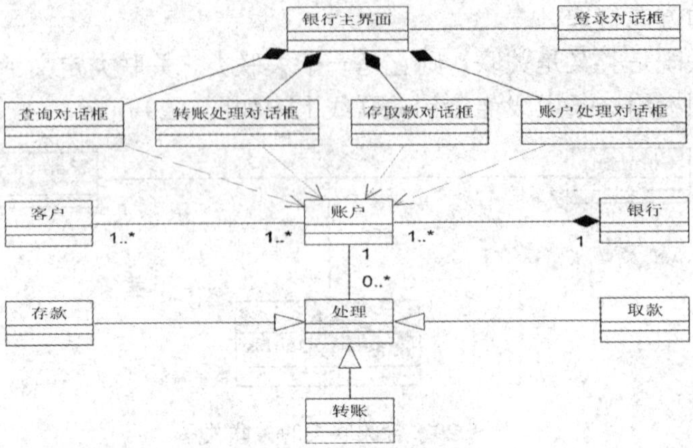

图 9.34　简略的分析类图

详细的分析类图用标准方式描述类，在描述类之间关系的同时，还展示了每个类的属性和操作。学籍管理系统详细的分析类图如图 9.35 所示。

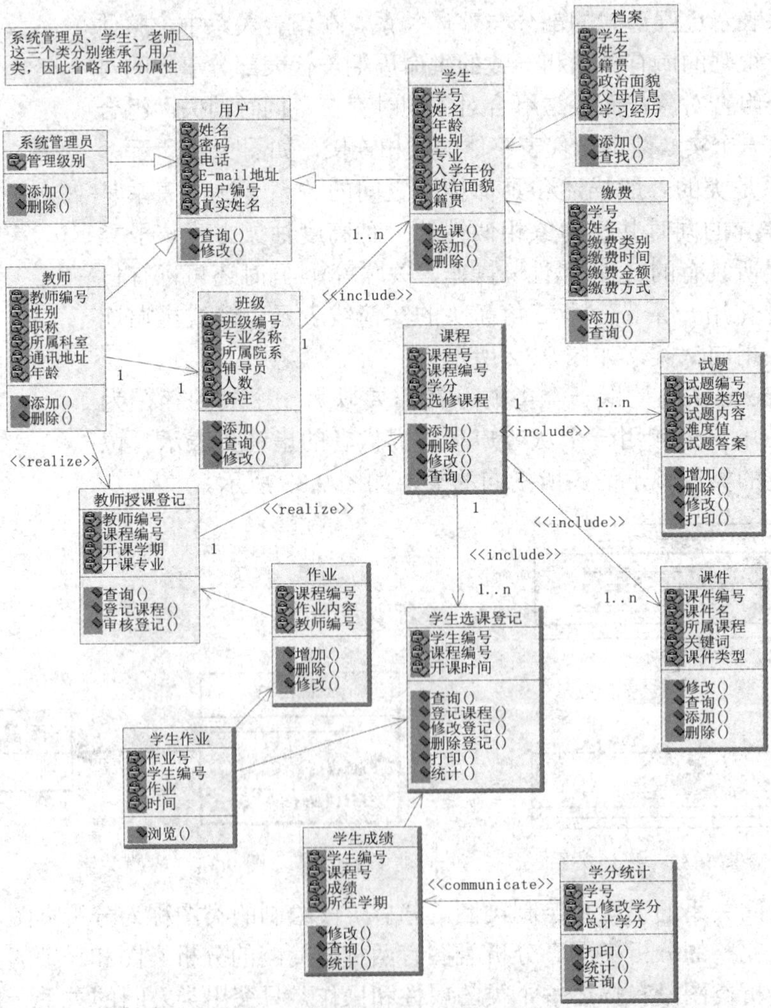

图 9.35　详细的分析类图

2. 动态分析

静态分析完成后，下一步的重要工作是进行动态分析，即检查系统用例的实现问题。用例可以转变为对象之间的协作，也可以跟踪对象之间的消息传递，从而模拟并检验用例的实现。

顺序图和协作图是专门为用例的实现而设计的，它们可以记录对象之间传递的消息，而且都可以记录相同的信息。相比而言，协作图更适合于用例的实现，因为协作图更多关注的是对象及其连接，而不是传递消息的顺序，并且协作图比较容易生成。下面将分别介绍顺序图和协作图是如何实现用例的。

1) 顺序图

顺序图不仅描述对象之间的消息通信问题，而且关注消息传递的顺序。

顺序图描述了对象在时间上是如何交互的，并且侧重于消息的顺序。也就是说，顺序图用于描述消息如何在对象间发送和接收。

顺序图可以供不同的人员使用：用户可以从顺序图中看到业务过程的细节；分析人员可以从顺序图中看到相关的处理流程；开发人员可以从顺序图中看到需要开发的对象以及对这些对象的操作。

顺序图一般由对象、消息、生命线、激活等图形元素组成。其中，生命线和激活是顺序图特有的图形元素。顺序图的纵轴代表时间，时间沿竖线一直向下延伸；横轴代表用例中参加交互的对象，在图的上方依次排列。一个对象到另一个对象的消息用跨越对象生命线的消息线表示。消息前的编号用于表示交互和消息传递的顺序，自顶向下按时间递增顺序列出各个对象所发出和接收的消息。

绘制顺序图主要从以下几方面入手：

(1) 识别参与交互的对象；

(2) 确定系统对象的交互过程；

(3) 为每个对象设置生命线，即确定哪些对象存在于整个交互过程中，哪些对象在交互过程中被创建和撤销；

(4) 从引发交互过程的初始消息开始，在生命线之间自顶向下依次画出随后的个别消息；

(5) 如果需要表示消息的嵌套或时间，则采用控制焦点；如果需要说明时间约束，则在消息旁加上说明。

在学籍管理系统中，与系统管理员登录验证用例相关的顺序图如图 9.36 所示。

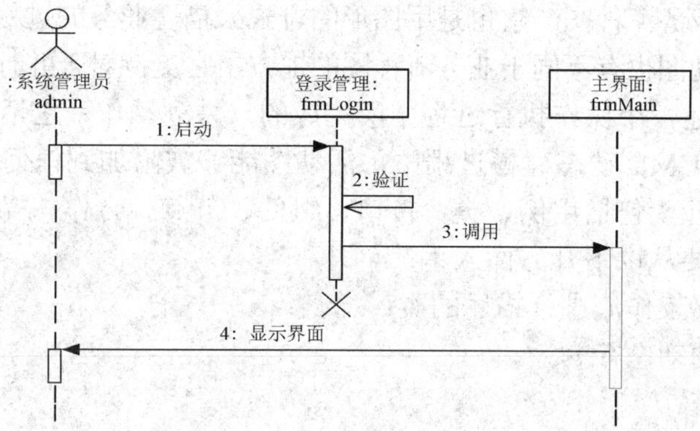

图 9.36　顺序图

2) 协作图

协作图和顺序图比较类似，但它不考虑消息的通信时间，而更关心对象之间的交互(或协作)。因此，协作图主要是用于描述系统的行为是如何由系统的对象协作完成的。

协作图侧重描述对象、对象间的连接以及连接对象之间如何发送消息，它只对相互之间具有交互作用的对象和对象间的关联建模，而忽略了其他对象和关联。

绘制协作图主要从以下几方面入手：

(1) 识别参与交互过程的对象；

(2) 确定对象之间的交互过程；

(3) 如果需要，为每个对象设置初始特性；

(4) 确定对象之间的链，以及沿着链的消息；

(5) 从引发交互过程的初始消息开始，将随后的每个消息附到相应的链上；

(6) 根据需要表示消息的嵌套；

(7) 根据需要说明消息的时间约束；

(8) 根据需要为每个消息附上前置条件和后置条件。

在学籍管理系统中，系统管理员登录的协作图如图 9.37 所示。

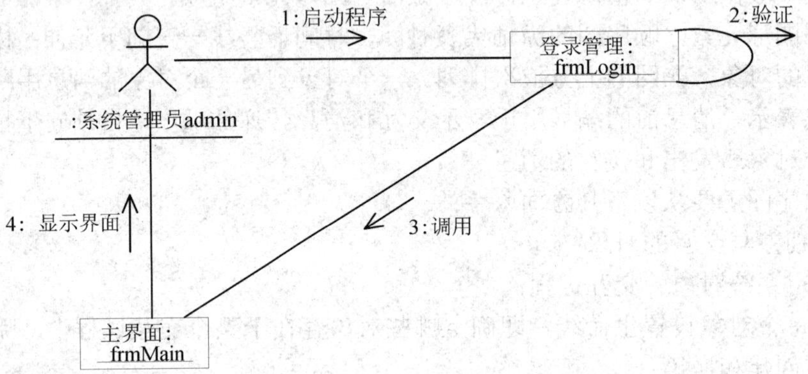

图 9.37　协作图

3) 活动图

在结构化的系统分析方法中，使用业务流程图来描述系统的过程步骤。同样，UML 也提供了一种能够描述用例逻辑流程的工具，称之为活动图，可用于对系统的活动过程进行建模。活动图非常类似于业务流程图，它也是用图形的方式来描述业务的过程、用例的工作步骤、流程的图形。但活动图也有不同于业务流程图的地方，它支持对于并行活动的描述。

活动图用来描述一个操作执行过程中所完成的一系列动作，包括操作的活动、判定点和分支等部分，在 UML 动态建模过程中，活动图能够被附加到任何建模元素上，以描述其动作行为，这些元素包括用例、类、接口、组件、节点、合作、操作和方法。

绘制活动图主要从以下几方面入手：

(1) 识别要对其工作流进行描述的类；

(2) 确定各类的动态行为；

(3) 确定动作流；

(4) 对动作流建模；

(5) 对建模结果进行精化和细化。

在学籍管理系统中，以学生成绩查询操作为例，绘制其活动图，如图9.38所示。

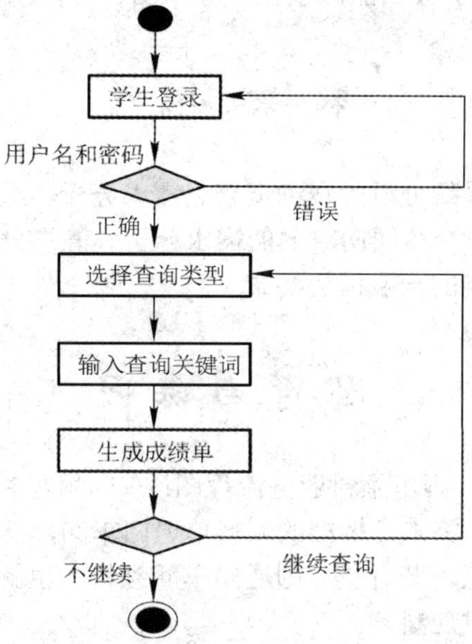

图9.38 活动图

9.4 系统分析报告

系统分析的过程必须以一个完整、一致、正确、清晰的方式来进行，系统分析的成果也必须满足系统最终用户的需求。

需求说明书是系统分析阶段形成的主要文档，应能准确地描述最终用户的需求。这个文档可以由最终用户起草，也可以由系统开发团队来完成。前者对用户来说，难度比较大；后者可能造成软件开发团队书写需求说明书时，用户什么也不做。在这种情况下，技术人员必须与用户经常沟通交流，来书写需求说明书的内容。因此该需求分析的文档由用户和开发团队共同来完成。

结构化开发方法的系统分析报告包含下列内容：

(1) 引言部分：包括名称、开发目标、主要功能、开发背景等。

(2) 现行系统概况：包括现行系统现状详细调查说明，如组织机构图，系统目标、功能一览表，业务流程图，业务流量以及存在的薄弱环节，数据，主要算法，现行系统分析，用户需求及主要存在的问题等。

(3) 新系统逻辑方案：包括新系统目标(要求具体)，新系统逻辑模型(数据流程图、数据字典、实体关系图)，新系统功能分析(改进、补充、优越之处)，新系统在各个处理环节上采用的管理方法、模型，与新系统相配套的管理制度和运行体制的建立。

(4) 下阶段工程进度计划。

面向对象的设计方法的系统分析报告包含下列内容：

(1) 引言：包括编写目的、背景和参考资料等。

(2) 系统需求分析：包括用例列表和用例模型。

(3) 系统分析：包括分析类图静态模型和顺序图、协作图、活动图等动态模型。

本章小结

本章首先介绍结构化系统分析的详细调查、需求分析、组织机构和功能分析、业务流程分析、数据流程分析；再介绍面向对象的需求分析、静态分析和动态分析建模，并提供了两种方法的系统分析报告的一般模板格式。

思考与练习

1. 试根据以下业务过程画出领料业务流程图：车间填写领料单给仓库要求领料，库长根据用料计划审批领料单，将未经批准的领料单退回车间，已批准的领料单送给仓库管理员，仓库管理员查阅库存账，若有货，则通知车间领料，也就是把领料通知单发给车间，否则，将缺货通知单发给供应科。

2. 试根据以下储蓄所取款过程画出数据流程图：储户将填好的取款单及存折交储蓄所，经查对存款账，将不合格的存折和取款单退回储户，合格的存折和取款单送交取款处理，处理时要修改存款账户，处理的结果是将存折、利息单和现金交储户，同时将取款单存档。

3. 经对某公司原手工管理工资系统调查得知，该公司月末发工资，处理过程是：每月20～25 日由财务科根据已存档的上月工资发放清单和人事科送来的人员工资变动表，抄写本月工资发放清单中的前三项(工资发放清单共六项：部门、姓名、基本工资、扣款、应发工资和签名栏)，总务科每月 26 日将扣款清单送交财务科，由财务科按扣款清单将扣款数填入本月工资发放清单，最后计算出每个职工应发工资数，并填入工资发放单。请按以上过程画出数据流程图。

4. 请根据下述库存量监控功能的处理逻辑画出判断树：若库存量小于等于 0 ，按缺货处理；若库存量小于等于库存下限，按下限报警处理；若库存量大于库存下限，而又小于等于储备定额，则按订货处理；若库存量大于库存下限，小于库存上限，而又大于储备定额，则按正常处理；若库存量大于等于库存上限，而又大于储备定额，则按上限报警处理。

5. 在图书管理系统中，工作人员可以维护(增加、删除、更新)读者信息和维护书籍信息，读者可以通过图书管理员请求借书、还书和续借，以及登录并查询书籍和借阅信息。请按以上过程画出用例图。

6. 请识别运动会管理系统中的对象，并进行分析类，画出运动会管理系统的分析类图。

7. 若某商场中发行一种购物卡，用户可以根据自己的需要申请办理购物卡。商场卡管理员可以根据申请，创建新的购物卡。用户可以向购物卡预存费用，商场卡管理员为该用户添加相应的预存费用。用户可以用购物卡在商场进行消费，每进行一次消费，售货员就从购物卡中扣除相应的费用。当购物消费每满一定数额时，商场自动在卡中添加奖励费。请按以上过程画出顺序图。

第10章

系统设计

系统分析给出了系统开发逻辑方案，解决“做什么”的问题；而系统设计则要在此基础上设计出系统的物理方案，解决“怎么做”的问题。系统设计不仅与系统分析阶段的成果密不可分，而且还是系统实施阶段的依据，是系统开发从逻辑设计到物理设计、从理论到实践的一个重要的过渡阶段。

本章首先介绍系统设计原则；其次介绍结构化设计方法，包括总体设计和详细设计阶段的代码设计、数据库设计、用户界面设计、处理过程设计等；最后介绍面向对象的系统设计过程；并提供了系统设计报告应包括的内容。

10.1 系统设计原则

为了保证系统设计的顺利完成，系统设计应遵循以下原则。

1. 系统性原则

系统作为一个整体而存在，因此在系统设计中要从整个系统的角度进行考虑，注意保证系统的一致性和完整性。系统的代码要统一，设计规范要标准，传递语言要尽可能一致。

2. 灵活性原则

灵活性是指系统对外界环境变化的适应能力。企业的信息系统必须具有相当程度的灵活性才能支持企业在不断变化的外界环境中取得竞争优势。

3. 可靠性原则

可靠性是指系统抵御外界干扰的能力及受外界干扰时的恢复能力。一个成功的MIS必须具有较高的可靠性才能保证系统质量并得到用户的信任。衡量系统可靠性的指标有平均故障时间、平均维护时间、安全保密性、抗病毒、防火墙能力等。平均故障时间指平均的前后联系发生故障的时间，反映了系统安全运行时间。平均维护时间指故障后平均每次所用的修复时间，反映了系统可维护性的好坏。

4. 经济性原则

经济性是指在满足系统要求的前提下，不仅追求给用户带来一定的效益，还应尽可能减少系统不必要的开销。一方面在硬件的投资上不过分追求先进，另一方面系统应尽可能简单，避免不必要的复杂化，将设计更加简洁，从而减少处理费用，提高系统效益，便于实现和管理。

10.2 结构化系统设计

结构化系统设计(Structured System Design，SSD)的目的是在结构化分析过程中建立逻辑模型的基础上，重点阐述结构化设计的原理与方法，建立系统的总体结构，构建信息系统的物理模型。

结构化系统设计的基本思想是自顶向下地将系统划分成若干子系统，子系统再划分成模块，层层划分，然后自下而上。

10.2.1 结构化设计目标

系统设计必须保证从系统易变更性入手，设计出一个易于理解、容易维护的系统。为了使系统容易修改，首先要使其容易理解，必须注意以下几个问题：

(1) 把系统划分成为一些部分，其中每一部分的功能简单明确，内容简明易懂，易于修改，我们把这样的部分称为模块。

(2) 系统分成模块的工作按层次进行，首先，把整个系统看成一个模块，按功能分解成若干个第一层的模块，这些模块互相配合，共同完成整个系统的功能；然后按功能再分解第一层的各个模块，依次下去，直到每个模块都十分简单为止。

(3) 每一个模块应尽可能独立，即尽可能减少模块的调用关系和数据交换关系。当然，系统中模块不可能与其他模块没有联系，只是要求这种联系尽可能少。

(4) 模块间的关系要阐明，这样在修改的时候可以追踪和控制。

10.2.2 结构化设计内容

系统设计阶段的任务是提出物理设计方案。该方案是这个阶段工作成果的体现，最终以系统设计说明书的形式提出，批准后将成为系统实施阶段的工作依据。

系统设计的基本内容大体可以分成两个方面：

(1) 把总任务分解成许多基本的具体任务，这些具体的任务合理地组织起来构成总任务，称为总体设计，又称为概要设计。其基本任务包括：

① 将系统划分为模块；

② 决定每个模块的功能；

③ 决定模块的调用关系；

④ 决定模块的界面，即模块间信息的传递形式。

总体设计是系统开发过程中很关键的一步，系统的质量及一些整体特性基本上是这一步决定的。系统越大，总体设计的影响越大。

(2) 为各个具体任务选择适当的技术手段和处理方法，这便是详细设计，包括 MIS 系统流程设计、代码设计、数据库设计、输出设计、输入设计、处理过程设计等。

10.2.3　总体设计

1. 划分的依据

一个合理的子系统或模块划分，应该是内部联系强，子系统或模块间尽可能独立，接口明确、简单，尽量适应用户的组织体系，有适当的共用性。按照结构化设计的思想，对模块或子系统进行划分的依据通常有以下几种：

(1) 按逻辑划分，把相类似的处理逻辑功能放在一个子系统或模块里。例如，把“对所有业务输入数据进行编辑”的功能放在一个子系统或模块里，不管是库存还是财务，只要有业务输入数据都由这个子系统或模块来校错、编辑。

(2) 按时间划分，把要在同一时间段执行的各种处理结合成一个子系统或模块。

(3) 按过程划分，即按工作流程划分。从控制流程的角度看，同一子系统或模块的许多功能都应该是相关的。

(4) 按通信划分，把相互需要较多通信的处理结合成一个子系统或模块。这样可减少子系统间或模块间的通信，使接口变得简单。

(5) 按职能划分，即按管理的功能划分。例如，财务、物资、销售子系统，或输入记账凭证、计算机优解子系统或模块等。

一般来说，按职能划分子系统，按逻辑划分模块的方式是比较合理和方便的。

2. 总体功能结构设计

总体功能结构设计是根据系统规划中 U/C 矩阵明确了的各个子系统界限的划分和各个子系统涵盖的主要功能，结合系统分析报告的业务流程分析、数据流程分析的内容，构建系统总体功能结构，并进行分层功能结构设计，经过层层分解，把一个复杂的系统分解为多个功能较为简单、大小适当、任务单一、相对独立、易于实现的功能模块。顶层功能较为综合，底层功能更加具体，以系统总体功能结构图的方式反映系统的各项功能关系。

根据系统分析阶段产生的数据处理过程分析、数据字典等内容，系统设计人员编写系统的功能模块说明。

在总体功能结构设计时，应注意以下问题：

(1) 在 MIS 总体功能结构设计时，业务内容或者处理逻辑功能相近的模块应尽可能划分到同一个子系统或同一主功能模块下，做到层次结构分明、一目了然，同时应尽量避免不同系统模块的功能交叉。

(2) 系统设计人员要将初步确定的系统总体功能结构同系统实施人员进行交流，充分考虑系统功能结构实施的难易程度及可能存在的问题，做到功能结构合理、操作可行、实施简单方便。

(3) 总体功能设计还要与用户进行沟通，给用户讲解系统的功能结构，听取用户对系统功能布局的意见，经过几轮的交流修改后，确定最终的系统总体功能结构。

(4) 模块之间的相互关系则通过模块结构图予以详细说明，各模块在这些关系的约束下，共同构成了一个统一的信息系统，完成系统的功能。

图 10.1 是某工资管理信息系统的功能结构图。

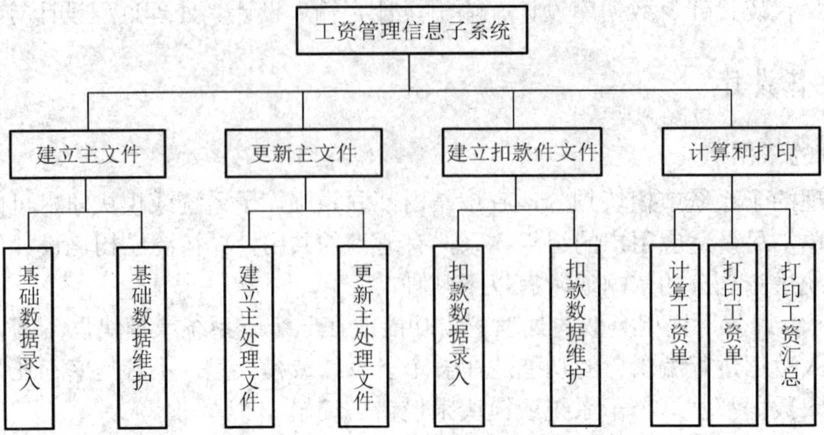

图 10.1　功能结构图

3. 模块结构设计

模块是指独立命名并且拥有明确定义的实体。系统中任何一个处理功能都可以看成是一个模块。

模块结构设计的主要目标是在系统总体功能结构的基础上，将结构化系统分析方法得到的数据流程图转化为系统的功能模块结构，并明确各模块之间的控制关系，即导出模块结构图的过程。因此，结构化系统设计采用模块结构图来描述系统的模块结构和模块之间的关系。

结构化方法的基本思想就是模块化，即把系统功能自顶向下、由抽象到具体地划分为多层次的独立功能模块，每个模块完成一个特定的功能，一直分解到能简单地用程序实现为止。这些模块以某种结构形式组成一个整体，可以完成指定的功能。模块划分要兼顾组织实际情况，经过对实际系统业务流程、管理功能、数据流程等方面的详细了解和分析后，从整体上考虑新系统的功能。这种设计方法能够使系统结构更加清晰，提高了系统的可理解性和可用性。通过简化软件的设计和实施，有助于信息系统开发和组织管理，增强可维护性。

1) 模块结构图介绍

模块结构图又称控制结构图、系统结构图，它用一组特殊的图形符号按照一定的规则描述系统整体结构。

模块结构图中的主要成分：模块、调用、数据和控制信息，如图 10.2 所示。

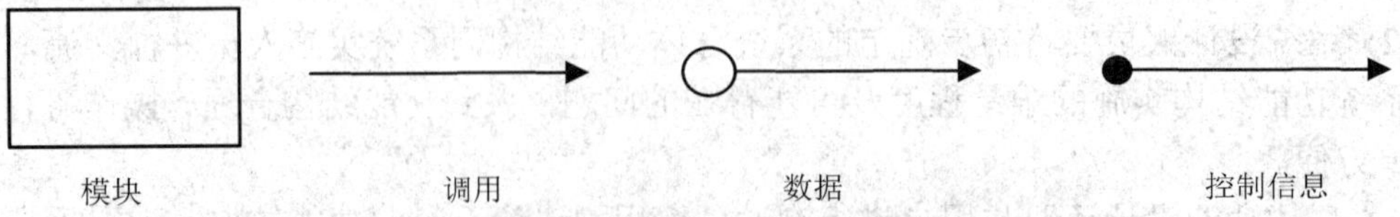

图 10.2　模块结构图的基本符号

调用是从一个模块指向另一个模块的，箭头表示前一个模块调用后一个模块。模块调用又有直接调用、通过条件判断进行判断调用和上层模块重复调用下层模块的循环调用三种调用方式，如图 10.3 所示。

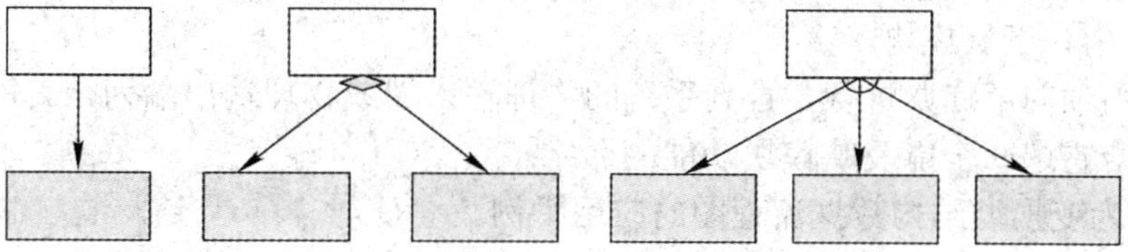

(a) 调用　　(b) 判断调用　　(c) 循环调用

图 10.3　三种调用方式

数据是反映事物某些特征的具体数据。当一个模块调用另一个模块时，调用模块可以把数据传送到被调用模块处供处理，而被调用模块又可以将处理的结果数据送回到调用模块；控制信息是为了指导程序下一步的执行必须传递的某些信息，例如，数据输入完成后给出的结束标志，文件读到末尾所产生的文件结束标志等，如图 10.4 所示。

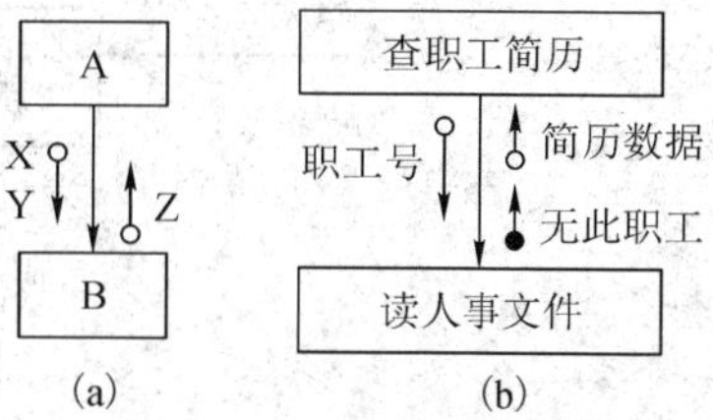

图 10.4　数据和控制信息

2) 模块结构设计过程

MIS 的数据流程图一般有两种典型结构：变换型结构的数据流程图和事务型结构的数据流程图。

(1) 变换型结构的数据流程图。

① 找出变换型结构数据流程图中的变换中心，确定为主加工，如图 10.5 所示。

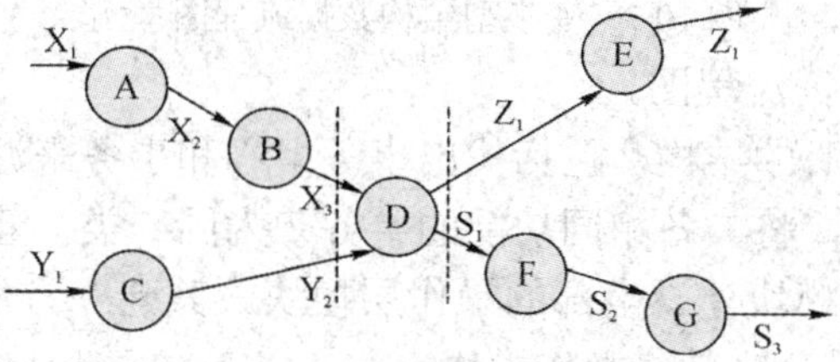

图 10.5　变换型结构数据流程图的变换中心

② 设计顶层模块和第一层模块，如图 10.6 所示。

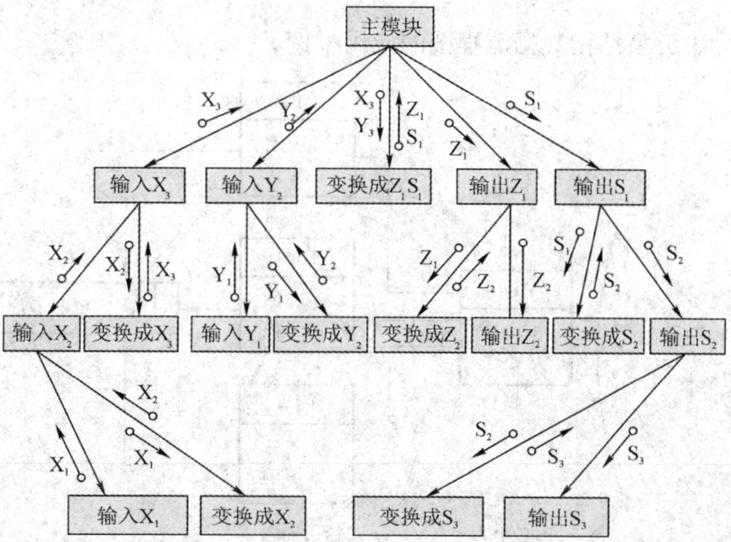

图 10.6　顶层和第一层模块

③ 设计中、下层模块。

该过程由顶向下递归进行，直到系统的物理输入端或物理输出端为止。每设计出一个新模块，应给它起一个能反映模块功能的名字。

图 10.7 为变换型结构数据流程图的应用举例。

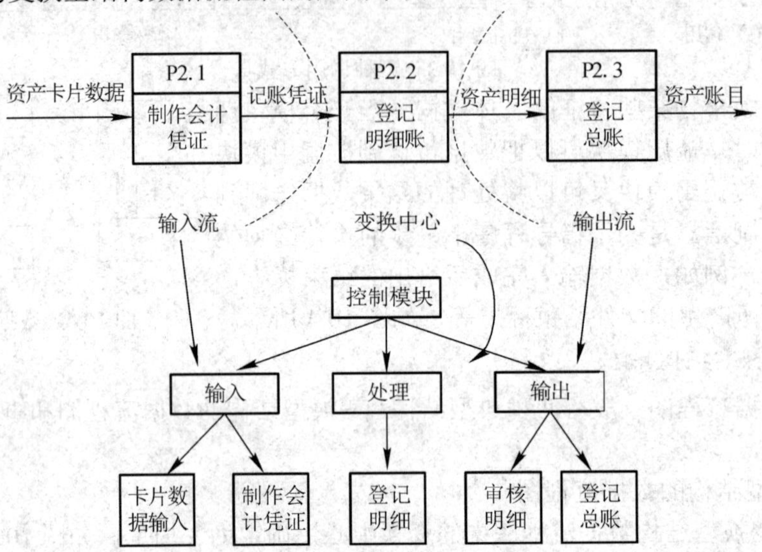

图 10.7　变换型结构数据流程图举例

(2) 事务型结构的数据流程图。

① 确定以事务为中心的结构，包括找出事务中心和事务来源。

② 按功能划分事务，将具备相同功能的事务归为同一类，建立事务模块。

③ 为每个事务处理模块建立全部的操作层模块。其建立方法与变换型结构的方法类似，但事务处理模块可以共享某些操作模块。

④ 若有必要，则为操作层模块定义相应的细节模块，并尽可能使细节模块被多个操作模块共享。

如图 10.8 为事务型结构数据流程图的应用举例。

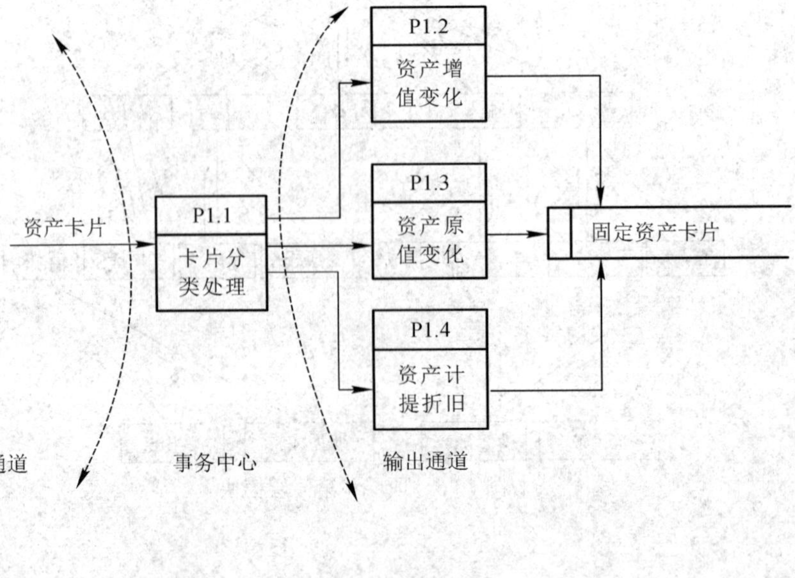

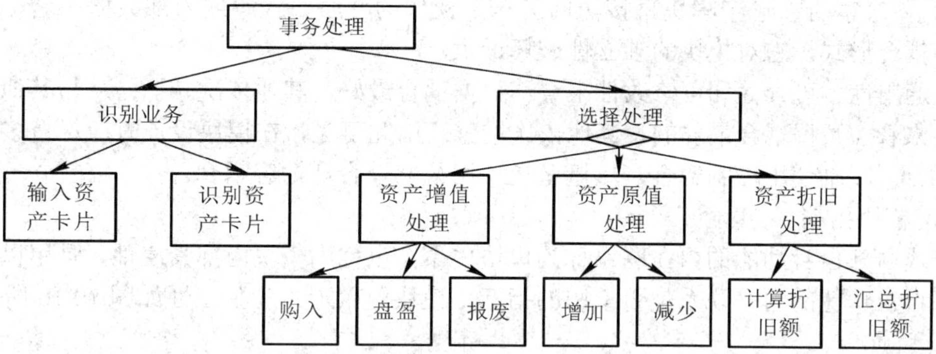

图 10.8　事务型结构数据流程图举例

3) 模块间的联系

在一个管理信息系统中，系统的各组成部分之间总是存在着各种联系的，将系统或子系统划分成若干模块，则一个模块内部的联系就是块内联系，而穿越模块边界的联系就是块间联系。

模块化设计的一个基本思想是系统模块结构的独立性，同时模块的内部功能应紧密联系，不要过于松散。由于模块之间的互相联系越多，模块的独立性就越少，因此引入了模块耦合和内聚的概念。

衡量模块的独立性程度的指标是模块耦合和模块内聚，它们从不同的角度反映了模块的独立性。

(1) 模块耦合。

模块间的信息联系称为模块耦合，用于表征模块的外部特征，反映出模块之间联系的紧密程度。模块耦合形式和独立性如图 10.9 所示。

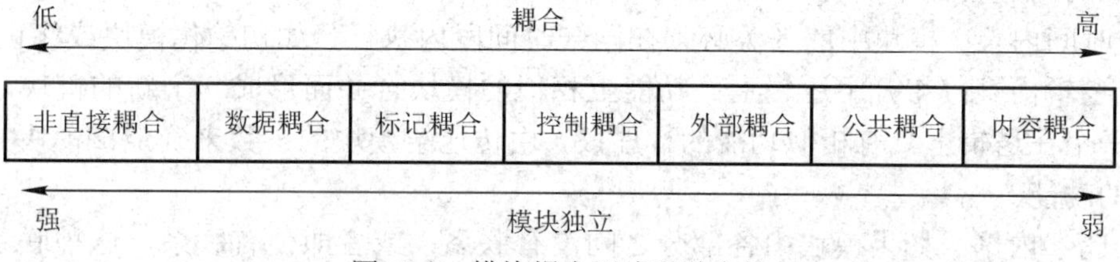

图 10.9　模块耦合形式和独立性

① 非直接耦合：两个模块之间没有直接关系，两者之间不传递任何信息。

② 数据耦合：两个模块之间通过数据交换实现相互之间的联系。

③ 标记耦合：一个模块调用另一个模块时，不是传送数据本身，而是传送存放数据的变量名或文件名等标记符号。

④ 控制耦合：如果一个模块调用另一个模块，所传递的是控制信息，这两个模块就构成了控制耦合。控制耦合的耦合程度较高，增加了编程和理解的复杂性。

⑤ 外部耦合：如果一组模块均访问同一个全局简单变量，并且不是通过参数表传递该全局变量的信息，则它们之间的耦合称为外部耦合。

⑥ 公共耦合：如果一组模块均访问同一个公共数据环境，则它们之间的耦合称为公共耦合。

⑦ 内容耦合：一个模块直接访问另一个模块的程序、代码或内部数据。这是最不好的一种耦合形式，它对模块的独立性破坏最大。

从通用性、可读性和可修改性来看，数据耦合最好，其他依次减弱；从与其他模块间的联系来看，数据耦合最弱的，其他依次增强。由此可见，在模块设计时应尽量多地使用数据耦合，限制使用控制耦合，尽量避免使用公共耦合和内容耦合。

(2) 模块内聚。

模块内部自身功能的内在联系称为模块内聚，也称为模块内部紧凑性，是用以衡量模块内部自身功能的内在联系是否紧密的指标。模块内聚形式和独立性如图 10.10 所示。

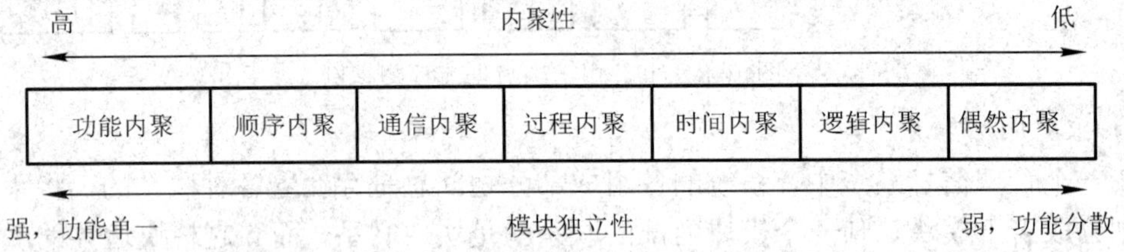

图 10.10　模块内聚形式和独立性

① 功能内聚：一个模块中各个部分都是完成某一具体功能必不可少的组成部分，或者说该模块中所有部分都是为了完成一项具体功能而协同工作、紧密联系、不可分割的，则称该模块为功能内聚模块。

② 顺序内聚：模块内各部分的执行顺序以确定的顺序进行，一般前一部分的输出就是后一部分的输入，执行顺序不能改变，而且这些部分是与同一功能密切相关的。

③ 通信内聚：如果一个模块内各部分都使用了相同的输入数据，或产生了相同的输出数据，则称该模块为通信内聚模块。

④ 过程内聚：如果一个模块是由若干个为实现某项业务处理、执行次序受同一个控制流支配的功能组合而成的，那么把这个模块称为过程内聚模块。

⑤ 时间内聚：模块中的任务必须在同一时间段内执行，如初始化模块或终止模块。

⑥ 逻辑内聚：将几个逻辑上、功能上相似的模块合并而形成一个新的模块，该模块包括若干个在逻辑上具有相似功能的程序段，由传送给模块的参数来确定该模块完成哪一程序段的功能。

⑦ 偶然内聚：如果模块内各部分之间没有联系，或者即使有联系，这种联系也很松散，则称这种模块为偶然内聚模块。

内聚的好处是使系统模块容易理解、功能单一、重复利用性好，也会使得后期的程序界面清晰，所以应尽量采用内聚。

内聚和耦合是密切相关的，与其他模块存在强耦合的模块通常意味着弱内聚，而强内聚的模块通常意味着与其他模块之间存在弱耦合。模块设计追求高内聚和低耦合。

4) 模块设计优化的原则

(1) 模块的独立性。模块的独立性包括内聚和耦合两个指标。耦合度越低，相互影响越小，系统独立性越强，故应尽量降低模块间的耦合度；相反，内聚性越高，系统独立性越强。内聚性的强弱将直接影响系统功能实现的复杂性，应尽量提高模块的内聚性。根据“高内聚、低耦合”原则来提高模块的独立性，可使其便于实现、修改和维护。

(2) 模块的大小。模块的大小指的是实现模块所需编写程序的行数。过大的模块常常使系统分解不充分，其内部可能包含了若干部分的功能；过小的模块有可能降低模块的独立性，造成系统接口的复杂。模块的大小设计应尽量减少设计复杂性，提高程序可读性和可维护性。虽然模块设计得不能过大也不能过小，但也不能生硬地划分，设计的出发点还应是保证功能划分的合理性。

(3) 扇入和扇出。在进行系统模块结构的层次设计时，模块的扇入系数和扇出系数要合理。扇出系数就是一个模块调用其他模块的个数。扇入系数就是直接调用该模块的模块个数。经验表明，一个设计好的系统应有较高的扇出系数和较低的扇入系数，平均扇入、扇出系数通常是 3 或 4，一般不应超过 7，否则会引起出错概率的增加。通常高层扇出系数较高，中层扇出系数较少，底层扇入系数较高。

(4) 作用范围和控制范围。判断的作用范围是指受这个判断影响的模块，即操作执行依赖于此判定的模块。模块的控制范围是指模块本身及其所有的下属模块。好的模块设计应满足判定的作用范围在模块的控制范围之内，判定所在的模块在模块层次结构中的位置不能太高。

10.2.4 系统流程设计

数据流程图描述了系统从输入到信息输出的逻辑过程，模块结构图从功能的角度描述了系统的应用结构，但在系统实施时，还需要了解各个功能模块之间的数据传递关系，因此需要对系统流程进行设计。事实上，MIS 中功能模块数据传递大多是以数据库表的形式进行的，本节以数据流程图和模块结构图为基础，用系统流程图的方式来描述模块间的数据关系。

系统流程图的图例元素如图 10.11 所示。

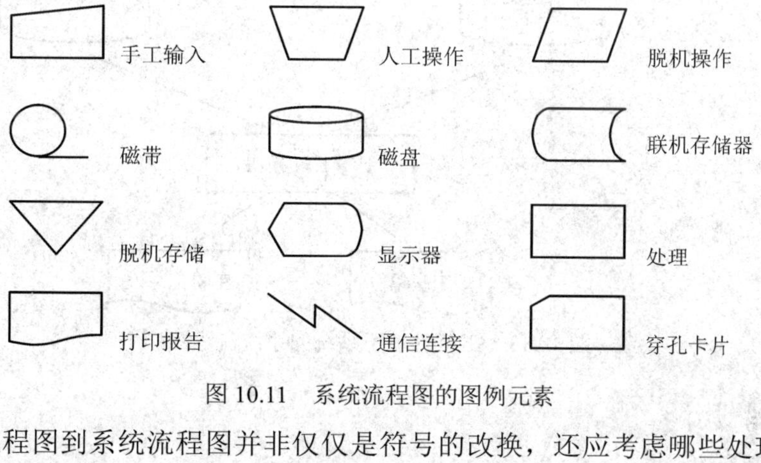

图 10.11　系统流程图的图例元素

从数据流程图到系统流程图并非仅仅是符号的改换，还应考虑哪些处理功能可以合并，或者可以进一步分解，然后把有关的处理看成是系统流程图中的一个处理功能。

图 10.12 是一个新系统的数据流程图转换为系统流程图的示例。图 10.13 是某企业工资管理子系统的系统流程图。

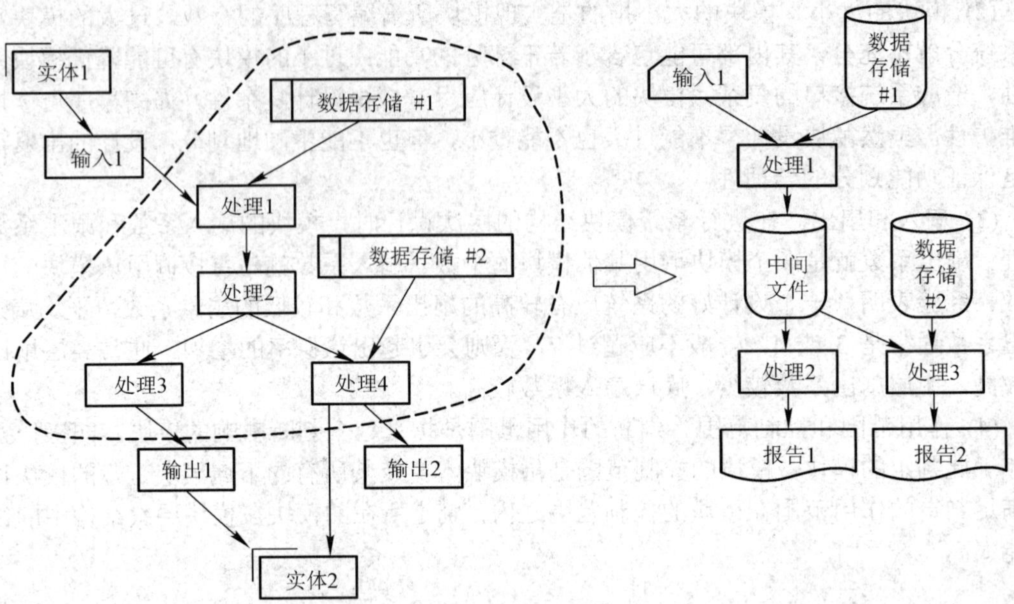

图 10.12　数据流程图转换为系统流程图

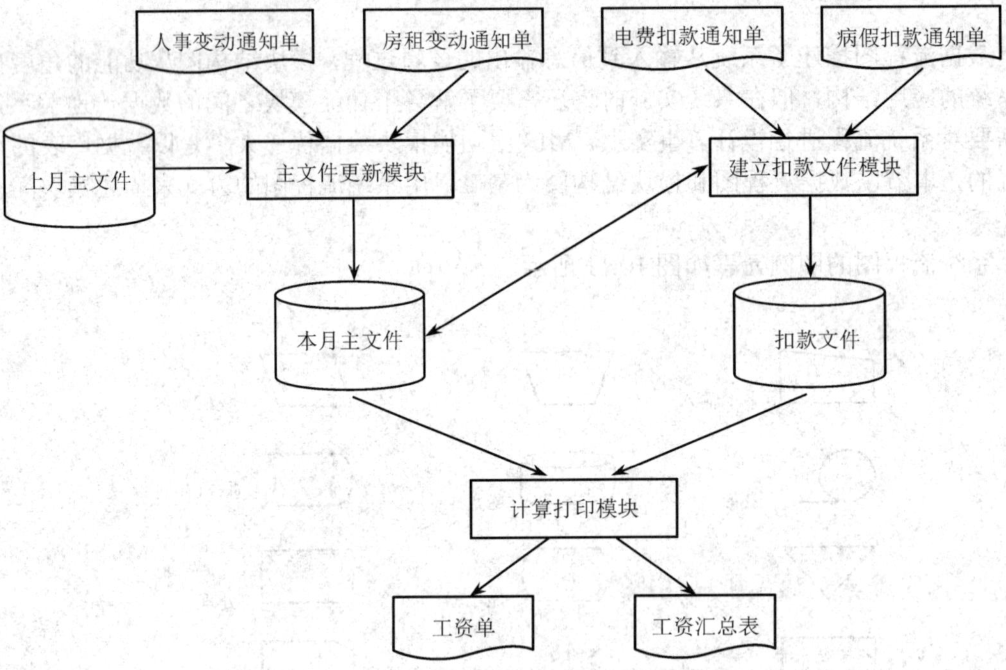

图 10.13　工资管理子系统的系统流程图

10.2.5　代码设计

为了适应计算机处理信息的特点，在管理信息系统中，对大量的实体信息都要进行代码设计，以便于检索，如职工编号、物资编号、部门编号、产品编号、零部件及材料编号等，这一活动被称为代码设计。

1. 代码的作用

代码是人为确定的用以代表客观事物(实体)名称、属性或状态等的数字、字母等符号。代码以简短的符号形式代替了具体的文字说明，具有简洁、形象、便于记忆、便于计算机识别和处理的特点。

在 MIS 中代码的作用有以下 3 个方面：

(1) 唯一化。在现实世界中有很多事物，如果我们不加标识是无法区分的，这时机器处理就十分困难。所以能否将原来不能确定的事物，唯一地加以标识是编制代码的首要任务。

(2) 规范化。唯一化虽是代码设计的首要任务，但如果我们仅仅为了唯一化来编制代码，那么编出的代码可能是杂乱无章的，使人无法辨认，而且使用起来也不方便。

(3) 系统化。系统所用代码应尽量标准化。在实际工作中，一般企业所用的大部分编码都遵循国家标准或行业标准。

2. 代码的种类

代码的种类很多，根据代码符号的表示形式可分成数字码、字符码和混合码，根据代码的组成和含义可以分成顺序码、区间码、助记码等。本书只介绍部分类型的代码。

1) 顺序码

顺序码又称系列码，是一种用连续数字代表编码对象的码。例如：用 1 代表厂长，2 代表科长，3 代表科员，4 代表生产工人等。

优点：短而简单，记录的定位方法简单，易于管理。

缺点：代码本身没有给出对象的任何其他信息(没有逻辑基础)。

2) 区间码

区间码把数据项分成若干组，每一区间代表一个组，码中数字的值和位置都代表一定的意义。图 10.14 为邮政编码，这种编码形式就属于区间码。

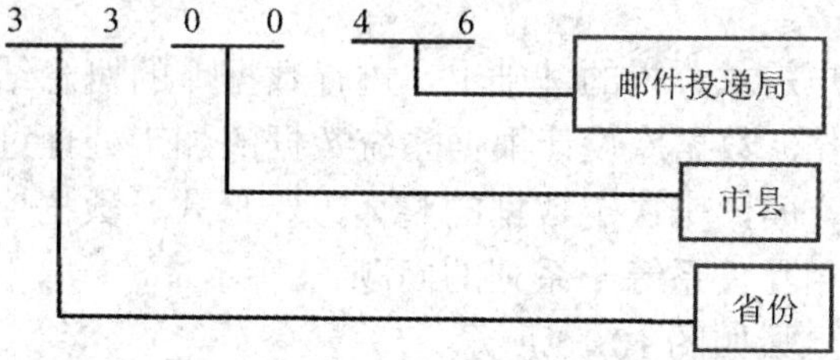

图 10.14 邮政编码

3) 助记码

助忆码是为了帮助记忆，用文字、数字或文字数字结合进行描述的代码，其特点是可以通过联想帮助记忆。例如：用 W-B-12 代表 12 英寸黑白电视机，用 W-C-20 代表 20 英寸彩色电视机。

3. 代码设计的原则

代码设计必须遵循以下基本原则：

(1) 唯一性和统一性。尽管编码对象有不同的名称、不同的描述，但编码必须保证一个编码对象仅被赋予一个代码，一个代码只反映一个编码对象。

(2) 适应性和可扩性。代码结构必须能适应编码对象不断增加的需要，也就是说，必须为新的编码对象留有足够的备用码，以适应分类编码对象的特征或属性以及其相互关系可能出现的变化。

(3) 可识别性和含义性。代码应尽可能反映分类编码对象的特点，以助于记忆，便于人们了解和使用，并减少机器处理时间。

(4) 稳定性和规范性。代码不宜频繁变动，编码时应考虑其变化的可能性，尽可能保持代码系统的相对稳定性。

4. 代码的设计步骤

代码设计可按下列步骤进行：

(1) 确定代码对象。

(2) 考查是否已有标准代码。如果国家标准局、某个部门对某些事物已规定了标准代码，那么应遵循这些标准代码。如果没有标准代码，那么在代码设计时要参考国际标准化组织、其他国家、其他部门、其他单位的编码标准，设计出便于今后标准化的代码。

(3) 根据代码的使用范围、使用时间，根据实际情况选择代码的种类与类型。

(4) 考虑检错功能。

(5) 编写代码表。

代码编好后，要编制代码表，做详细说明，通知有关部门并组织学习，以便正确使用。

10.2.6　数据库设计

数据库设计是 MIS 系统设计的核心工作之一。从 20 世纪 70 年代以来，由于计算机硬件技术的进步，数据库技术得到迅速发展，MIS 中的很多数据是以数据库为组织形式来存储的。

数据库设计是在用户需求分析的基础上，进行数据库的概念结构、逻辑结构和物理结构三部分内容的设计工作。数据库设计根据系统数据的加工处理过程、数据的分布和存储形式、安全保密要求等方面，来决定数据的整体组织形式、数据库表或文件的存放形式、数据库表的物理结构和相互关系等一系列的问题。

数据库设计的主要步骤如图 10.15 所示。

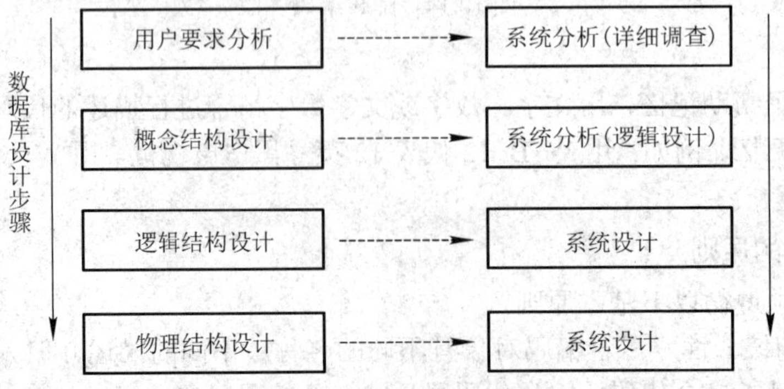

图 10.15　数据库设计步骤

1. 数据库设计的目标

数据库设计是系统设计的关键环节之一，其设计目标是在选定的数据库管理系统基础上建立数据库，是数据存储的具体实现，为数据处理过程实现提供数据的输入和输出的平台。良好的数据库设计应体现在对系统各类数据的管理上，满足组织管理工作的需求，操作简单，维护方便。

数据库设计应满足下列要求：

(1) 用户的应用需求。数据库设计首先应满足用户的各类信息要求和各种数据处理请求，其次要考虑所选用的数据库管理系统性能是否满足用户的需求，最后考虑数据库对系统经济效益的影响。

(2) 良好的数据库管理性能。数据库设计除了满足用户的需求外，还应保证系统数据的完整性、一致性、可靠性、共享性、最小冗余以及数据安全，同时还要有良好的数据维护功能。

(3) 数据库设计人员的要求。由于数据库设计涉及MIS开发的各个环节，因此，数据库设计时要求有系统分析员、设计员、编程人员、数据库理论专家、系统数据库管理员等人员的共同参与。

2. 数据库设计的步骤

数据库设计过程具有一定的规律和标准。在设计过程中，通常采用“分阶段法”，即“自顶向下，逐步求精”的设计原则。将数据库设计过程分解为若干相互依存的阶段，称之为步骤。每一阶段采用不同的技术、工具解决不同的问题，从而将一个大的问题局部化，减少局部问题对整体设计的影响及依赖，并利于多人合作。

目前数据库设计主要采用以逻辑数据库设计和物理数据库设计为核心的规范化设计方法，即将数据库设计分为需求分析、概念结构设计、逻辑结构设计、数据库物理设计、数据库实施、数据库运行和维护六个阶段。

(1) 需求分析阶段。需求分析是对用户提出的各种要求加以分析，对各种原始数据加以综合、整理，是形成最终设计目标的首要阶段，也是整个数据库设计过程中最困难的阶段，是以后各阶段任务的基础。因此，对用户的各种需求及数据能否作出准确无误、充分完备的分析，并在此基础上形成最终目标，是整个数据库设计成败的关键。

(2) 概念结构设计阶段。概念结构设计是对用户需求进行进一步抽象、归纳，并形成独立于DBMS和有关软、硬件的概念数据模型的设计过程，这是对现实世界中具体数据的首次抽象，完成从现实世界到信息世界的转化过程。数据库的逻辑结构设计和物理结构设计，都是以概念结构设计阶段所形成的抽象结构为基础进行的。因此，概念结构设计是数据库设计的一个重要环节。数据库的概念结构通常用E-R模型等来刻画。

(3) 逻辑结构设计阶段。逻辑结构设计是将概念结构转化为某个DBMS所支持的数据模型，并进行优化的设计过程。由于逻辑结构设计是一个基于具体 DBMS 的实现过程，所以选择什么样的数据模型尤为重要，其次是数据模型的优化。数据模型有：层次模型、网状模型、关系模型、面向对象模型等，设计人员可选择其中之一，并结合具体的 DBMS 实现。在逻辑结构设计阶段后期的优化工作，已成为影响数据库设计质量的一项重要工作。

(4) 数据库物理设计阶段。数据库物理设计阶段是将逻辑结构设计阶段所产生的逻辑数据模型，转换为某种计算机系统所支持的数据库物理结构的实现过程。这里，数据库在相关存储设备上的存储结构和存取方法，称为数据库的物理结构。完成物理结构设计后，对该物理结构做出相应的性能评价，若评价结果符合原设计要求，则进一步实现该物理结构；否则，对该物理结构做出相应的修改。属于最初设计问题所导致的物理结构的缺陷，必须返回到概念设计阶段修改其概念数据模型或重新建立概念数据模型，如此反复，直至评价结构最终满足原设计要求为止。

(5) 数据库实施阶段。数据库实施阶段即数据库调试、试运行阶段。一旦数据库物理结构形成，就可以用已选定的 DBMS 来定义、描述相应的数据库结构，装入数据库数据，以生成完整的数据库，编制有关应用程序，进行联机调试并转入试运行，同时进行时间、空间等性能分析。若不符合要求，则需调整物理结构、修改应用程序，直至高效、稳定、正确地运行该数据库系统为止。

(6) 数据库运行和维护阶段。数据库实施阶段结束，标志着数据库系统投入正常运行工作的开始。随着对数据库设计的深刻了解和设计水平的不断提高，人们已经充分认识到数据库运行和维护工作与数据库设计的紧密联系。数据库是一种动态和不断完善的运行过程，运行和维护阶段的开始，并不意味着设计过程的结束，哪怕只有微小的结构改变，也可能会引起对物理结构的调整、修改，甚至物理结构的完全改变，因此数据库运行和维护阶段是保证数据库日常活动的一个重要阶段。

由于先导课程已经学习了数据库设计的详细内容，因此本章重点介绍数据库设计的主要阶段。

3. 概念结构设计阶段

采用 E-R 方法进行数据库的概念结构设计，建立概念模型。

E-R 方法是设计概念模型时常用的方法。用设计好的 E-R 图再附相应的说明书可作为阶段成果。

1) 建立局部概念模型

建立局部 E-R 图的步骤如下：

(1) 确定局部概念模型的范围。

(2) 定义实体。

(3) 定义联系。

(4) 确定属性。确定属性的原则是：属性是不可再分解的语义单位，实体与属性间应是 1∶n 的关联，隶属不同实体型的属性间无直接关联，不宜隶属任一实体型的属性应作为联系的属性。

(5) 逐一画出所有的局部 E-R 图，附以相应的说明文件。

2) 建立全局概念模型

建立全局 E-R 图的步骤如下：

(1) 确定公共实体类型。检查存在于多个局部 E-R 图的公共实体类型。这里的公共实体类型是指同名的实体类型和具有相同键的实体类型。

(2) 合并局部 E-R 图。把局部 E-R 图逐一合并到全局 E-R 图中，对每个局部 E-R 图，首先合并公共实体类型，其次合并那些有联系的局部结构，最后加入其他独立的局部结构。

(3) 消除不一致因素。局部 E-R 图间存在的不一致又称冲突，有命名冲突、属性冲突、结构冲突等。

(4) 优化全局 E-R 图。对并得到的全局 E-R 图进行优化。

(5) 画出全局 E-R 图，附以相应的说明文件。

3) 概念模型的优化与评审

一个好的全局 E-R 图除能反映用户功能需求外，还应满足下列条件：实体类型个数尽可能少；实体类型所含属性尽可能少；实体类型间联系无冗余。

优化就是要达到这三个目的，即相关实体类型的合并、冗余属性的消除、冗余联系的消除。但要注意效率，根据具体情况可存在适当冗余。

全局 E-R 图的优化原则主要如下：

(1) 实体类型的合并。

这里的合并不是前面提到的“公共实体类型”的合并，而是相关实体类型的合并。在公共模型中，实体类型最终转换成关系模式，涉及多个实体类型的信息要通过连接操作获得。因而减少实体类型个数，可减少连接的开销，提高处理效率。一般可以把 1∶1 联系的两个类型合并。具有相同码的实体类型常常从不同角度刻画现实世界，如果经常需要同时处理这些实体类型，那么也有必要把它们合并成一个实体类型，但这时可能产生大量空值。因此，要对存储代价、查询效率进行权衡。

(2) 冗余属性的消除。

通常在各个局部结构中是不允许冗余属性存在的。但在综合成全局 E-R 模式后，可能产生全局范围内的冗余属性。例如，在教育统计数据库的设计中，一个局部结构含有高校毕业生数、招生数、在校学生数和预计毕业生数，另一局部结构中含有高校毕业生数、招生数、各年级在校学生数和预计毕业生数。各局部结构自身都无冗余，但综合成一个全局 E-R 模式时，在校学生数即成为冗余属性，应予消除。

一般同一码的属性出现在几个实体模型中，或者一个属性值可从其他属性的值导出，此时应把冗余的属性从全局模式中去掉。

冗余属性消除与否，也取决于它对存储空间、访问效率和维护代价的影响。有时为了兼顾访问效率，有意保留冗余属性，这会造成存储空间的浪费和维护代价的提高。如果人为地保留了一些冗余数据，则应把数据字典中数据关联的说明作为完整性约束条件。

(3) 冗余联系的消除。

在全局模式中可能存在有冗余的联系，通常利用规范化理论中函数依赖的概念消除冗余联系。

下面以一个企业库存管理系统为例来理解如何消除冗余。图 10.16、图 10.17 分别是某数据的局部 E-R 图和全局 E-R 图。

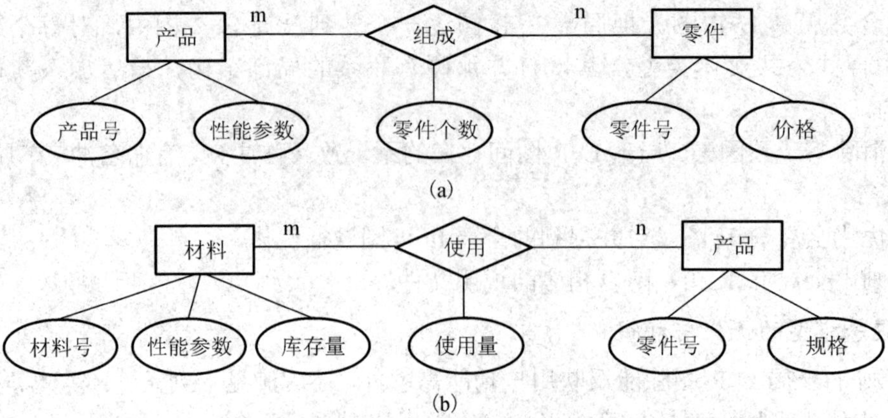

图 10.16　局部 E-R 图

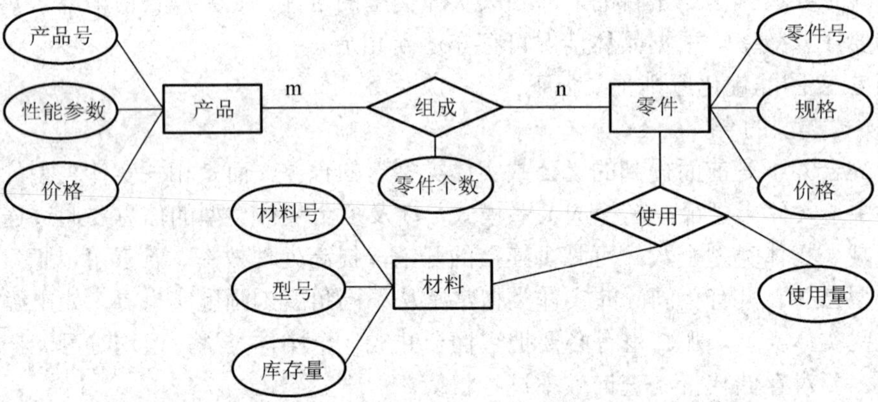

图 10. 17　全局 E-R 图

4. 数据库的逻辑结构设计

在逻辑设计阶段，将概念设计阶段以概念数据模型表示的、与 DBMS 无关的数据模式，转换成以 DBMS 的逻辑数据模型表示的逻辑模式，并对其进行优化。这些模式在功能、性能、完整性和一致性约束及数据库可扩充性等方面均应满足用户提出的要求。

1) 关系数据库的逻辑结构设计过程

(1) 从 E-R 图导出初始关系模式。将 E-R 图按规则转换成关系模式。

(2) 规范化处理。消除异常，改善完备性、一致性和存储效率，一般达到第三范式要求即可。

(3) 模式评价。模式评价的目的是检查数据库模式是否满足用户的要求，包括功能评价和性能评价。

(4) 优化模式。对于设计过程中疏漏的新增关系或属性，性能不好的要采用合并、分解或选用其他结构。

(5) 形成逻辑结构设计说明书。

2) E-R 模型向关系数据模型的转换

关系模型的逻辑结构是一组关系模式的集合。E-R 图则是由实体、实体的属性和实体之间的联系三个要素组成的。所以要将 E-R 图转换成关系模型，实际上就是要将实体、属性和实体之间的联系转化为关系模式。

(1) 1∶1 联系的转换方法。

一个 1∶1 联系可以转换为一个独立的关系模式，也可以与任意一端对应的关系模式合并。1∶1 联系的 E-R 图如图 10.18 所示。

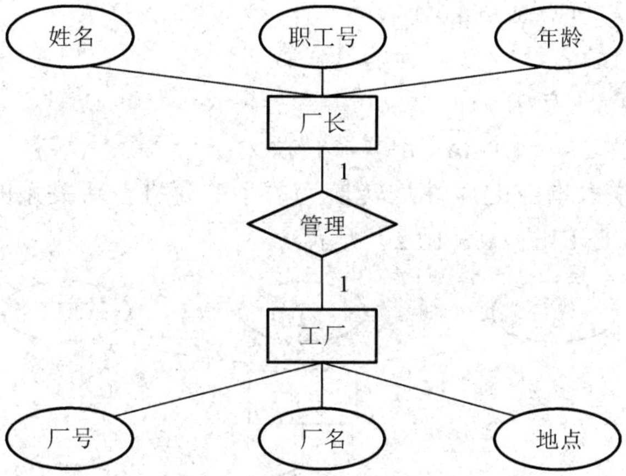

图 10.18　1∶1 联系的 E-R 图

根据 E-R 图，转换后的关系模型如下：

工厂(厂号，厂名，地点)

厂长(姓名，职工号，年龄)

(2) 1∶n 联系的转换方法。

在向关系模型转换时，实体间的 1∶n 关系可以有两种转换方法：一种方法是将联系转换为一个独立的关系，其关系的属性由与该联系相连的各实体集的键以及联系本身的属性组成，而该关系的键为 n 端实体集的键；另一种方法是在 n 端实体集中增加新属性，新属性由联系对应的 1 端实体集的键和联系自身的属性构成，新增属性后原关系的键不变。1∶n 联系的 E-R 图如图 10.19 所示。

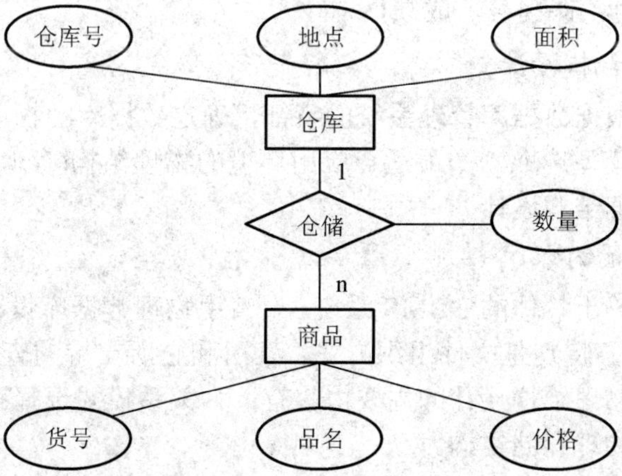

图 10.19　1∶n 联系的 E-R 图

转换后的关系模型如下：

方案一：1∶n 联系形成的关系独立存在。

仓库(仓库号，地点，面积)

商品(货号，品名，价格)

仓储(仓库号，货号，数量)

方案二：联系形成的关系与n端对象合并。

仓库(仓库号，地点，面积)

商品(货号，品名，价格，仓库号，数量)

(3) m∶n联系的转换方法。

在向关系模型转换时，一个m∶n联系转换为一个关系。转换方法为：与该联系相连的各实体集的键以及联系本身的属性均转换为关系的属性，新关系的键为两个相连实体键的组合。m∶n联系的E-R图如图10.20所示。

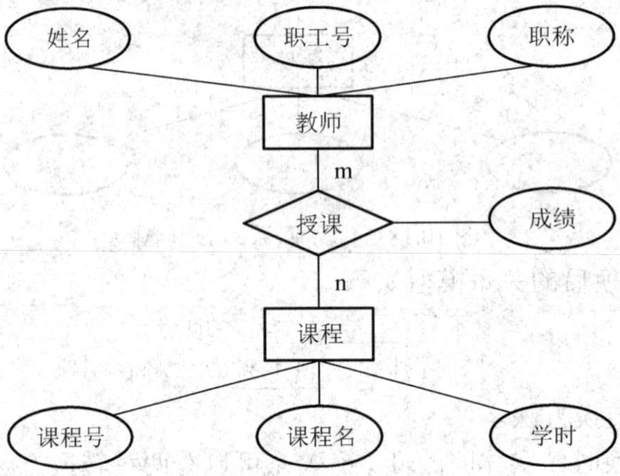

图10.20　m∶n联系的E-R图

转换后的关系模型如下：

教师(职工号，姓名，职称)

课程(课程号，课程名，学时)

授课(职工号，课程号，成绩)

5. 数据库的物理结构设计

物理结构设计是根据数据库管理系统的特征，确定数据库的物理结构即存储结构。对一个给定的逻辑数据模型选取一个最适合应用环境的物理结构(存储结构与存取方法)的过程，就是数据库的物理结构设计。

1) *物理结构设计的内容*

物理结构设计依赖于具体的DBMS系统。要着手物理数据库设计，就必须充分了解所用DBMS的内部特征，特别是文件组织方式、索引和它所支持的查询处理技术。

通常关系数据库物理结构设计的主要内容有：为关系模式选择存取方法，设计关系、索引等数据库文件的物理存储结构。

2) *存储结构的选择*

物理结构设计的主要目标之一就是以有效方式存储数据。其主要设计内容包括数据在物理设备上的存放结构和存取方法的设计，以获得数据库的最佳存取和存储效率。

3) 性能评价

一个数据库物理结构设计的好坏，可以通过时间、空间、维护开销和各种用户要求等方面来衡量。

(1) 存取效率。高效的物理结构设计能提高存取速度。

(2) 存储效率。高效的物理结构设计能为系统节省存储空间。

(3) 其他性能。高效的物理结构设计能降低维护成本和开销。

10.2.7 输出设计

输出设计的重要性显而易见。MIS只有通过输出才能为用户服务。信息系统能否为用户提供准确、及时、适用的信息是评价信息系统优劣的标准之一。因此，必须十分重视输出设计，从系统开发的角度，输出决定输入，即输入信息只有根据输出要求才能确定。

输出设计包括以下几方面的内容：

(1) 确定输出内容。用户是输出信息的主要使用者。因此，进行输出内容的设计，首先要确定用户在使用信息方面的要求，包括使用目的、输出速度、频率、数量、安全性要求等。根据用户要求，设计输出信息的内容，包括信息形式(表格、图形、文字)，输出项目及数据结构、数据类型、位数及取值范围，数据的生成途径，完整性及一致性的考虑等。

(2) 选择输出设备与介质。常用的输出设备有显示终端、打印机、磁带机、磁盘及绘图仪等输出设备。输出介质有纸张、磁带、磁盘、光盘、多媒体介质等。这些设备和介质各有特点，应根据用户对输出信息的要求，结合现有设备和资金条件选择。

(3) 确定输出格式。提供给人的信息都要进行格式设计。输出格式要满足使用者的要求和习惯，达到格式清晰、美观、易于阅读和理解的要求。

报表是最常用的一种输出形式。报表的格式因用途不同而有所差异，但一般由三部分组成：表头、表体和表尾。表头部分主要是标题。表体部分是整个表格的实体，用于反映表格的内容。表尾是一些补充说明或脚注。

10.2.8 输入设计

要输出高质量的信息，首先就要输入高质量的信息。输入设计的目标是在保证输入信息正确和满足输出需求的前提下，做到输入简便、迅速、经济。数据输入的准确性和简洁性直接影响到系统使用时的效果和效率。因此，必须科学地进行输入设计，使之正确、及时、方便地收集及录入信息。输入设计的主要工作和基本步骤包括：确定输入内容、输入格式、输入方式，进行输入数据的校验等。

1. 输入设计的原则

输入设计应遵循以下基本原则：

(1) 最小量原则。在保证满足处理要求的前提下使输入量最小。输入量越小，出错机会越少，花费时间越少，数据一致性越好。

(2) 简单性原则。输入的准备、输入过程应尽量容易，以减少错误的发生。

(3) 早校验原则。对输入数据的校验尽量接近原数据发生点，使错误能及时得到改正。

(4) 少转换原则。输入数据尽量用其处理所需形式记录，以免数据转换介质时发生错误。

2. 输入设计的内容

输入设计包括以下几方面的内容：

(1) 确定输入的内容。输入内容包括确定输入数据项名称、数据内容、精度、数值范围。

(2) 确定数据的输入方式。数据的输入方式与数据发生地点、发生时间、处理的紧急程度有关。如果数据的发生地点远离计算机机房，发生时间是随机的，并要求立即予以处理，则采用联机终端输入。对于数据发生后不需要立即处理的，可以采用脱机输入。

(3) 确定输入数据的记录格式。这是输入设计的主要内容之一。记录格式是人机之间的衔接形式，因而十分重要，设计得好，容易控制工作流程，减少数据冗余，增加输入的准确性，并且容易进行数据校验。

(4) 确定输入数据的正确性校验。这也是输入设计的一项重要内容。我们已经强调，输入设计最重要的问题是保证输入数据的正确性。对数据进行必要的校验，是保证输入正确的重要环节。

(5) 确定输入设备。随着信息技术的发展，输入设备也在不断更新。设备的选用应考虑以下因素：输入的数据量与频度；数据的来源、形式、收集环境；输入类型、格式的灵活程度；输入速度和准确性要求等。

3. 输入格式的设计

数据输入格式应针对输入设备的特点进行设计。若选用键盘方式人机交互输入数据，则输入格式的编排应尽量做到计算机屏幕显示格式与单据格式相一致。输入数据一般可采用“填表式”的形式，由用户逐项输入，输入完毕后确认数据是否正确无误。

4. 输入方式的设计

数据输入方式有外部输入(键盘输入、扫描仪输入、磁盘导入等)和计算机输入(网络传送数据等)，输入设备有键盘、鼠标、扫描仪、光电阅读器、光笔、磁盘、磁带、网络等。信息系统对数据的准确性要求较高，应选择从条码阅读器、子系统或网络终端直接传送的方式，而少用人工输入的方式，避免数据输入错误所造成的损失。

10.2.9　处理过程设计

总体设计将系统分解成许多模块，并决定了每个模块的外部特征：功能和界面。计算机处理过程的设计则要确定每个模块的内部特征，即内部的执行过程，包括局部的数据组织、控制流、每一步的具体加工要求及种种实施细节。通过这样的设计，为编写程序制订一个周密的计划。当然，对于一些功能比较简单的模块，也可以直接编写程序。

处理过程设计的主要内容如下：

(1) 选择或设计算法。算法设计涉及所开发项目的具体要求和每个模块的具体功能。为每一模块设计可靠的、高效的算法或处理流程是这一活动的目标。

(2) 精确地表达算法。对于算法需要给出适当的算法表达形式，或者说应该选择某种表达工具来描述处理流程。目前常用的程序结构流程的表达工具有程序流程图、盒图和PAD过程描述工具。

1. 流程图

流程图(Flowchart)又称为程序框图，是历史最久、流行最广的一种图形表示方法。流程图包括三种基本成分：

(1) 加工步骤，用方框表示。

(2) 逻辑条件，用菱形表示。

(3) 控制流，用箭头表示。

使用图 10.21 所示的几种标准结构反复嵌套而绘制的流程图，称为结构化程序流程图。

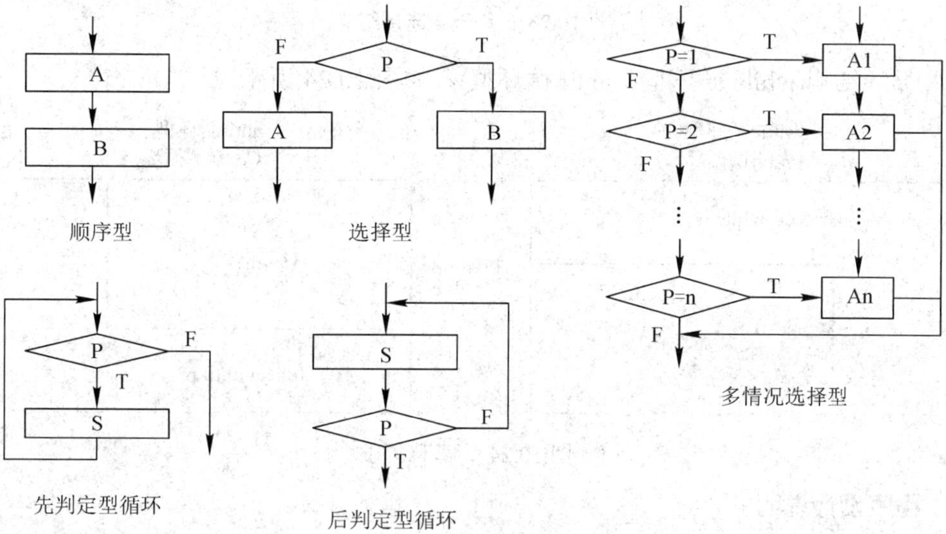

图 10.21　程序流程图

程序流程图的优点是直观、形象、容易理解。但从结构化程序设计的角度看，程序流程图不是理想的表达工具，其缺点之一是表示控制的箭头过于灵活，使用得当，流程图简单易懂；使用不当，流程图可能非常难懂，而且无法维护。程序流程图的另一个缺点是它只能描述执行过程而不能描述有关数据。

2. 盒图

盒图用方框图代替传统的流程图，是目前常用的程序流程设计工具。下面列出几种基本控制结构的图形构件。

(1) 选择型(if-then-else)，如图 10.22 所示。

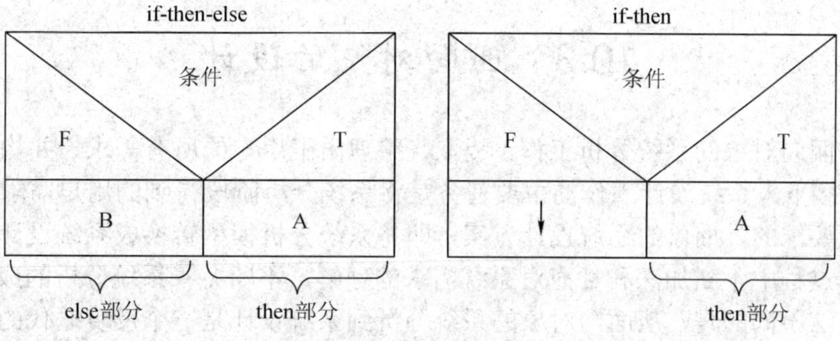

图 10.22　if-then-else 选择结构

(2) 多分支选择型(CASE 型)，如图 10.23 所示。

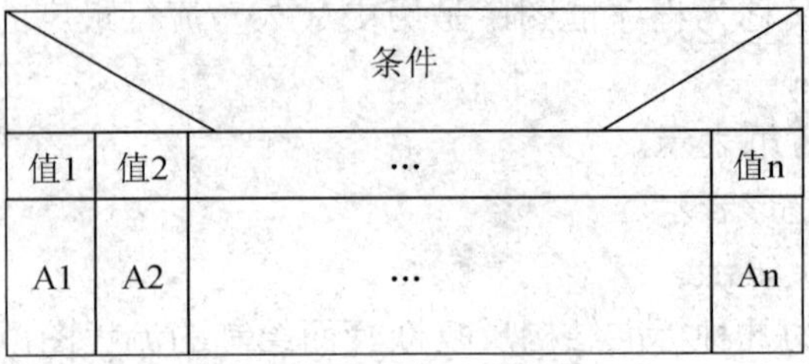

图 10.23　多分支选择结构

(3) 循环结构(while 循环型、until 循环型)，如图 10.24 所示。

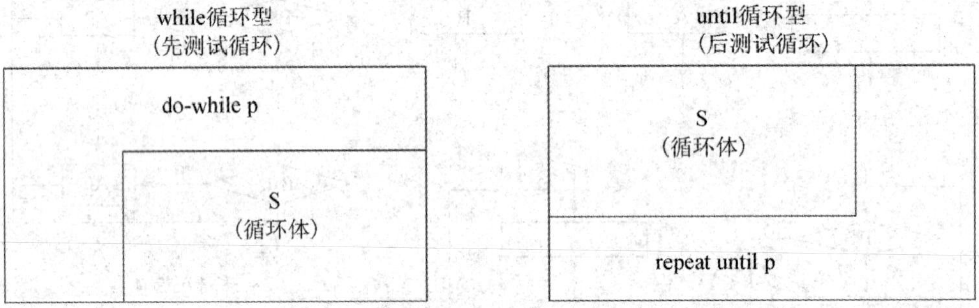

图 10.24　循环结构

3. 程序设计说明书

程序设计说明书是用来给处理过程下定义的书面文件，它以每个处理过程为单位。

程序设计说明书由系统设计员编写，供程序员使用。程序员根据说明书指示内容进行程序设计。程序设计说明书主要包括以下内容：

(1) 程序名。

(2) 所属系统及子系统名。

(3) 程序的功能。

(4) 程序的输入输出数据关系图。

(5) 输入文件和输出文件的格式。

(6) 程序处理说明(包括计算公式、决策表以及控制方法等)。

10.3　面向对象的设计

完成了面向对象的系统分析工作，提取、整理出了用户的所有需求，并构建了系统分析模型后，接下来系统设计工作的主要任务是将系统分析阶段得到的用户需求转变成符合成本和质量要求的、抽象的系统设计方案，即将系统分析模型转换成系统设计模型，并且在系统设计过程中不断加深和补充对系统需求的理解，不断完善系统分析的成果。因此，与结构化方法不同的是，从面向对象的系统分析到系统设计是一个反复迭代的过程，也是一个不断扩充和完善的过程，系统分析到系统设计的过渡是平滑的。

10.3.1　面向对象设计任务

面向对象系统是由若干对象协作完成的，其中每个对象都封装了其自身的数据和处理逻辑。系统分析员通过类来定义对象包含的数据和程序逻辑的结构，用一个类描述一个可执行对象的结构，只有当系统开始运行时，对象才能被创建，这个创建过程称为类的实例化。

面向对象设计的目标是识别并确定所有的对象，并生成每个用例，例如用户界面对象、问题域对象及数据库访问对象。除了识别类以外，另一个设计目标是用足够的细节来说明每一个类，使得程序员能理解这些对象是如何协同工作以生成用例的，并可以为每一个类编写面向对象的代码。

与结构化分析和设计方法不同的是，面向对象方法从系统分析到设计是一个逐渐扩总、不断完善的过程，面向对象的分析和设计之间没有明显的分界线。在结构化方法中，虽然系统设计也需要系统分析的结果作为输入，但两个阶段所使用的术语、描述工具等存在很大的区别，这必然增加了系统分析和设计实现转换和衔接的难度。

在面向对象的开发方法中，系统分析的结果多数都可以直接映射成设计结果，并在设计过程中不断扩充和改进，从而进一步加深对需求的理解。所以，面向对象的分析与设计是一个反复迭代的过程。同时，基于面向对象方法在概念和表示方法上的一致性，可以很容易实现各个开发阶段之间平滑过渡。

面向对象的系统设计一般可以分成两个阶段，即总体设计和详细设计。

(1) 总体设计。总体设计阶段的主要任务是设计一个简单、清晰的系统体系结构，包括系统结构设计、子系统设计、包的设计等内容。

(2) 详细设计。详细设计阶段的主要任务是识别出系统运行过程所使用的类以及类之间的关系，并为所有的类给出尽可能详细的定义和规范的说明，包括设计类图的建立、界面设计、数据库设计等。

下面主要讨论系统结构设计、子系统划分、包的设计、设计类的建立、面向对象的数据库设计等内容。

10.3.2　系统架构设计

MIS 架构设计是总体设计阶段的重要任务之一，它在系统开发中占有很重要的地位，架构设计的好坏、合理性以及适用性将直接影响系统的应用情况。

1. 相关概念

下面介绍几个有关 MIS 架构的概念。

(1) 组件。组件实质上就是对象，它是数据和方法的封装。在不同的面向对象开发环境中，组件有不同的叫法，如在 VB 程序语言中叫控件。

(2) 模块。模块是指一组能够完成一定系统功能的程序语句，包括输入和输出、逻辑功能、内部数据、运行程序四个部分，其中输入和输出、逻辑功能属于外部属性，而内部数据、运行程序属于内部属性。

(3) 模式。把解决某一类问题的方法归纳、总结到一定的理论高度，这就是所谓的模式。因此模式实际上就是一种解决某一问题的方法理论。在 UML 中，模式用参数化协作来表示，但 UML 不能直接对模式的其他方面进行建模。此外，架构也是具有模式的，架构模式提供了软件系统基本的结构组织方案，不仅包含了一些预定义的子系统及其任务，还包括了用于组织之间关系的规则。

(4) 架构。架构用来指导大型软件系统的设计，是由一系列的相关抽象模式组成的。软件架构可以描述出整个系统的组成，即一些抽象组件。因此可以说软件架构是一个系统的草图。

2. 系统结构设计

MIS 系统的软件结构一般有客户机/服务器(Client/Server，C/S)体系结构、三层体系结构。

(1) 客户机/服务器(c/s)体系结构。该结构可实现分布在不同位置的程序之间的相互连接。客户机作为服务请求器，用于实现数据处理、数据表示及用户接口功能，它将用户的要求提交给服务器程序，再将服务器程序返回的结果以特定的形式显示给用户。服务器作为服务供应商，对数据进行存储和管理，它接收客户机程序提出的服务请求，进行相应的处理，再将结果返回给客户机程序，如图 10.25 所示。

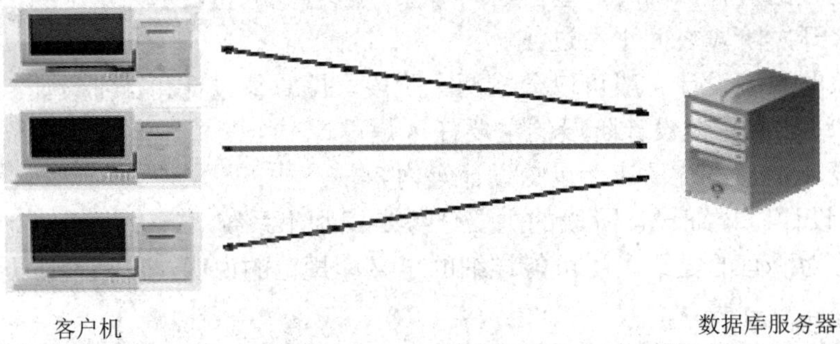

图 10.25　C/S 体系结构

(2) 三层体系结构。该结构是在客户端与数据库之间加入了一个中间层，也叫组件层。通常情况下，客户端不直接与数据库进行交互。第一层用于客户机与用户的交互，是用户直接操作的界面层，又称表示层；第二层是进行数据业务逻辑处理的业务逻辑层，又称中间层、应用服务器层；第三层为数据存储层，由数据库服务器负责存储大量的数据信息和数据逻辑，如图 10.26 所示。

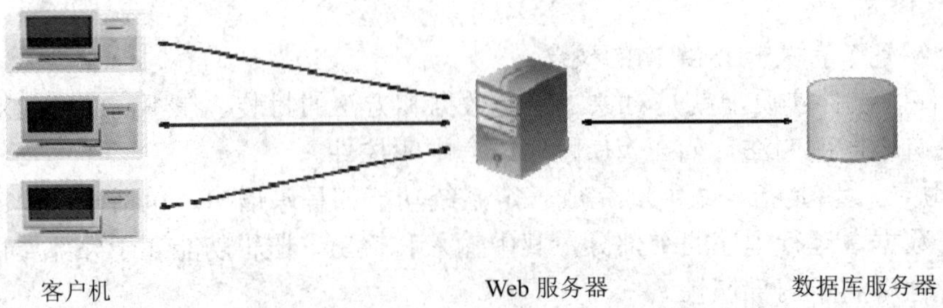

图 10.26　三层体系结构

3. 子系统设计

对一个业务比较多的系统来说，不可能把所有的业务实体和业务过程放在一个系统中，否则会导致系统过于复杂而难以使用，因此考虑把系统分解成若干个子系统。

在 UML 中，将使用包的机制来说明子系统。因此，这个阶段的研究任务是考虑如何把一个系统分成若干包(子系统)，如何描述包与包之间的依赖关系，如何定义子系统之间的接口。

1) 子系统划分

子系统的划分方法比较多，可以按照系统的部门划分，将同一部门应用的软件归为一个子系统；也可以按照功能来划分，将具有相似功能的模块放在一个子系统中。此外，子系统的划分也可以利用系统分析阶段对用例分类的结果。

子系统划分完成后，还要确定子系统之间的关系，而且在确定子系统关系时，注意尽量使子系统之间的关系保持低耦合。

2) 子系统接口设计

一般而言，一个系统的各个子系统之间往往存在一定的依赖关系，它们在业务操作中相互关联。对于这种子系统间的关联，在设计时需要定义接口。

为了降低各子系统之间的耦合性，子系统之间的通信只允许通过接口来实现。定义的接口中包含了子系统间的通信形式和通过子系统边界的消息。外部子系统只能通过接口间接使用子系统提供的服务，而不能直接操作子系统的内容。

因此，只要子系统对外接口不改变，不管子系统内部发生怎样的变化，也不会对依赖于该子系统的其他子系统产生影响。在 UML 中，子系统及其关系可使用组件图来表示，组件图由组件及组件间的接口和依赖关系构成，如图 10.27 所示。

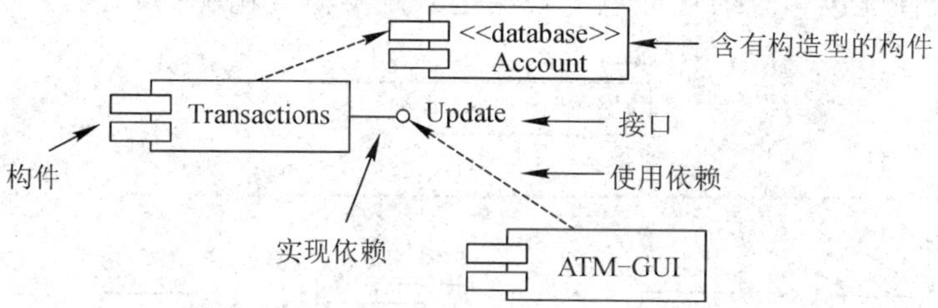

图 10.27 子系统和接口

子系统接口的内容主要包括以下几个方面：

(1) 操作的名称。

(2) 操作的返回值及其类型。

(3) 操作时使用的参数名及参数类型。

(4) 操作主要做什么(给出处理的文字描述，包括关键的算法)。

4. 包的设计

在系统分析阶段使用分析包对系统的逻辑结构进行了分解，进入设计阶段后还要继续使用包的概念对子系统进行组织设计。包图是 UML 中一个高层次的图，它使得设计人员可以将具有一定关联性的类联系起来。

将系统中的类进行分组或分包，可以使得模型元素在逻辑上更有秩序，也体现了系统结构“高内聚、低耦合”的原则。

设计阶段和分析阶段的包的表示方法基本相同，同样是使用一个制表方框来表示，包名一般放在制表方框的标签上，也可放在方框内部。

每个设计类要根据它们所属的具体层次放在不同的包内。在这个过程中，需要分析每个用例的设计类图和交互图，最终绘制出系统的包图。

在包与包之间，或者包中的类与类之间一般存在一定的依赖关系。这表示如果系统中的一个包(或类)发生了变化，那么另一个包(或类)也一定会发生变化。在 UML 图中，依赖关系在包图中一般用虚箭线来表示。其中箭头指向被依赖的包，箭尾连接着有依赖性的包。图 10.28 是企业管理信息系统按照功能划分子系统的包图。

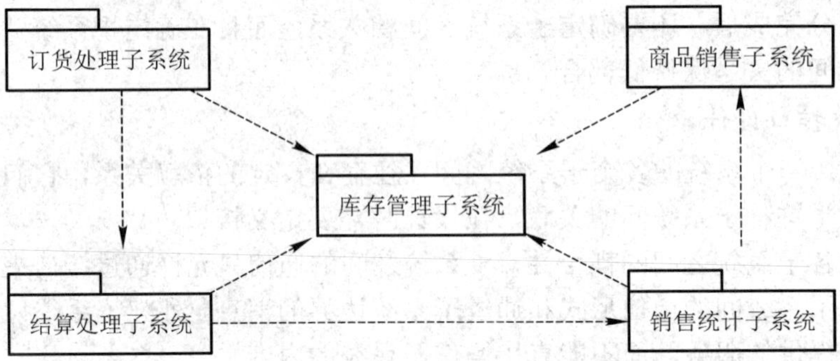

图 10.28　按功能划分子系统的包图

图 10.29 是学籍管理系统包图。学籍管理系统可分解分为三个层次：顶层是登录及主控程序包；中间层是六个业务处理包，即用户管理包、学生档案管理包、班级管理包、交费管理包、课程管理包和成绩管理包；底层是系统实体类包和报表包。

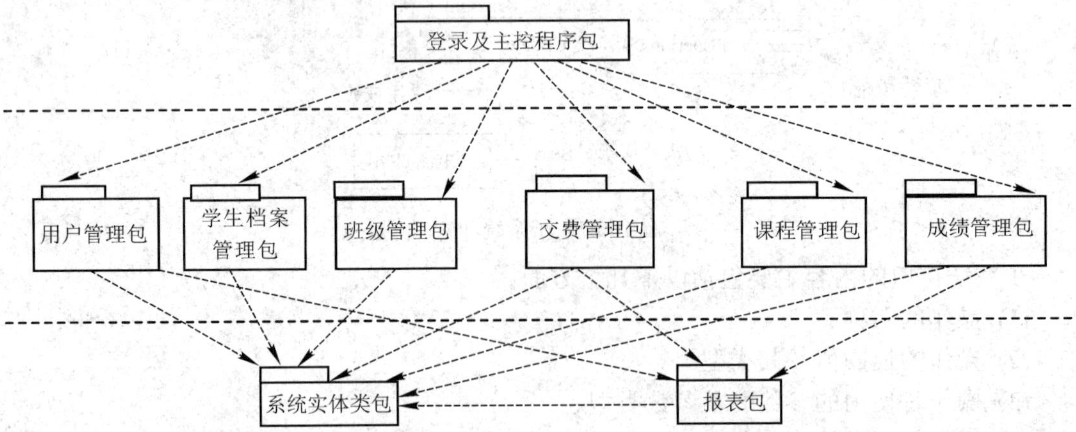

图 10.29　学籍管理系统包图

10.3.3　设计类的建立

在系统分析阶段所构造的分析模型称为分析类图，进入设计阶段后需要将其转变为设计类图。在 UML 中，虽然分析类与设计类的符号表示形式并没有什么不同，但两者在本质上是有区别的。例如，设计模型和分析模型的目标不同，分析模型描述的是用户环境下的业务“系统”，而设计模型更多的是从系统、软件角度出发来描述。

针对设计类的众多不同类型，UML 提供了一种特殊符号，称为构造型，用来为不同的类型指定不同的构造型，通常用“《》”表示。构造型根据模型元素特定的类型进行分类，并将类型的名称放到“《》”中。

在系统分析阶段，分析类有实体类、控制类、边界类三种类型，设计类同样也包括这三种类型。采用如图 10.30 所示的表示形式，这种表示方法更接近于软件类。

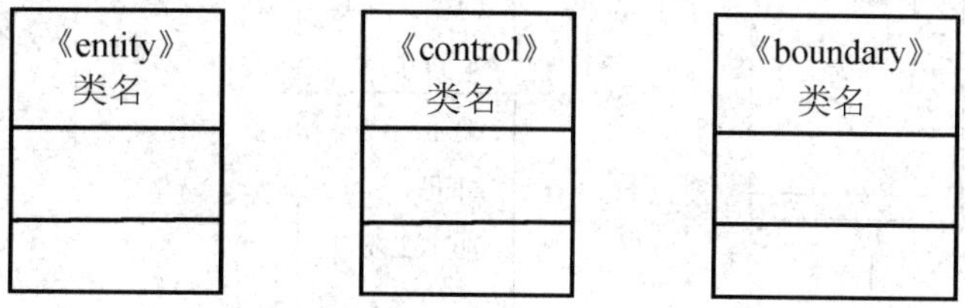

图 10.30 实体类、控制类、边界类构造型

图 10.31 描述了“人力资源管理系统”中“工资计算”用例的实体类、控制类和边界类之间的协作。

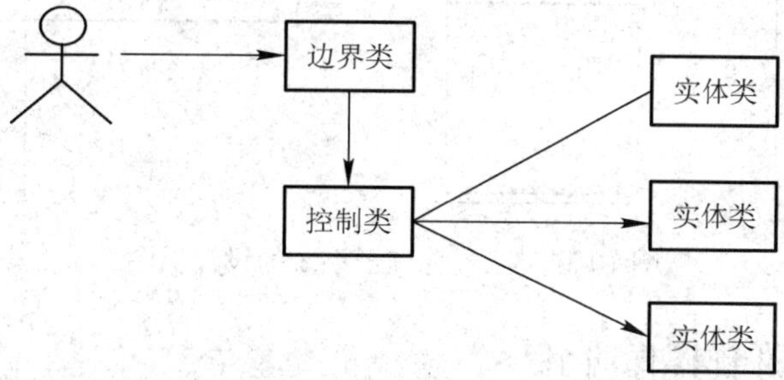

图 10.31 实体类、控制类、边界类之间的协作

从分析类图到设计类图的转化步骤如下：

(1) 把分析类图中的类和类之间的关系直接转到设计类图中。把系统分析中确定的各个分析类、类之间的关系以及类的一些属性和方法直接转到设计类图当中，从而构建出初步的设计类图，这些类中既包括了实体类，也包括了边界类和控制类。

(2) 补充设计类中的属性及属性类型。分析类图中所表示的属性都是分析类的最主要和最基本的属性，并不全面，需要在设计过程中进一步补充。与此同时，还要确定这些属性所属的类型。在面向对象的编程语言中既可以使用那些通用的属性类型，包括日期型、布尔型、整数型等，也可以使用一些用户定义的属性类型。

除此之外，还要定义每个属性的可见性(公有的、私有的和保护的)，在 UML 中分别表示为“+”“－”“#”。

(3) 关联关系设计。在设计类图中需要为关联类之间添加导航箭头，表示源类和目的类之间所发送消息的方向。

注意：两个对象之间需要进行协作时，则要建立关联关系。如果协作只在一个方向进行，则建立单向关联。顺序图也描述了设计对象间的相互作用。研究顺序图的消息有助于发现类之间的关联。也可以根据顺序图或协作图确定关联关系。

(4) 添加边界类与控制类之间的依赖关系。为了说明边界类与控制类之间的依赖关系，还需画出它们之间的依赖关系线。

根据以上设计步骤，作出了“工资管理子系统”业务逻辑层的设计类图，如图 10.32 所示。

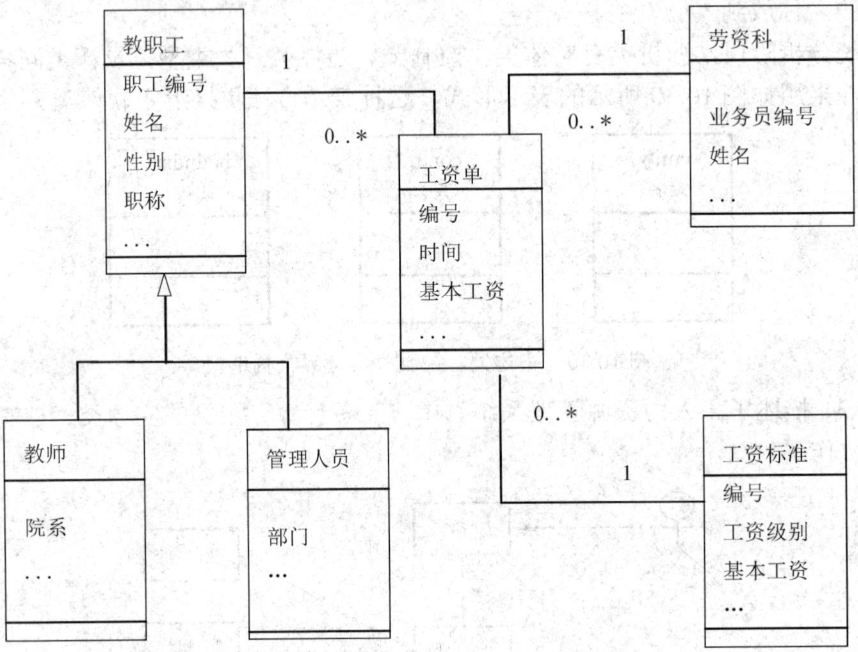

图 10.32　工资管理子系统的设计类图

10.3.4　面向对象的数据库设计

目前大多数 DBMS 数据库都支持面向对象的设计方法。面向对象的数据库设计的主要任务就是将对象模型映射成数据库模式。相对于结构化数据库设计而言，面向对象的数据库设计方法更具优势，因为它可以实现应用系统对象到数据库对象的直接映射，转换得很自然、方便。同时，数据库逻辑模型又可以直接模拟系统中各个实体对象的关系。

面向对象的系统分析阶段建立的实体类图，用于描述实体类及其之间的静态关系，它不仅定义了系统中的实体类，以表示类之间的联系(关联、依赖、聚集等)，还阐述了类的内部结构(类的属性和操作)。

由于系统数据库中的每张表都有对应的实体类，因此，在面向对象开发方法中通常采用实体类图来描述数据库结构，它不仅指明了系统数据库中有哪些表和表的具体组成，还表明了各表之间的联系。

1. 对象在数据库中的存放策略

用关系数据库存放对象的基本策略是：把由每个类直接定义并需要永久存储的全部对象实例存放在一个数据库表中。每个这样的类对应一个数据库表，经过规范化之后的类，其每个属性对应数据库表的一个属性(列)，类的每个对象实例对应数据库表中的一个元组(行)。

2. 确定关键字

一个数据库表的关键字是一组能够唯一标识该表的每个元组(行)的属性。对类而言，关键字就是一组能唯一标识该类的每个对象实例的属性，用尽可能少的属性(最好是只用一个属性)作为关键字，给查询和更新操作带来了方便。采用对象标识符 OID(对象唯一的标识符)作为相应数据库中所有表的主键，也是常用的手段。

3. 类映射成表的策略

实现类到数据库的表的映射，既可以从分析类图入手，也可以从设计类图开始。因为分析类图与关系模型更接近，而且没有显示关联的方向，因此最好先从分析类图入手将分析类映射到表，然后结合设计类图进行适当的调整和修改，并且根据设计类的属性类型确定表中字段的类型。

将单个简单类映射成表，一般按下列步骤进行：

(1) 将类的名称映射成关系模型的名字。

(2) 将类的所有属性映射成关系模型的属性。

(3) 将类的关键字映射成关系模型的主键，同时确定关系模型中的外键、列的域以及能否为空值等选项。

(4) 将类中任一个对象集映射成关系模型的一个实例(即关系)，对象集中每一个对象称为此关系中一个元组。

具体映射过程如图 10.33 所示。

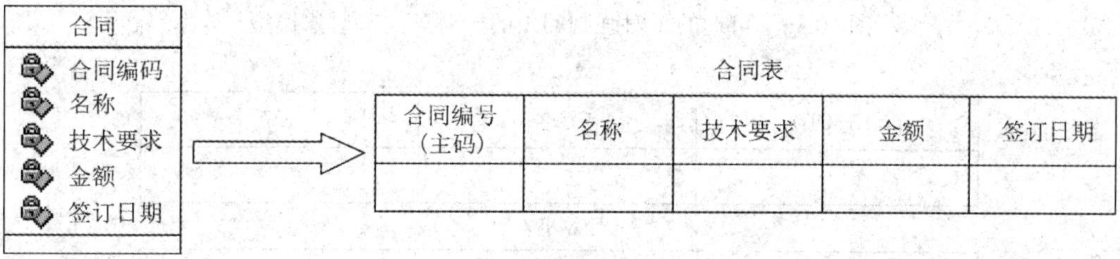

图 10.33　单个简单类映射成表

4. 关系映射的策略

除了必须将类或对象映射到数据库中以外，还必须将类或对象之间的关系进行映射。类之间有四种类型的关系：泛化、关联、聚合和组合。如果要对这些关系进行有效的映射，就必须理解它们之间的差异。

从数据库的角度看，关联和聚合/组合之间的唯一不同是对象相互之间的绑定程度。对于聚合和组合，在数据库中对整体所做的操作通常需要同时对部分进行操作，而关联则非如此。

对象间无论是聚合关系还是关联关系，从数据库的角度来看，都是通过表的联系来实现。关系数据库中的关系是通过使用外码来实现的，即将主表中的主码加入到另一个表的属性作为外码。一对一和一对多的关联就是通过这种方法实现的。其中，对象的 OID 就是联系的外码。

1) 关联关系的映射

(1)　一对一关联的映射。一对一关联映射为关系模型有三种算法。

算法 1：一般的一对一的关联，关联每一端的类映射为一张表，外键可放置在关联的任意一端的表中，具体情况依赖于性能等因素。

算法 2：将两个类合并映射成一个表。映射过程如图 10.34、图 10.35 所示。

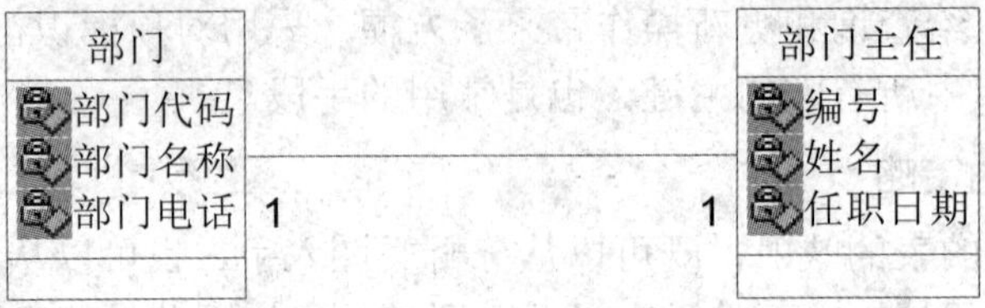

图 10.34　一对一关联对象模型

部门信息表

部门代码(主码)	部门名称	部门电话	编号	姓名	任职时间

图 10.35　一对一关联映射为关系模型

算法 3：如果一对一关联是可选的 1(0..1)或强制的 1(1)，则外键放置在可选的一端，且该外键不能为空值。映射过程如图 10.36、图 10.37 所示。

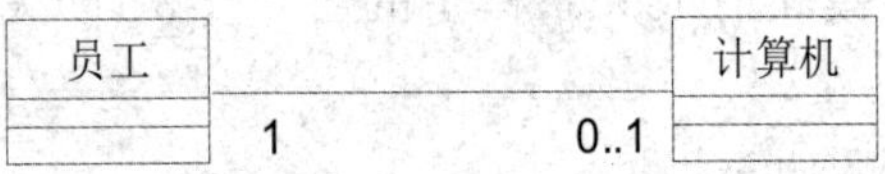

图 10.36　可选的 1 对强制的 1 的一对一关联对象模型

员工表

员工 OID	姓名	工资

计算机表

计算机 OID	员工 OID	类型

图 10.37　可选的 1 对强制的 1 的一对一关联映射为关系模型

(2) 一对多关联的映射。将外键放置在“多”的一方。如果“1”方是可选的，则外键可有空值，以表明“多”方的记录可以独立于“1”方存在；如果“1”方是强制性的，则外键一定要非空。映射过程如图 10.38、图 10.39 所示。

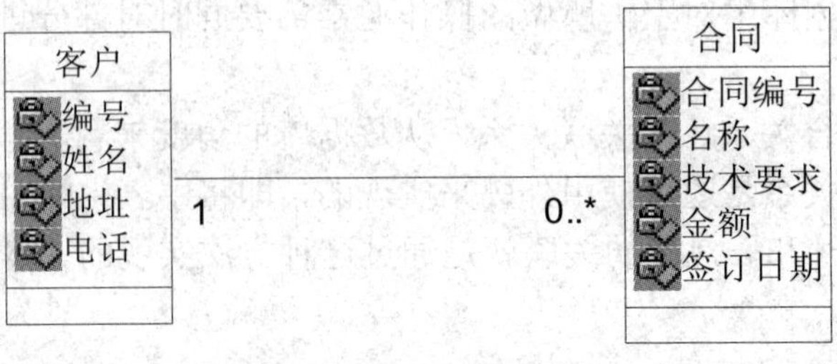

图 10.38　一对多关联的对象模型

客户表

客户编号	姓名	地址	电话

合同表

合同编号	客户编号	名称	技术要求	金额	签订日期

图 10.39　一对多关联映射为关系模型

(3) 多对多关联的映射。为了表示多对多的映射关系，通常需要建立一个关联表，并把它与关系两端的表建立联系。在传统实现方式中，关联表的属性包含关系中两个表的主键，并且关联表的主键往往是它们的组合。映射过程如图 10.40、图 10.41 所示。

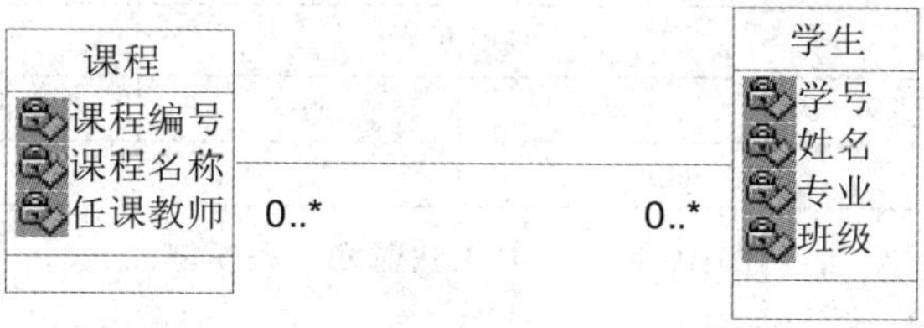

图 10.40　多对多关联的对象模型

课程表

课程编号	课程名称	任课教师

学生表

学号	姓名	专业	班级

选课表

选课编号	课程编号	学号

图 10.41　多对多关联映射为关系模型

2) 聚合关系的映射

类间的聚合关系映射为关系模型的算法为：将整体类与各个部分类分别映射成关系模型，整体类映射的关系模型的属性包含原有的所有属性，但各个部分类映射的关系模型的属性除包含原有的所有属性外，还包括整体类对象的关键词属性。映射过程如图 10.42～图 10.44 所示。

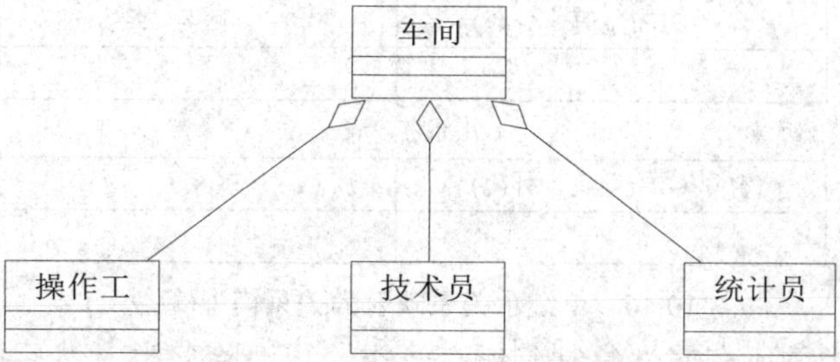

图 10.42　聚合关系的对象模型

车间表

车间代码	车间名称	电话号码

图 10.43　整体类映射为关系模型

操作工表

操作工代码	姓名	级别	车间代码

技术员表

技术号代码	姓名	职称	车间代码

统计员表

统计员代码	姓名	职称	车间代码

图 10.44　部分类映射为关系模型

3) 单继承关系的映射

某类间具有单继承关系，映射成关系模型有三种算法。

算法 1：将父类与各子类分别映射成关系模型。映射过程如图 10.45、图 10.46 所示。

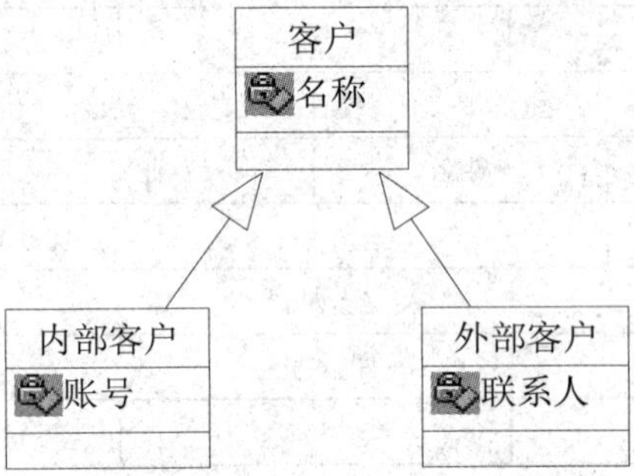

图 10.45　类间单继承关系对象模型

客户表

客户 OID(主码)	名称

内部客户表

客户 OID(主码，外码)	账号

外部客户表

客户 OID(主码，外码)	联系人

图 10.46　单继承关系映射为关系模型(算法 1)

算法 2：将父类的所有属性复制到所有子类，再清除父类，然后把各个子类分别映射成关系模型，并消除重复的属性。映射过程如图 10.47 所示。

内部客户表

客户 OID(主码)	名称	账号

外部客户表

客户 OID(主码)	名称	联系人

图 10.47 单继承关系映射为关系模型(算法 2)

算法 3：仅创建一个关系模型，使其包含父类及所有子类的全部属性(消除重复的属性)。映射过程如图 10.48 所示。

客户表

客户 OID(主码)	名称	账号	联系人

图 10.48 单继承关系映射为关系模型(算法 3)

10.4 系统设计报告

系统设计的最后一个工作阶段是编写系统设计报告，它是系统设计阶段的最终结果，也是新系统的物理模型和下一步系统实施的出发点和重要依据。

编写系统设计报告是一项重要的工作，应全面、准确和清楚地阐明系统实施过程中具体采用的方法和技术，以及相应的环境要求。

结构化设计方法的系统设计报告的主要内容应包括：

(1) 系统开发项目概述。描述项目的名称、目标、功能、项目背景、工作条件及约束等内容。

(2) 模块设计说明：用结构图描述系统的模块化结构和各主要模块的功能、处理流程、模块间的关系及其说明等。

(3) 代码设计说明：包括代码的方式、种类、功能及代码表。

(4) 输入设计说明。

(5) 输出设计说明。

(6) 数据库设计说明：描述数据设计的目标、主要功能要求、需求性能规定、运行环境要求，包括设备和支撑软件等，以及逻辑设计方案、物理设计方案。

(7) 网络环境的说明：描述系统的网络结构及功能设计。

(8) 安全保密说明：包括安全保密设计方案、主要规章制度。

(9) 系统设计实施方案说明。

面向对象的设计方法的系统设计报告的主要内容包括：

(1) 引言：描述编写目的、背景和参考资料等。

(2) 系统架构设计：包括系统体系结构设计、子系统的结构设计和接口设计的内容。

(3) 详细设计：包括设计类图的属性和操作描述、设计类的关系设计、交互图的设计等。

(4) 数据库设计：包括类到关系数据库表的映射、数据库规范化设计。

(5) 界面设计：包括输入/输出设计、人机交互界面设计等内容。

本 章 小 结

本章首先介绍系统设计原则，再介绍结构化设计方法的设计目标、总体设计、系统流程设计、代码设计、数据库设计、输出/输入设计、处理流程设计等内容；接着介绍面向对象设计任务、系统架构设计和数据库设计内容，并提供了两种方法的系统设计报告一般的模板格式。

思 考 与 练 习

1. 某图书管理系统包含以下功能，画出系统的功能结构图。

(1) 浏览功能：列出当前数据库文件中图书信息、借阅信息等的所有记录，可选定一项记录，显示所有域。

(2) 查询功能：书目匹配查询。

(3) 添加功能：添加图书馆的图书。

(4) 修改功能：修改图书信息。

(5) 删除功能：删除书籍信息。

2. 图 10.49 为一个根据用户输入的编码修改账目的数据流程图，试导出模块结构图。

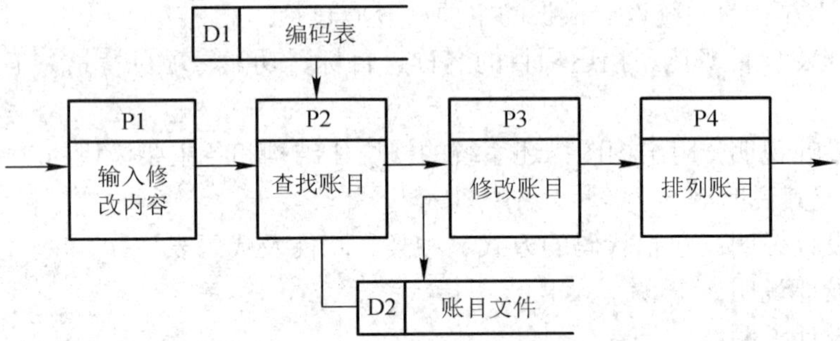

图 10.49　题 10.2 图

3. 绘制某企业库存管理模块的系统流程图。根据出库单、入库单建立库存台账，根据查询条件对台账内容进行查询并显示查询结果，每月对台账进行统计分析，打印出月报表。

4. 某生鲜品牌有一个前置仓，存放其业务配送所需的各种生鲜，前置仓的各种生鲜的数量及其库存量临界值等数据记录在前置仓主文件上，当前置仓中生鲜数量发生变化时，应更改库存文件。若某种生鲜的库存量少于库存临界值，则立即报告采购部门以便订货，规定每天向采购部门送一份采购报告。请绘制系统流程图。

5. 请根据以下要求画出销售合同管理子系统的部分信息系统流程图：该子系统共有三个功能模块，首先是“建立订货合同台账”模块——从订货合同、材料检验单和客户文件输入数据，输出建立合同台账文件；然后是“排序合并”模块——从合同台账文件中的数据输入，进行排序合并后形成合同分类文件；最后是“打印”模块——从合同分类文件打印出合同分类表。

6. 设计图书管理系统包图，一共有三个包：“图书业务处理”包、“用户界面”包和“数据库”包。在“图书业务处理”包中包含了实现图书馆管理的所有类；在“用户界面”包中包含了该系统的全部界面类；在“数据库”包中包含了与实现数据库服务有关的全部类。

第 11 章

管理信息系统的实施

系统实施的主要内容包括物理系统的实施、程序设计与调试、人员培训、数据准备与录入、系统切换和评价等。系统实施阶段既是成功地实现新系统的阶段，又是取得用户对系统信任的关键阶段。MIS 的规模越大，实施阶段的任务就越复杂。为此，在系统正式实施开始之前，就要制订周密的计划，即确定系统实施的方法、步骤、所需的时间和费用。此外，还要监督计划的执行，做到既有计划又有检查，以保证系统实施工作顺利进行。

11.1 物理系统的实施

MIS 物理系统的实施包括计算机系统和通信网络设备的订购、机房的准备和设备的安装调试等一系列活动。

11.1.1 计算机系统的实施

随着信息产业的发展，计算机技术的发展可谓日新月异，不同生产厂家、型号的计算机产品为信息系统的应用提供了广阔的舞台，但也给系统的实施带来了一定的复杂性。我们必须从这些计算机产品中选择最适合应用需要的品牌。购置计算机系统的基本原则是能够满足 MIS 的设计要求，此外，还应当考虑以下问题：

(1) 计算机系统是否具有合理的性能价格比；

(2) 系统是否具有良好的可扩充性；

(3) 能否得到来自供应商的售后服务和技术支持等。

作为精密电子设备，计算机对周围环境相当敏感，尤其在安全性较高的应用场合，对机房的温度、湿度等都有特殊的要求。通常，机房要安装双层玻璃门窗，并且要求无尘。硬件通过电缆线连接至电源，电缆走线要安放在防止静电感应的耐压有脚的活动地板下面。另外，为了防止由于突然停电造成的事故发生，应安装备用电源设备，如功率足够的不间断电源(UPS)。

当计算机设备到货后，应马上按订货合同进行开箱验收。计算机系统的安装与调试任务主要应由供货方负责完成，系统运行用的常规诊断校验系统也应由供货方提供，并负责操作人员的培训。

11.1.2　网络系统的实施

MIS 通常是一个由通信线路把各种设备连接起来组成的网络系统。MIS 网络有局域网(LAN)和广域网(WAN)两种。局域网通常指一定范围内的网络，可以实现楼宇内部和邻近的几座大楼之间的内部联系。广域网设备之间的通信，通常利用公共电信网络，实现远程设备之间的通信。网络系统的实施主要是通信设备的安装、电缆线的铺设及网络性能的调试等工作。常用的通信线路有双绞线、同轴电缆、光纤电缆以及微波和卫星通信等。

11.2　程序设计

11.2.1　程序设计的目标

随着计算机应用水平的提高，软件越来越复杂，同时硬件价格不断下降，软件费用在整个应用系统中所占比重急剧上升，从而使人们对程序设计的要求发生了变化。在小程序的设计中，主要强调程序的正确性和效率，但对于大型程序，人们则倾向于首先强调程序的可维护性、可靠性和可理解性，然后才是效率。

1. 可维护性

由于信息系统需求的不确定性，系统需求可能会随着环境的变化而不断变化，因此，就必须对系统功能进行完善和调整。为此，需对程序进行补充或修改。此外，由于计算机软硬件的更新换代，也有必要对程序进行相应的升级。

MIS 的寿命一般是 3～10 年，因此，程序维护的工作量相当大。一个不易维护的程序，用不了多久就会因为不能满足应用需求而被淘汰，因此，可维护性是对程序设计提出的一项重要要求。

2. 可靠性

程序应具有较好的容错能力，不仅能在正常情况下正确工作，而且在发生意外情况时也要可靠运行，不致产生意外的操作，从而造成严重损失。

3. 可理解性

程序不仅要求逻辑正确，在计算机上能够执行，而且应当层次清楚，便于用户阅读。这是因为程序维护的工作量很大，并且程序维护人员经常要维护他人编写的程序，一个不易理解的程序将会给程序维护工作带来困难。

4. 效率

程序的效率指的是程序能够有效地利用计算机资源。近年来，硬件价格大幅度下降，而其性能却不断完善和提高，因此，程序的效率已不像以前那样举足轻重了。相反，程序设计人员的工作效率则日益重要。提高程序设计人员的工作效率，不仅能降低软件开发成本，而且可明显降低程序的出错率，进而减轻维护人员的工作负担。此外，程序的效率与可维护性及可理解性通常是矛盾的，在实际编程过程中，人们往往宁可牺牲一定的时间和空间，也要尽量提高系统的可理解性和可维护性，片面地追求程序的运行效率反而不利于程序设计质量的全面提高。

11.2.2 结构化程序设计方法

编写程序应符合软件工程化思想。应用软件的编程工作量极大，而且要经常维护、修改。如果编写程序不遵守正确的规律，就会给系统的开发、维护带来不可逾越的障碍。软件工程的思想即利用工程化的方法进行软件开发，通过建立软件工程环境来提高软件开发效率。

1. 自顶向下的模块化设计方法

自顶向下的方法在系统分析和设计阶段都会使用。每个系统都是由功能模块构成的层次结构。底层的模块一般规模较小，功能较简单，完成系统某一方面的处理功能。在设计中使用自顶向下的方法的目的在于从一开始就能从总体上理解和把握整个系统，而后对于组成系统的各功能模块逐步求精，从而使整个程序保持良好的结构，提高软件开发的效率。

在模块化程序设计中应当注意以下几点：

(1) 模块的独立性。系统中模块之间应尽可能地相互独立，减少模块间的耦合，即信息交互，以便于将模块作为一个独立的子系统进行开发。

(2) 模块的大小划分要适当。模块中包含的子模块数要合适，这样既便于模块单独开发，又便于系统重构。

(3) 模块的功能要简单。底层模块一般应完成一项独立的处理任务。

(4) 共享的功能模块应集中。对于可供各模块共享的处理功能，应集中在一个上层模块中，供各模块引用。

2. 结构化程序设计方法

自顶向下的模块化方法描述了大程序设计的原则，在具体编程中，则应采用结构化程序设计方法。这种方法指导人们用良好的思想方法去设计程序。其特点是采用以下三种基本逻辑结构来编写程序：顺序结构、选择结构和循环结构。

(1) 顺序结构。顺序结构是一种线性有序的结构，由一系列依次执行的语句或模块构成。

(2) 选择结构。选择结构是一种根据条件成立与否选择程序执行路径的结构。

(3) 循环结构。循环结构是一种由一个或几个模块构成，并在程序运行时重复执行，直到满足某一个条件为止的结构。

11.2.3 面向对象程序设计方法

结构化程序设计方法将一个复杂的程序分解成若干个子结构，以便于控制、降低程序的复杂性，但其全局数据和局部数据分别保存，在多函数程序中容易因全局数据的无意改动而影响程序的正确性。面向对象程序设计方法可以很好地弥补结构化程序设计方法的这一缺点。

面向对象程序设计是一种认识客观世界的认知方法学，亦是一种解决问题的思维方法。该程序设计方法将对象作为程序的基本单元，将程序和数据封装其中，以提高软件的重要性、灵活性和扩展性。

面向对象程序设计中需要了解以下几个概念。

1. 对象(Object)

对象泛指所要研究的具体事物、抽象概念等。不同应用领域中的对象称为问题对象。在面向对象的系统中，问题对象是基本的运行实体，由一组数据和施加于这些数据上的一组操作封装而成。其基本要素包括：

(1) 标识，即对象的名称，用来在问题域中区分其他对象。

(2) 数据，也称状态，描述对象属性的存储或数据结构。

(3) 操作，即对象的行为，是对象运动特性的描述。

(4) 接口，对象接收外部消息所指定的操作名称集合。

2. 类(Class)

类是相似对象的集合。在现实世界中有许多内部状态和外部行为相似的对象，由这些对象构成的集合称为类。类定义包括：

(1) 标识，即类的名称，用以区分其他类。

(2) 继承，描述子类承袭父类的名称以及结构和功能。

(3) 数据结构，对该类数据包括数据项的描述。

(4) 操作，即该类通用功能的具体实现办法。

(5) 接口，即面向其他类的统一的外部通信协议。

3. 消息(Message)

系统由若干相互关联的对象组成，并通过对象之间的相互联系共同来完成问题求解。消息是实现对象与对象间相互合作的通信载体，是连接对象的纽带。从实现的角度来看，消息就是请求对象执行某个处理或提供某些信息的要求，既可以是数据流，也可以是控制流。

4. 继承(Inheritance)

继承是指一个类(子类)因承袭而具有另一个类(父类)的能力和特征的机制或关系。继承是一种层次模型，允许并鼓励类的重用。整个层次结构的上部(或祖先类)是具有通用性的，而下部(后代)则具有独特性。类可以从它的祖先那里继承方法和属性，并可以修改或增加新的属性、方法使之更符合特殊的需要。继承是类之间的重要关系，依赖继承机制，可由类产生对象，或由已知类定义其他类。

11.3　软件开发工具

过去，应用程序由专业计算机人员逐行编写，不仅周期长、效率低、质量差，而且重复劳动多，不易修改。计算机在信息系统中应用的日益扩大，促使人们对软件设计自动化进行了大量研究，并开发出各种软件生成工具。利用软件生成工具进行系统开发可以大量地减少甚至避免手工编写程序，并且避免了手工方式下的编程错误，从而极大地提高了系统开发效率。

11.3.1　套装软件

所谓套装软件是将流行的若干软件集成起来形成一套软件。例如，套装软件 MicroSoft Office 就是将文字处理软件(Word)、电子表格软件(Excel)和幻灯片制作软件(Power Point)融合在一起，可同时运用字处理、表格设计、数据库和绘图功能。其中 Excel 还具备一定规模的生成模型的函数。

11.3.2　数据库管理系统

现在的数据库管理系统已不只是局限于数据管理，而且具备了相当强的软件生成功能。例如，Oracle 数据库管理系统中，利用 SQL * FORMS 可以通过选择一些菜单和相应的功能键方便地进行对库操作；SQL * PLUS 的触发器机制为保证数据的完整性、一致性和合法性提供必要的检验手段；SQL * REPORT 和 SQL * GRAPH 为报表、图形的生成提供方便。以上这些 Oracle 软件工具配合起来使用，可以形成一个综合的应用软件开发环境。

11.3.3　统一建模语言

统一建模语言(Unified Modeling Language，UML)是为面向对象开发方法设计的一种通用的可视化建模语言。

UML 能够真实、全面并清晰地定义和描述客观系统；在系统开发的各个阶段，不需要转换概念和表示的方法，而且可以为采用不同编程语言和不同开发平台的应用系统建模。

在 UML 中用一系列相互组合的图标元素，支持以图形方式对系统需求、功能、结构等内容进行建模，描述系统组成结构、功能结构及实现细节。UML 中的各种图可适用于以下情况：

(1) 当描述系统的行为需求时，采用用例图；

(2) 当规定问题域的词库时，采用类图、对象图；

(3) 当描述类和对象如何相互作用时，采用时序图、协作图、状态图、活动图；

(4) 当描述系统的软件结构时，采用类图和组件图；

(5) 当规定系统中软件的行为时，采用时序图、协作图、状态图、活动图；

(6) 当描述运行软件的处理器和设备的拓扑时，采用配置图。

下面对几种常用的图做简单介绍。

1. 类图

类图几乎是所有面向对象开发方法的基础。类图描述了类和类之间的静态关系，如关联、聚类、组成和继承等。与数据模型不同，类图不仅显示了信息的结构，同时还描述了系统的行为。

类图为开发人员提供了模仿现实世界的表达方式，它允许分析员使用客户采用的属性与其交流，促使客户提出所要解决问题的相关细节。如图 11.1 所示，矩形方框代表类的图标，最上面的区域是类的名称，中间区域是类的属性，最下面的区域是类的操作。

洗衣机(类的名称)
型号(类的属性)
脱水(类的操作)

图 11.1　类图示例

2. 对象图

对象是类的实例，具有具体属性值和行为。例如：洗衣机名称为“海尔”，型号为“SD1000”。在 UML 中，对象图被看作类图的一个实例。对象图常用于标识复杂类图的一个实例，对象之间的链是类之间的关联的实例。与类的图形表示相似，UML 对象图标也是矩形，只是对象名下面要加下画线。具体实例的名字位于冒号的左边，而该实例所属的类名位于冒号的右边，如“海尔：洗衣机”。

3. 用例图

用例图是从用户的角度对系统行为或系统使用场景进行的描述。一个用例是用户与计算机之间的一次典型交互作用。对于系统开发人员来说，用例很有实用价值，可以帮助其从用户的观察角度收集可靠的系统需求。这对于建立人机交互的信息系统尤为重要。

需求分析阶段的用例模型是系统开发者和用户反复讨论的结果，表明了开发者和用户对需求规格达成的共识。首先，它描述了待开发系统的功能需求；其次，它将系统看作黑匣子，从外部执行者的角度来理解系统；最后，它不仅驱动了需求分析之后各阶段的开发工作，而且被用于验证和检测所开发的系统。

4. 状态图

在任何给定的时刻，一个对象总处于某一特定的状态。如洗衣机可以处于浸泡、洗涤、漂洗、脱水或关机等状态。一个状态图包括了一系列的状态以及状态之间的转移，如图 11.2 所示。图中最顶端的符号代表起始状态，而底端的符号表示终止状态。

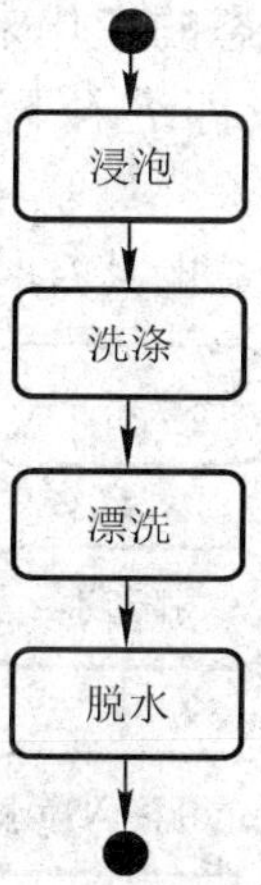

图 11.2　状态图示例

5. 时序图

运行的系统中，对象之间要发生交互，且这些交互要经历一定的时间阶段。时序图所表达的是对象之间基于时间的动态交互关系，着重体现对象间消息传递的时间顺序。顺序图存在两个轴：水平轴表示不同的对象；垂直轴表示时间。图中的对象用一个带有垂直虚线的矩形框表示，并标有对象名和类名。垂直虚线是对象的生命线，用于表示在某段时间内对象处于活动状态。对象间的通信由对象生命线间的消息来表示。

图 11.3 是一个时序图示例。图中的三个对象用矩形图标表示。整个图反映了各对象随时间变化所经历的交互过程。图中进程是从上至下的，对象之间发送的信息有：注入净水、保持静止、停止、旋转洗涤、排污水等。

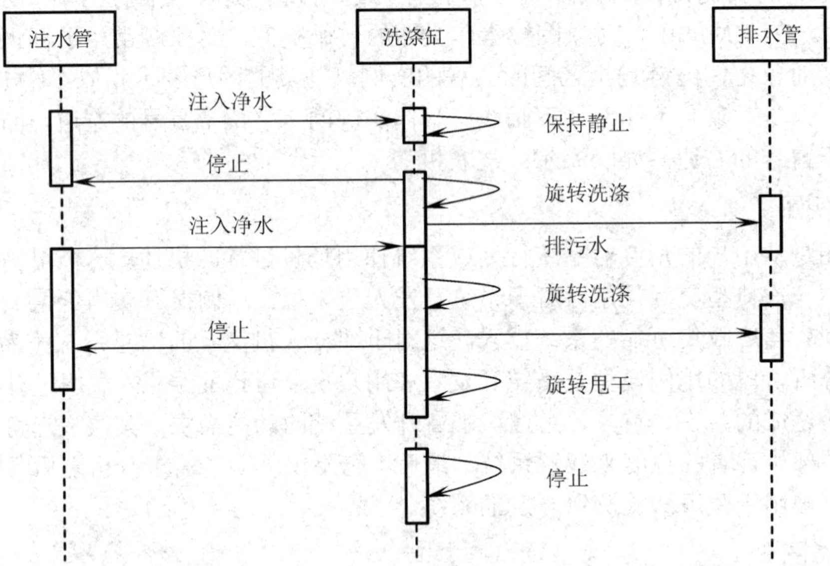

图 11.3　时序图示例

6. 活动图

活动图的应用非常广泛，既可用来描述操作(类的方法)的行为，也可以描述用例和对象内部的工作过程。活动图依据对象状态的变化来捕获动作(将要执行的工作或活动)与动作的结果。活动图中一个活动结束后将立即进入下一个活动(在状态图中状态的变迁可能需要事件的触发)。

用例和对象行为的各个活动之间通常也具有时间顺序，如图 11.4 所示。

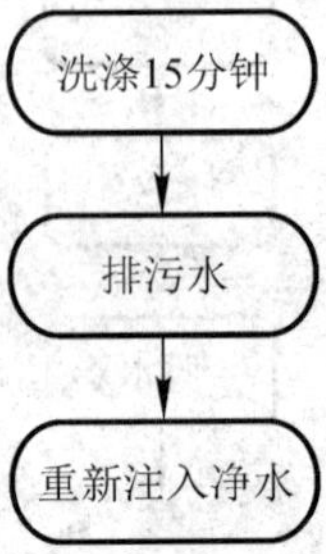

图 11.4　活动图示例

7. 协作图

协作图表达的是为完成系统的工作目标，系统中相互合作的对象间的交互关系和链接关系。虽然时序图和协作图都用来描述对象间的交互关系，但侧重点不一样。时序图着重体现交互的时间顺序，协作图则着重体现交互对象间的静态链接关系。

图 11.5 是一个协作图的示例。图中，洗衣机构件类中增加了一个内部计时器。在经过固定时长后，定时器停止注水，然后启动洗涤缸的旋转。图中的序号代表命令消息的发送顺序，计时器对象先向注水管对象发送停止进水的指令，再向洗涤缸对象发送旋转洗涤的指令。

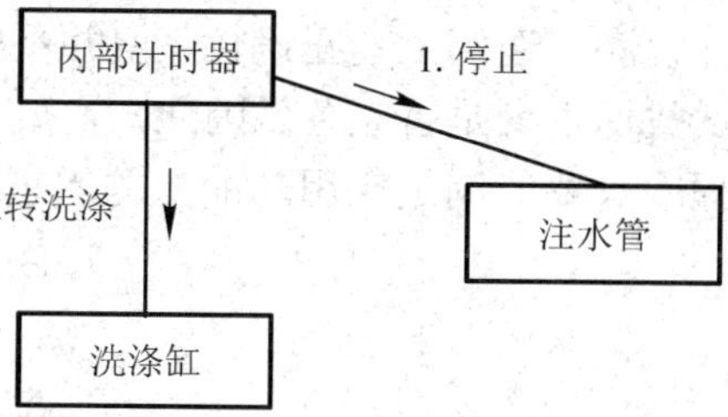

图 11.5　协作图示例

8. 组件图和配置图

组件图和配置图与整个计算机系统密切相关。UML 用组件图表示信息系统的软件结构，由于现代软件开发多是基于构建的，这种开发方式对群组开发尤为重要。UML 的配置图显示信息系统的物理体系结构。它可以描述计算机和设备，展示其间的连接以及驻留在每台计算机中的软件。

11.4　程序和系统调试

程序和系统调试的主要目的是发现程序和系统中可能存在的错误并及时予以纠正。

11.4.1　程序调试

目前，程序调试普遍采用实验法。只有通过实验法调试，才能认为程序基本正确。通常，程序调试分为代码测试和程序功能测试两部分。

1. 代码测试

调试过程中通常要编写测试数据。测试数据除采用正常数据外，还应当包括一些异常数据和错误数据，用来考验程序逻辑上的正确性。测试数据是经过精心挑选的，使程序和模块中的每一条语句都能得到执行，即能够测试程序中的任一逻辑通路。常用的测试数据有以下几种：

(1) 正确数据。使用正确、常见的数据进行测试，检查程序能否正常运行。

(2) 异常数据。使用例如空数据文件进行测试，检查程序能否正常运行。

(3) 错误数据。使用错误数据来测试程序对错误的处理能力，包括显示出错信息以及容许修改错误的可能性。具体检测内容如下：

① 输入键号错误(包括错的键号和不应有的键号)时能否及时检查出错误和发出错误提示，并允许修改；

② 输入数据错误(包括错误数据、不合理数据和负数)时能否及时检查出错误和发出错误提示，并允许修改；

③ 操作错误(包括磁盘错误、操作步骤或方法错误)时能否及时检查出错误和发出警告信息，并允许改正；

④ 输入边界数据时，找出系统的边界情况。

2. 程序功能测试

代码测试只能基本验证程序在逻辑上的正确性，但并不能验证程序完全具备程序说明中的功能，也不能验证测试数据本身是否完备。因此，需要进一步进行程序功能测试。通常，在程序应用环境中，程序只要能满足应用功能上的需求，就是可行的。

11.4.2 模块调试

系统的应用软件通常由多个功能模块组成，每个功能模块又是由一个或多个程序构成的。在单个程序调试完成之后，还需要将一个功能内所有程序按次序串联起来进行调试。这样可以保证模块内各程序间具有正确的控制关系，同时可以测试模块的运行效率。

因此根据模块的功能说明，需要检验模块是否有错误。模块测试主要包括模块界面、内部数据结构、独立路径、错误处理、边界条件等。

11.4.3 系统总调

系统总调也称为能行性联调，通常由系统分析员和程序员合作完成。

总调的内容包括以下两部分：

1. 主控程序和调度程序调试

此部分程序的语句不多，但逻辑控制复杂。调试时，将所有控制程序与各模块的接口“短路”，即用直接送出预先安排计算结果的联系程序替代原功能模块。调试的目的不是处理结果的正确性，而是验证控制接口和参数传递的正确性，以及发现并解决资源调度中的问题。

2. 系统程序总调

功能模块和控制程序调试完成之后，就可进行整个系统程序的总调。也就是将主控制和调度程序与各功能模块连接起来进行总体调试，对系统各种可能的使用形态及其组合在软件中的流通情况进行可行性测试。

这一阶段往往可以查出模块间相互关系方面的错误和缺陷。

11.4.4 特殊测试

除了上述常规测试之外，还有一些必要的性能测试，这些测试往往不是针对程序在正常情况下运行得正确与否，而是根据系统需求选择进行的，主要有：峰值负载测试、容量测试、响应时间测试、恢复能力测试等。

进行系统程序测试时，通常不必完全按真实情况下的数据量进行测试。通常采用“系统模型”法来用最少的输入数据量完成全面的软件测试。通过对数据的精心选择，大大减少了输入数据量，不仅可以减少处理的工作量，还更容易发现错误和确定错误的范围。调试中要严格核对计算机处理和人工处理的两种结果。通常是先校对最终结果，发现错误后再回到相应的中间结果部分进行校对，直到基本确定错误范围。

系统测试完成后，在交付用户使用之前，还需要进行实况测试。实况测试以过去手工处理方式下得出的正确结果的数据作为输入，将系统处理结果与手工处理结果进行比较。这一阶段，除严格校对结果外，还要考察系统运行的合理性与效率以及作业处理的成本是否过高等方面的问题。

系统调试完成后，应编写操作说明书，完成程序框图和打印源程序清单。

11.5　系统切换、运行及维护

11.5.1　系统切换

系统切换是指由旧的、手工处理的系统向新的计算机信息系统过渡。

信息系统的切换一般有三种方法：

1. 直接切换法

直接切换就是在某一确定时刻，停止运行老系统，投入运行新系统，新系统通常要经过较为详细的测试和模拟运行。考虑到系统测试中试验样本的不彻底性，一般只有在老系统已完全无法满足需求或新系统不太复杂的情况下才采用此方法。

2. 并行切换法

并行切换法指的是在投入运行新系统时，并不停止运行老系统，而是两个系统同时运行一段时间，对照两者的输出，利用老系统对新系统进行检验。并行切换法一般是以新系统作业为正式作业，老系统作校核用，经过一段时间运行，在验证新系统处理准确、可靠后，老系统才停止运行。并行处理的时间视业务内容而定，短则 2 至 3 个月，长则半年至一年。

3. 试点过渡法

试点过渡法是先选用新系统的某一部分代替老系统，以作为试点，逐步替代整个老系统。

在系统切换的过程中，应注意以下问题：

(1) 新系统的投入运行需要大量的基础数据，这些数据的整理和录入功能量特别庞大，应及早准备、尽快完成。如果基础数据全部或部分存在于老系统中，通常要使用专门的处理程序，完成自动或半自动的数据导入工作，尽量减少手工输入。

(2) 系统切换不仅是机器和程序的切换，也包括人工的切换。因此提前做好人员培训工作十分必要。

(3) 系统运行时会出现一些局部性的问题，这是正常现象。系统工作人员对此应有足够的准备，并做好记录。系统只出现局部性问题，说明系统是成功的；反之，如果出现致命问题，则说明系统设计质量不好，整个系统甚至需要重新设计。

11.5.2 系统运行管理

MIS 系统正式投入运行后，为了让 MIS 长期高效地工作，必须加强对 MIS 运行的日常管理，通常包括以下两个方面。

1. 系统运行的日常维护

系统运行的日常维护通常包括数据收集、数据整理、数据录入及处理结果的整理与分发；此外，还包括简单的硬件管理和设施管理。

2. 系统运行情况的记录

系统运行时除了记录正常情况 (如处理效率、文件存取率、更新率)外，还需要记录意外情况发生的时间、原因与处理结果。

11.5.3 系统维护

系统刚建成时所编制的程序和数据很少能一字不改地沿用下去。系统人员应根据 MIS 运行的外部环境的变更和业务量的改变，及时对系统进行维护。通常维护的内容主要包括：程序的维护、数据文件的维护和代码的维护。

本章小结

系统实施是系统开发的最后阶段，也是将前期各个阶段的设计成果最终在计算机系统上实现的阶段。本章主要介绍了物理系统的实施，程序设计，系统调试和系统的切换、运行和维护等内容。

物理系统实施的主要任务是根据系统目标做好设备选型。程序设计过程中，应从可靠性、可维护性、可理解性和开发效率等方面去选择合适的设计方法。划分模块时，应当以基本功能的实现作为依据，尽可能增加模块的独立性，减少模块间的信息耦合。同时，还应当采用合适的开发工具。系统切换作为系统实施的最后阶段，需要根据系统应用的具体情况谨慎选择切换方式。另外，做好系统运行中的日常维护工作也十分有必要。

思考与练习

1. 管理信息系统的实施包括哪几方面的工作？

2. 管理信息系统的转换方法有哪几种？大型复杂管理信息系统应选择何种转换方式为宜？

3. 为什么说管理信息系统的规模越大，实施阶段的任务就越复杂？

第 12 章

信息道德与信息系统分析员修养

随着信息系统的发展，道德问题受到越来越多的关注。因此，它也称为管理信息系统课程中必讲的问题。

期初，由于计算机的应用引发了许多侵犯个人隐私权的问题，在商业领域就是侵犯版权的问题，这些侵权招致每年几十亿美元的损失。然而信息道德问题远不止侵犯版权的问题。现代计算机信息技术的开发与应用，是一把“双刃”剑。一方面，它借助计算机高智能化、信息交换与传播的快速、便捷和时空压缩等优势，对社会的经济、文化、教育、科技、政治方面的发展起到积极的推动作用；另一方面，它又把社会及其成员带入一个全新的生存与发展的技术与人文环境中，使人们面临着技术上的“可能”与伦理上“应该”的严峻挑战，如计算机“黑客”网络犯罪，软件盗版等已成为普遍的突出的道德与法律问题。

在信息社会中，我们应当清楚什么是道德的、合乎伦理和合法的行为。企业高层领导者在企业中应注重建设信息道德文化；信息专家应履行他们的职责；企业的信息主管应注重建设信息伦理，并制订实施策略。

12.1　道德、伦理和法律

道德是社会意识形态之一，是人们共同生活及其行为的准则和规范。道德通过社会的或一定阶级的舆论对社会生活起约束作用。

伦理是指引信念、标准、理想的框架，它渗透到个人、群组或社会。和道德不同，伦理可能因不同地区或国家而有很大的差异。计算机伦理规范是指关于计算机运用领域中的行为准则。计算机信息网络技术应用引起了社会利益的冲突，带来了一系列的现实道德问题，如：计算机信息技术的知识产权问题，计算机犯罪、黑客与网络安全问题，信息与网络时代的隐私权保护问题，信息技术产品对消费者和社会的责任问题，信息网络技术应用者个人的自由权利与道德责任问题，为控制国际互联网的各种危害而建立的审查制度问题，企业的信息技术与反不正当竞争的问题等。面对这些问题，人们必须遵守必要的道德规范。

法律是引导行为的至高无上的正式规则，它是由政府强行实施的。由于计算机是新事物，而且自身还在不断地演变，因此关于计算机的法律还是不多。

计算机犯罪的第一个案例发生于 1966 年。一个程序员输入了一个信号，使他的信用卡上有了超额存款，以至于他在亏空的情况下仍可以继续开支票。由于当时法律上没有相关条文，所以只能按错误输入来处罚他。

美国的信息立法起于 1966 年的《信息自由法》，它以法律的手段赋予了公众获取公共信息的权利。1970 年《公平信用报告法》出台，涉及信用数据的处理。1978 年《联邦隐私法律》出台，限制了政府查取银行记录的权力。1988 年《计算机配寻和隐私法令》出台，限制了政府利用计算机文件进行识别借贷人和配查的用途。从此美国联邦政府建立起了计算机立法的框架。

计算机“信息技术”应用于企业，信息道德、伦理和立法起着很大的作用。经理、专家和用户在这方面的观念十分重要。法律有明文规定，而道德和伦理一般无文可查，因此更应注重“道德和伦理方面”的教育。

围绕着侵权和正当知识财富的道德问题对电子商务世界提出了巨大挑战，表 12.1 中列出了由科技进步导致的道德问题相关术语及其描述。

表 12.1　科技进步导致道德问题的相关术语

相关术语	描　　述
知识产权	无形的创造性工作
版权	对创意的合法保护，如歌曲、视频游戏，以及某些类型的专利文件
公平使用原则	在某些情况下，使用具有版权的资料是合法的
盗版软件	未经授权，使用、复制、发布和销售具有版权的软件
伪造软件	制作得几乎和正版软件一样，并当作正版软件来销售的软件

在当今电子世界中，隐私已经成为了一个主要的道德问题。隐私是个人的自然权力，只要主体愿意隐瞒，隐私客体即可成为隐私事实，是否公开、何时公开隐私内容，也任由当事人自行处置。企业制订的一些具有争议的决策往往涉及隐私问题。

如今，隐私是企业所面临的最大的道德问题之一。公司、客户、合作伙伴以及供应商之间的信任支撑着电子商务世界。信任中最主要的因素之一就是隐私，对隐私的普遍担忧还将继续成为电子商务发展的最大障碍。进行网上交互活动时，人们担心自己的隐私将被亵渎冒犯。如果企业不能够有效地保护客户的隐私，否则将失去客户、合作伙伴以及供应商对它的信任，这对该企业的商务活动将产生不利的影响。近年来对企业 CIO 的调查结果显示，隐私问题导致对电子商务失去信任的主要原因有如下 3 点：

(1) 个人隐私的盗用已成为 21 世纪人们关注的头等大事。

(2) 在 Internet 用户中，37%的人更倾向于在有隐私政策保护的 Web 站点上购物。

(3) 隐私和安全是将在 Internet 上搜索商品的人转变成购买者的第一要素。

12.2　信息道德的主要内容

当代计算机信息网络技术引起的道德问题，主要有隐私问题、犯罪问题、健康问题、工作条件问题、个性问题、雇用问题等。在所有这些方面，信息技术都是一把“双刃剑”。例如生产过程的计算机化能改善工作条件，提高职工满意度，但又要面对如何保证产品高质量和降低成本的问题。所以，作为产品经理应当使负面影响最小，而受益尽可能大。

信息道德主要涉及隐私问题、正确性问题、产权问题和存取权问题。

(1) 隐私问题。要建立信息使用标准，在什么安全保障条件下，关于个人或单位的什么信息必须由他们自己发布，什么样的信息他们自己可以保存，可以不被强迫发布。

(2) 正确性问题。谁有责任保证信息的权威性、可信性和正确性？谁来统计错误并解决它们？

(3) 产权问题。谁拥有信息？信息交换的公平价值是什么？谁拥有传输信息的渠道？如何分配这些稀有的资源？

(4) 存取权问题。什么人对什么信息有特权取得？在什么条件下有什么安全保障？

这里我们主要讨论道德问题。道德问题和法律问题不同，法律问题一方面要加强法律观念教育，另一方面要按照法律条文严格执法。道德问题只能通过长期的潜移默化的教育。往往是在道德问题形成一致观念后，再以法律形式固定下来。在处理信息技术以及其他新技术所带来的道德问题时，有四项道德原则：

① 匀称原则。新技术所带来的好处必须超过其损害或风险，不能再有别的比其好处多而损害少的方案。

② 获取原则。对新技术的影响应当事先知道，并同意接受风险。

③ 公平原则。必须公平地分配技术的利益和风险。谁得到利益，就应当承担风险的公平份额；谁没有得到益处，就不应当承受重大的风险。

④ 风险最小原则。即使以上三原则均被接受，技术的实现也应尽可能避免不必要的风险。

道德的公正也有利于法律的执行。考虑道德问题对决策的影响，是每个企业领导者责无旁贷的任务。

企业要繁荣昌盛，就要加强企业的道德文化建设。尽管企业道德文化的建立有各种各样的形式，但也有一些一般性的规律。为建立企业道德文化，企业领导一般自上而下执行三个步骤，一直到每一个员工，见图 12.1。

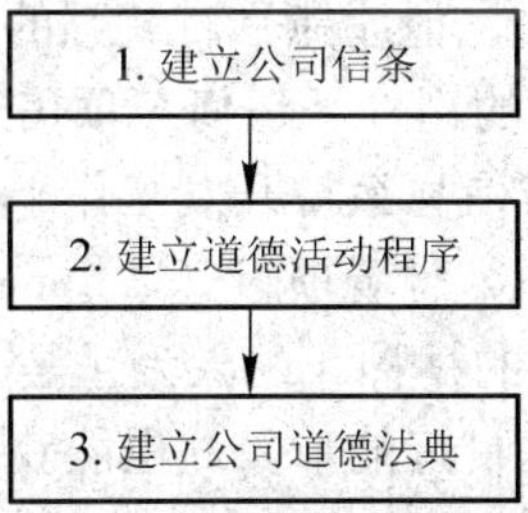

图 12.1　建立企业道德文化的过程

(1) 信条：公司希望提倡的反映公司价值观的简明的语言。其目的是提醒公司内外的人员和组织知道公司的价值观。它又反映在各个方面，如对顾客的承诺、对雇员的承诺、对股东的承诺、对社会的承诺等。

(2) 道德活动程序：有一些活动主要用来进行精神教育，如新员工培训等；还有道德审计，审核各部门如何落实公司信条等。

(3) 道德法典：在公司法典中划出一部分专门用来规定道德标准。一些专业信息组织也规定了自己的道德准则，数据处理管理联盟(Data Processing Management Association，DPMA)、美国计算机联盟(Association for Computing Machinery，ACM)、计算机专业认证协会(Institute for Certiflication of Computer Professional，ICCP)和美国信息技术联盟(Information Technology Association of America，ITAA)等组织均设立了自己的标准。

12.3 信息系统分析员的修养

信息系统的开发和运营是依靠一支专业队伍来完成的。这批专家包括：系统分析员、高级程序员、计算机技术专家、业务员、录入员等。这里系统分析员是带头者。

信息系统分析员是技术和管理之间的桥梁，是领导和员工之间的沟通渠道。他又是先进技术和先进管理模式的代表者，应不断地掌握管理和技术的发展趋势；他又是现实的革新者，应能提出变革现实的方案，而且要善于处理矛盾，因势利导、组织实施。他不仅懂管理，而且懂技术，他不仅善于说服领导和争取领导，而且善于动员群众和组织群众。通过他们把技术与管理、领导与群众结合起来，完成企业的管理变革和信息系统的应用。

信息系统分析员被赋予如此重要的使命，因而要求他们有系统深入的专业知识、实用广泛的社会知识，不仅要有计划、协调、组织、控制和监督的工作能力，更要有大公无私、廉洁自律、坚持原则、灵活机动、信守承诺、认真负责、谦虚谨慎、密切联系领导和群众等修养和作风。

信息系统分析员最基本的修养是有高尚的信息道德，主要表现在以下几个方面：

(1) 要有远大的理想和正确的信念。远大的理想和正确的信念也就是正确的世界观、价值观或人生观。只要是符合科学的观点和观念的，就应积极支持、努力贯彻。

远大的理想就是对未来有美好的憧憬和美好的愿景。只有心怀目标，才不会做事摇摆不定。信息化事业如同一场革命，只有对美好愿景的执着，才不会被一些暂时的困难所动摇。

(2) 要有不断进取和勇于奉献的精神。当系统分析员为企业开发信息系统时，应有为企业奉献的精神，以企业利益为先，他才能具有最强的号召力和最广的感染力。

(3) 要有顾全大局和团结协作的精神。任何一项信息系统的工作都是一项团队工作，团队中树立起的团结精神，对完成信息系统开发工作十分重要，要求团队中的每一个成员能识大体、顾大局，做事想着集体、想着项目。

(4) 要有助人为乐和乐观热情的精神。助人为乐是系统分析员的另一个道德形象，在为他人解决问题的同时，既能树立良好的形象，也能获得更多的信息，系统的开发就会有良好的环境。

12.4 信息系统分析员的能力和知识结构

信息管理专业本质上是管理专业，是培养管理者的专业。管理者就是完成计划、组织、指挥、协调和控制的人员。信息管理专业培养的人是信息系统建设的管理员，其任务是计划、组织、指挥、协调和控制程序员等去完成信息系统建设，即信息系统分析员。对信息系统分析员的能力有以下要求：

(1) 抓住目标的能力：简称目标能力，能认识到目标的重要性、关键性、可达性等。系统分析员要善于根据环境状况、资源状况、企业文化状况做出综合判断，切忌只考虑技术条件具备就制定过高的目标，这也是大多数信息系统项目延期的原因。

(2) 组织资源的能力：简称资源能力，即根据目标的需要估计和整合资源的能力。这些资源包括管理资源、经济资源、技术资源和人力资源等。要知道这些资源由哪里供应，确保资源供应渠道畅通。当用到某种资源时，资源能及时到达，做到资源可用可取。

(3) 动员能力：又称造势能力。动员领导出面参与、支持、领导信息系统建设是信息系统分析员的又一项基本能力。在确保系统内容正确、安排合理的前提下，能获得领导的支持，将有利于形成稳固、蓬勃、持久的盛势。

(4) 计划和控制的能力：计划的主要功能就在于将已有的资源针对目标进行合理安排进程。在进程中设定一些标杆，标杆所在时刻就是关键点，在关键点要对系统进行检测，发现问题并及时纠正；对出色完成任务的员工给予奖励，对未按时完成任务的员工进行处罚，做到奖罚分明。

系统分析员具体行为的基本功就是看、听、说、写。

看，人类知识 80%来自看。要深入了解，就要亲自去看看。不能走马看花，也不能满足于下马看花，而要蹲下来看花。一个有经验的系统分析员，到一个企业从头至尾参观一遍，看看企业的厂容，看看职工的工作精神和工作秩序，再看看他们的一些报表，了解一些数据，就可以对企业有一个大概的认识。对于基于技术的系统分析员来说应该培养这种能力。

听，是系统分析员知识来源的第二个渠道。系统分析员应当永远给人一个印象就是“乐意听”。不仅会听正式场合的讲话，还会听非正式场合的讲话；要善于听正面的话，也要善于听负面的话。系统分析员的听不是简单的记忆存储，而是要根据说话人的态度、说话的环境，判断说者的真实含意。

说，是系统分析员开展工作的第一重要的本领。说话是系统分析员必备的才能，一个好的系统分析员说话要有内容，能抓住重点，条理逻辑性强，而且要有鼓动性、趣味性和艺术性。系统分析员还要有很强的反馈能力，能根据听者的情绪不断调整自己的内容。

写，是系统分析员又一项重要能力。系统分析员离不开写，例如：申请课题要写申请报告，了解情况要写调查报告，系统分析要写系统分析报告，设计要写设计说明书和使用说明书，系统使用运行要写运行报告，鉴定验收也要写报告。尤其在现代网上办公、协同工作的时代，文字沟通证件，写的重要性更加突出。系统分析员所写的报告主要是客观描述的报告，因而要求真实、确切、详尽、简练等；也有些报告如规划报告等则要求有新鲜感，能振奋和鼓舞人心。

总之，系统分析员是具有挑战意义的职业，中国信息化的建设需要千千万万个优秀的系统分析员，希望我国有大批的德才兼备的青年，投入到这个行列，尽快成熟起来，担负起祖国信息化的重任。

本 章 小 结

道德是关于对或错的信念的习惯，伦理是指引信念、标准、理想的框架，法律是引导行为的至高无上的正式规则。信息技术主要影响的道德问题有隐私问题、犯罪问题、健康问题、工作条件问题、个性问题和雇用问题等。

信息道德主要涉及隐私问题、正确性问题、产权问题和存取权问题。

信息系统分析员应有系统的深入的专业知识，实用广泛的社会知识，要有计划、协调组织、控制和监督的工作能力，更要有大公无私、廉洁自律、坚持原则、灵活机动、信守承诺、认真负责、谦虚谨慎、密切联系领导和群众等修养和作风。系统分析员应当是认真的人、负责的人、信守承诺的人、说话算数的人。系统分析员具体行为的基本功就是看、听、说、写。

思 考 与 练 习

1. 发展信息系统为什么要建设信息道德文化？
2. 道德、伦理和法律有什么区别？
3. 信息道德的主要内容是什么？试分析目前信息道德方面存在的问题。
4. 如何建设我国的信息道德文化？
5. 系统分析员为什么需要很高的修养？
6. 系统分析员应注意哪些方面的修养？
7. 系统分析员的能力为什么很重要？主要应具有哪些方面的能力？
8. 信息系统分析员的修养和能力主要应包括哪些方面？
9. 如何锻炼自己，使自己成为一个好的系统分析员？能否制订一个五年计划？

参 考 文 献

[1] 刘仲英，王洪伟，吴冰. 管理信息系统[M]. 北京：高等教育出版社，2017.

[2] 薛华成. 管理信息系统[M]. 6 版. 北京：清华大学出版社，2012.

[3] 黄梯云，李一军，叶强. 管理信息系统[M]. 7 版.北京：高等教育出版社，2020.

[4] 陈国青，郭迅华，马宝君. 管理信息系统：原理、方法和应用[M]. 2 版.北京：高等教育出版社，2014.

[5] 马费成，赖茅生，孙建军. 信息资源管理[M]. 2 版.北京：高等教育出版社，2014.

[6] 张才明. 管理信息系统[M]. 北京：企业管理出版社，2019.

[7] 毛基业，郭迅华，朱岩. 管理信息系统：基础、应用与方法[M]. 北京：清华大学出版社，2011.

[8] LAUDON K C，LAUDON J P. 管理信息系统[M]. 13 版. 黄丽华，等，译. 北京：机械工业出版社，2015.

[9] KMENKE D M. 管理信息系统[M]. 6 版. 贾素玲，等，译. 北京：机械工业出版社，2014.

[10] LAUDON K C，LAUDON J P. 管理信息系统[M]. 11 版. 薛华成，等，译. 北京：机械工业出版社，2011.

[11] BRIEN J A，MARAKAS G M. 管理信息系统[M]. 15 版. 叶强，等，译. 北京：中国人民大学出版社，2012.

[12] TURBAN E，KING D. 电子商务：管理与社交网络视角[M]. 7 版. 时启亮，陈育君，等，译. 北京：机械工业出版社，2014.

[13] HAAG S，CUMMINGS M. 信息时代的管理信息系统[M]. 8 版. 严建援，等，译. 北京：机械工业出版社，2011.

[14] SAYLOR M. 移动浪潮：移动智能如何改变世界[M]. 北京：中信出版社，2013.

[15] 王吉斌，彭盾. 互联网+：传统企业的自我颠覆、组织重构、管理进化与互联网转型[M]. 北京：机械工业出版社，2015.

[16] SENDLE U. 工业 4.0：即将来袭的第四次工业革命[M]. 邓敏，李现民，译.北京：机械工业出版社，2014.

[17] 芮明杰. 第三次工业革命与中国选择[M]. 上海：上海辞书出版社，2013.

[18] BRYNJOLFSSON E, MCAFEE A. 第二次机器革命：数字化技术将如何改变我们的经济与社会[M]. 北京：中信出版社，2014.

[19] 中国互联网络信息中心. 第 39 次中国互联网络发展状况统计报告[R]. 2017.

[20] 刘仲英. 管理信息系统[M]. 2 版. 北京：高等教育出版社，2012.

[21] 辛鹏，荣浩. 流程的永恒之道：工作流及 BPM 技术的理论、规范、模式及最佳实践[M].北京：人民邮电出版社，2014.

[22] 陈平，王成东，孙宏斌. 管理信息系统[M]. 北京：北京理工大学出版社，2013.

[23] 宋宇辰，蔚东升，韩艳. 管理信息系统[M]. 北京：冶金工业出版社，2014.

[24] 辛晖. 管理信息系统[M]. 西安：西安电子科技大学出版社，2019.

[25] HOFFER J A，GEORGE A. 现代系统分析与设计[M]. 6 版. 尹秋菊，译. 北京：中国人民大学出版社，2013.
[26] 蔡淑琴. 管理信息系统分析与设计[M]. 北京：高等教育出版社，2016.
[27] 梁昌勇. 信息系统分析、设计与方法[M]. 北京：清华大学出版社，2011.
[28] 左美云. 信息系统项目管理[M]. 北京：清华大学出版社，2011.
[29] 陈国青，卫强，张瑾. 商务智能原理与方法[M]. 2 版. 北京：电子工业出版社，2014.
[30] 赵卫东. 商务智能[M]. 3 版.北京：清华大学出版社，2014.
[31] SCHNEIDER G P. 电子商务[M]. 10 版. 张俊梅，徐礼德，译. 北京：机械工业出版社，2014.
[32] 谢希仁. 计算机网络[M]. 6 版. 北京：电子工业出版社，2013.
[33] SOMASUNDARAM G，SHRIVASTAVA A. 信息存储与管理：数字信息的存储、管理和保护[M]. 2 版. 马衡，赵甲，译. 北京：人民邮电出版社，2013.
[34] 杨一平，马慧.管理信息系统[M].北京：经济科学出版社，2012.